TURNED INSIDE OUT

DIE OFFIZIELLE BIOGRAFIE VON OBITUARY

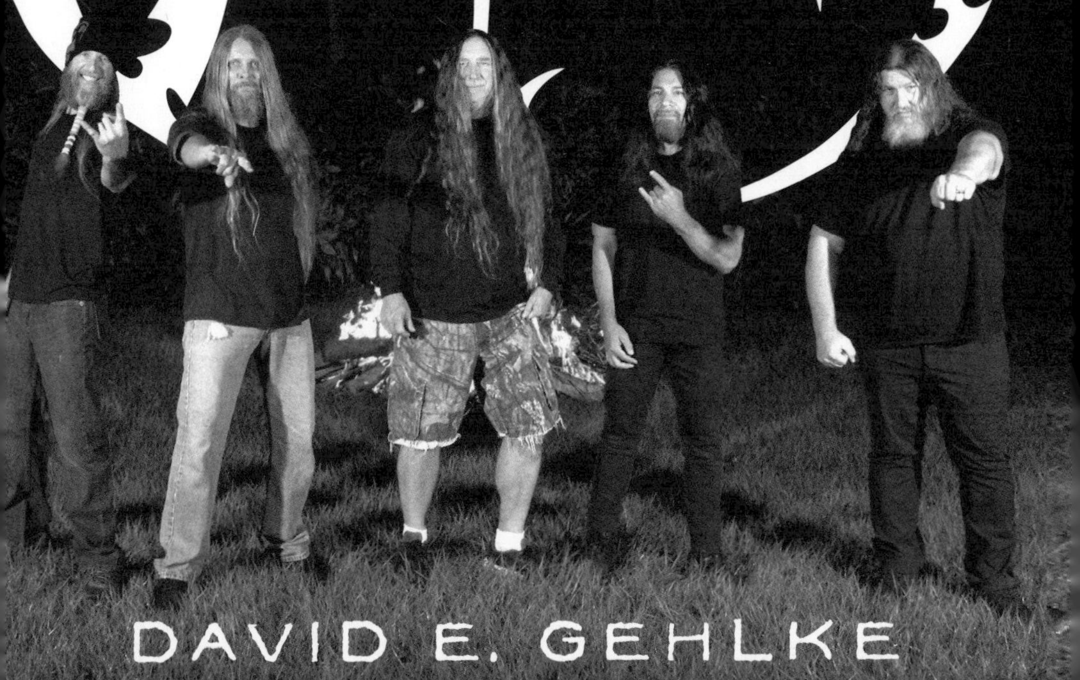

DAVID E. GEHLKE

VORWORT VON MAX CAVALERA

INDEX VERLAG

Deutsche Erstauflage

Internet: www.index-verlag.org

Die Originalausgabe erschien 2021 unter dem Titel „Turned Inside Out – The Official Story Of Obituary“ von David E. Gehlke

Übersetzung aus dem Englischen: Andreas Schiffmann

Satz und Grafik: Łukasz Jaszak (www.lukaszjaszak.net)

Cover-Photo & erste Seite: Tim Hubbard

Alle Interviews und Kapitel hat David E. Gehlke von November 2020 bis August 2021 geführt respektive verfasst, sofern nicht anders angegeben.

Bibliografische Informationen der Deutschen Nationalbibliothek:
Die Deutsche Nationalbibliothek verzeichnet diese Publikation in der Deutschen Nationalbibliografie; detaillierte bibliografische Daten sind im Internet abrufbar: www.dnb.de.

ISBN: 978-393687846-2

INHALT

DANKSAGUNGEN 7

VORWORT: **MAX CAVALERA** 9

EINLEITUNG: **JUST KILLING TIME** 11

KAPITEL 1: **WILLKOMMEN IN TAMPA** 17
KAPITEL 2: **EXECUTIONER** 33
KAPITEL 3: **XECUTIONER** 49
KAPITEL 4: **SLOWLY WE ROT** 71
KAPITEL 5: **WIE EIN BRÜLLENDES UNGEHEUER: JOHN TARDYS VOCALS** 91
KAPITEL 6: **CAUSE OF DEATH** 99
KAPITEL 7: **THE END COMPLETE** 123
KAPITEL 8: **MEATHOOK SEED** 145
KAPITEL 9: **WORLD DEMISE** 151
KAPITEL 10: **BACK FROM THE DEAD** 169
KAPITEL 11: **AUF EIS: 1998 - 2003** 187
KAPITEL 12: **FROZEN IN TIME** 207
KAPITEL 13: **XECUTIONER'S RETURN** 229
KAPITEL 14: **DARKEST DAY** 247
KAPITEL 15: **AUS LIEBE ZU KATZEN UND METAL** 267
KAPITEL 16: **INKED IN BLOOD** 273
KAPITEL 17: **OBITUARY** 291

ANMERKUNGEN UND QUELLEN 309

ÜBER DEN AUTOR 313

DANKSAGUNGEN

Die Idee für ein Buch über Obituary kam im Sommer 2020 auf. Albert Mudrian, Chefredakteur des Decibel-Magazins, tauschte sich mit mir per E-Mail über eine potenzielle neue Bandbiografie aus. Wir schickten uns dann gegenseitig Listen mit Namen von Bands, die wir eines eigenen Buches für würdig hielten, und Obituary standen zufälligerweise bei uns beiden weit oben. Albert gelang es dann, die Band hinzuzuziehen, und ich begann im November, Interviews zu führen. Darum ein großes Dankeschön an Albert als tollen Typen, mit dem man prima zusammenarbeiten kann und der sich wie kaum jemand sonst für extremen Metal begeistert.

Die Mitglieder von Obituary: John und Donald Tardy, Trevor Peres, Terry Butler und Kenny Andrews. Sie sind genau so nett, wie alle sagen – und mehr als das. Ich hatte das Glück, die Jungs im August 2021 in ihrem Studio/Proberaum zu besuchen, wo ich einen Vorgeschmack auf ihr elftes Album *Dying of Everything* bekam.

Jerome Grable, dessen Hilfe für die ersten Kapitel des Buches von unschätzbarem Wert war. Sein gewaltiges Executioner-Fotoarchiv war eine Fundgrube.

Scott Burns, mit dem ich stundenlang über Obituary und seine unglaubliche Karriere im Morrisound Recording Studio telefoniert habe. Er ist zwar nicht mehr in der Metal-Szene aktiv, hat sie aber für die Ewigkeit geprägt.

Monte Conner für ähnlich lange Gespräche und Einblicke in Roadrunner Records.

Borivoj und Heather Krgin.

Max Cavalera fürs Schreiben des Vorworts zum Buch (Gruß auch an seine Ehefrau Gloria, die das eingefädelt hat).

Kristin Campbell, Erik Payne und Rick Maccani für ihre Berichte, Fotos und Unterstützung.

Ronnie Galletti, Ben Meyer, Jerry Tidwell, Kelly Shaefer, Mike Browning, Daniel Tucker, Doug Keogh, Mark Abramson, Rob Mayworth, Tim Hubbard, James Murphy, Jeff Becerra, Martin van Drunen, Dan Swanö, Trevor Strnad, Chase Mason, Sonny Reinhardt, Michael Whelan, Andreas Marschall, Jim und Tom Morris, Mark Prator, Mitch Harris, Greg Gall, Jamie Locke, Derek Alvarez, Keith DeVito, Daragh McDonagh, Paula Hogan, Steve Beaty, Sue Santolla-Rocha, Rennie Jaffe, Andrew W. K., J.P. Soars, Steve DiGiorgio und Batlázs Gróf.

Rob Coter, Andreas Schiffmann, Katarina McGinn, Mat Coe, Mathew Bowling und Jon Rice.

Meine Eltern: Jim Gehlke und Jeanine Pronio, Louie und Terry Rice sowie mein erweiterter Familienkreis.

Und schließlich meine Frau Ashley, meine Tochter Gemma sowie meine Hunde Goji und Mochi.

DAVID E. GEHLKE

AUTOR

VORWORT

1989 nahmen Sepultura *Beneath the Remains* auf. Ursprünglich war Produzent Scott Burns dazu nach Brasilien gereist, aber ich kam mit den Vocals nicht bis zum Ende durch. Scott bat mich dann, hoch nach Tampa zu fliegen, um die Gesangsspuren im Morrisound Recording fertigzustellen, wo ich die Musiker von Obituary kennenlernte. Ich wohnte bei Scott, und er hatte etwas im Studio zu erledigen. „Die Obituary-Jungs gehen mit dir aus", sagte er zu mir. Ich kannte alle Executioner-Demos – die mir gefielen, doch der Band war ich nie begegnet. Schließlich besuchte ich mit den Tardy-Brüdern John und Donald ein Motocross-Rennen. Tausende Zuschauer waren da, und ich habe mich besoffen; ich ließ es ziemlich heftig krachen an dem Tag. Obwohl ich mich nicht mehr an das Rennen erinnern kann, weiß ich noch, dass ich auf der Rückbank des Pickups der Tardys saß und mein Bewusstsein verlor. Sie waren aber so locker drauf, dass das wohl nicht weiter schlimm gewesen ist.

Als ich meine Parts im Morrisound einsang, schien jeden Abend eine Party zu steigen. Ich erinnere mich, dass immer an die 20 Leute im Kontrollraum abhingen, tranken und quatschten, während Scott versuchte, seine Arbeit zu machen. Er hatte eine Engelsgeduld. Obituary waren bei mehreren Sessions vor Ort, und John übernahm schließlich die Backing-Vocals in ´Stronger Than Hate´. Zehn Jahre später erfuhren wir, dass unser Plattenfirma Roadrunner Records ihnen das Cover, das wir für *Beneath the Remains* gewollt hatten, für *Cause of Death* gab. Ich liebte es – ständig trug ich das Shirt mit dem Motiv.

Sepultura taten sich 1990 mit Obituary und Sadus für die sogenannte S.O.S.-Tour zusammen. Wir nannten Donald „Sinuquinha", was auf Portugiesisch ungefähr „Minibillardtisch" bedeutet, denn er spielte oft Pool. Jedes Mal, wenn wir an einem Veranstaltungsort eintrafen, wo es einen Tisch gab, war er mit von der Partie und machte alle fertig. „Sinuquinha", johlten wir ihm immer zu. Ich habe mir Obituary auf dieser Tour jeden Abend angesehen und mich gefragt: „Wie viel heavier können die noch werden?" Das ist unmöglich, echt; ich glaube nicht, dass sie noch heavier werden könnten. Die Band ist schon auf Platte großartig, aber man muss sie live sehen, um sie im vollen Umfang zu erleben. Sie war unheimlich gut eingespielt, saumäßig tight. Wir mussten jeden Abend nach ihnen auftreten, und ich war immer deprimiert.

Wir kamen aus Brasilien, sie aus Florida, aber es ging immer um die Gemeinsamkeiten, die wir hatten. Sie waren mit den gleichen Bands aufgewachsen wie wir: Dark Angel, Nasty Savage und Sacrifice. Die Szene war damals noch nicht unterteilt, man konnte Stile wie Death und Thrash Metal mischen. Auf dieser Tour haben wir fast jeden Abend gefeiert. Der Sepultura-Bus war der „Partybus", also stiegen die anderen bei uns ein, und wir hörten Musik, die zehnmal derber war als das, was wir an den jeweiligen Abenden laufen ließen – Carcass, Godflesh und Napalm Death.

Ich unterhielt mich oft mit Scott Burns über Johns Gesang. Als ich erfuhr, dass er keine Texte hatte, staunte ich nicht schlecht. Das Tolle an Johns Stimme? Sie ist wie meine und die von Lemmy Kilmister von Motörhead: einmalig. Sie hat etwas Originelles an sich. Sobald du John singen hörst, weißt du, dass es sich um einen Obituary-Song handelt. Da gibt es kein Vertun, keine Verwechslung mit einer anderen Band. John zählt zu den Growling-Pionieren, zusammen mit Chuck Schuldiner von Death und Glen Benton von Deicide. Mit einem solchen Gesangsstil einzigartig zu sein fand ich immer viel cooler, als zu singen wie Pavarotti. Den kann man imitieren, genauso wie Robert Plant von Led Zeppelin oder Bruce Dickinson von Iron Maiden, doch man wird nie ein Original sein. John ist eines und wird mit der Zeit nur noch besser. Obituary auch.

Sie und ich konnten so lange durchhalten, weil wir eine Leidenschaft für Metal haben. Das ist nicht nur was Vorübergehendes. Obwohl ich Freunde und Angehörige hatte (Obituary bestimmt auch), die meinten: „Das ist bloß eine Phase, aus der ihr herauswachst", tun wir das nicht. Es ist ein Lebensstil und etwas, das wir begrüßen. Je älter wir werden, desto mehr neue Möglichkeiten, das auszukosten, entdecken wir. Ich glaube, wir kosten es gründlicher aus als früher. Als wir jünger waren, ging alles zu schnell – man konnte nicht genießen, weil viel zu viel gefeiert wurde. Obituary und ich haben aber den gleichen Ansporn: die Fans. Es kommt darauf an, die Kids jeden Abend austicken zu sehen. Das ist meine Motivation, morgens aufzustehen, und ich weiß, ihnen geht es genauso. Unsere Karrieren sind unterschiedlich verlaufen, aber die Hingabe an unsere Fans und den Metal bleibt ungebrochen.

Obituary sind legendär. Falls es jemals eine Death Metal Hall of Fame gibt, sollten sie neben Death und Possessed als Begründer eingeführt werden. Sie sind die AC/DC des Death Metal. Klassiker vergehen nie! Nehmt 'Chopped in Half', dreht den Regler auf 11, bangt so heftig, wie ihr könnt, und seht sie euch live an, egal wo. Sie werden euch umhauen. Ich bin stolz darauf, sagen zu dürfen, dass sie meine Freunde und eine Legende sind!

MAX CAVALERA

SOULFLY, CAVALERA CONSPIRACY,
KILLER BE KILLED, GO AHEAD AND DIE

EINLEITUNG

JUST KILLING TIME

MÄRZ 2020

Die Welt stand kurz vor einer Pandemie, wie sie allenfalls einmal pro Generation ausbricht, als der Black Label Society/Obituary/Lord Dying-Tross außerhalb von Saskatoon in der kanadischen Provinz Saskatchewan geradewegs in einen Schneesturm fuhr. Obituary folgten mit ihrem Bus und beobachteten, wie Lord Dyings Van und Anhänger beunruhigend im heftigen Schneegestöber schlingerten. Nach ein paar Beinaheunfällen, wo es so ausgesehen hatte, als würde die Band von der Straße abkommen, brachte sie den Van abermals auf Spur und setzte ihre langsame, vorsichtige Fahrt zur US-Grenze fort. Die Mitglieder von Obituary zogen sich erleichtert in ihre Kojen zurück, um etwas Schlaf zu kriegen.

Einige Stunden später schreckte der Busfahrer John Tardy auf. Er erklärte, Obituarys Bus stecke in einem Fuß hohem Schnee fest, man müsse Ketten auf die Reifen ziehen. John schaute sich im Schlafabteil um – nur sein Bruder Donald ließ sich wecken. Das war keine ungewöhnliche Situation auf Tourneen von Obituary: John und Donald sind nach einer Show normalerweise die Ersten im Bus, trinken unterwegs selten viel und überlassen das Feiern lieber dem Rest der Band. Als der Fahrer die Brüder mit besorgtem Blick anschaute, wusste John, dass er schnell handeln musste, damit die Tour weitergehen konnte. Er bat den Fahrer, draußen auf ihn zu warten, während er seine Erkennungszeichen anzog, die bewährte kurze Tarnhose und weiße High-Tops. Donald nahm dann seine Videokamera, um das Ereignis zu dokumentieren. John Tardy – ein Florida-Boy durch und durch – würde beim Aufziehen von Reifenketten helfen.

Da war er also, einer der berüchtigtsten Sänger in der Geschichte des extremen Metal, und wühlte sich im tiefsten Winter in Kanada mit seinen Shorts durch Schneemassen. John hatte noch nie Reifenketten aufgezogen, weil er eben aus Tampa kommt, begriff die Anweisungen aber schnell, die ihm der Fahrer zurief.

Die Männer legten die Ketten zunächst neben den Achsen des Busses ab, während der frühmorgendliche Schnee auf sie niederprasselte. Das Befestigen an den Reifen dauerte am längsten – John reichte die Ketten dem Fahrer, der eingesunken im Schnee auf dem Rücken lag. Als sie angebracht waren, stieg der Fahrer wieder in den Bus und drehte behutsam am Lenkrad, damit sich alles ausrichtete. John ging bei jeder Drehung um den Bus und gab grünes Licht, als er sah, wie sich die Reifen allmählich durch den Schnee bewegten.

Nun, da sie die Ketten angelegt hatten und der Bus aus dem Schnee befreit war, konnten Obituary ihr nächstes Ziel ansteuern: Winnipeg, Manitoba. Man schüttelte einander die Hände, und John durfte beruhigt sein, weil er wusste, dass die Tour weitergehen würde.

MÄRZ 2021

Die Pandemie hat sich über ein Jahr ausgedehnt. Obituary waren schon genauso lange nicht mehr auf Tour. Statt traditionelle Konzerte in Fleisch und Blut zu geben, sind Bands dazu übergegangen, Live-Streams im Internet anzubieten, um den Schock abgesagter Shows zu mildern. Das ist zwar beileibe keine ideale Lösung, aber eine Möglichkeit für Fans, ihre Lieblingsacts bequem von zu Hause aus in Aktion zu erleben. Im März 2021 bereiteten sich Obituary auf zwei Streams vor, in deren Rahmen sie ihr 1992er Album *The End Complete* in Gänze spielen sollten, erweitert um ein getrenntes Set aus weniger offensichtlichen, selten dargebotenen Songs.

Zu jener Zeit wurden die Power-Trip-Gitarristen Blake Ibanez und Nick Stewart langsam unruhig, weil auch sie Auftritte unterlassen mussten. Die beiden wollten einen Abstecher von Texas nach Tampa machen, wo Obituary leben, und fragten deren Leadgitarristen Kenny Andrews, ob sie während ihres Aufenthalts im Sunshine State mit der Band abhängen könnten. Andrews freute sich, seine früheren Tourgefährten zu sehen, und setzte noch einen drauf: Er lud Ibanez und Stewart ein, an dem Streaming-Event am 27. März teilzunehmen.

Für die zwei hätte es nie so weit kommen sollen. Vor der Pandemie waren Power Trip im Begriff gewesen, in ihrer Karriere die nächste Stufe zu erreichen. Im Zuge ihres 2017er Albums *Nightmare Logic*, einer cleveren Mischung aus Death, Thrash und Hardcore, wurden sie zu einer fleißig tourenden Band. Bei ihren Shows ging es oft ungestüm zu, mit zig um sich schlagenden Leibern und nicht enden wollenden Circle Pits. Kritiker liebten sie, Fans verehrten sie, und andere Bands respektierten sie.

Die Band wurde von dem überschäumend energiegeladenen Riley Gale angeführt, den man selten ohne seine charakteristische Baseballmütze sah. Meistens hatte er auch ein Obituary-Shirt an.

Gale starb am 24. August 2020 an einer Überdosis Fentanyl. Er wurde nur 34 Jahre alt.

Auf seinen Tod folgte eine Ehrung nach der anderen. Abgesehen von Gales beeindruckender Bühnenpräsenz und Begabung als Sänger war er als kollegialer, einfühlsamer Mensch bekannt, der sich stets für Freunde und Familie starkmachte. Sein Verlust

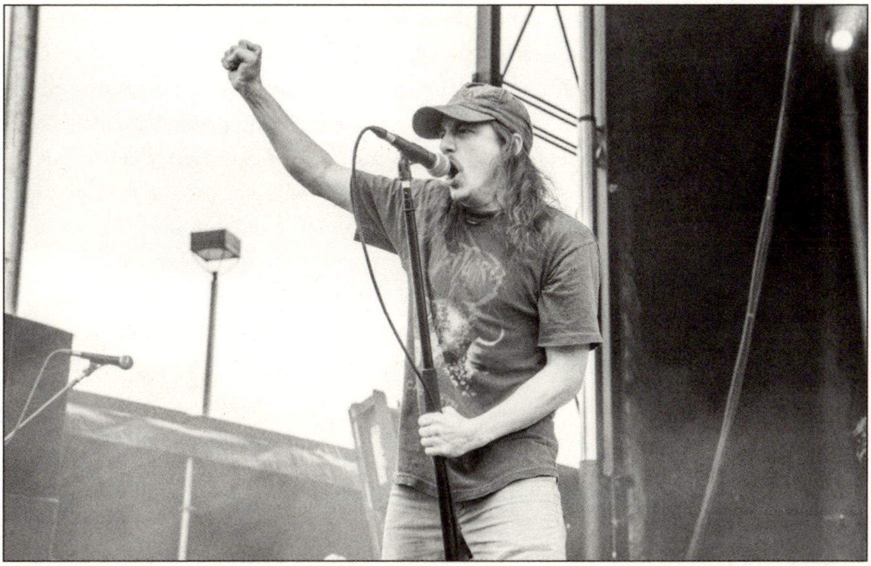

Riley Gale forever. Foto von Amy Harris.

traf den Metal-Underground schwer – auch Obituary, die den Frontmann auf ihrer Amerika-Tour 2017 liebgewonnen hatten.

Die Bands fanden gleich zu Beginn der Konzertreise zueinander. Die Mitglieder von Obituary und Power Trip saßen meist im hinteren Teil ihres Busses, tranken Whiskey, hörten Classic Rock und redeten über Football. Es war eine Verbindung, die über Alter und Erfahrung hinausging. Obituary sind lange dafür bekannt, jüngere Acts in ihre Obhut zu nehmen und auf Tour auf sie zu achten; auch kennt man sie dafür, dass sie es nach wie vor heftiger krachen lassen können als Bands, die halb so alt sind wie sie. Mit Power Trip bekamen sie das Beste von beidem: eine Gruppe, die in Sachen Party mit ihnen schritthalten konnte und wusste, was es brauchte, um ihre Karriere voranzutreiben. Ohne Gale bleibt Power Trips Zukunft jedoch ungewiss. Obituary fühlten sich verpflichtet, alles zu tun, was sie konnten, um ihren Brüdern zu helfen.

Der ursprüngliche Plan für den Live-Stream sah vor, dass Ibanez und Stewart für 'By the Light' von Obituarys 1997er Album *Back From the Dead* hinzustießen, aber Schlagzeuger Donald Tardy fragte, ob die beiden nicht Power Trips bekanntestes Stück 'Executioner's Tax (Swing of the Axe)' mit ihnen spielen wollten. Zu ihrem Erstaunen hatten Obituary den Song heimlich mit John Tardy in Gales Rolle einstudiert.

„Ich dachte: ‚Was zum Teufel… Das ist irre!'", erzählt Ibanez. „Es war schön, weil sie sich kümmerten. Wir wussten, dass da eine gewisse gegenseitige Achtung herrschte. Ich glaube, Obituary mochten unsere Musik, und wir waren befreundet, aber dass sie 'Executioner's Tax' spielen wollten und auf den Song standen, war unfassbar."

Bevor sich Ibanez und Stewart für den Stream zu Obituary gesellten, hielt Donald spontan eine Ansprache hinter seinem Schlagzeug:
„Wir möchten einfach allen, die weltweit zuschauen, aus tiefstem Herzen sagen, dass wir wissen, wie weh ihnen Rileys Tod tut, und das ist scheiße. Er würde ausflippen, wenn er wüsste, dass ihr hier seid und seinen Song spielt. Er war ein unvergleichlicher Typ, fantastischer Sänger und noch besserer Mensch, und ihr vermisst ihn wahrscheinlich doppelt so sehr wie wir. Danke, dass ihr euch mit uns und allen rund um den Globus an ihn erinnert – Respekt für Riley."
Ibanez' und Stewarts Auftritt mit Obituary markierte die erste Performance von Power-Trip-Mitgliedern seit Gales Tod. Sie war einer der wenigen Lichtblicke eines ansonsten furchtbaren Jahres. Ibanez sagt, Gale wäre „überglücklich" gewesen, wenn er erlebt hätte, wie John Tardy eines seiner Lieder sang.
„Er liebte Obituary und zog ständig Merchandise von ihnen an. Ich glaube, unsere bisher größte Show fand beim Download Festival in Großbritannien statt. Wir spielten vor etwa 60.000 bis 100.000 Nasen, mindestens. Riley trug eine Windjacke und Mütze von Obituary. Die Jungs wussten, dass ihre Band ihm und uns viel bedeutete."

Der Sound, den Death Metal seit seinen Anfängen Mitte der 1980er hervorgebracht hat, kombiniert das Gefährliche und Geheimnisvolle mit übertriebenen Textaussagen, was ihn zu einem der beständigsten und vielseitigsten Metal-Spielarten macht. Er hat vielen Fans auf der Suche nach etwas Härterem und Extremerem als Power, Thrash und Doom Metal an eine instinktive, oft unbarmherzige und fast immer brutale Musikform herangeführt. Dabei bot er allen Paroli: der Presse, Politikern, dem Establishment und sogar vergleichbaren Subgenres – nämlich Black Metal, dessen norwegische Protagonisten in den frühen 1990ern bekanntermaßen gegen das „Anti"-Image des Death Metal (Jogginghosen, Shorts und T-Shirts) wetterten.
Im Kern ist Death Metal jedoch bodenständige Musik, die vornehmlich von Fans für Fans gemacht wird. Vielleicht hat keine Band diese Beziehung besser verstanden als Obituary. Ihr Ruf rührt zunächst einmal daher, dass sie eine der heaviesten und verheerendsten Death-Metal-Varianten der Welt geschaffen haben. Zweitens sind Obituary, die sich selbst als erste Garde des „Caveman"-Sounds begreifen, nie von ihrem ursprünglichen Sound abgewichen. Und schließlich haben sie sich als Band hervorgetan, deren Zugänglichkeit ihrer Nettigkeit ebenbürtig ist. Ein typisches Beispiel: John Tardy beantwortet alle Fan-E-Mails frühmorgens von seinem Heimstudio aus (er findet auch eure verlorengegangene Merchandise-Bestellung).
Diese Eigenschaften erklären auch die Langlebigkeit der Band. Obituary gründeten sich 1984 als Executioner, unterzeichneten 1989 ihren ersten Plattenvertrag und avancierten in den 1990ern zu einer der unbestrittenen Größen des Underground Death Metal. Sie waren weder immun gegen den Wandel des Zeitgeists, noch konnten sie eine Branche austricksen, die junge, leicht zu beeindruckende Acts ausbeutet.

Drogen- und Alkoholmissbrauch, fragwürdige Geschäftspraktiken im Umgang mit anderen Bands und zwei Todesfälle im Laufe der Zeit waren herbe Rückschläge, aber kaum gefährlich für den Fortbestand der Gruppe, da sie sich immer auf die Musik und ihre Fans konzentriert hat.

Obituary traten in mein Leben, als ich 12 war und mich eine zufällige Begegnung mit *Cause of Death* in die Death-Metal-Szene führte. Ich habe eine ähnliche Erfahrung wie viele andere gemacht: Es gibt für Musikfans nur wenige Ereignisse, die so erschütternd und lebensverändernd sind, wie zum ersten Mal John Tardys Gesang und Trevor Peres' Gitarrensound zu hören. Obituary zu entdecken war ein Bekenntnis zur Heaviness, und zu erfahren, dass ein Mensch so urzeitliche Laute mit seinen Stimmbändern erzeugen konnte, überstieg das Begriffsvermögen meines pubertären Gehirns. Das tut es auch fast 30 Jahre später noch.

Ein Familienbetrieb, der kaum den Drang verspürt hat, seine schmutzige Wäsche zu waschen, gibt selten Stoff für ein gutes Buch her. Zu einer Zeit jedoch, in der sich Obituary endgültig als unanfechtbare Death-Metal-Instanz etabliert haben, ist ihre Geschichte erzählenswert geworden. Der Kern der Band – John und Donald Tardy, Trevor Peres – sowie die aktuellen Mitglieder Kenny Andrews und Terry Butler, ehemalige Mitmusiker, Akteure aus der Musikindustrie und Studiopersonal, Tourneepartner und enge Freunde haben sich zusammengetan, um ihre Storys über eine Band wiederzugeben, die ihre minimalen Erwartungen übertroffen hat und zu einem der beliebtesten, geachtetsten Acts des Death Metal geworden ist. Daher ist es mir eine große Ehre, Turned Inside Out zu veröffentlichen, die vollständig autorisierte Biografie von Obituary. Genießt sie… oder ihr werdet gemäß 'Chopped in Half' zweigeteilt.

DAVID E. GEHLKE

KAPITEL 1

WILLKOMMEN IN TAMPA

Zwei junge, goldblonde Brüder brausten mit ihren Rädern am Mitchell Drive entlang, einer ruhigen Straße in Brandon, etwa 20 Autominuten von der Stadt Tampa entfernt. Es war ein heller, sonniger Tag – typisch für Zentralflorida –, an dem scharenweise Kinder zum Schwimmen und Sporttreiben ins Freie strömten. Brandon steckte mitten in einer Bevölkerungsexplosion. Eine neue High School wurde gebaut, um die Überzahl der neu in den Bezirk gekommenen Kinder aufzunehmen. Deshalb kannte Brandons Jugend keine Langeweile – alle Altersgruppen hatten stets Gesellschaft. John und Donald Tardys Pläne sahen an jenem Nachmittag anders aus: Während sie hintereinander fuhren und der Wind durch ihre Stufenfrisuren wehte, traten die beiden kräftig in die Pedale und sangen:

Unchained Angel
Tell you lies
Unchained Angel
Mortal disguise
Unchained Angel
Wings of fire
Unchained Angel
Is just a liar

Es handelte sich um den Text des Songs 'Unchained Angel' von *Wage of Mayhem*, einem Demo der Metal-Lokalhelden Nasty Savage.

Die Brüder wohnten zufällig gleich um die Ecke von Gitarrist Ben Meyer, in dessen Garage Nasty Savage probten. Oft fuhren sie vorsätzlich zu dritt mit ihrem engen Freund Trevor Peres bei Meyer vorbei, um zu hören, woran die Band beim Proben arbeitete. Allerdings waren sie zu schüchtern und fürchteten sich davor, mit den Mitgliedern von Nasty Savage zu sprechen. Stattdessen versteckten sie sich im Gebüsch auf der anderen Straßenseite und hofften, die Nachbarn würden sie nicht beim Heavy-Metal-Spannen erwischen.

An diesem Tag lief es aber anders: John und Donald beschlossen, unumwunden mit dem unbezähmbaren Frontmann „Nasty" Ronnie Galletti zu sprechen. Der wurde rund um Tampa nicht nur für seinen mehrere Oktaven abdeckenden Stimmumfang geschätzt, sondern auch aufgrund seiner imposanten, überlebensgroßen Bühnenpersönlichkeit. Er zertrümmerte Fernsehgeräte auf dem Kopf, jagte wie ein professioneller Wrestler über die Bühne und beende Konzerte oft mit seinem eigenen Blut besudelt. Es dauerte nicht lange, bis Galletti und seine Band in ihrer Heimatstadt zu Legenden wurden.

Die Brüder näherten sich dem Haus der Gallettis vorsichtig, indem sie ihre Räder schoben. John und Donald holten tief Luft, bevor sie an der Tür läuteten.

Ronnies Mutter Mrs. Galletti öffnete. „Hallo, Jungs. Ihr sucht bestimmt nach Ronnie. Wartet, ich ruf ihn."

Eine halbe Minute später erschien Nasty Ronnie leicht humpelnd mit etlichen Nähten und Pflastern im Gesicht, wo er sich kürzlich bei einer Show verletzt hatte, an der Tür. Seine Mutter wandte sich ihm zu. „Ronnie, ich glaube, diese Jungen möchten mit dir über deine Musik sprechen."

Ronnie erwiderte: „Sicher. Was wollt ihr wissen?"

Donald plapperte drauflos: „Wie gründet man eine Metal-Band?"

Nasty Ronnie lächelte, ging wieder hinein, schnappte sich die Schlüssel zu seinem 1970er Chevelle und sagte zu den Brüdern: „Fahren wir und reden über Heavy Metal, Jungs."

Galletti fuhr mit den Tardys ins nahegelegene Lithia Springs, wo sie Frisbee spielten. Der Frontmann teilte ihnen das Neuste von Nasty Savage mit: Die Band bot ihre beiden 1984er Demos Plattenfirmen an und hatte bereits Interesse geweckt. Die Brüder bekräftigten eifrig, dies sei *genau* das, was sie machen wollten, bloß wüssten sie nicht, wo sie anfangen sollten. Ronnie, der schon erkannte, dass er mit Teenagern sprach, die Musik ernst nahmen, vermittelte so viel Wissen, wie er konnte. Er gab ihnen tiefere Einblicke in die Vorgänge einer Plattenaufnahme: wie man ein Demo vervielfältigte und in Umlauf brachte, mit lokalen Clubs umging, um Auftritte zu buchen, und Songs schrieb. Vor allem aber betonte Galletti: „Vergesst nie eure Fans. Sie bringen euch die Butter aufs Brot. Behandelt sie respektvoll, dann bleiben sie euch treu."

Die Lektionen, die das Brüderpaar an diesem Tag von Ronnie lernte, wandte es auf seine eigene Band Executioner an, die sich 1989 offiziell Obituary nannte. Ihre Beständigkeit und Ausdauer rühren daher, dass sie nie vergessen haben, woher sie kommen, obwohl man nicht unter den Tisch kehren sollte, dass sie unbestreitbar eine der härtesten Bands des Planeten sind, über den wohl wildesten Sänger in der Geschichte des Death Metal verfügen, einen Gitarrensound auffahren, der den Putz von den Wänden rieseln lässt, und einen Schlagzeuger mit angeborenem Groove haben, der alles zusammenhält.

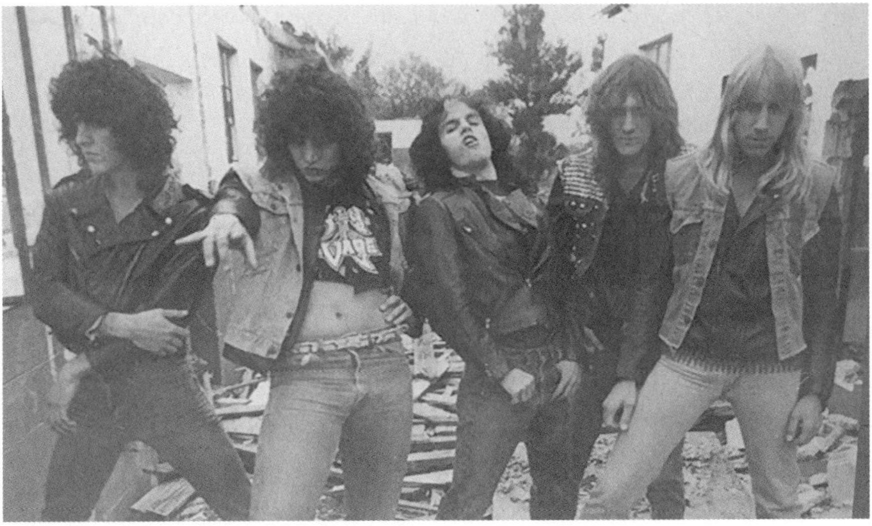

Die frühen Nasty Savage.

Schon in ihren Anfangsjahren umwehte Executioner eine professionelle Aura. Bei ihren ersten Konzerten orientierten sie sich mit selbstgebauter Lichtanlage, Schlagzeugpodest, Blumentöpfen und Nebel an Nasty Savage und Savatage, die in Florida ebenfalls Leitfiguren waren. Auf der Bühne trugen sie anfangs Corpsepaint, Leder und Stachelbänder, verlagerten sich aber schließlich auf einen leichteren (und bequemeren) Look mit kurzen Hosen und T-Shirts. Den Schritt zur Aufnahme von Originalmaterial nahmen sie sehr ernst – sie liehen sich Geld von ihren Eltern, um professionelle Demos anzufertigen, und entwickelten in der bald überfüllten Metal-Szene Tampas einen unverwechselbaren Sound.

Obituary sind ein familiengeführtes Unternehmen und stolz auf ihren Do-It-Yourself-Arbeitsethos. Heute ohne Manager ist die Band ein schlanker, rüstiger Betrieb und betreibt einen Bruchteil des Aufwands von Acts ähnlicher Größenordnung. Als ewiger Frühaufsteher verbringt John Tardy seine Vormittage damit, sich mit Obituarys Plattenfirma auszutauschen oder um den Merchandise-Onlineshop zu kümmern (außerdem ist John auch der unangefochtene Hüter des ikonischen Bandlogos). Obituary widmen sich den öden und frustrierenden Seiten des Konzert-Bookings manchmal selbst, was die Routenplanung und Vorfinanzierung von Shows einschließt. Auf Tour begleiten sie ein Toningenieur, ein Lichttechniker und ein Merchandise-Verkäufer. Beim Aus- und Einladen des Equipments packen alle Bandmitglieder an. Das erklärt, warum sie zusätzliches Personal als überflüssig und schlecht für ihren Gewinnen ansehen.

Obituary lernten freilich auf die harte Tour. Obwohl sie zu den Death-Metal-Bestsellern schlechthin gehören, haben die Mitglieder die Band erst im Alter von über 40 Jahren zur Vollzeitbeschäftigung gemacht. Dass sie nunmehr uneingeschränkte Kontrolle über Merchandise, Aufnahmen und Tourneen fordern, geht auf die 1990er zurück, als sie gar keine Verfügungsgewalt hatten. Und die heutige Besetzung ist deshalb so locker drauf, weil die Band jahrelang von Mitgliedern mit Alkohol- und Drogenproblemen ausgebremst wurde. Die wesentlichen Konstanten waren die Tardy-Brüder, Peres und eine unerschütterliche Hingabe, sich auf Platte und live in bestmöglicher Form zu zeigen.

Abgesehen von Karrierehochs und -tiefs kehren Obituary immer wieder nach Zentralflorida zurück, wo sie außerordentlich viel Zeit damit verbracht haben, von Nasty Savage und Savatage zu lernen oder in langen Sitzungen Celtic Frost, Metallica und Slayer zuhörten, drei ihrer frühsten Einflüsse. Über 40 Jahre, nachdem sie sich kennengelernt haben, sind Donald, John und Trevor enge Freunde, Bandkollegen und Geschäftspartner geblieben. Die drei haben merklich unterschiedliche Charaktere, aber familiäre Bande, Freundschaft und Musik sind ihre verbindenden Elemente.

„Das ist einer der Hauptgründe dafür, dass wir immer noch zusammen sind", sagt John. „Wir hatten einfach Glück. Wir waren immer in der Lage, uns zu treffen, etwas zu unternehmen und gern in der Gesellschaft der jeweils anderen. Eine Handvoll Mitmusiker haben wir ausgewechselt, was meistens an Dingen lag, die wir nicht beeinflussen konnten. Leute wandern in den Knast oder sterben, aber wir mögen Veränderungen nicht besonders. Wir sind recht zufrieden."

1980 bestimmte der eskalierende Drogenkrieg rivalisierender kolumbianischer Kartelle, die in der ganzen Stadt um ihre Reviere kämpften, die Abendnachrichten in Miami, Florida. Das Dadeland-County-Mall-Massaker am 11. Juli 1979 erregte landesweit Aufsehen. Bewaffnete Angreifer drangen auf der Suche nach einem konkurrierenden Kokainhändler in ein Spirituosengeschäft ein und eröffneten am helllichten Tag das Feuer, wobei er und sein Leibwächter auf der Stelle starben (Zeugen beschrieben den Vorfall als „Schießerei im Wildwest-Stil"). Die Bewaffneten verließen den Tatort in einem Kleinbus, der als Lieferwagen für Partyartikel getarnt war. Darin fand die Polizei ein Arsenal an Schusswaffen und kugelsicheren Westen.

Die Verhältnisse in Miamia änderten sich rapide, weshalb Familien mit dem Gedanken spielten, sicherheitshalber woanders hin zu ziehen – auch die Tardys. Die Nachfrage nach illegalen Substanzen wie Kokain stieg in den Vereinigten Staaten an. Drogenhändler begannen, große Mengen aus Kolumbien und den benachbarten südamerikanischen Ländern einzuschmuggeln, wobei die Strafverfolgungsbehörden oft nicht wussten, was vor ihren Augen geschah.

Die Geschenisse rund um den Drogenkrieg in Südflorida waren einer der Auslöser dafür, dass Jim Tardy seine Familie – Ehefrau Carolee, den ältesten Sohn Greg, Tochter Kristin, John und Donald – nach Zentralflorida umsiedelte. Aus Sorge um die Auswirkungen des Drogenkriegs auf die vier Kinder nahm Jim eine Beförderung bei dem Unternehmen Hess an, wo er als LKW-Fahrer arbeitete, und zog im Sommer 1980 fort. „Miami war schrecklich", sagt Kristin. „Dort aufzuwachsen ist noch toll gewesen, wir hatten eine großartige Kindheit und lebten in einer

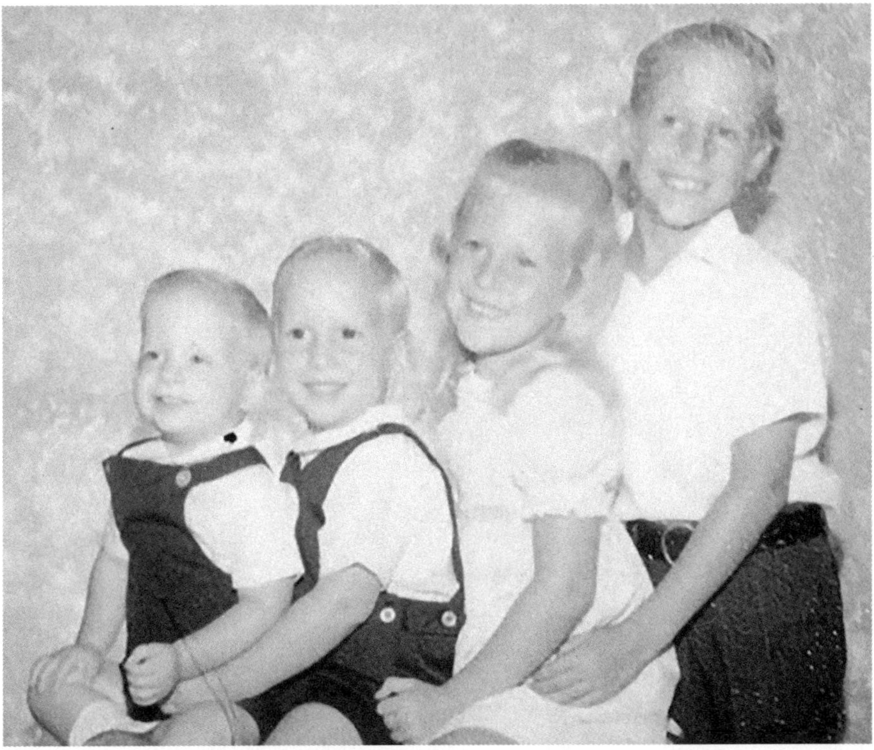

Die Tardy-Kinder: Donald, John, Kristin und Greg.
Foto von Kristin Campbell.

wunderbaren Gegend, aber dann begann alles, sich zu verändern. Es wurde einfach zunehmend schlechter, und unser Vater machte sich Gedanken darüber, wohin er sonst ziehen konnte. Letzten Endes wollten sie Miami verlassen. Zum Glück hatte unser Vater ein Angebot für einen Job in Brandon, das er dann auch annahm. Es war das erste Viertel des Schuljahrs, und unsere Eltern sagten uns, was ablief: ‚Also los, auf geht´s.' Wir Kinder fragten alle: ‚Moment, was?'"

Die Wahl fiel auf den Großraum Tampa, der wegen seiner wachsenden Bevölkerung und Nähe zu St. Petersburg, einer weiteren Stadt im Aufschwung, ein reizvolles Ziel darstellte. Bei der Haussuche stießen die Tardys auf zwei Optionen: eines in Brandon und eines in Bradenton. Nachdem sie sich fast für letzteres entschieden hatten, unterzeichneten sie einen Vertrag für das Anwesen Rockwood Drive 1310 in einer Wohngegend von Brandon, die passenderweise Brandonwood hieß.

Bei ihrer Ankunft in Brandon wunderten sich die Tardy-Kinder über den Geruch der allgegenwärtigen Kuhweiden. Außer einem Chuck-E.-Cheese-Restaurant und einer Kmart-Filiale hatten sie nur wenige Möglichkeiten, um einkaufen oder essen zu gehen. Jahre später tauchten überall in Brandon verstreut Geschäfte und ein Shopping-Zentrum am Highway 60 auf. Trotzdem gab es für die Kinder immer etwas zu tun. „Sport, Musik und Tiere – wir hatten alles", sagt Donald. „Schlangen,

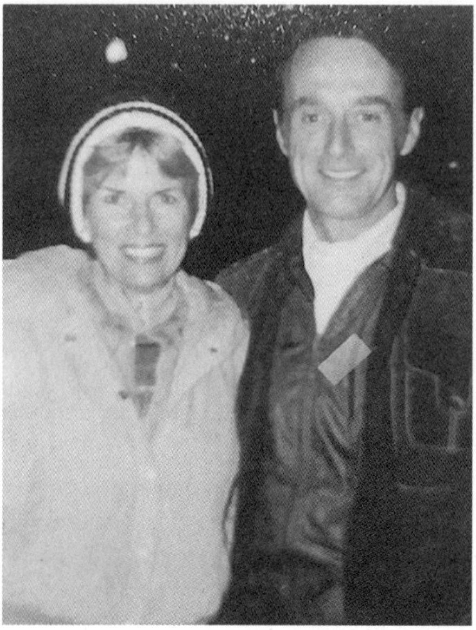

Carol und Jim Tardy.
Foto von Kristin Campbell.

Vögel, Hunde, Katzen und Frettchen. Ein paar Jahre lang hatten wir sogar ein Stinktier, das war ziemlich heftig. Es versorgte sich selbst und streifte einfach durch das Haus. Unsere Hunde und Katzen ließen es in Ruhe, denn es war groß und überhaupt nicht nett.“

Laut Donald waren die Tardys eine „für Florida in den 1970ern und ´80ern ziemlich typische Familie“. Carol war das unbestrittene Oberhaupt des Haushalts, eine strenge, aber warmherzige und liebevolle Frau, der nichts über das Wohl ihrer Kinder ging. Jim war weit weniger streng und meistens nicht geneigt, Carols Regeln durchzusetzen – seine Tätigkeit als LKW-Fahrer brachte es mit sich, dass er seine Familie für längere Zeiten verlassen musste. Außerdem fungierte er gemeinsam mit seinen Brüdern Bucky und Jack als Teilhaber der Firma Fuller Amusement, die Billardtische, Zigarettenautomaten und Jukeboxen an örtliche Lokale vermietete.

Jim Tardy liebte klassische Country-Musik genauso wie Southern Rock. Das traf auch auf seinen Sohn Greg zu, der sich innerhalb kurzer Zeit eine stattliche Plattensammlung aufgebaut hatte, über die seine beiden jüngeren Brüder regelmäßig herfielen. In den 1970ern florierten Outlaw Country und Southern Rock in Florida. Acts wie Waylon Jennings, Merle Haggard, Johnny Cash, Lynyrd Skynyrd und die Allman Brothers Band liefen ständig in der Jukebox, die Jim für seine Familie veranschlagte. Der Münzautomat begeisterte Donald hellauf, ihm wuchs solche Musik ebenso rasch ans Herz wie Led Zeppelin, eine tragende Säule von Gregs Sammlung.

Die Tardys standen einander sehr nahe – allen voran John und Donald, die dadurch, dass sie nur zwei Jahre auseinanderlagen und zahllose Erfahrungen gemeinsam machten, unzertrennlich wurden. Die beiden erfreuten sich nicht nur an stapelweise Schallplatten von Greg, sondern spielten auch gemeinsam Baseball, Football und Fußball, wobei ihr Zeitplan so voll war, dass sie ihre Trikots häufig zwischen Partien auf dem Rücksitz des Kombis ihrer Mutter wechseln mussten. Im frühen Teenageralter gaben sie Football auf, da sie nicht die nötige Körpermasse aufbauen konnten, um mit anderen Jungs mitzuhalten. Baseball und Fußball blieben ein wichtiger Teil ihres Lebens, bis Musik – vor allem Metal – ihre Herzen eroberte.

John und Donald Tardys Liebe zum Metal war kein Nebenprodukt unsinniger adoleszenter Ängste oder ein Mittel zur Flucht aus einem gestörten Familienleben. Weder das eine noch das andere spielte beim Aufwachsen der beiden eine Rolle;

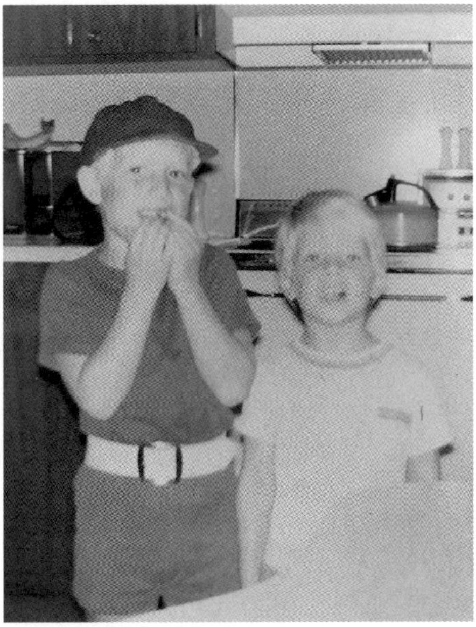

John und Donald Tardy.
Foto von Kristin Campbell.

vielmehr sind sie im wesentlichen freundlich, gutherzig und gastfreundlich, ohne jegliche Anmaßung oder „Vorteile“, die sie zur Gründung einer der bedeutendsten Bands im Death-Metal-Bereich getrieben hätten. Sie taten es 1984 mit ähnlichen Absichten. Ihre Motivation, Obituary nach fast vier Jahrzehnten mit der gleichen Hingabe und Begeisterung weiterführen, sind elementar: Sie lieben Musik und sind den Bands treu, die sie als Teenager in Brandon inspirierten. Ihre Herangehensweise an ihre Musik – und ans Leben – ist von Schlichtheit und Routine geprägt. „Ich fürchte mich vor Veränderungen“, gesteht John. „Ich mag es, wenn die Dinge mühelos laufen. Wenn etwas leichtfällt, fühlt sich jeder wohl, und wir machen einfach weiter wie bisher.“

Donald war der Erste, der ein Instrument spielen wollte. Als er einen Freund von Greg an einem Schlagzeug sah, war er sofort besessen davon. Er belämmerte den Jungen so lange, bis dieser ihm erlaubte, sich hinters Kit zu setzen, um Toms und Snare zu malträtieren. Es dauerte nicht lange, bis Donald auf dem Esstisch herumschlug – sehr zum Leidwesen seiner Mutter – und sich dann ein behelfsmäßiges Drumset aus verschiedenen Töpfen und Pfannen zusammenstellte. „Ich wurde zum schlimmsten Albtraum meiner Mutter und musste daraufhin ein Schlagzeug bekommen“, erzählt er. „Ich bettelte und bettelte, bis sie mir endlich eine Alu-Trommel der Marke Ludwig schenkte, worauf ich trommeln konnte, und verliebte mich sofort in das Ding. Ich saß in unserem Garten und drosch stundenlang darauf ein. Als ich zehn Jahre alt war, interessierte ich mich nur dafür. Ich konnte nichts anderes tun.“

Donald musste noch einige Jahre warten, ehe er ein eigenes Schlagzeug bekam. Bis dahin spielte er auf den Kits von Freunden (soweit sie ihn ließen) und bearbeitete weiterhin seine treue Trommel. Das Instrument bestimmte sein Leben als Teenager, verdrängte den Sport und praktisch auch alles andere. Er ist Autodidakt und lernte, indem er stundenlang Drummern wie John Bonham von Led Zeppelin oder Vinny Appice von Black Sabbath und Dio zuhörte. Der Stil der beiden wird als „in the pocket“ gerühmt, was bedeutet, dass sie das unerschütterliche Fundament ihrer jeweiligen Rhythmusgruppe waren/sind. Zudem spiel(t)en Appice und Bonham für den Song, statt einzeln Anerkennung und Aufmerksamkeit erhalten zu wollen.

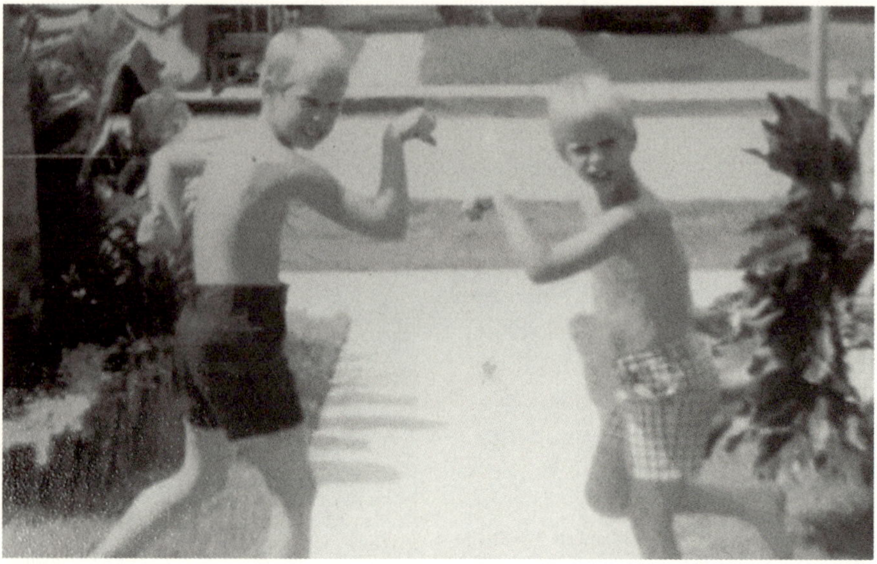

John und Donald Tardy. Foto von Kristin Campbell.

„Ihre Art zu spielen war nicht eine Million Meilen die Stunde“, führt Donald aus. „Es ging einfach um die Power und Ruhe, wenn sie hinter dem Beat trommelten. Das war das, was mich umgehauen hat, als ich als Schlagzeuger anfing. Dieses Feeling wurde zuerst Bonham zugeschrieben, aber ich entdeckte schon bald Ronnie James Dio; in dem Moment, als ich Vinny Appices Performance auf *Holy Diver* und Black Sabbaths *Mob Rules* hörte, öffneten sich meine Augen und Ohren noch weiter als zuvor, als ich John Bonham gehört hatte.“

„Bonham hat mir den Weg gezeigt und im Grunde dafür gesorgt, dass ich Drummer werden wollte“, so Donald weiter. „Dann orientierte ich mich an Vinny Appice. Er war meine größte Inspiration und hat mich weit stärker beeinflusst als jeder andere Schlagzeuger auf der Welt. Ich liebe sein Spiel so sehr, immer noch. Er ist mein Held.“

Während er die Grundlagen des Thrash- und Death-Metal-Schlagzeugspiels schließlich erlernte und gut anzuwenden wusste, war Donalds intuitiver Groove – seine Art, nur ganz leicht hinter dem Beat zurückzubleiben – von Bonham, Appice und nicht zuletzt dem Southern Rock beeinflusst. Nun kann man Obituary zwar schwerlich „Southern Rock“ nennen, doch dieser Sound schlägt sich auf andere Weise bei ihnen nieder.

„Er brachte uns darauf, Songwriter im Sinne der Musik zu werden, die uns am Herzen lag, also Southern Rock und Metal“, erläutert Donald. „Ich habe keine Ahnung, woher die Bands, die später verrückte, schnelle, technische Sachen im Death Metal machten, ihre Einflüsse hatten, denn das gab es damals noch nicht. Niemand hat so etwas getan, um Atheist oder Cynic zu zeigen, was sie verdammt noch mal mit der Technik, die sie einsetzen, anfangen sollten. Uns haben Molly Hatchet und Blackfoot gezeigt, was man mit mordsmäßigen Gitarrenriffs und grundsolidem Rock-Drumming anstellen kann.“

John hatte nicht die gleichen musikalischen Ambitionen wie Donald. Wiewohl Rock und Country-Musik in seiner Jugend von Bedeutung waren, fehlte ihm der Antrieb seines jüngeren Bruders, ein Instrument zu beherrschen. „Alles begann in unserem Elternhaus", sagt er. „Ich schien immer von Instrumenten umgeben zu sein, egal wo. Jedenfalls waren wir diejenigen, die die ganzen Gerätschaften hatten. Ich habe damals ständig mit der Gitarre und dem Schlagzeug rumgemacht, bin aber nie so weit gekommen, dass ich sie in einer Band gespielt hätte. Man konnte sich gewiss nicht darauf verlassen, dass ich gleichzeitig Gitarre spielen und singen würde."

Im Sommer 1980 bekamen die Tardys einen neuen Nachbarn: Trevor Peres. Er hatte mit seiner Familie – seine Eltern hießen Lee und Beverly, sein älterer Bruder Jason – bis 1979 in Jacksonville gelebt, dann wurde sein Vater in die Gegend von Tampa versetzt. Trevor unternahm gemeinsam mit Lee und Jason ausgedehnte Campingausflüge in der schwülen Wildnis Floridas und verliebte sich schnell in die vielen Bootsstege rund um Tampa. Dabei entbrannte schnell eine Liebe zum Angeln, das er bis heute eine Leidenschaft nennt.

Peres´ Musikerziehung gestaltete sich vielseitig. Sein Vater war Musiker und beschäftigte sich mit der Gitarre, sein Onkel ebenfalls. Sein Großvater spielte Akkordeon in der Bluegrass-Combo Ozark Mountain Band, aber der junge Trevor hörte viel lieber den Südstaatenrock jener Zeit. Mit einem legendären Szenemusiker verbindet ihn auch eine gemeinsame Geschichte – Gary Rossington von Lynyrd Skynyrd ging auf dieselbe High School wie seine Mutter und sein Onkel. Peres erinnert sich sogar daran, wie sein Onkel einmal den Van von Molly Hatchet auf dem Parkplatz seines Wohnhauses entdeckte, wodurch ihm bewusst wurde, wie nahe er der Rockszene stand.

Peres lernte die Tardy-Brüder im Sommer 1980 kurz vor Beginn des Schuljahres beim Radfahren in der Nachbarschaft kennen. John und Donald waren eine Klasse über beziehungsweise unter ihm. Durch Sport verstanden sie sich gleich gut, denn alle drei spielten Baseball und Fußball. Sie hatten sich noch nicht in den jugendlichen Kopf gesetzt, Musik zu machen. „1981 waren wir noch Kids", rekapituliert Peres. „Ich dachte noch nicht an Musik. Wir alle spielten Ball und trieben in unseren kleinen Ligen Sport. Wahrscheinlich hat uns das zusammengebracht. In dem Alter ist man noch sehr jung, so mit zehn, elf, zwölf. Wenn man einen Haufen Kinder in einen Sandkasten setzt, werden sie gemeinsam spielen."

„Trevor war exakt wie ich", betont Donald. „Er liebte Radfahren, und er liebte Musik – wir auch. Da er mich tagein, tagaus im Garten trommeln sah, flehte er seine Mom an, ihm eine Gitarre zu kaufen. Trevor sah auf jeden Fall cool aus, weil seine Eltern viel entspannter waren als meine. Meine Mutter rannte mir noch mit der Schere hinterher und bestand darauf, dass ich mir die Haare schneiden ließ, wohingegen sich Trevor die Haare wachsen lassen durfte. Ich dachte: „Mensch, Junge, du hast eine coole Matte!"

Peres gibt an, Lynyrd Skynyrd seien ihm als die Band schlechthin aus Jacksonville „eingetrichtert worden, weil ich aus derselben Stadt kam." Er hörte dann auch Southern-Rock-Klassiker wie die Allman Brothers Band, Blackfoot oder Molly Hatchet, bevor er Black Sabbath entdeckte. Wie für so viele in den 1970ern war die Band

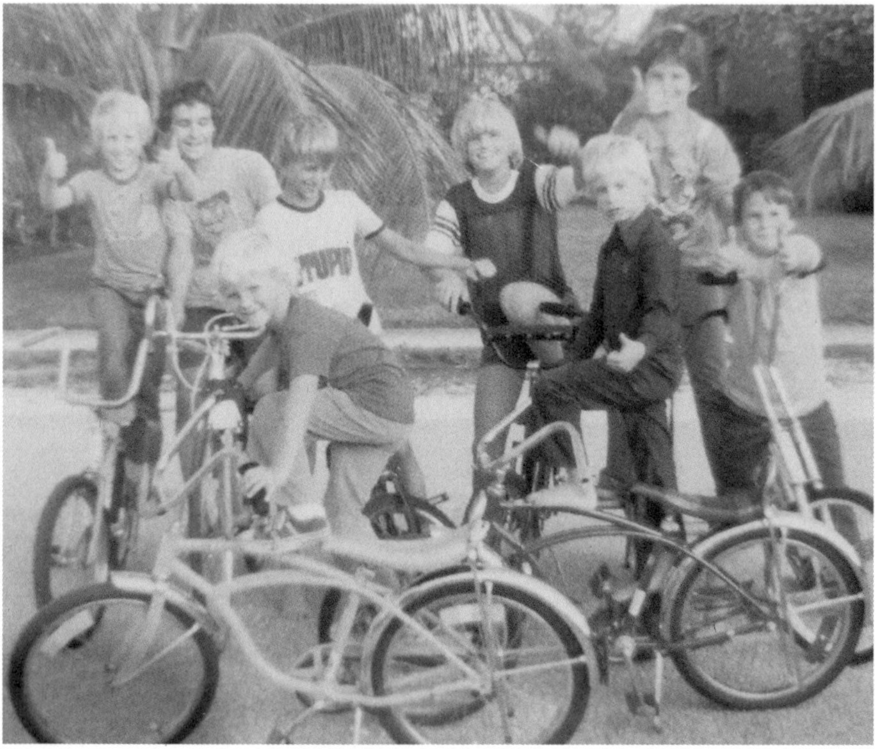

Die Miami-Fahrradgang. Foto von Kristin Campbell.

das Härteste, was Trevor im Radio hörte. Seine Mutter schenkte ihm zudem ein „Maiden Japan"-Baseballshirt von Iron Maidens allererster Fernenost-Tour.

Peres und die Tardys vertieften sich rasch in der Welt des aufkeimenden Heavy Metal der 1980er. Die zukünftigen Ikonen Black Sabbath, Iron Maiden und Judas Priest liefen regelmäßig. Während die Jungs ihre Vorliebe für Southern Rock nie verloren, wurden Sabbath, Maiden und Priest – neben den frühen Aufnahmen von Metallica und Slayer - zu ihrer Obsession. Wie viele in ihrem Alter blicken die drei gerne auf jene Ära des Heavy Metal zurück. Zeitschriften und Fanzines waren damals die wichtigsten Informationsquellen für diese Musik. Wenn ein neues Metallica- oder Slayer-Album in einem Studiobericht oder einer Rezension vorgestellt wurde, erzeugte das eine Spannung, die sich in den heutigen Verhältnissen kaum mehr nachstellen lässt. „Man hatte eine riesige Vorfreude, weil man es in einem Magazin sah, und dann vergingen Wochen", erzählt John. „Ehe du dich versehen hast, ist das Album dann erschienen. Du bekamst es, hast die Hülle aufgeklappt, konntest es sehen und anfassen - es gab Bilder und Liner Notes, aber man musste die LP herausziehen, sie auflegen, sich hinsetzen und hören. Vorab hätte man keine Gelegenheit dazu gehabt."

„Damals war es einfach ganz anders", fährt er fort. „Nicht so wie heute, wo man in einen Raum mit fünf Kindern kommt und wahrscheinlich alle fünf am Telefon hängen, obwohl sie sich gegenseitig sehen, oder zwei von ihnen zocken ein Spiel gegeneinander. Damals saßen wir im selben Zimmer und alberten einfach rum. Wir hatten nichts anderes zu tun, als Musik zu hören und uns vielleicht einen Besenstiel zu schnappen, um mitzuspielen!"

Die in Konkurrenz zueinander stehenden Plattensammlungen von Peres und den Tardys (einschließlich Bruder Greg) trugen schließlich zur Herausbildung von Obituarys Sound bei. Trevor verschlang alles, was mit Metal zu tun hatte; die Tardys, die zwar sehr auf Metal standen, ließen sich auch von Gregs Southern-Rock-Sammlung beflügeln. „Wenn man sich Obituary anhört, klingt es deutlich nach Metal, aber Southern Rock liegt uns fraglos im Blut", sagt Donald. „Wie man als Kind geprägt wird, ohne es zu merken, ist schon seltsam. Trevor hatte Sabbath und Maiden, ich ZZ Top, die Outlaws und Lynyrd Skynyrd, aber halt dir die Musik vor Augen, die wir gemacht haben, nachdem wir schon so lange zusammen waren. Als ich mal zu Trevor nach Hause ging, meinte er: „Schau, meine Mom hat mir ein Black-Sabbath-Album geschenkt." Und ich dann so: „Oh Mann! Lass es uns hören!" Das Gleiche passierte mit allen Iron-Maiden- und AC/DC-Platten. Das alles spielte sich unmittelbar vor uns Kids ab.

Nun da sie vom Heavy Metal gebannt waren, streiften die drei mit einer Boombox, die einer stolz auf der Schulter trug, durch ihre Wohngegend in Brandon, während laut Metal lief, damit alle Nachbarn es hörten. Ihre Eltern schienen auch nichts dagegen zu haben. Abgesehen von Carol Tardys gelegentlicher Bitte um einen Haarschnitt hielten die Familien Peres und Tardy ihre Söhne nie davon ab, Metal zu hören, obwohl es sich dabei um Musik für Außenseiter handelte. Sie erlaubten den Jungen auch, Arena-Shows von wahrhaftig allem zu sehen, was in den 1980ern Rang und Namen hatte, als Hardrock- und Metal-Bands große Hallen füllen konnten.

„Unsere Eltern waren aufgeschlossen und nicht besorgt darüber, dass sich ihre Söhne für Heavy Metal begeisterten", so Donald. „Sie zwangen uns weder, in die Kirche zu gehen, noch hieß es, wir würden ‚sündigen'. Sie akzeptierten Rock und Metal und halfen uns schließlich bei dem, was wir tun wollten, nämlich Musik machen. Wir sahen Ted Nugent, ZZ Top, dann Iron Maiden, Dio, Twisted Sister - einfach alle Bands, die um ´83 herum in die Stadt kamen und die wir uns anschauen durften. Falls ein Freund von uns Auto fuhr und wir Benzingeld hatten, ging´s zum Lakeland Civic Center, wo die meisten dieser Bands auftraten."

Obwohl viel über die berühmte Death-Metal-Szene Tampas geredet wird, brachten in Wirklichkeit zwei Bands den Stein ins Rollen, die keinen Death Metal spielten: Avatar – der Vorläufer von Savatage – und Nasty Savage. Sie hoben sich zwar stilistisch stark voneinander ab und schlugen später sehr unterschiedliche Karrierewege ein, doch Nasty Savage und Savatage gelten weithin als Hauptinspirationsquelle mehrerer Death-Metal-Bands aus Florida. Die Tatsache, dass beide aus Brandon stammten und leicht zugänglich waren, hinterließ bei den Teenagern der Region einen bleibenden Eindruck. Sie schöpften Hoffnung, eines Tages in die gleiche Position zu gelangen.

Savatage, die Band der Oliva-Brüder Jon (Gesang) und Criss (Gitarre), wurden 1979 als Avatar gegründet und benannten sich 1983 um. Ihr frühes Schaffen stand im Zeichen des traditionellen Metal, erkennbar an Jons theatralischem Gekreisch und Criss' ausgefeilten Licks. Avatar wurden von dem örtlichen Label Par Records aus Tampa unter Vertrag genommen, das die EP *City Beneath the Surface* herausbrachte. Es veröffentlichte auch das Savatage-Debütalbum *Sirens*, bevor die Band 1985 mit *Power of the Night* bei Atlantic Records unterschrieb. Ihr 1987er LP *Hall of the Mountain King* wird gemeinhin als Höhepunkt ihrer Karriere bewertet und markiert den Beginn ihrer Zusammenarbeit mit dem Produzenten Paul O'Neill, der schließlich Mitglieder von Savatage einspannte, um die auf „Rockopern" abonnierte Gruppe Trans-Siberian Orchestra an den Start zu bringen.

Nasty Savage gründeten sich 1983. Ihre beiden '84er Demos *Raw Mayhem* und *Wage of Mayhem* wurden mit ihrem ausgelassenen, hymnischen Metal prompt Bannerträger für die Szene in Florida. Damit wurde die Band zu einer der ersten im Staat, die im wachsenden internationalen Tapetrader-Milieu kursierte.

Ronnie Galletti machte live eine Menge her, konnte aber auch singen, obgleich er behauptete: „Ich war nie Sänger, sondern habe auf der Bühne nur so getan, als wäre ich einer." Da man Nasty Savage weder im Thrash noch im traditionellen Metal ansiedeln konnte, besetzte sie einen kurzen Zeitraum, in der man schlicht „Metal" sein durfte, ohne sich dagegen wehren zu müssen, einem beengenden Subgenre zugeordnet zu werden. Vor allem aber wusste die Band, dass es nur einen Weg gab, um die Chance auf eine Karriere zu bekommen, nämlich indem man eigene Songs schrieb.

„Die meisten Leute hielten uns für Thrash Metal, obwohl es damals noch keine festen Bezeichnungen gab", sagt Mitbegründer und Gitarrist Ben Meyer. „Nach einer Weile wurden wir Thrash/Metal genannt, aber ich würde sagen, wir haben uns im Heavy Metal verortet. Alle pflegten ihren eigenen Stil – Ende der 1970er, als ich aufwuchs, waren meine Haupteinflüsse Black Sabbath, Judas Priest, AC/DC und Alice Cooper. Die Jungs waren auch alle Fans dieser Bands, aber jeder von uns hatte andere Einflüsse. Dave [Austin, Gitarre] und ich haben versucht, unsere Musik so zu schreiben, dass wir nicht wie andere klangen, aber auch schwer zu kopieren waren."

Nasty Savage bedeuteten genauso viel für die Entstehung der Metal-Szene in Tampa wie Savatage. Auf beide Bands folgten Argus, die eine Mischung aus Originalen und Coverversionen spielte, darunter Stücke von Angel Witch, Black Sabbath und Judas Priest. Allerdings wiesen die Veranstalter zunächst alle drei Bands ab, da Heavy Metal noch ein Fremdwort in Zentralflorida war. Deshalb ließen sich Nasty Savage etwas einfallen: Sie veranstalteten Shows auf leeren Feldern am Stadtrand von Brandon und warben mit Bier vom Fass, um ein großes Publikum anzulocken.

„Die Szene in Tampa war damals ganz anders als heute", erinnert sich Meyer. „Die ganzen sozialen Netzwerke gab es noch nicht, dafür aber starke Mundpropaganda. Wir konnten mit 100 Flyern 1.000 Leute zu unseren Konzerten ziehen. Als wir anfingen, gab es nicht so viele Bands in Brandon; was wir machten, hatte niemand

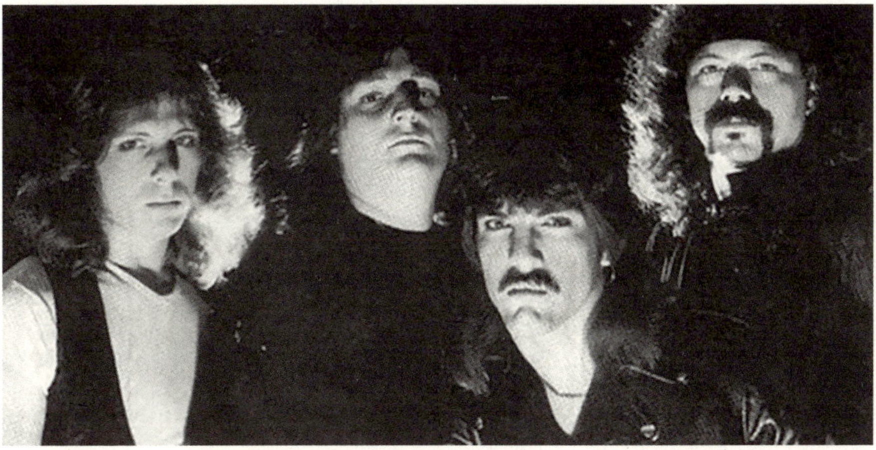

Frühe Savatage.

vor uns getan, soweit ich weiß. Unser Publikum war ziemlich verrückt, und einige Lokale hatten Angst vor uns. Weil Geld aber keine Ohren hat, gelang es uns, ein paar Veranstalter zu finden, die uns unterstützten. Trotzdem war es nicht so einfach mit Veranstaltungsorten, auch wenn es mit der Zeit besser wurde, als mehr Metal-Bands auf den Plan traten. Unterdessen erlangte Tampa seinen Ruf, nachdem mir das anfangs eher illusorisch vorgekommen war."

Mit Blick auf die übergeordneten Zusammenhänge des Death Metal in Florida ist die Wirkung von Nasty Savage nicht zu unterschätzen. Fast alle wichtigen Bands der Szene führen sie als Einfluss an. Erstens waren sie eine lokale Band, die durch die Veröffentlichung ihres selbstbetitelten Albums (1985) und des darauffolgenden *Indulgence* (1987) bei Metal Blade einen Erfolg auf nationaler Ebene erzielte, zweitens zeigten sie jungen, noch formbaren Genre-Acts aus Florida, wie man sich verhalten sollte.

„Sie haben uns alle gelehrt – mir ist egal, was die Leute in Tampa behaupten", sagt Atheist-Frontmann Kelly Shaefer. „Nasty Savage brachten uns bei, was es bedeutet, Underground zu sein, keine Coverversionen zu spielen und eine Show abzuziehen. In den frühen Tagen waren das Ruby's und der Sunset Club voll mit den Death-Metal-Helden von heute. Stell dir vor, du gehst zu einem Konzert, und alle Mitglieder von Morbid Angel, Obituary und Atheist – von jeder verdammten Band – sind da, um Nasty Savage zu erleben. Sie waren so geil.

„Wir haben so was von zu ihnen aufgeschaut", berichtet Kelly weiter. „Damals gab es noch keine Moshpits; die Leute drängten zu Dutzenden in einen kleinen Laden und schauten diesen Typen beim Spielen zu. Wir haben die Köpfe geschüttelt wie blöde ... Das war einfach das Größte überhaupt. Wenn wir dann vorne rausgingen, hing die Band mit uns Fans ab. Sie zeigten uns, wie man diejenigen behandelt, die Konzerte besuchen. Meiner Meinung nach waren sie ein tolles Beispiel dafür, wie wichtig es ist, freundlich zu sein und sich nicht wie ein Rockstar oder Arschloch aufzuführen.

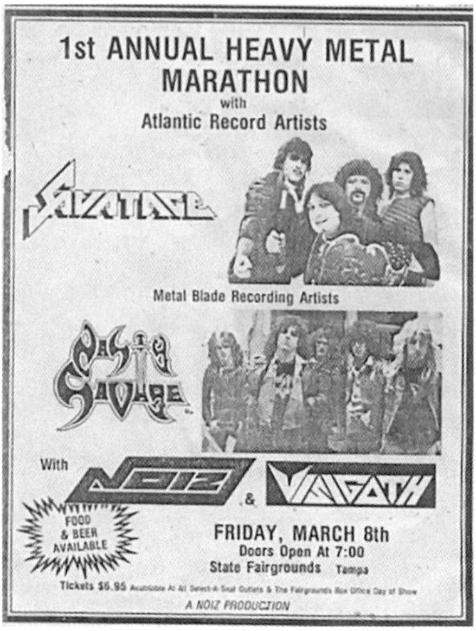

1985er Flyer zu einem Konzert von Savatage und Nasty Savage.

Ben, Dave und so weiter haben sich mit uns Jugendlichen abgegeben, wobei Ronnie überlebensgroß wirkte.“

„Nasty Savage hatten einen großen Einfluss auf alle Bands in Florida“, bestätigt Scott Burns, der als Produzent und Tontechniker bei Morrisound Recording berühmt wurde. „Ronnie war seinerzeit durch Tapetrading und Fanzines der König des Underground. Die Mitglieder von Nasty Savage waren mehrere Jahre älter als viele anderen Bands aus Florida wie Executioner, doch nach und nach verkehrten alle miteinander und wurden Freunde. Ich glaube, das hat für die Entwicklung der Szene eine bedeutende Rolle gespielt.“

Am 8. März 1985, wenige Monate vor der Veröffentlichung ihrer Debüt-LP, gaben Nasty Savage auf den Florida State Fairgrounds eines der wichtigsten Konzerte in Floridas Metal-Geschichte. Auf dem Programm stand auch ein Auftritt von Savatage, die zwei Monate später *Power of the Night* herausbringen sollten. Die beiden bekanntesten Bands der Szene teilten sich dieselbe Bühne vor einer Menge, in der so einige künftige Death-Metal-Musiker standen.

„Wir wussten, dass wir an diesem Abend ein Zeichen setzen mussten“, erinnert sich Galletti. „In der lokalen Szene wimmelte es vor Headbangern – sie waren bereit, und wir auch. Ich bemerkte es nicht während der Show, aber im Publikum befanden sich nicht nur Fans von Nasty Savage und Savatage, sondern einige der wichtigsten Personen, die den Weg für die nächste Generation des Tampa-Metal ebnen sollten. Sie haben dazu beigetragen, die Stadt zu dem Ort zu machen, wo das Härteste in Sachen Metal entsteht. Ich fühle mich geehrt, behaupten zu dürfen, dass manches von dem, was wir an dem Abend auf der Bühne taten, und die Musik, die wir schufen, einige dieser Leute inspirierte.“

Unter den Zuschauern tummelte sich auch der 16-jährige Trevor Peres, der so beeindruckt von Nasty Savages Darbietung war, dass er jegliche Zweifel an seinem Berufswunsch ausräumte. Die Band in ihrer Garage proben zu sehen war das Eine; sie beim Plattmachen einer Menschenmenge zu erleben, war etwas ganz anderes.

„Durch sie kam ich auf extremen Metal“, gibt Peres an. „Ich fing fast zur gleichen Zeit an, Slayer und Celtic Frost zu mögen. Dann sah ich Nasty Savage live. Ich fragte mich: ‚Was ist das denn? Geiler Scheiß. Das war´s, nichts ist unmöglich, ich will in einer Band spielen.‘ Sie schürten diesen Wunsch in mir, als ich sie spielen sah. Ich dachte: ‚Mann, das ist fantastisch.' Die Power, die Energie und ihr Look, es war unfassbar."

„Nasty Savage waren der Hauptgrund dafür, dass wir eine Band gründeten", versichert John. „Als wir anfingen, haben wir einfach drauflos gespielt – wir wussten nicht, was wir taten. Sie haben uns wirklich die Richtung gezeigt. Und wenn man darüber nachdenkt, klingt niemand wie Savatage oder Nasty Savage. Ob man sie mag oder nicht: Sie waren zu ihrer Zeit einzigartig. Das rührte von ihrem Sound her. Wenn ich eine Band höre und sie mir gefällt, liegt das daran, dass ihr Sound etwas völlig Einmaliges an sich hat. Niemand ist wie Slayer, also mag ich solche Bands tendenziell lieber als andere. Sie besaßen dieses gewisse Etwas."

„Wir waren verwöhnt, weil wir zwei Bands in unserer Gegend hatten", fügt Donald hinzu. „Schaut euch an, wie toll sie in den ersten Jahren waren, als sie diese Platten herausbrachten. Alle Obituary-Mitglieder lieben das Nasty-Savage-Debüt nach wie vor unheimlich gerne, es ist unglaublich. Wenn man es jetzt hört, ist das Songwriting an heutigen Standards gemessen immer noch stark. Und Savatage gehören schlichtweg zu den besten Bands der Welt."

Aus verschiedenen Gründen wurden Nasty Savage nie so erfolgreich wie die Bands, die sie inspirierten. Ein Jahr nach der Veröffentlichung ihrer EP *Abstract Reality* (1988) über Metal Blade unterschrieb die Band bei Rotten Records, um *Penetration Point* zu veröffentlichen, doch zu dem Zeitpunkt fand ihr einzigartiger Stilmix keinen breiteren Anklang innerhalb der Thrash-Szene. Die Band löste sich ein Jahr später auf und nahm in den 1990ern mehrere vergebliche Anläufe zu einer Reunion. Erst 2004 kehrten Nasty Savage mit dem von Donald Tardy produzierten Album *Psycho Psycho* zurück, das bis heute ihr letztes ist. Meyer verließ die Band 2016, also bleiben Galletti und Austin die einzigen Originalmitglieder. Nasty Savage treten immer noch live auf, doch dass sie neues Material veröffentlichen, ist unwahrscheinlich.

2017 stellte Obituary Nasty Savage in dem von Balázs Gróf inszenierten Animationsvideo zu 'Ten Tousand Ways to Die' vor. Der Clip beginnt damit, dass die Band zu einem Nasty-Savage-Auftritt kommt und feststellt, dass er ausverkauft ist; zum Glück rettet der langjährige Obituary-Lichttechniker Bryan „Big Daddy" Geisler den Abend, indem er ihnen Backstage-Pässe besorgt. Man sieht alle fünf Obituary-Mitglieder während 'Unchained Angel' beim Headbangen und Mitsingen in der ersten Reihe, bis sie bemerken, dass sie sich inmitten einer Zombie-Apokalypse befinden. Galletti glaubt, das 'Ten Tousand Ways to Die'-Video habe mitgeholfen, den Ruf von Nasty Savage wieder zu etablieren und ihnen neues Leben einzuhauchen. Das war ein angemessener Dienst für eine Band, die mehr als alles andere dafür leistete, dass die Death-Metal-Szene in Tampa auf Touren kam.

„Mit einer Überzahl an Leuten fiel der Aufbau einer Szene leichter", sagt Galletti. „Genau darauf kam es an: mehr Bands, mehr Leute bei den Shows, mehr nationale und internationale Medien, dann mehr Bands, die nach Tampa kamen, um im Morrisound aufzunehmen. Diese Bands waren der Hammer, und Scott Burns wurde zu einem legendären Death-Metal-Produzenten. Ich fühle mich geschmeichelt und verneige mich vor jedem, der Nasty Savage Anerkennung zollt. Das bedeutet, dass wir

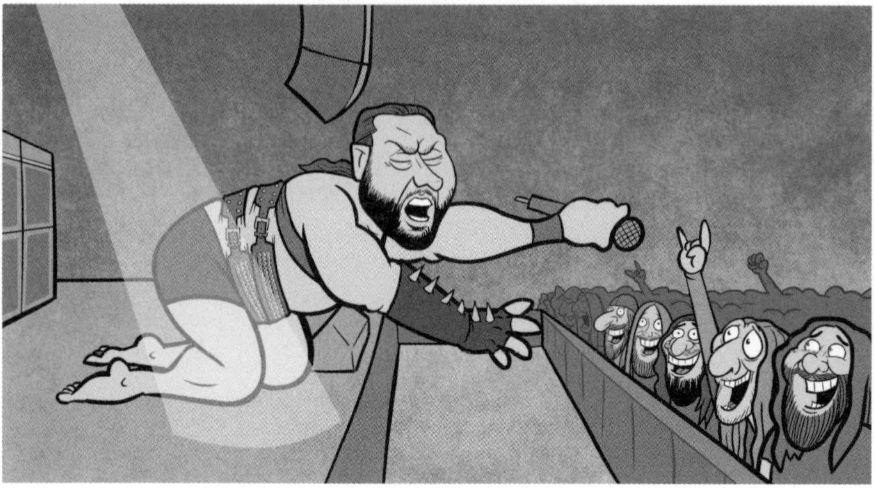

Standbild von „Nasty“ Ronnie Galletti aus dem ´Ten Thousand Ways to Die´-Video von Balász Gróf.

es nicht nur für uns getan haben. Es war mitverantwortlich für einen Flächenbrand, aus dem einige der größten Death-Metal-Bands aller Zeiten hervorgegenagen sind. „Die Musiker von Obituary sind großartige Menschen und clevere Geschäftsleute“, sagt er abschließend. „Ich liebe die familiäre Atmosphäre innerhalb der Band und ihres engsten Kreises. Sie sind erfolgsorientiert und erzielen Ergebnisse. Ich bin so stolz darauf, ein kleiner Teil ihrer Geschichte zu sein.“

KAPITEL 2

EXECUTIONER

Im Frühjahr 1984 wünschte sich Donald Tardy nichts lieber als ein eigenes Schlagzeug. Seine Mutter Carol kaufte ihm keins, weil sie befürchtete, ihren Jüngsten weiter zu der Ein-Mann-Trommelattraktion anzusporen, die er allmählich wurde. Donalds unablässiges Schlagen auf Töpfe, Pfannen und schließlich seine eigene kleine Trommel trieb die arme Frau an den Rand des Wahnsinns. Dass sie ihm ein Schlagzeug kaufte, war ausgeschlossen. Stattdessen musste sich Donald auf andere Leute verlassen, etwa Brent „Moose" Federson, dessen gewaltiges Tama-Kit mit zwei Bassdrums und vier Hängetoms Metallicas Lars Ulrich Konkurrenz machte. auf Federsons Schlagzeug einzuprügeln machte Spaß, doch es gehörte nicht Donald. Schließlich stieß er bei einer seiner täglichen Fahrradtouren durch die Vororte von Brandon über ein ausrangiertes blaues Ludwig-Kit am Straßenrand. Es hatte schon bessere Tage gesehen – die Füße der Bassdrum waren gebrochen, und als Ersatz hatte man notdürftig mit Klebeband einen Trommelstock befestigt. Nachdem sich Donald kurz umgesehen hatte, um sicherzugehen, dass es sonst niemand auf seinen Fund abgesehen hatte, fing er an, Teile zu nehmen und nach Hause zu fahren. Es gab aber noch einiges zu tun: Da er keine Toms besaß, „borgte" er sich Bongos von einem Freund seines Vaters, was etwa eine Stunde dauerte. Andere Teile wie Ständer und Becken wurden nach und nach aus Abfallcontainern und von der Müllabholung zusammengetragen. Es war nicht schön, aber zweckmäßig. Nun hatte Donald sein erstes Schlagzeug.

Dass er eine Band mit John Tardy und Trevor Peres gründen würde, war somit unausweichlich. Die Teenager waren bereits eingefleischte Metal-Fans, bei denen das Vinyl von Metallicas „Kill 'Em All" und Slayers „Show No Mercy" andauernd lief. Die Lokalmatadore Nasty Savage und Savatage, die in der Nähe probten, dienten ihnen schon früh als Inspiration. Der amtliche Metalhead-Look folgte als nächstes: Die Tardy-Brüder nahmen sich vor, Peres in puncto Haarwuchs einzuholen, sehr zum Leidwesen ihrer Mutter. Sie besorgten sich Jeansjacken, Leder und Nieten. Neue Langhaarige in Jeansklamotten gingen scharenweise zu allen Konzerten in Tampa, was darauf hindeutete, dass sich eine spannende Szene entwickelte.

Der Krach, der aus dem Haus der Tardys hervordrang, war nicht zu verwechseln mit dem Drang der Teenager, sich zu verbessern. Die noch namenlose Band, die ihre

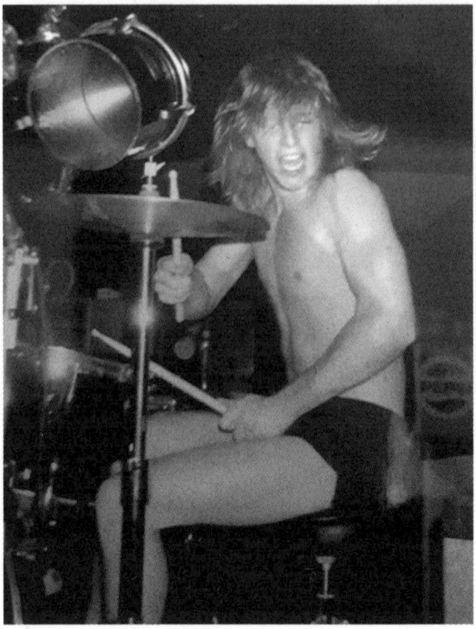

Ein junger Donald Tardy.
Foto von Kristin Campbell.

Instrumente gerade erst erlernte, hatte noch keine Richtung, sondern schöpfte Ideen aus ihrer größer werdenden Plattensammlung und ihren wesentlichen musikalischen Interessen. Obwohl Donalds und Trevors Musikalität primitiv und unbedacht war, ließ sich ihre Entschlossenheit in jungen Jahren nicht leugnen.

„Man kann es darauf zurückführen, dass Trevor und ich Musik lieben", erklärt Donald. „Er sah, dass ich *mehr* als leidenschaftlich bei der Sache war – ich war süchtig nach meiner Trommel und wollte Schlagzeuger werden. Ich glaube nicht, dass wir jemals wörtlich gesagt haben: ‚Wir gründen eine Band', aber wir suchten nach einer Möglichkeit, ein paar Verstärker und ein Schlagzeug in meinem Zimmer aufzustellen und die Bude zum Wackeln zu bringen, wenn unsere Eltern nicht da waren. Wir waren vernarrt in die Vorstellung, einer Band anzugehören.

Im Folgenden ließen die Jugendlichen den Sport außerhalb der Schule bleiben. Sie gaben ihre Baseball-, Football- und Fußballtrikots ab und sollten sie nie wieder tragen. Da Familienoberhaupt Jim oft beruflich unterwegs war, brauchten die Tardy-Brüder und Peres nur mit dem Üben zu warten, bis Carol das Haus verließ. Das geschah für gewöhnlich spätnachmittags nach der Schule, wenn die Band schnell einen Happen aß, ein bisschen fernsah und dann nach oben rannte, um mit dem Jammen zu beginnen. Es wurde zu einem täglichen Ritual, das ihr Leben ausfüllte. Und es dauerte nicht lange, bis ihre sportlicher orientierten Freunde anfingen, die plötzliche Verwandlung der drei in Metalheads infrage zu stellen.

Zu Beginn der zehnten Klasse hörte ich mit Baseball auf, weil ich nur noch Gitarre spielen und in einer Band sein wollte", erzählt Trevor. „Alle meine Baseball-Kumpels außer den Tardys – die Jungs, mit denen ich jahrelang in Teams spielte –, bewarben sich für die High-School-Mannschaft und fragten: ‚Mann, wieso bist du nicht hier draußen? Du bist super auf der zweiten Base. Was ist los?' Ich fragte sie: ‚Hey, ist euch aufgefallen, dass meine Haare seit Sommer länger geworden sind?' Und sie dann: ‚Äh, ja.' Ich fügte hinzu: ‚Ich bin da raus, Leute.' Bis zu dem Zeitpunkt hatte ich Baseballprofi werden wollen, das war mein Ziel gewesen."

Donald trennte einen Bereich des Kinderzimmers, das er sich mit John teilte, für sein Set ab. Während *Kill 'Em All*, *Show No Mercy*, der Led-Zeppelin-Katalog und Black Sabbaths *Mob Rules* weiter in Dauerschleife liefen, begann Donald, sich als

Drummer zu profilieren. Dadurch, dass er sich eine geringfügig falsche Technik aneignete, spielte er unbewusst einen Sekundenbruchteil hinter dem Beat. Weil er dazu neigte, die rechte Hand mit dem Stick abzuknicken wie ein Schlagmann beim Baseball, um die Schwungkraft zu erhöhen, lernte Donald schnell, die Snare hart und gleichmäßig zu bearbeiten – mit jedem Schlag. Das würde ihm besonders zugute kommen, wenn seine Band mehr als zehn Jahre später langsamere, eher groovige Temporegionen anpeilte. Gegenüber im Schlafzimmer saß John Tardy ohne Musikinstrument. Er trommelte gelegentlich auf Donalds Schlagzeug herum und hatte kaum Interesse daran, Gitarre oder Bass zu spielen. Stattdessen war er bei Donalds und Trevors ersten Jamsessions so etwas wie ein Zaungast. Er schaute neugierig zu und fragte sich, wie er sich in den Klangstrudel einfügen konnte, der sein Elternhaus erfasste. John brüllte gelegentlich bei Coverversionen in ein Mikrofon und headbangte vor allem vergnügt zur Musik. In erster Linie war er dort, um echten, live gespielten Heavy Metal in seinem Zimmer zu genießen, und wusste noch nicht, welche einzigartige Begabung er hatte.

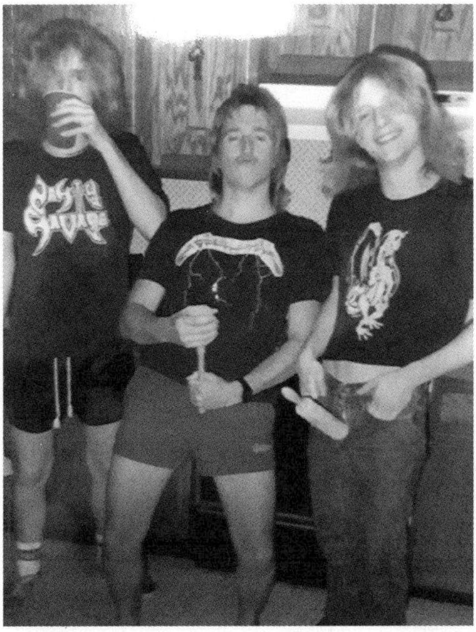

Von l. nach r.: John, Greg und Donald Tardy. Foto von Kristin Campbell.

Peres′ erste Gitarre war eine Harmony, eine beliebte Les-Paul-Kopie für Anfänger. Sie genügte, um die Rhythmusparts einiger der Bands zu lernen, die er regelmäßig hörte, und half ihm dabei, die wichtigsten Elemente des Metal-Gitarrenspiels – Powerchords, Palm-Muting und Tremolo-Picking – zu verstehen. Im Gitarrenunterricht lernte er auch etwas von Tonleitern und Musiktheorie. Trevor interessierte sich jedoch mehr für Riffs, und zwar für harte Riffs. Zwar besaß er die musikalischen Fähigkeiten, um Leads zu spielen, doch dies war nie sein Antrieb, was auch erklärt, weshalb er ausschließlich Rhythmusgitarrist ist und nie ein Solo für Executioner oder Obituary aufgenommen hat.

„Als ich Unterricht nahm, fragte mich der Lehrer: ‚Was hörst du gerne?'“, erzählt er. „‚Death Metal‘, antwortete ich und versuchte, ihm zu erklären, was das ist. Vermutlich kannte und verstand er die Art von Metal nicht richtig, die mir gefiel. Er wollte mir einen Rocksong beibringen, an dessen Titel ich mich nicht mehr erinnere, und gab mir Tipps zum Solospiel, hatte aber eine merkwürdige Einstellung. Nach vier Wochen kam ich nach Hause und sagte: ‚Mom, ich gehe nicht mehr zum Gitarrenunterricht.‘“

An den allerersten Jamsessions der Tardy-Brüder mit Peres nahm auch ihr Klassenkamerad Scott Johnson teil, der ebenfalls Gitarre spielte und auf Metal stand. Sie nahmen viele ihrer frühen Proben mit einem Kassettenrekorder auf, der im Badezimmer nebenan stand. Sobald sie einen Take beendet hatten, lief einer von ihnen ins Bad, um die Stopptaste zu drücken. Dann setzten sich die Teenager um den überdimensionalen Ghettoblaster herum und hörten sich gespannt an, was sie fabriziert hatten. Oft waren auch Freunde der jungen Band zugegen, die während Metallica- und Slayer-Songs austickten, sich aber auch begeisterten, wenn die Jungs eigene Sachen spielten. „Ich glaube, uns ging ein Licht auf: ‚Wow, unsere Freunde gehen völlig steil auf dieses Riff, das Trevor geschrieben hat'", sagt Donald. „Wir arbeiteten es aus, und bei der nächsten Session wollten unsere Freunde, dass wir unser Material spielten, nicht nur Slayers ′Die by the Sword′."

Johnson blieb nur für wenige Proben dabei, bevor Jeff Ouellette hinzustieß, ein anderer Klassenkamerad. Er war Donalds Schätzung zufolge höchstens 13 oder 14 Jahre alt, aber schon ein hervorragender Pianist. Ouellete brachte sein Korg-Keyboard mit über 100 Sound-Presets mit, schloss es an die Anlage der Band an und spielte die ersten Akkorde von Ozzy Osbournes ′Mr. Crowley′. Aufgrund der Komplexität des Arrangements und von Randy Rhoads′ Gitarrenparts spielte man das Stück selten länger als zwei Minuten, bevor Ouellete gebeten wurde, wieder mit dem Keyboard-Intro anzufangen.

Die werdende Gruppe hieß zunächst Wasted Flesh, laut Peres „ungefähr einen Monat lang". Auf der Suche nach einem Namen mit unverwechselbarem Touch schlug der Gitarrist Executioner vor, was in seinen Ohren cool klang. Da niemandem etwas Besseres einfiel, blieb es dabei. Leider ließ sich in der Zeit vor dem Internet schwerlich überprüfen, ob ein Bandname bereits vergeben war. Auf der sicheren Seite befand man sich nur, indem man ein Warenzeichen eintragen ließ, was den Tardys und Peres nie in den Sinn kam. Ohne dass die Band davon wusste, tauchten bald mehrere Executioner im ganzen Land auf. Zu jenem Zeitpunkt waren sie aber schon froh, einen Namen zu haben, auf den sie sich einigen konnten.

Der erste Sänger von Executioner war ein Teenager aus Brandon namens Chris Egger, der ausgewählt wurde, weil er ein Freund der Band war und wie David Lee Roth von Van Halen klang. Abgesehen von ′Die by the Sword′ versuchte sich die Gruppe an Metallicas ′No Remorse′ und Nasty Savages ′Unchained Angel′, doch Egger verschwand mit seiner Diamond-Dave-Imitation nach ein paar Wochen Proben, woraufhin John den Posten des Sängers übernehmen sollte, bis man geeigneten Ersatz finden würde.

John hatte als Kind Gesangsunterricht bekommen, sich aber nicht weiter gesanglich betätigt, als er dazu übergegangen war, Sport zu treiben. Stattdessen ließ er sich von Nasty Savages „Nasty" Ronnie Galletti, Jon Oliva von Savatage, Venoms Conrad „Cronos" Lant, Thomas Gabriel Fischer von Hellhammer/Celtic Frost und Slayers Tom Araya inspirieren, wobei er glaubte, er könne zur Musik passen, wenn er sich irgendwo zwischen ihnen einordnete. Der Band fiel jedoch niemand für die Position

des Sängers ein, und da John bei fast jeder Probe anwesend war, fragte Peres schließlich: „Würdest du einspringen, bis wir einen richtigen Sänger gefunden haben?"
„John sagte uns: ‚Ich singe, bis ihr einen anderen findet'", rekapituliert Donald lachend. „Offensichtlich haben wir bis heute keinen richtigen Sänger für die Band gefunden." John ist auch nach knapp vier Jahrzehnten nicht abgelöst worden. „Ich war eigentlich kein Sänger", behauptet er. „Ich glaube nicht, dass sich Trevor und mein Bruder jemals bemüht haben, einen ordentlichen Sänger zu finden. Ich war immer dabei und hing bei den Proben herum, da sie bei uns daheim stattfanden. Schließlich lief es darauf hinaus, dass alle sagten: ‚Was soll's? Lasst uns so weitermachen.' Falls Trevor und Donald noch auf der Suche sind, kann ich ein paar Suchannoncen ausdrucken."

Die erste vollständige Executioner-Besetzung stand Anfang 1985 fest, als Leadgitarrist Jerry Tidwell und Bassist Jerome Grable zur Band stießen. Donald weiß noch, dass er Tidwell an der Horace Mann Middle School traf und mit ihm auf Musik zu sprechen kam, wobei sich herausstellte, dass sie beide einen ähnlichen Geschmack hatten. Donald hörte, dass Tidwell beim Jammen mit seinem Bruder in der Garage der Familie beachtliche Kunststücke auf dem Griffbrett vollführte, und lobhudelte tags darauf: „Du dürftest der beste Gitarrist sein, den ich je gesehen habe!"
Tidwell nahm Donalds Angebot an, der Band beizutreten. Obwohl ihn beeindruckte, wie ernsthaft die Tardy-Brüder und Peres waren, hielt er die Band aber für nichts weiter als eine Freizeitbeschäftigung nach der Schule.
Grable ist genauso alt wie John Tardy und wohnte um die Ecke in Seffner, das nur einen Katzensprung von Brandon entfernt liegt. Er war ein selbsternannter Sonderling, der jeden Tag nach dem Unterricht *Dungeons & Dragons* spielte und Metal durch einen Nachbarn kennenlernte, der ihm das 1981er Mötley-Crüe-Debüt *Too Fast for Love* vermachte. Das Rollenspiel ließ Grable dann bleiben, um regelmäßig Melody Music zu besuchen, einen der wenigen Plattenläden in Tampa mit einer Importabteilung. Dort gab es Platten des jungen Labels Music for Nations, darunter die neusten Veröffentlichungen von Manowar, Tank und Venom, was dazu beitrug, dass sich die Metalheads in Tampa auf das einstimmen konnten, was in Übersee geschah.
Mehrere künftige Death-Metal-Lichtgestalten aus Tampa besuchten die Brandon Senior High School: der spätere Death-, Massacre-, Obituary- und Six-Feet-Under-Bassist Terry Butler, Death/Massacre-Schlagzeuger Bill Andrews und der ursprüngliche Massacre-Gitarrist Allen West, der danach auch bei Executioner/Obituary spielte. 1984 wurde die Armwood Senior High School eröffnet, die Schüler aus Brandon und Seffner zusammenführte, darunter Donald und John Tardy, Peres und Grable.
Die Theatergruppe von Armwood High veranstaltete in jenem Herbst einen Talentwettbewerb mit den frischgebackenen Executioner, wobei Grable erstmals mit den Tardys und Peres in Berührung kam. Er spielte in der Band Damien, die mit ihrer Darbietung von 'Mr. Crowley' in die nächste Runde kam und dann ausschied. An-

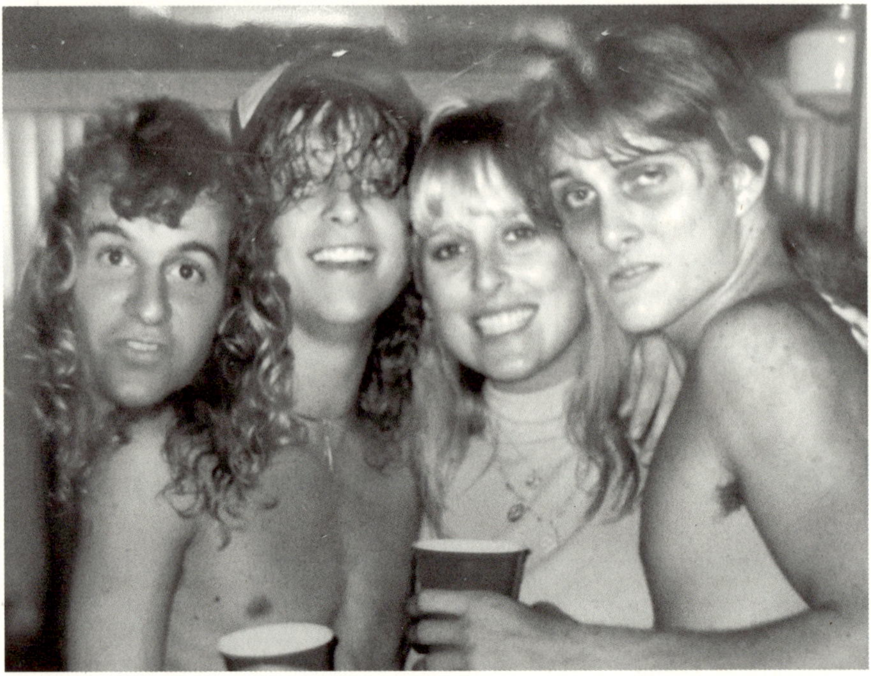

Party nach einer Show. Foto von Kristin Campbell.

schließend betraten Executioner die Bühne und spielten 'Unchained Angel', das von einem fulminanten Gitarrensolo von Tidwell gekrönt wurde. Das imponierte Grable, der dachte, sich mit Executioner zusammenzutun sei vielleicht keine schlechte Idee. Grable und Peres waren in dem Jahr, als sie anfingen, über ihre jeweiligen Bands zu sprechen, in derselben Algebra-II-Klasse. Da letzterer wusste, dass es Damien nicht mehr lange geben würde, fragte er, ob Grable bei Executioner mitmachen wolle. Ein einfaches „Warum nicht?“ als Antwort besiegelte den Schulterschluss. Obendrein hatte Grable sowohl ein Auto als auch einen Platz zum Proben – zwei Vorteile, die für die Tardy-Brüder und Peres sehr verlockend waren.

„Wir brachten eine Beschallungsanlage und den Rest ihres Equipments zu mir nach Hause“, berichtet Grable. „Ich weiß gar nicht, wie wir das geschafft haben. Kaum zu glauben, dass es meinen Eltern und Nachbarn nichts ausmachte, aber wir haben in meinem Zimmer geübt und alle Coverversionen gespielt, die wir auf die Reihe bekamen. Dann fingen wir an, uns an eigenen Kompositionen zu versuchen. Der Mann, der neben uns wohnte, war Militär im Ruhestand und total spießig, fand die Musik, die wir machten, aber trotzdem cool. Es war seltsam, denn die Nachbarn scherten sich nicht um den Lärm, der aus meinem Elternhaus kam.“

Grables Zimmer wurde schnell zu klein für Executioner, also zog man zum Proben zurück ins Haus der Tardys in der Siedlung Brandonwood. Jim und Carol Tardy, die inzwischen geschieden waren, überließen ihre Söhne nach der Schule weitgehend sich selbst. Da sie nun bei ihrer Cousine Kate wohnten, dämmten Donald und John ihre Doppelgarage schalldicht ab, um sie in einen richtigen Übungsraum

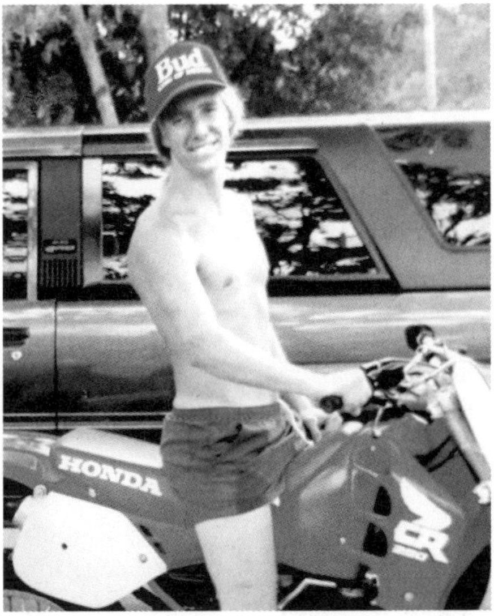

John Tardy.
Foto von Kristin Campbell.

umzuwandeln. Vor und nach den Proben schauten sich die Bandmitglieder meist eine VHS-Kassette der legendären *Combat Tour Live: The Ultimate Revenge* (mit Venom, Slayer und Exodus) im Wohnzimmer der Tardys an, was ihre jugendlichen Träume von einem Auftritt vor einer Menge von Headbangern weiter anregte.

Ihre erste Show fand indes nicht vor reihenweise Moshern oder wütenden Stagedivern statt, sondern vor einer Horde Teenager aus Brandon, die sich amüsieren wollten. Da noch niemand aus der Band 18 war und sie demnach nicht in den örtlichen Kneipen auftreten durften, schauten sich Executioner nach Alternativen um. Zum Glück suchte ihre Highschool-Bekannte Beth Horton eine Band, die auf einer Party bei ihr zu Hause spielen sollte, solange ihre Eltern nicht in der Stadt waren. Angesichts ihrer wenigen Auftrittsmöglichkeiten ergriffen Executioner diese Gelegenheit. Weil sie sich nicht damit begnügten, einfach auf der Terrasse der Hortons zu spielen, beschlossen sie, einen Schritt weiter zu gehen und ihre eigene Bühne zu bauen, wozu sie über 30 Betonblöcke, Sperrholz und Kanthölzer von einer örtlichen Baustelle stahlen, um einen Drum-Riser für Donald zu bauen.

Außerdem sammelte die Band leere Kaffeedosen von ihren Eltern und schleifte eine bunte Lichterkette durch, die sich per Schalter mit Strom speisen ließ. Der Bau des Ganzen dauerte zwei Wochen, doch man konnte es leicht transportieren.

Die Band verbreitete Flyer in Brandon, um für die Show zu werben. Ihre Bemühungen zahlten sich aus: Als sie mit dem Aufbau fertig waren und die Einstellungen ihrer Verstärker überprüft hatten, drängten sich über 200 Kids um die provisorische Bühne. Executioner spielten sich durch ihr Repertoire aus Coverversionen von Metallica, Nasty Savage und Slayer sowie ein paar eigenen Songs, die sie bald aufnehmen wollten. Da praktisch niemand im Publikum diese Nummern kannte, bot die Band ihr Set zweimal dar.

Der Andrang aufs Haus der Hortons hatte Folgen: In den angrenzenden Vorgärten parkten Autos, wobei ein Fahrer versehentlich eine Sprinkleranlage in Betrieb setzte, die die Straße überflutete. Überall lag Müll herum, ganz zu schweigen von der lauten, lärmigen Musik, die der Küstenwind Floridas verwehte. Nachbarn riefen die Polizei, die den Mitgliedern von Executioner eine Standpauke hielt und weitere derartige Aktionen verbat. Die Band nickte brav und versicherte, entsprechende Vorkehrungen für künftige Auftritte zu treffen.

Executioners erster bezahlter Gig fand bei der Eröffnung des lokalen Musikgeschäfts Roydon Music statt. Der Betreiber mietete einen Flachbettauflieger, der mitten auf den Parkplatz gestellt wurde, damit sich jeder daran ergötzen konnte, wie fünf Tampa-Boys auf ihren Instrumenten herumpolterten. Laut Donald war die Show ein Erfolg, zumal der Besitzer von Roydon Music der Band eine Beschallungsanlage als Gage schenkte. „Sie war nur etwa so groß wie ein Koffer", sagt Donald. „Wir haben sie aber letzten Endes 25 Jahre lang benutzt. Da rissen wir diese Show ab und bekamen plötzlich eine Anlage geschenkt. Wir dachten: ‚Das ist saugeil, wir sind eine Band!'"

Die vielen Coverversionen rückten nach und nach zugunsten eigener Stücke in den Hintergrund. Executioner feilten an ihren Fähigkeiten, indem sie täglich probten. Meistens gaben Peres und Donald den Ton an, wohingegen Grabble beim Arrangieren oder bei Übergängen mitwirkte. Tidwell füllte die Freiräume dann mit einem Solo, wenn er aufgefordert wurde. John stand daneben und schrieb Lyrics auf einen Block; er versuchte zu einer Zeit, in der Heavy-Metal-Texte von Tod, Zerstörung und Heavy Metal handelten, seine eigene Stimme zu finden.

In dieser Phase legte die Band den Grundstein für das Demo *Metal Up Your Ass*. Sie brachten fünf Songs zustande: 'Metal Up Your Ass', 'Sycopathic Mind', 'Go to Hell', 'Hell's Dungeon' und 'Death Slaughter'. Der Titel des Demos war wohlgemerkt keine Hommage an Metallica, die *Kill 'Em All* ursprünglich so nennen wollten – Executioner wussten damals schlichtweg nicht, dass es ihn schon gab.

John sagt, die Unterschiede zwischen Tidwell und dem Rest der Gruppe seien beim Schreiben von *Metal Up Your Ass* überdeutlich geworden. Seine Solos waren oft der Höhepunkt der Songs, und die anderen Mitglieder schauten ständig staunend zu, während seine Finger übers Griffbrett huschten. Wie in ihrem Schlafzimmer stand auch in der Garage der Tardys ein Ghettoblaster in der Ecke, womit die Band ihre frühen Experimente aufnahm. Nach dem Proben schwangen sich die Jungs auf ihre Räder und fuhren durch die Gegend, wobei die Executioner-Songs aus dem Ghettoblaster wummerten und sich jeder an der Leistung der jeweils anderen erfreute – vor allem an Tidwells Solos. „Jerry war ein so guter Musiker, und wir hämmerten einfach drauflos wie die Steinmetze", beschreibt John. „Er war im Vergleich zu uns weit fortgeschritten, aber genau das hat es spannend gemacht."

Obwohl sich bereits Johns späteres unbändig tiefes Brüllen abzeichnete, hatte seine Stimme anfangs mehr mit den Thrash-Sängern jener Zeit gemein, die oft eine bellende Vortragsart wählten, bei der man dennoch die Texte verstand. Seine Performance erinnerte bei näherer Betrachtung auch ein wenig an die NWOBHM (New Wave of British Heavy Metal). Letztlich klang er wie ein Teenager, der erst lernte, die immense Kraft seiner Stimme zu nutzen. Zudem waren seine frühen Texte und Titel weit von dem Grauen und Horror entfernt, den Obituary später heraufbeschwören sollten.

„Wahrscheinlich war ich derjenige, der sich *Metal Up Your Ass* ausdachte", sagt John. „Unsere heutige Arbeitsweise unterscheidet sich gar nicht so sehr von damals. Wer einen Gitarrenrhythmus vorschlägt, bringt mich auf eine erste Idee. ‚Ah ja, das

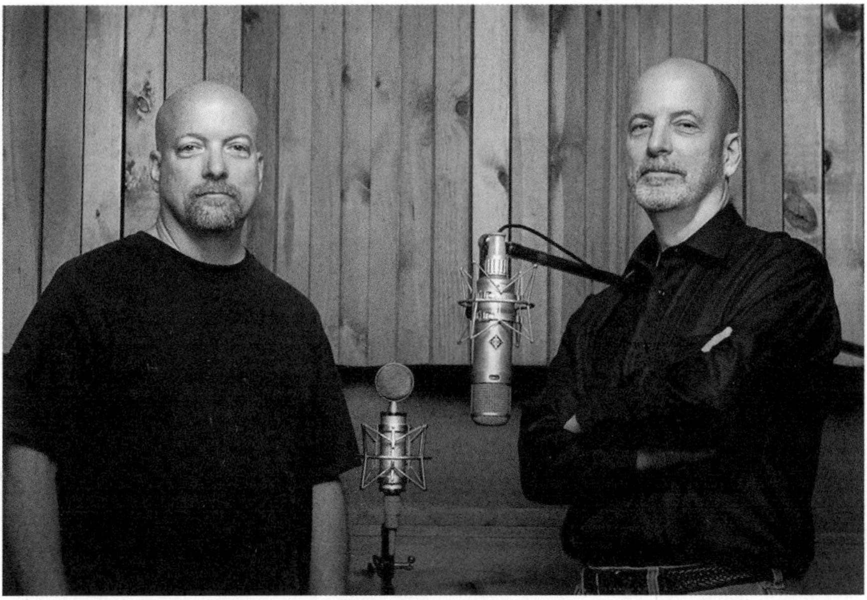

Tom und Jim Morris.

könnte was werden‘, denke ich dann. Bei den meisten Songs lief es damals so, dass ich sie einmal hörte und dann wieder oder auch ein drittes Mal, während sich Hooks oder Refrains herauskristallisierten. Normalerweise behalten wir das Erste, was aus meinem Mund kommt. So sind wohl auch die Stücke des Demos entstanden.“

Die Band machte sich auf die Suche nach einem Studio vor Ort, in dem sie günstig aufnehmen konnte. Keines der Mitglieder konnte sich die Aufnahmen leisten, also lieh Peres´ Mutter der Band Geld, um die Kosten zu decken. Auf eine Empfehlung von Ronnie Galletti und Fred Dregischan hin, deren Meinung Executioner regelmäßig einholten, wählte die Band Morrisound Recording.

Das von Tom, Jim und Laurel Morris betriebene Studio (daher der Name) entstand 1981 als mobiles Acht-Spur-Aufnahmesystem in einem Kastenwagen nach Art der UPS-Fahrzeuge. Es galt dann als erstes 24-Spur-Studio an der Westküste Floridas, wo das Personal sein Handwerkszeug verstand und Nasty Savage, Savatage sowie nun auch Executioner verlässliche, professionelle Voraussetzungen bot.

„Sie waren so jung“, erinnert sich Tom Morris. „Wir waren natürlich nur unwesentlich älter, doch der Stil, den Executioner spielten, ließ sich mit nichts vergleichen, was wir damals kannten. Dabei hatten wir schon harte Musik aufgenommen – Punk, Thrash und Melodic-Kram, aber keinen Death Metal. [Morrisound-Tontechniker] Rick Miller, der das Studio leitete, kam besorgt zu mir, von wegen die Band würde ihr Geld verschwenden, ich solle mit ihr sprechen. Weil wir im Laufe unseres Lebens selbst hungernde Musiker waren, legten wir Wert darauf, andere so zu behandeln, wie wir gerne selbst behandelt werden wollten. Ich unterhielt mich mit den Jungs, um zu erfahren, worin ihre Ziele bestanden, und war hinterher überzeugt davon, dass sie eine Vision und klare Vorstellungen davon hatten, was sie erreichen wollten, auch wenn wir das noch nicht erkannten. Ihre Energie und Hingabe waren für eine so junge Gruppe beeindruckend."

Als die Band anfing, ihre Gerätschaften anzukarren, lautete ihre erste Frage an Miller und die Morris-Brüder: „Habt ihr schon Metal-Bands aufgenommen?" Miller wusste nicht genau, was er antworten sollte, und gab den Musikern ein Exemplar von *Draft Beer... Not Me*, einem Album der lokalen Hardcore-Punks von The Belching Penguins. Obwohl der Name der Band die Mitglieder von Executioner abschreckte, glaubten sie, sie hätten die richtige Wahl getroffen, da es sich um aggressive Musik handelte.

Aufgenommen wurde im „A"-Raum des Morrisound. Donald benutzte das Studio-Kit anstelle seiner selbst zusammengestellten Drums, weil die Band kein zusätzliches Geld für den Schlagzeug-Aufbau ausgeben wollte. Tidwell und Peres spielten auf kleineren Übungsverstärkern, die voll aufgedreht waren – die Band nahm alles, einschließlich der Vocals, live ohne Overdubs auf. Bei Donald lagen allerdings die Nerven blank, denn es war seine erste Studiosession. Als er das rote Lämpchen sah, das anzeigte, dass die Aufnahme lief, verkrampfte der junge Drummer und verlor etwas von der Gelassenheit, die er beim Proben an den Tag legte.

„Im Morrisound zu sein und zu hören, wie Jerry Solos für unsere Songs einspielte, war für mich das Coolste überhaupt", erzählt er. „Ich sagte zu ihm: ‚Alter, du bist wie Randy Rhoads.' Johns Stimme klang furchtbar. Unsere Leistung an den Instrumenten war recht bescheiden, aber auf die Solos bildete ich mir etwas ein. Die Chose belief sich auf einen Haufen Jugendlicher, die es wissen wollten und einfach ihr Bestes gaben, um originelle Songs zu schreiben."

Die Situation, von seinen Bandkollegen und dem Studiopersonal durch ein Glasfenster angestarrt zu werden, während er seine Vocals in der Gesangskabine aufnahm, beschreibt John rückblickend als „eigenartig". Zum Einsingen seiner Parts für *Metal Up Your Ass* und späteren Veröffentlichungen gab es ihm zufolge nur einen gangbaren Weg, der darin bestand, sich aufzuputschen – ein merklich anderes Verhalten im Vergleich zu seinem üblicherweise entspannten, ruhigen Wesen. „Bei Gesangsaufnahmen brauche ich einen gewissen Adrenalinpegel", erläutert er. „Den richtigen Geisteszustand, man muss sich voll hineinsteigern. In einem Studio fällt das schwer, live ist es ganz anders; dort hat man Adrenalin und das Publikum. Das macht es kinderleicht. Man wird im Vorfeld einer Show nervös, ist aber startklar, sobald es losgeht. Ich hatte sehr schwer zu kämpfen, um diesen Geisteszustand im Studio zu erreichen und mich auf Gesangsaufnahmen vorzubereiten, selbst als ich noch jünger war."

Peres behauptet, er könne sich noch daran erinnern, wie es in den alten Morrisound-Räumlichkeiten roch, als er sie zum ersten Mal betrat. Er findet das *Metal Up Your Ass*-Demo „verdammt unterhaltsam", weil es eine Band zeige, die noch ihren Sound suchte und auf der Thrash-Welle mitritt. „Ich war 15, als wir diese Songs aufnahmen", sagt er. „Man hatte so ein Gefühl: ‚Ich spüre, das wir das hinkriegen. Wir bewegen was!' So empfand ich. Dann die Vinyl-Pressung der Single zu bekommen war echt etwas Besonderes."

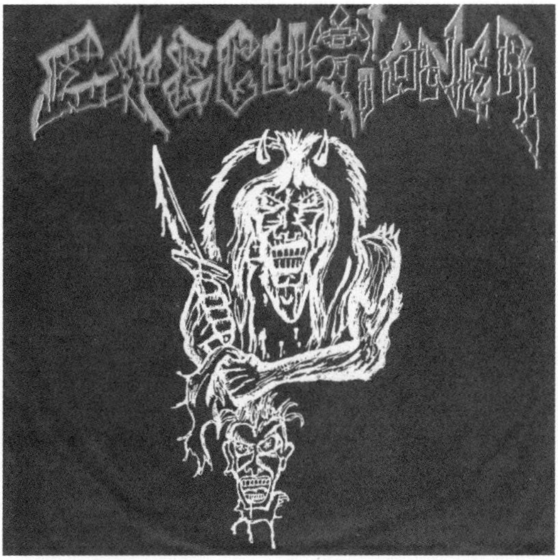

Executioners *Metal Up Your Ass*-Demo, 1985.

„Wenn ich es jetzt höre", so Grable, „denke ich einerseits als 50-Jähriger, der ich heute bin: ‚Mann, das Zeug klingt furchtbar.' Wenn man dabei berücksichtigt, dass es 1985 von fünf Kids aus Brandon aufgenommen wurde, ist es aber großartig, weil Slayer damals neu waren. Damals kamen keine Acts wie The Exploited für Konzerte nach Florida, Metallica und Slayer auch nicht. Wir überlegten: ‚Wenn wir eine dieser Bands dazu bringen könnten, hier zu spielen, würde uns das sehr helfen.' Sie ließen sich einfach nicht blicken. Es dauerte bis etwa 1988, als etwa Megadeth im Armory auftraten. Da nahm es endlich Fahrt auf. 1985 waren wir noch auf uns allein gestellt. Unsere Vorbilder waren Nasty Savage."

„Diese Songs wurden wirklich geschrieben, wenn wir von der High School heimkamen", fügt John hinzu. „Wir sind keine berauschenden Musiker oder Virtuosen, sondern haben einfach gerne gejammt. Alles, was wir auf die Reihe bekamen – jeder Sound, den wir erzeugten und mit anderen verbinden konnten –, hat uns Freude bereitet. Die Songs aus dieser Zeit sind abgedreht, enthalten aber einige ziemlich gute Solos von Jerry."

„Anfangs waren unsere Gitarren unterschiedlich gestimmt", sagt Tidwell. „Die Morris-Brüder ließen uns gemeinsam auf Standard-Tuning stimmen. Ich weiß nicht genau, welche Stimmung wir davor hatten! Jedenfalls sehr tief. Mein Spiel war nicht übel. Ich tat, was ich konnte, für die damalige Zeit war es ziemlich gut."

Executioner ließen 500 Exemplare des *Metal Up Your Ass*-Demos anfertigen. Ein Freund von Grable zeichnete das ursprüngliche Executioner-Logo und das dazugehörige Cover - im Wesentlichen ein gehörntes Monster, das ein Schwert schwingt. Da Jeromes Vater ein Kopierladen gehörte, hielten sich die Herstellungskosten in Grenzen. Die Band verkaufte die Vinyl-Singles an ihre High-School-Freunde. Die Auflage war schnell vergriffen, sodass die Jungs ihr Geld wiedereinnehmen und Mrs. Peres zurückbezahlen konnten.

Grable zog viele wertvolle Lehren aus der Herstellung und Verbreitung von *Metal Up Your Ass*. Es war ein ernsthaftes Demo, aufgenommen in einem professionellen Studio – Er dachte, dafür würde es sich lohnen, etwas mehr von geschäftlichen Belangen zu verstehen. Dazu ließ er sich weiter von Galleti beraten, der meinte, dass man ein Postfach brauchte, um Briefe von anderen Bands und Fans empfangen zu können. Grable nahm dann die anderen Mitglieder von Nasty Savage ins Gebet, um zu erfahren, wie das Demo in die richtigen Hände gelangen mochte. Nasty Savages *Wage of Mayhem* kursierte dank altbewährter Fleißarbeit weltweit, was bedeutete, dass man die Platte einpacken, frankieren und zur Post bringen musste. Sie sagten Grable, er tue gut daran, mit Executioner genauso zu verfahren.

„Ich besorgte so viele Briefmarken wie möglich und stempelte dann unsere Adresse mit dem Executioner-Logo auf jeden Umschlag", erzählt er. „Ich schickte es einfach blindlings an Leute. Das lenkte etwas Aufmerksamkeit auf uns, denn College-Radiosender in New York begannen, das Demo im Mitternachtsprogramm zu spielen." Und weiter: „Eine Sache bezüglich der Band – Ich hatte schon während meiner Mitgliedschaft das Gefühl, dass ich mich in der Anfangszeit viel um die geschäftliche Seite kümmerte. Wir sind es unternehmerisch angegangen – den Aufbau einer Marke und den Versand des Demos. Das war wichtig. Jede junge Band träumt vor sich hin: ‚Wir werden eines Tages *das* sein! Wir werden eines Tages *so* sein!' Wir haben zielführend gearbeitet. Zuerst ging es immer ums Geschäft. Wir hatten immer noch eine Menge Spaß, aber da war das Executioner-Logo, das wir überall verwendeten, auch auf Flyern. Die für Shows vervielfältigte ich, und wir waren sehr clever, wenn es darum ging, bestimmte Dinge zu erledigen und Konzerte zu buchen. Die meisten Bands in Tampa, die sich so um ihre Belange kümmerten wie wir, schienen erfolgreich zu sein."

Kurz nach der Veröffentlichung von *Metal Up Your Ass* beschloss Tidwell, Executioner zu verlassen. Executioner zu verlassen. Er mochte die musikalische Richtung der Band nicht und wollte mehr Zeit haben, um mit seinem Bruder Mike zu jammen und Coverversionen zu spielen.

„Sie hatten wohl alles im Griff und schleiften mich mit", vermutet Tidwell. „Trevor schlug Riffs vor, die ich gut fand. Mit den Jungs zu jammen hat immer Spaß gemacht, aber ich war damals zu faul. Trevor und Donald haben mehr Arbeit reingesteckt. Wir waren alle noch kleine Jungs. Bezüglich dessen, was ich hätte tun sollen, wurde ich ihnen nicht gerecht. Sie kamen ein paarmal zu mir nach Hause, um mich zum Proben zu überreden. Ein gutes Bandmitglied hätte sich zusammengenommen und wäre pünktlich zur Stelle gewesen, doch sie haben mir das nie großartig vorgeworfen."

„Ich schätze, Jerry verließ uns, weil ihn das, was wir machten, einfach nicht interessierte", denkt Grable. „Er wollte wohl etwas Besseres spielen, und wenn man mal überlegt, waren Bands wie Iron Maiden damals in Hochform. Wir spielten nichts, was da annähernd heranreichte. Wir waren leicht primitiv."

Hellhammer wurden im Mai 1982 in Nürensdorf im Schweizer Kanton Zürich gegründet und erlangten als eine der härtesten Bands der Szene im Metal-Underground Legendenstatus. Ihre bahnbrechend extreme Mischung übte schließlich starken Einfluss auf den norwegischen Black Metal der 1990er aus, diente aber auch als Blaupause für etwas, das nur wenige zur Vollendung führen konnten. Einfachheit, kein Fokus auf Technik sollte die Grundlage für Heaviness sein. Hellhammers ersten Ergüsse klingen so krude und primitiv, dass man sie in der Schweiz lachend aus Studios warf. Lokale Bands weigerten sich wegen ihres Stils und Images, mit ihnen aufzutreten, während Kritiker ihre frühen Demos und Noise-Records-Veröffentlichungen niedermachten. Aushängeschild und Kreativkraft Thomas Gabriel Fischer ließ sich jedoch nicht beirren. Er und Mitbegründer Martin Eric Ain wandelten die beschränkten Hellhammer in Celtic Frost um und veröffentlichten 1984 ihr Debüt *Morbid Tales*. Es forcierte eine unwahrscheinliche Karriere in einem Land, das am ehesten dafür bekannt war, die Hardrocker Krokus hervorgebracht zu haben.

Morbid Tales fungierte für Executioner und schließlich auch Obituary als die eine alles verändernde Platte. Dass es konsequent auf Härte und Brutalität setzte, prägte die Bandmitglieder nachhaltig, die verblüfft zur Kenntnis nahmen, dass ausgerechnet eine Schweizer Combo so erbarmungslose Musik machen konnte. Die schnelleren Stücke auf Morbid Tales (´Into the Crypts of Rays´, ´Visions of Mortality´, ´Nocturnal Fear´) strahlen Punk-artige Angriffslustigkeit aus, doch es war langsamerer, heavierer Stoff wie ´Procreation (of the Wicked)´, der bleibenden Eindruck hinterließ.

Morbid Tales zum ersten Mal zu hören veränderte Peres Leben. Er lernte Celtic Frost (und bald darauf Hellhammer) durch Joe Prince kennen, der in derselben Gegend wohnte wie der nun ehemalige Executioner-Leadgitarrist Jerry Tidwell. Peres kiffte oft mit den beiden, doch eines Nachmittags brachte Prince leben in die Bude, indem er die LP auflegte[1]. Trevor sagt, er habe „sofort das Gruseln" bekommen, als ´Into the Crypts of Rays´ aus den Boxen in Princes Zimmer donnerte.

Morbid Tales färbte auf Peres´ Songwriting ab. Er verwarf bald alle eher thrashigen Sachen von Executioner und fing von Grund auf neu an. Während dieser bemerkenswert produktiven Zeit schrieb er viele Songs, die auf Obituarys 1989er Einstand *Slowly We Rot* landen sollten, und legte den Rahmen für das Stück ´I´m in Pain´ fest, das erst für *The End Complete* von 1992 aufgenommen wurde (er gibt an, mehrere Riffs der Urfassung vergessen und die Nummer 1991 neu komponiert zu haben). Jedenfalls lässt sich kaum abstreiten, was *Morbid Tales* für Peres´ Werdegang und den Sound von Executioner/Obituary leistete. Kurz darauf hörte er Hellhammers *Apocalyptic Raids*. „Die beiden Scheiben haben mich seelisch fertiggemacht", sagt er. „Dieses Album ist aberwitzig. Wenn ich es heute auflege, kriege ich immer noch Gänsehaut. Es ist so zeitlos und heavy, und der Klang… Daran gibt´s nichts zu deuteln."

Grable nahm eine Anstellung in einer Fotomat-Bude[2] an, wovon die Band in den folgenden Jahren profitieren sollte. Während seiner Einweisung schlurfte er hinüber

[1] Die EP *Morbid Tales* wurde in Nordamerika um zwei Songs ergänzt, damit man sie als Album verkaufen konnte.

[2] Amerikanische Fotoentwicklungsdienstleister mit Durchfahrtsbedienung

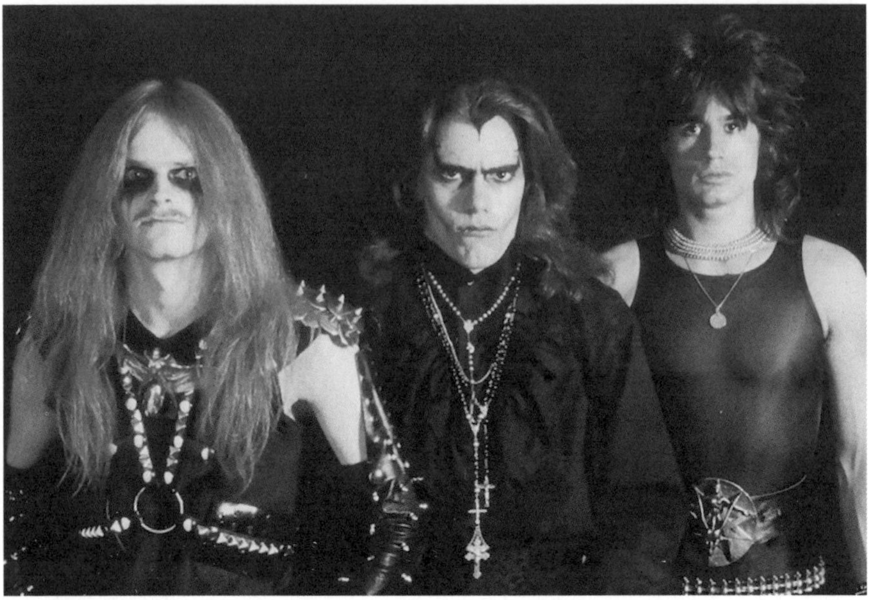

Celtic Frost circa 1985.

zu dem Plattenladen Vinyl Fever, der ein breiteres Sortiment hatte als Melody Music. Und siehe da, dort wurde ein Exemplar von *Morbid Tales* angeboten. Grable blieb wie Peres die Spucke weg. „Das war das erste Mal, dass jemand von uns Death Metal hörte", erzählt er. „Ich kannte noch nichts von Hellhammer, stand aber schon auf Mercyful Fate und Venom. Als ich also *Morbid Tales* bekam, konnte ich nicht fassen, was ich hörte."

Die Band begann, ihr Repertoire aus Coverversionen zu erweitern. Die Celtic-Frost-Tracks ʹDethroned Emperorʹ und ʹProcreation (of the Wicked)ʹ sowie Hellhammers ʹAggressorʹ wurden neben Reservenummern von Metallica, Nasty Savage und Slayer hinzugefügt. Celtic Frost und Hellhammer zu interpretieren gab Peres allerdings eine frühe Orientierung beim Schreiben. Die beiden Bands versuchten sich genauso gern an Speed wie an Midtempo-Geschichten. Recht bald erkannten Trevor und Donald, dass man Schnellspielen nicht mit Heaviness gleichsetzen konnte, und arbeiteten an eher schleppendem, zähem Material.

Weitere Inspiration kam von Celtic Frost, als Peres anfing, den Gitarrenton von Executioner zu verändern. Von Celtic Frost zum Sound von Obituary führt eine direkte Linie, angefangen bei der Idee, die Mittenfrequenzen zu senken oder die Mitten zu beschneiden, wie Gitarristen es ausdrücken. Im Grunde heißt das, man dreht das mittlere Poti an einer Gitarre herunter. Dies gab Peres und Executioner ein viel kräftigeres Bassfundament. Fischer hatte dies schon auf Celtic Frosts *Morbid Tales* perfektioniert – oder mehr noch vielleicht auf dem Album *To Mega Therion*, das unheimlich heavy tönt. Der Klang ist umfassend und lässt keinen Platz für Feinheiten oder Melodien. Diese beiden Aspekte umgingen Celtic Frost, indem sie viele orchestrale und avantgardistische Elemente einbauten.

Peres hat seinen Gitarrenton seit Ende 1985 weitgehend beibehalten und die gleichen Verstärkertypen verwendet. Als er auf eine Fender Stratocaster umstieg – eine Gitarre, die man nicht unbedingt mit Death Metal in Verbindung bringt –, fand er den Sound, den er sich immer gewünscht hatte. Das ist eine bemerkenswertes Zeugnis von Beständigkeit und Hartnäckigkeit. Trevor hat nie infrage gestellt, was für ihn funktioniert. Er brauchte nur eine Anweisung, der er folgen konnte.

„Jemand meinte, dass ich den Tone-Poti an meiner Gitarre zudrehen sollte", erklärt er. „Also habe ich das getan. An meinem Verstärker senkte ich die Mitten, aber die Presence-, Höhen- und Bass-Regler blieben voll aufgedreht. Der Ton war dumpf, es klang nach Matsch. Es handelte sich quasi um einen ‚Anti-Gitarrensound'. Ich liebte ihn."

Dieser „Anti-Gitarrensound" sollte Executioner nach *Metal Up Your Ass* bestimmen. Verschwunden waren die gewissermaßen britischen und Thrash-inspirierten Riffs. Stattdessen klang die Band jetzt dreckig, ungeschliffen und stark verzerrt. Schwerfällig pulsierende Riffs gingen Peres nun wie selbstverständlich von der Hand. Er konnte mühelos innerhalb eines Songs zwischen Tremolo-Speed-Picking und wuchtigen, gedämpften Rhythmen wechseln. Für ihn war das eine unmittelbare Offenbarung, die er sich zunutze machte, um den Gitarrenton von Celtic Frost zu emulieren. Es dauerte nicht lange, bis der Rest von Executioner eine genauere Vorstellung davon bekam, wohin ihr Weg führen sollte. Das Demo gehörte jetzt der Vergangenheit an.

Das Schuljahr 1984/'85 ging zu Ende. Wie üblich signierten sich Freunde untereinander die Jahrbücher, auch Grable und Peres. Die beiden hatten viele Unterrichtsstunden mit dem lösen von Exponential- und Logarithmusfunktionen verbracht und in der Garage von Tardy aggressive Musik gespielt. Jerome gab Trevor sein Jahrbuch in der Annahme, sein Bandkollege würde etwas Kluges hineinschreiben über Executioner-Proben (tat er auch: eine Erinnerung an den Bassisten, dass man sich an jenem Abend um 18 Uhr traf) und Algebra II (tat er nicht). Stattdessen fügte Peres etwas hinzu, das einer Leitlinie gleichkam:

„Wir sollten uns darauf verlagern, nichts als Death Metal zu spielen."

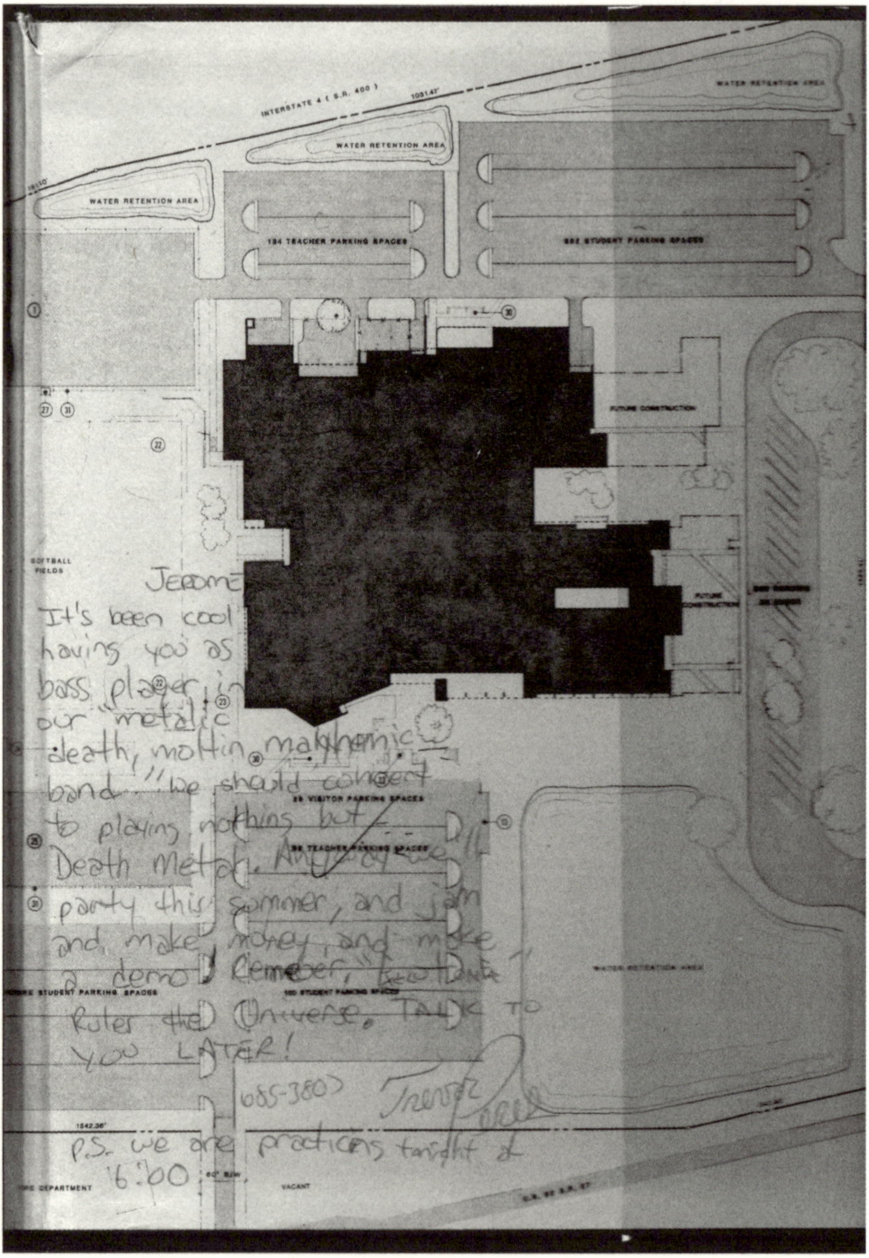

Jerome Grables High-School-Jahrbuch von 1985. Foto von Jerome Grable.

KAPITEL 3

XECUTIONER

1985 stand John Tardy während einer Probe still in einer Ecke der Garage seiner Eltern, während seine Mitmusiker durch 'I'm in Pain' pflügten, eine neue Komposition von Trevor Peres. Das Stück, das unter vielen aus seinem von Celtic Frost angeregten Songwriting-Rausch hervorgegangen war, verfügte über ein originelles Arrangement – der Refrain kam ganz am Ende, was konventionellen Strukturen widersprach, die Trevor bereits zu meiden versuchte. Die heaviere Richtung, in die er Executioner lenkte, erforderte eine andere Herangehensweise von John, der nach *Metal Up Your Ass* glaubte, er könne als Sänger mehr leisten. Sicher wusste er, dass er nicht mehr wie ein Thrash-Frontmann klingen wollte. Er musste einen Weg finden, um Peres' teuflisch hartem Gitarrenton und dem dynamischen Schlagzeugstil seines Bruders Rechnung zu tragen.

Während sich die anderen weiter an 'I'm in Pain' verausgabten, bewegte sich John ums Mikros herum. Er wusste grundsätzlich, was in den Strophen zu tun war (die schließlich teilweise neugeschrieben werden sollten), doch etwas am Refrain stach hervor. Er ging hin und her, während Donald, Peres, Bassist Jerome Grable und der jüngst hinzugenommene Leadgitarrist Mark Vittoe mit den Riffs und Rhythmen des Stücks jonglierten. Als der Refrain einsetzte, packte John plötzlich das Mikro, bäumte sich auf und schrie mit aller Wildheit, Aggression und Wut in seinem noch nicht 18-jährigen Körper die Zeile „Help me, I'm in pain!"

Peres, Donald, Grable und Vittoe schauten sich gegenseitig erstaunt an. „Was zur *Hölle* war das?", fragte Peres. „Saugeil!"

„Das müssen wir noch mal machen!", rief Donald hinter seinem Kit. „Auf geht's!"

Executioner stiegen wieder in den Song ein, wobei sich jedes Mitglied schier beeilte, um zum Refrain zu gelangen. Was würde John als nächstes tun?

„HELP ME, I'M IN PAIN!"

Der Song endete, und nun hatte ein zufriedener John Tardy einen Gesangsstil gefunden, der sowohl die Laufbahn von Executioner als auch die Death-Metal-Geschichte veränderte. „Dass ich so singen konnte, fand ich erstaunlich, aber auch beängstigend", gesteht er. „Als ich anfing, auf diese Weise zu singen, erschöpfte ich sehr schnell. In jenen frühen Tagen wurde ich auch im Nu heiser. Da wir keine

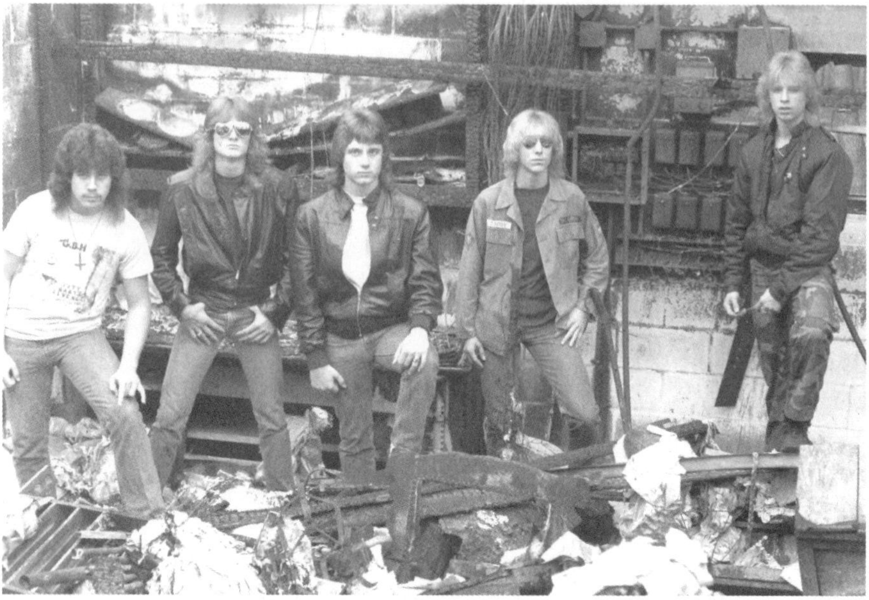

Das allererste Bandfoto von Executioner. Foto aus Jerome Grables Archiv.

Tourneen oder so machten, war der Stil noch nicht ausgereift, und mir fehlte die Ausdauer. Ich erinnere mich an unsere ersten Shows, nach ein paar von ihnen war ich platt. Ich habe mehrere Jahre gebraucht, um mein heutiges Niveau zu erreichen. Ich arbeitete einfach daran. Der Stil ist merkwürdig, das Prinzip dahinter auch. So viele Leute hassen Death Metal, was ich vollkommen verstehe – es ist aufgrund des Gesangs. Die meisten Obituary-Fans mögen uns aber genau deswegen. Dass uns der Großteil der Welt meinetwegen hasst und die Fans meinetwegen auf uns stehen, ist wirklich komisch."

„Das war die Zeit, in der John allmählich zu seiner Stimme kam", resümiert Donald. „Verglichen mit allem, was er zuvor gemacht hatte, war er schrecklich und wusste nicht, was er tat. Er bemühte sich, seinen Weg zu finden. Dann dachte man, dass er sich ganz plötzlich über Nacht zu etwas viel Coolerem mauserte. Das John-Tardy-Organ war noch nicht voll ausgeprägt, doch er bewegte sich dorthin."

„Ich war total happy, als ich ihn hörte", sagt Peres über Johns Gesang. „Ich liebte Venom, Possessed und natürlich Celtic Frost und Hellhammer. Wir haben uns dieses Zeug ständig angehört, so nach dem Motto: ‚Jawohl, das ist das, was wir wollen!' Es war unsere Richtung. Als er so sang, meinte ich zu ihm: ‚Da haben wir's, Kumpel.' Von da an wurde es nur noch besser. Johns Gesang war so stark, dass er er wie ein zusätzliches Instrument wirkte. Am Ende des Tages ging es bei unserer Musik um das Gefühl – den Vibe –, gerade mit den heavy Gitarren und dem brutalen Schlagzeugspiel. Nun mit Johns neuem Gesangsstil sträubten sich meine Nackenhaare dabei."

John wollte eigentlich ein traditioneller Metal-Sänger werden wie sein Held Jon Oliva von Savatage. Da er aber einsah, dass er keinen Stimmumfang von mehreren

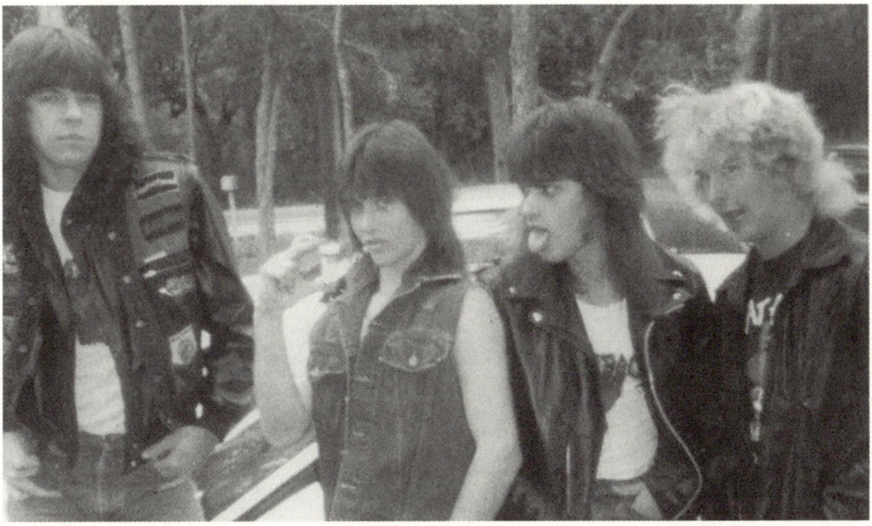

Frühe Massacre (von l. nach r.): Kam Lee, Allen West, J.P. Chartier und Bill Andrews.

Oktaven erreichen würde wie der Savatage-Frontmann, wandte er sich Venom zu, deren Sänger Conrad „Cronos" Lant einer der ersten war, die „grollende" Vocals einsetzten. Executioner coverten Venom hin und wieder beim Proben, was John Einsichten in die Gestaltung eines bissigeren Stils gab. Weil Peres mit seinem dominanten Gitarrensound ein Höchstmaß an Heaviness erzeugte, sah sich John zu einem verstörenden Ansatz genötigt, der auf Lauten statt Texten beruhte. Ohne es zu bemerken, erfand er eine Art von Gesang, die im extremen Metal ohnegleichen war. „Ich habe versucht, mich Trevors Ton so gut wie möglich anzupassen", sagt er. „In einigen frühen Songs wie ′′Til Death′, die entstanden, als wir langsam härter wurden, gab ich nur Geräusche von mir. Es hatte keine Bedeutung für mich. Ich hielt es nie für notwendig, mich hinzusetzen und Texte zu unseren Songs zu schreiben. Keine Ahnung wieso; ich habe es einfach nie getan. Als es in unserer Karriere voranging, schrieb ich Worte nieder, aber die Aussprache… Meine Vorgehensweise war damals total Caveman. Wir wussten überhaupt nicht, was wir taten. Ich legte schlicht los und gab aus dem Stegreif Laute von mir."

Johns verlagerte sich zu einem entscheidenden Zeitpunkt auf Death-Metal-Vocals: 1985 entstand in Florida eine kleine, aber hungrige Szene für diese Musik. Deren unangefochtenen Vorreiter und späteren Anführer Death wurden zusehends zu mehr als einer Idee in Chuck Schuldiners Kopf. Das *Infernal Death*-Demo der Band kursierte dank Tapetradern, die sich für die Verbreitung von Underground-Metal einsetzten, in den Vereinigten Staaten und darüber hinaus. Weitere Zeitgenossen waren Morbid Angel, die ihren Namen kurz zuvor zweimal geändert hatten – sie hießen erst Ice, dann Heretic – und sich auf einzigartige Weise arrangierten, indem Drummer Mike Browning auch den Leadgesang übernahm.

„Wir konzentrierten uns nur auf das, was wir taten“, erläutert er. „Es war eine sonderbare, aber aufregende Zeit. Heretic haben viel gefeiert. Wir schmissen unsere eigenen Partys, wobei wir an den Strand fuhren und über einen Generator spielten. Es gab auch einen Park in Tampa mit einem kleinen Hügel, wo eine Treppe zu einem Pavillon mit Steckdosen führte. Dort sind wir immer zum Jammen hochgegangen. Damals hatten wir noch keine Beschallungsanlage oder dergleichen. Dallas [Ward, Bass], Trey [Azagthoth, Gitarre] und ich stiegen hinauf, spielten Jimi-Hendrix-Rhythmen und drehten 20 Minuten lang durch.“

Ebenfalls in der Szene aufgetaucht waren Massacre, denen ein kleiner Leadgitarrist namens Allen West angehörte. Die Band spielte häufig an den gleichen Orten wie Executioner, unter anderem im Mango Rec Center in der Nähe der Armwood Senior High School. Grable lernte Massacre-Bassist Mike Borders bei der Arbeit in der Fotomat-Bude kennen, wo die Kundschaft oft ausblieb und sie bis tief in die Nacht über ihre Bands und die Szene in Florida sprachen. Die beiden organisierten im Herbst 1985 eine Show für Executioner und Massacre, wobei die Tardys und Peres West zum ersten Mal live sahen. An dem Abend erkannten sie, dass das kleinste Mitglied auf der Bühne das größte Talent hatte.

In Florida lag etwas in der Luft. Obwohl viele der frühen Top-Bands des Thrash erst mehrere Jahre später in den Sunshine State kommen sollten, gab es in lokalen Plattenläden wie Asylum Records oder Melody Music mehr als genug Metal, um die Nachfrage gieriger Jung-Headbanger zu stillen. Executioner waren jetzt – ob sie es zu diesem Zeitpunkt wussten oder nicht – fest in der Szene von Tampa etabliert. Zu Beginn des Jahres 1986 hatte die Gruppe eine noch klarere Ausrichtung. Nun da Peres sie mit Riffs versorgte, Grable mit Donald das rhythmische Rückgrat bildete, Vittoe die schillernden Solos und John die unmenschlichen Vocals beisteuerte, sollten sich die nächsten zwölf Monate als entscheidend erweisen.

1986 eröffnete in Brandon ein Club ohne altersbeschränkten Einlass: Side Streets. Da Executioner und andere Bands ihrer Generation zu jung waren, um in den von Argus, Nasty Savage und Savatage frequentierten Etablissements zu spielen, wurde Side Streets in der Umgebung von Tampa schnell zu einem der wichtigsten Treffpunkte für alle Altersklassen. Grable erkannte, dass Executioner wahrscheinlich ein paar Hundert Kids pro Show anlocken konnten, und überredete den Clubbesitzer, die Band regelmäßig auftreten zu lassen. Das Side Streets durfte das von John und Donald gebaute Drum-Podest aus Sperrholz im Rahmen der Abmachung mitnutzen. Das Lokal kassierte einen kleinen Teil des Eintritts und überließ Executioner den Erlös aus Merchandise-Verkäufen.

„Damals sind wir gewieft vorgegangen“, sagt Grable. „Wir waren nicht wie andere High-School-Bands in der Gegend, sondern haben ziemlich wohlüberlegt gehandelt. Alleine haben wir recht viele Leute gezogen, aber es gab Zeiten, da sind wir vor Nasty Savage aufgetreten. Nach ihnen hatten wir vermutlich die stärkste Anziehungskraft,

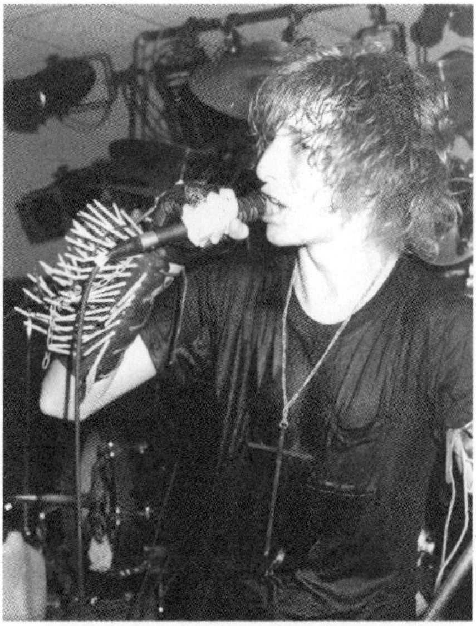
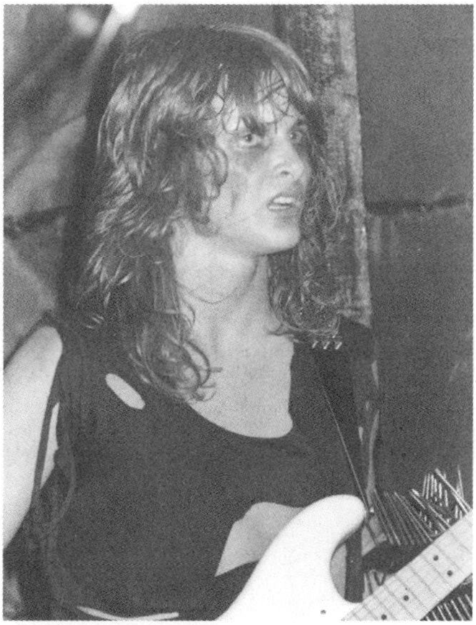

John Tardy und Trevor Peres circa 1985. Fotos aus Jerome Grables Archiv.

weil wir in der Gegend als die Band von der Armwood High School angesehen wurden und uns einen ganz guten Ruf erarbeitet hatten."

Für Morbid Angel ging es wie für Executioner immer weiter voran. Nach einem Besetzungswechsel bestand die Band nun aus Browning (immer noch Schlagzeug und Gesang), Gitarrist Azagthoth und Bassist John Ortega. Browning und Azagthoth besuchten die HB Plant High School in South Tampa und hatten einen ihrer ersten Auftritte wie Executioner bei einem Talentwettbewerb an der Schule. Grable sah bald eine ihrer Clubshows und erkannte, dass sie starke Konkurrenz für Executioner waren.

„Man kann sich vorstellen, wie es war, Morbid Angel zum ersten Mal zu erleben", sagt er. „Du wusstest sofort, dass sie groß rauskommen würden. Wenn ich zurückschaue, frage ich mich: ‚Okay, was hat uns dazu gebracht, uns zu steigern und zu verbessern?' Als ich Morbid Angel zum ersten Mal sah, wusste ich, dass sie die nächste Stufe erreicht hatten. Uns war einfach klar, dass wir härter werden mussten."

Executioner und Morbid Angel standen am 25. Mai 1986 im Rocky Point Beach Resort in Tampa zum ersten Mal gemeinsam auf der Bühne. Außerdem spielten dort Hellwitch, die zwei Jahre später mit dem baldigen Obituary-Bassisten Frank Watkins auftreten sollten. Die Bühne war in der Nähe eines Hotels am Strand aufgebaut, eine malerische Kulisse für zwei künftige Death-Metal-Legenden. Ein Vorteil dieses Gigs bestand darin, dass das Gebäude im darauffolgenden Monat abgerissen werden sollte, also konnten sich die Bands in einer der rücksichtslosesten Unternehmungen im Rock´n´Roll ergehen: der Zerstörung von Eigentum.

„Wir durften tun und lassen, was wir wollten – es war der Wahnsinn", erinnert sich Browning. „Wir haben Fernseher aus Fenstern geworfen, Stühle gepackt und in die

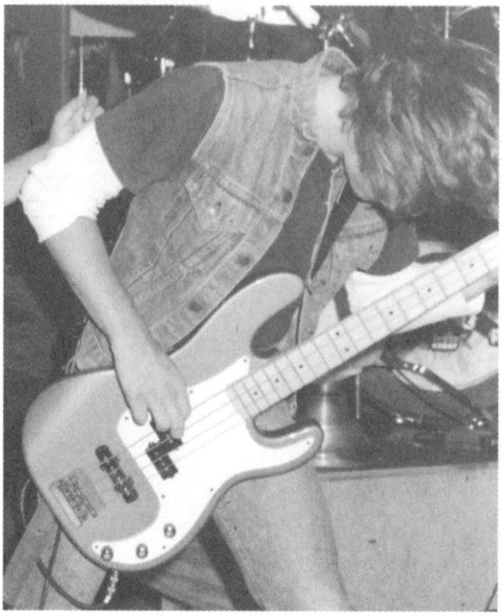
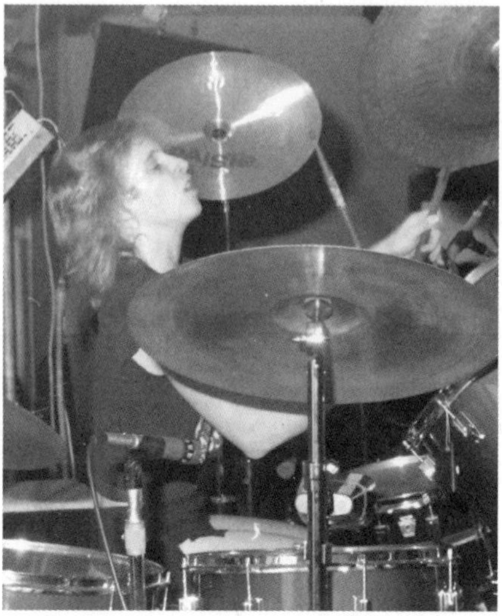

Jerome Grable und Donald Tardy circa 1985.
Fotos aus Jerome Grables Archiv.

Wände gerammt. Die Leute liefen über die Flure und schlugen Löcher in die Wände. Man ließ uns gewähren, weil das ganze Ding sowieso abgerissen wurde, also sagte der Veranstalter glattweg: ‚Macht, was ihr wollt.'"

Der spätere Morbid-Angel-Sänger/Bassist David Vincent hatte begonnen, die Szene in Tampa für sein eigenes Label Goreque Records auszukundschaften. Er übernahm die Produktion von *Abominations of Desolation*, dem 1986er „Debüt" der Band, das zunächst unveröffentlicht bleiben sollte, und zeigte Interesse daran, Executioner zu managen. Anfang des Jahres kam Vincent zum Haus der Tardys, um bei einer Probe zuzuschauen und abzuwägen, ob sich die Band für eine Zusammenarbeit erwärmte. „Wir hörten, dass dieser ‚große' Plattenfirmentyp oder Manager nach Tampa kommen würde, um uns zu treffen", erzählt Donald. „Ein Freund von mir, Ben Presgrave, hatte ein riesiges, tolles Schlagzeug von seiner Mutter bekommen – ich spielte immer noch auf einem Kit, das ich aus dem Müll zusammengeklaubt hatte. Jedenfalls sagte ich: ‚Lasst uns zu Ben gehen und das Treffen bei ihm abhalten.' Wir sollten einen Song für David spielen, also dachte ich mir, es sei besser, Bens Kit anstelle von meinem eigenen zu benutzen. Ich weiß nicht mehr, wie wir uns ein zehnminütiges Treffen wegen Executioner hatten einreden lassen oder was David für uns tun konnte, aber wir haben ziemlich schnell herausgefunden, dass wir niemandes Verkaufsmaschen brauchten. Wir können uns selbst managen. Wenn jemand so unecht, gekünstelt und schräg ist, will ich nicht, dass er für mich spricht und Entscheidungen trifft."

Vincent verließ die Probe ohne Vertrag. Später im selben Jahr ersetzte er Browning als Leadsänger von Morbid Angel und übernahm den Bass.

Executioner sollten nach ihren ersten Auftritten im Side Streets nur noch bekannter in der Gegend werden. John Tardy und Peres verwendeten in Anlehnung an ihre

Schweizer Helden Celtic Frost eine Vorform von Corpsepaint. Außerdem trugen sie zerrissene T-Shirts, Lederhosen und Stiefel, um sich sofort strikt von der Masse abzuheben. „Wir sahen aus wie eine Black-Metal-Band, waren aber nicht ganz weiß geschminkt wie einige skandinavische Bands", sagt Trevor. „Wir haben uns schwarze Farbe unter die Augen geschmiert. John spuckte grünes Kunstblut, ich rotes. Wir trugen Stulpen und lederne Schienbeinschoner. Sogar umgedrehte Kreuze hatten wir auf der Bühne. Eine Zeitlang sind wir voll aufs Ganze gegangen."

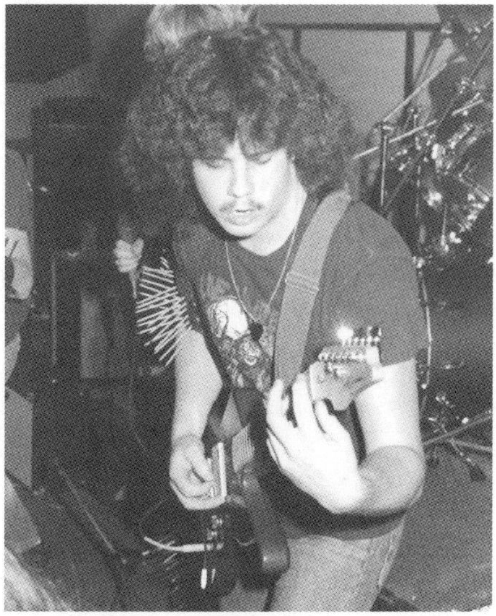

Mark Vittoe, circa 1985.
Foto aus Jerome Grables Archiv.

Executioners Einsatz umgedrehter Kreuze (worauf Grable und Donald verzichteten) sollte nur von kurzer Dauer sein. Jerome gibt an, die Band habe damit in erster Linie die Bevölkerung provozieren wollen, die sich von der „Satanic Panic" der späten 1980er mitreißen ließ. Wohingegen sich die Songtexte nie mit entsprechenden Themen befassten, betrieb man live angemessene Effekthascherei, etwa mit großen Kelchen voller Trockeneis, das sich im Laufe der Shows langsam in den Clubs ausbreitete.

Das Trockeneis und die Feuerschalen blieben erhalten, doch schließlich legten sich Executioner auf ein Standardimage mit T-Shirt und Jeans fest, das für die meisten Death-Metal-Bands zur Kleiderordnung wurde. Mark Vittoe erging es indes wie Tidwell: Eine primitive Form von extremem Metal zu spielen, lastete ihn nicht aus, also verließ er die Gruppe im Sommer 1986. Er nahm an keiner ihrer offiziellen Aufnahmen teil und verstarb leider 2018 mit 48 Jahren an Krebs.

Bald sprach es sich herum, dass Executioner einen Leadgitarristen suchten. Wie es der Zufall wollte, hatte sich Allen West kürzlich von Massacre getrennt und brauchte etwas Neues. Er und Peres wurden Freunde, als sie sich bei einer Party auf einem Bauernhof in der Gegend von South Bend und Bloomingdale kennenlernten. Die beiden tranken ein paar Bier und unterhielten sich an einem Feuer, über dem ein Schwein am Spieß rotierte, wobei Trevor dem anderen Gitarristen von Massacres Demo *Aggressive Tyrant* vorschwärmte. West wird in diesem Buch oft auch „Big Al" genannt, weil sein Sohn so heißt. Als er erfuhr, dass der Leadgitarren-Posten bei Executioner vakant war, machte er ein Angebot.

Peres: „Big Al rief mich an: ‚Hey, ich hab gehört, ihr sucht einen Gitarristen.' Ich erwiderte: ‚Komm und bring deinen Kram mit!' Es war sofort klar, ich habe nicht mal gefragt, sozusagen: ‚Mensch, beweg deinen Arsch her!' Da er schon raus war bei Massacre, hätte es nicht besser passen können."

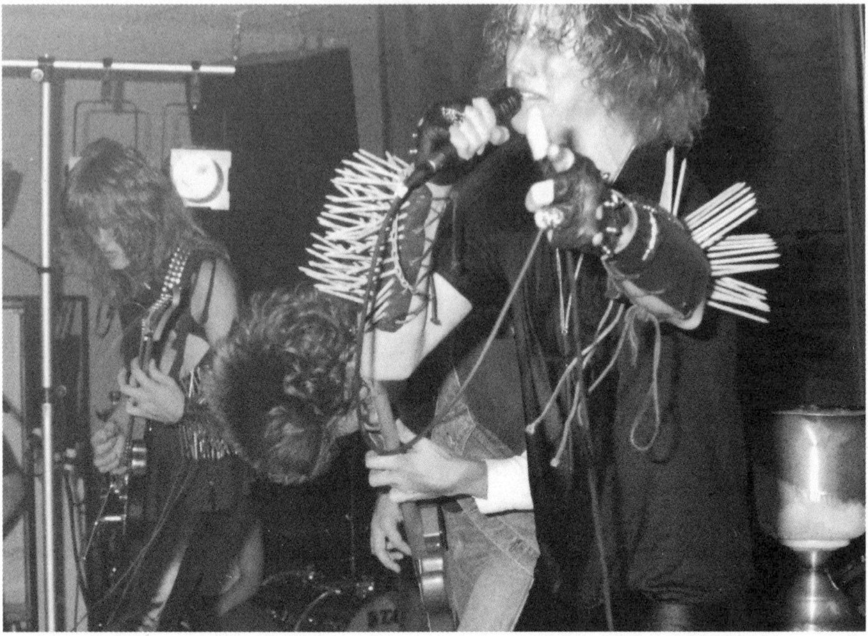

Executioner live circa 1985. Foto aus Jerome Grables Archiv.

West war bereits 19, als er zu Executioner stieß, was ihn automatisch zum Gruppenältesten machte. Er war still und freundlich, stammte aus einer kaputten Familie und wohnte bei seiner Tante, als er Mitglied der Band wurde. Während die Tardys, Peres und Grable hauptsächlich bei Alkohol und Gras blieben, war es für West nicht unüblich, verschiedene Substanzen bei sich zu haben, die als „illegal" galten. Obwohl dies seine neuen Kollegen überraschte, stellte es kein Ausschlusskriterium dar. Er war damals verlässlich und versäumte keine Probe, Show oder Studiosession.

Die Chemie zwischen den Musikern stimmte sofort, und West wurde in einen Freundeskreis integriert, der im Haus der Tardys zusammenkam, um Bier zu trinken, Football zu werfen oder Sport im Fernsehen zu schauen. West war auch leidenschaftlicher Tapetrader und der Erste, der Sepultura aus Brasilien und Coroner aus der Schweiz anschrieb. Abgesehen von seinen soliden Fähigkeiten als Gitarrist stand er in dem Ruf, in seinem weißen Chevrolet Camaro durch die Wohngegenden in Brandon zu rasen. Seine Bandkollegen begleitete ihn auf eigene Gefahr.

„Er ist völlig irre gewesen in dem Camaro", sagt Donald. „Er war ein Wahnsinniger, der beim Fahren alles falsch machte, hatte seine Gitarre immer auf dem Rücksitz und hörte laut Musik. Jedenfalls wurde er -schnell ein guter Freund von uns, doch ich bin mir ziemlich sicher, dass Trevor fast gestorben wäre, als er zum ersten Mal in Big Als Auto stieg."

„Big Al war ein verrückter Hinterwäldler, der fuhr wie eine gesengte Sau", fügt Peres hinzu. „In seinem Auto hörten wir immer Slayer oder Exodus, während wir die Straßen rauf und runter brausten. Er hat einfach das Gaspedal durchgetreten und irgendeinen Metal aufgedreht."

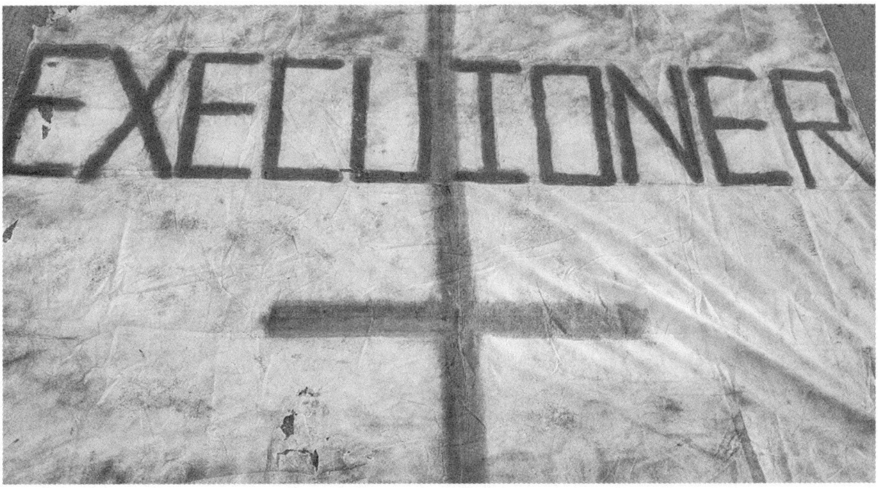

Frühes Executioner-Banner mit umgedrehtem Kreuz.

Mit West bekamen Executioner einen zweiten Songwriter. Er zeichnete sich für mehrere frühe Massacre-Tracks verantwortlich und hatte nicht nur ständig Riffs parat, sondern wusste auch, wie man sie zusammenfügte, und verstand den Sound von Executioner. Ferner war er ebenfalls Fan von Celtic Frost, Hellhammer und Venom. Wie Peres interessierte sich West nicht für die technische Seite des Spielens, doch dafür waren Leads mit Tremolo-Einsatz seine Spezialität. Sie sollten letztlich eine seiner charakteristischen Eigenschaften als Gitarrist werden.

„Big Al hatte eine natürliche Begabung, für die er keinen Unterricht brauchte", glaubt John. „Er besaß ein ausgezeichnetes Gehör, was das Spielen von Leads anging. Obwohl er nicht so versessen auf Technik war wie andere damalige Gitarristen, verstand er was von guten Solos, für die er bei Bedarf den Jammerhaken benutzte. Manchmal beobachtete ich ihn beim Proben und gewann den Eindruck, er würde den Hebel den ganzen Tag lang halten. Das war cool, denn Trevor hatte nie Bock darauf, Leads zu lernen."

„Ich weiß nicht, ob aus uns mit Jerry und Mark je mehr als eine Coverband geworden wäre", argwöhnt Grable. „Mark war ein Shredder, aber meines Erachtens kein Songwriter. Als er ausstieg und Allen hinzukam, fingen wir an, Songs zu schreiben. Ich vergesse nie, wie wir aufgestellt waren: Trevor auf einer Seite der Garage, Allen auf der anderen, und Donalds Schlagzeug stand direkt vor dem Tor. Allen hatte diese geilen Riffs, sah Donald an und gab ihm mit Armbewegungen zu verstehen, welchen Beat er spielen sollte. Und Donald verstand das sofort. Dann tauschten wir Ideen miteinander aus.

„Wir hörten eine Menge Stormtroopers of Death, Black Flag und Corrosion of Conformity", sagt Jerome weiter. „Diese Hardcore-Einflüsse kamen nach und nach zum Tragen, was man einigen Songs anmerkte, die zwei oder drei Minuten lang waren, aber zehn Wechsel enthielten. Destruction haben das auch oft gemacht. Ich war von allen in der Band am wenigsten ‚Metal'. Da würde mir bestimmt niemand widersprechen, aber ich wusste, dass wir nie versuchten, jemanden nachzuahmen."

Zu dem Zeitpunkt waren Executioner nicht darauf bedacht, so schnell zu spielen wie Destruction oder gar Slayer. Vielmehr spickten sie ihre Kompositionen nach *Metal Up Your Ass* mit einem Groove, der offensichtlich zeigte, dass sie viel AC/DC, Lynyrd Skynyrd und Led Zeppelin hörten. In der Konstellation mit zwei Gitarristen und Donald existierte schon früh eine klare Arbeitsteilung beim Songwriting: Die beiden Gitarristen schrieben immer getrennt mit dem Drummer, nie gemeinsam. Wests erster Beitrag war ′Find the Arise′, während Peres die Stücke ′Live Like the Dead′ und ′′Til Death′ einbrachte. „Wir haben beim Songwriting immer halbehalbe gemacht", erklärt Donald. „Es war nie eine Kollaboration. Keine unserer Songs entstanden als Gemeinschaftsarbeiten in dem Sinn, dass Trevor mit dem Intro-Riff zu einem Song angekommen wäre und Allen gesagt hätte: ‚Alter, ich hab ein cooles Riff für den Part danach. Vielleicht können wir was damit anfangen.' So lief es nie; entweder schrieb Trevor ein Lied mit mir, oder Allen tat es. Die beiden teilten sich das Songwriting für die Alben. Da wir jedoch gute Freunde und Brüder waren, machten wir uns keinen Kopf darum, wer als Urheber angegeben wurde. Verlagsrechte haben uns nie gekratzt, denn alle bekamen den gleichen Anteil, egal wer was komponierte."

Er fährt fort: ‚An einigen Stücken erkennt man Trevors Stil im Vergleich zu Allens, doch bei manchen dachte ich: „Keine Ahnung, wer von ihnen das geschrieben hat, ich hab′s vergessen.' Das zeigt nur, wie lange wir zusammen in einer Band spielten und wie egal es uns war, wer welchen Song schrieb. Wir klotzten einfach ran. Dennoch durften wir uns glücklich schätzen, weil Allen und Trevor jeweils eigene Stile hatten. Man konnte sie definitiv in manchen Songs unterscheiden."

Wo Donald und Trevor Geld für Equipment zusammenkratzen mussten, tauchte West mit einer Jackson Randy Rhoads und einem Marshall-Halfstack zu seiner ersten Executioner-Probe auf. Seine besseren Gerätschaften bewegten die anderen dazu, auch aufzurüsten: Peres legte sich ebenfalls einen Halfstack zu, und Donald kaufte ein Schlagzeug von Greg Gall, einem anderen Drummer aus Tampa, der in den folgenden zehn Jahren wichtig für Obituarys und Wests Karrieren werden sollte. Gall lebte in den nahegelegenen Woodbury Estates und spielte in einer Band, die händeringend nach einem Übungsraum suchte. Zufälligerweise brauchten Executioner oft Equipment, um proben zu können, also trafen sie ein Abkommen mit Gall: Seine Band brachte Executioner Sachen, die sie benutzen durften, wenn sie ihrerseits in der Garage der Tardys üben konnten. Nachdem man übereingekommen war, veräußerte Gall sein erstes Kit an Donald, womit eine Freundschaft fürs Leben begann. „Man erkannte", so Gall, „dass Donald die Band schon in jungen Jahren für sein Baby hielt, mehr als die anderen Mitglieder. Sein Spiel war damals so gut und solide, aber er benutzte dieses alte, ramponierte Kit. John hatte einen schicken Kombi und noch nicht ganz schulterlange Haare, auf jeden Fall handelten wir einen Deal für meine Drums aus: John holte mich mit dem Kombi ab und fuhr mich zur Bank, um 500 Dollar für seinen Bruder abzuheben. Ich dachte mir: ‚Mensch, das hätte ich nicht gekonnt. So waren sie eben. Sie hatten Köpfchen."

Im Frühjahr 1986 verfügten Executioner über einen talentierten neuen Leadgitarristen, der auch Songs schreiben konnte, einen heavy, brutalen Sound, zu dem alle Mitglieder standen, und aufkeimenden Geschäftssinn, der ihnen einen Vorsprung gegenüber Konkurrenten aus Tampa verschaffte. Dass sich eine Teenager-Band schon so früh durch diese Eigenschaften auszeichnet, kommt selten vor, doch die Karriere von Executioner und schließlich Obituary hat gezeigt, dass Pläne immer von irgendetwas durchkreuzt werden…

Peres´ Eltern haben die Bemühungen seiner Band immer unterstützt. Sie finanzierten das *Metal Up Your Ass*-Demo von 1985, aber man kann noch weiter zurückgehen: Trevors Mutter kaufte ihm ein „Maiden Japan"-Baseballshirt, erlaubte ihm, sich die Haare wachsen zu lassen, und hatte nichts dagegen, dass er seine vielversprechende High-School-Baseballlaufbahn aufgab, um sich auf die Musik zu konzentrieren. Peres bekam immer wieder hervorragende Noten, vor allem in Mathematik, was seine Chancen erhöhte, aufs College gehen zu können. Nach allem, was man hört, war er ein guter Junge, der nie in Schwierigkeiten geriet, aber zufälligerweise die unbeliebteste, anstößigste Musikrichtung der 1980er hörte: Heavy Metal.

An einem Wochenende im Jahr 1986 verließen Trevors´ Eltern die Stadt, sodass er mit seinem jüngeren Bruder Jason allein zu Hause war. Da er Freunde besuchen wollte, nahm er den Schlüssel zum Auto seiner Mutter und fuhr los. Später am Abend kollidierte er an einer Ampel mit einem anderen Fahrzeug, wobei nur ein geringer Schaden entstand, der jedoch genügte, um die Polizei von Brandon auf den Plan zu rufen. Die langen Haare und das schwarze T-Shirt beunruhigten den Beamten, der Peres nach Hause begleitete und ankündigte, er würde mit seinen Eltern sprechen, wenn diese von ihrem Wochenendausflug zurückkehrten. Als der Polizist das Haus in der darauffolgenden Woche aufsuchte, änderte ein Blick an Trevors Schlafzimmerwände alles für Executioner.

„Er sah dort all die Flyer und Bandposter hängen – böse Sachen", sagt Peres. „Der Bulle wollte meinen Eltern weismachen, ich hätte ein Problem wegen der Musik, die aber gar kein Problem gewesen ist. Ich war Klassenbester im elften Schuljahr und das Mathe-Ass der ganzen Schule unter 2.500 Leuten. Solche ‚normalen' Probleme, auf die Ordnungshüter oder andere Autoritätspersonen hinweisen würden, hatte ich nicht."

„Es kam so weit, dass Executioner ein Konzert in Tampa geben sollten und ich nicht hin durfte. Die anderen in der Band sagten: ‚Alter, einer muss Gitarre spielen'. Das war's. Ich erwiderte: ‚Ich glaube, ich bin raus.' Die ganze Situation hat mich gekränkt. Dass ich mich ablösen lassen musste, tat mir weh, genauso wie die Blödheit meiner Eltern. Ich dachte: ‚Scheißegal!' Es war trotzdem niederschmetternd."

Auf Empfehlung von West sprang das ehemalige Massacre-Mitglied J.P. Chartier ein. Wie die früheren Executioner-Gitarristen Jerry Tidwell und Mark Vittoe nannte er Ozzy-Osbourne-Mann Randy Rhoads als seinen Haupteinfluss. Und wie Peres hatte

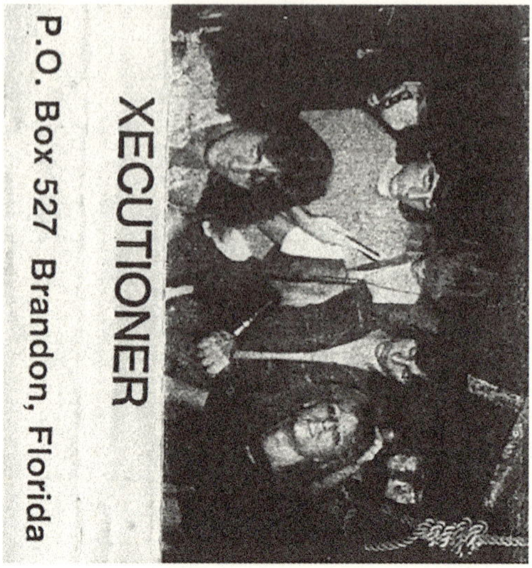

Xecutioners Zwei-Song-Demo, 1986.

Chartier einen geläufigen Weg zum Underground-Metal beschritten, angefangen bei Venom über Slayer und Mercyful Fate zu Celtic Frost und Hellhammer.

Chartier und West waren High-School-Freunde und Teil der ersten Besetzung von Massacre gewesen, die Schlagzeuger Bill Andrews 1984 gegründet hatte. Unzufrieden mit der Aussicht, dass Kam Lee den Gesang von Mark Brents übernahm, hatten sie die Band 1985 verlassen. Als Chartier im Sommer 1986 offiziell zu Executioner stieß, arbeitete die Band im Vorfeld einer für August geplanten Aufnahmesession im Morrisound weiter an Originalmaterial.

Während sich Chartier eingewöhnte, ergaben sich für Grable persönliche Veränderungen. Nach seinem High-School-Abschluss schrieb er sich an der University of South Florida in Tampa ein. Sein Vater war nun arbeitslos, weshalb sich der Bassist bewogen sah, Überstunden in seinem Job bei Eckerd Photo zu machen, um seine Familie zu unterstützen und sein Studium zu finanzieren. Die Anforderungen der Band mit Uni und Arbeit in Einklang zu bringen fiel ihm zunehmend schwerer. Er spürte schon, dass seine Tage bei Executioner gezählt waren.

Nichtsdestoweniger gingen sie im August zu Morrisound Recording, um ein Demo mit zwei Songs aufzunehmen (man begnügte sich damit, weil kein Geld für mehr Lieder vorhanden war). *Demo 1986* sollte mit 'Find the Arise' und 'Live Like the Dead' die erste akustische Visitenkarte der „neuen", extremeren Executioner sein. Anders als bei den *Metal Up Your Ass*-Sessions wurden nicht alle Instrumente gleichzeitig eingespielt und sogar Soundeffekte für den Opener 'Find the Arise' bemüht – die Gruppe konnte beim Proben einen Donnerschlag mit einem Ghettoblaster aufnehmen. Es war der perfekte Auftakt für eine wiedergeborene Band.

Sobald Regen und Donner nachlassen, wirkt 'Find the Arise' durch Johns ohrenbetäubendes Gebrüll im Einklang mit den Beckenschlägen seines Bruders nahezu verheerend. Die Gitarren klingen angemessen finster und sumpfig, derweil Donalds

Schlagzeug (er benutzte sein eigenes Kit zum ersten Mal zum Aufnehmen) den nötigen Schub und Druck erzeugt. Diese Version des Stücks ist insofern bemerkenswert, als sie den in der Bandhistorie ersten und einzigen Gitarrensolo-Schlagabtausch zwischen West und Chartier enthält. Die Version auf *Cause of Death* von 1990 kommt ohne Solo von Chartier aus und ist kürzer.

'Live Like the Dead' beginnt mit einem Tremolo-Solo von West und geht dann erdrückendes Midtempo über. Der Song gab einen frühen Anhaltspunkt für die Ausrichtung von Obituary auf *Slowly We Rot* und *Cause of Deat*h – er pendelt zwischen Donalds gleichmäßig rollender Doublebass und thrashigen Uptempo-Momenten. Johns in Delay getränkte Stimme sorgt für einen gelungenen Anstrich von Wildheit.

Mit zwei Songs in etwas mehr als fünf Minuten eignete sich Executioners 1986er Demo bestens als Appetithappen. Es war kurz genug, um auf die zahllosen kopierten und mehrmals überspielten Kassetten zu passen, die ins weltweite Tapetrading-Netzwerk gelangten. Außerdem etablierte das Demo John aus dem Stand heraus als spannendsten neuen Death-Metal-Shouter der Szene und zeigte, wie schnell sich die Gruppe in weniger als einem Jahr entwickelt hatte. Die Musiker mochten zur Zeit der Aufnahmen zu jung gewesen sein, um legal Alkohol zu trinken, hörten sich aber schon an wie eine routinierte Profiband.

Während die Mitglieder Päckchen versandfertig machten, erfuhren sie, dass eine Band aus Boston ebenfalls unter ihrem Namen auftrat. Die Brüder Tardy, Chartier, Grable und West fanden es öde und uncool, genauso zu heißen wie eine andere Combo, wollten Executioner aber nicht vollständig verwerfen. Daher einigten sie sich darauf, einfach den Anfangsbuchstaben E wegzulassen. Im Herbst 1986 wurden Executioner zu Xecutioner.

Chartier hatte bei Massacre Bekanntschaft mit dem New Yorker Journalisten Borivoj Krgin gemacht. Dieser brachte das Fanzine *Violent Noize* heraus und bat laut J.P. darum, das Massacre-Demo an seine New Yorker Adresse geschickt zu bekommen. Nun da diese Gelegenheit vertan war, schickte ihm Chartier Anfang 1987 stattdessen ein Exemplar von Xecutioners Zwei-Song-Tape. Krgin war in eigenen Worten „überwältigt" und hielt John Tardys Gesang für „das Heavieste, was ich in meinem Leben gehört hatte."

Während Krgin das Xecutioner-Demo in den ersten Monaten des Jahres 1987 förmlich verschlang, bahnte sich ein weiterer Besetzungswechsel an. Chartier hatte begonnen, Drogen und Alkohol zu konsumieren, wobei er in der Gegend von Tampa in Handgreiflichkeiten geriet und die Polizei auf sich aufmerksam machte. Der Rest der Gruppe ärgerte sich natürlich darüber und verlangte, dass der Gitarrist sein Leben in Ordnung brachte. Er wies die Aufforderung von sich, auch weil er keine Zukunft für Xecutioner sah („Ich glaubte nicht, dass die Band irgendwas reißen konnte, und nahm sie nicht so ernst, wie es angemessen gewesen wäre", sagte er 2015 in einem Interview mit *Leslie's Metal*). Hinzu kam eine abschätzige Freundin, also trennte sich Chartier am 14. Februar 1987 – Valentinstag – förmlich von Xecutioner.

Kurz darauf kehrte Peres zur Band zurück.

„Ich war wieder dabei und in der zwölften Klasse", bemerkt er dazu. „Meine Eltern kapierten, dass es nichts an mir auszusetzen gab. Ich bekam glatte Einsen und Zweien in der Schule. Hier bin ich und mache mein Ding. Ich war bloß ein Teenager und erlaubte mir an einem Wochenende eine Dummheit. Es war ein fremdes Auto, aber ich habe gar keinen schweren Schaden angerichtet. Der Polizist war ein ziemlicher Depp. Ich werfe ihm aber nichts vor; die haben die Aufgabe, darauf zu achten, dass Leute anständig bleiben."

Peres war während seiner Auszeit nicht völlig untätig gewesen. Er war bei einem Konzert von Vicious Assault, einer anderen Lokalband, als Sänger von Metallica- und Slayer-Coverversionen eingesprungen („Sie riefen mich einen Tag vor dem Auftritt an. Ich sagte ihnen, dass ich die Lyrics nicht kannte!"). Interessanter ist jedoch die Tatsache, dass er kurz mit der Massacre-Besetzung Kam Lee, Rick Rozz, Mike Borders und Bill Andrews jammte – ein einzigartiges Was-wäre-wenn-Szenario, falls diese Konstellation gehalten und Chartier Xecutioner nicht verlassen hätte.

Peres' Herz hing aber immerzu an seiner alten Truppe. „Ich war noch mit allen befreundet", sagt er. „Es lief ungefähr so: 'Ach, cool. Du spielst wieder mit uns!' Ganz einfach. Ich bin nie jemandem böse gewesen, weil sie keine Schuld daran hatten, dass ich nicht mehr in der Band war."

Xecutioner standen im Sommer 1987 regelmäßig mit Borivoj Krgin in Kontakt. Ihre Live-Aktivitäten hielten sich in Grenzen – sie eröffneten zwar mehrere aufeinanderfolgende Shows für Nasty Savage, konzentrierten sich nun aber darauf, genug Material für ein Album zu schreiben. In der Zwischenzeit ließ Krgin die Band wissen, dass sie auf der *Raging Death*-Compilation seines Labels Godly Records vertreten sein würden (er sagt, der Firmenname sei von dem Xecutioner- und späteren Obituary-Song 'Godly Beings' inspiriert gewesen).

Raging Death bot zudem die Torontoer Thrasher Lethal Presence, die Speed-Metaller Betrayal aus dem kalifornischen Fresno, Tech-Death/Thrash von Sadus aus der Bay Area und die neue Prog-Death-Combo R.A.V.A.G.E. („Raging Atheists Vowing a Gory End") aus Sarasota, Florida. Letztere benannten sich später im selben Jahr in Atheist um; Sänger/Gitarrist Kelly Shaefer gibt an, Xecutioner als Opener von Nasty Savage gesehen zu haben und gleich erstaunt von ihrem hervorstechenden Groove gewesen zu sein. Die Band war auch ein Favorit des unvergessenen R.A.V.A.G.E./Atheist-Bassisten Roger Patterson, der 1991 starb.

„Ich mochte sie immer lieber als die Blastbeat-orientierten extremeren Bands", erklärt Shaefer. „Man kommt einfach sofort in diesen Groove rein. Wenn du als Fan von krassem Metal einen Song wie 'Find the Arise' hörst, sollte er gleich zünden, sobald Johns Vocals einsetzen. Obwohl wir auf richtig komplexen Kram standen, liebten wir die Schlichtheit und Schnörkellosigkeit ihrer Musik. Das war die Vertonung des Extremen im Metal."

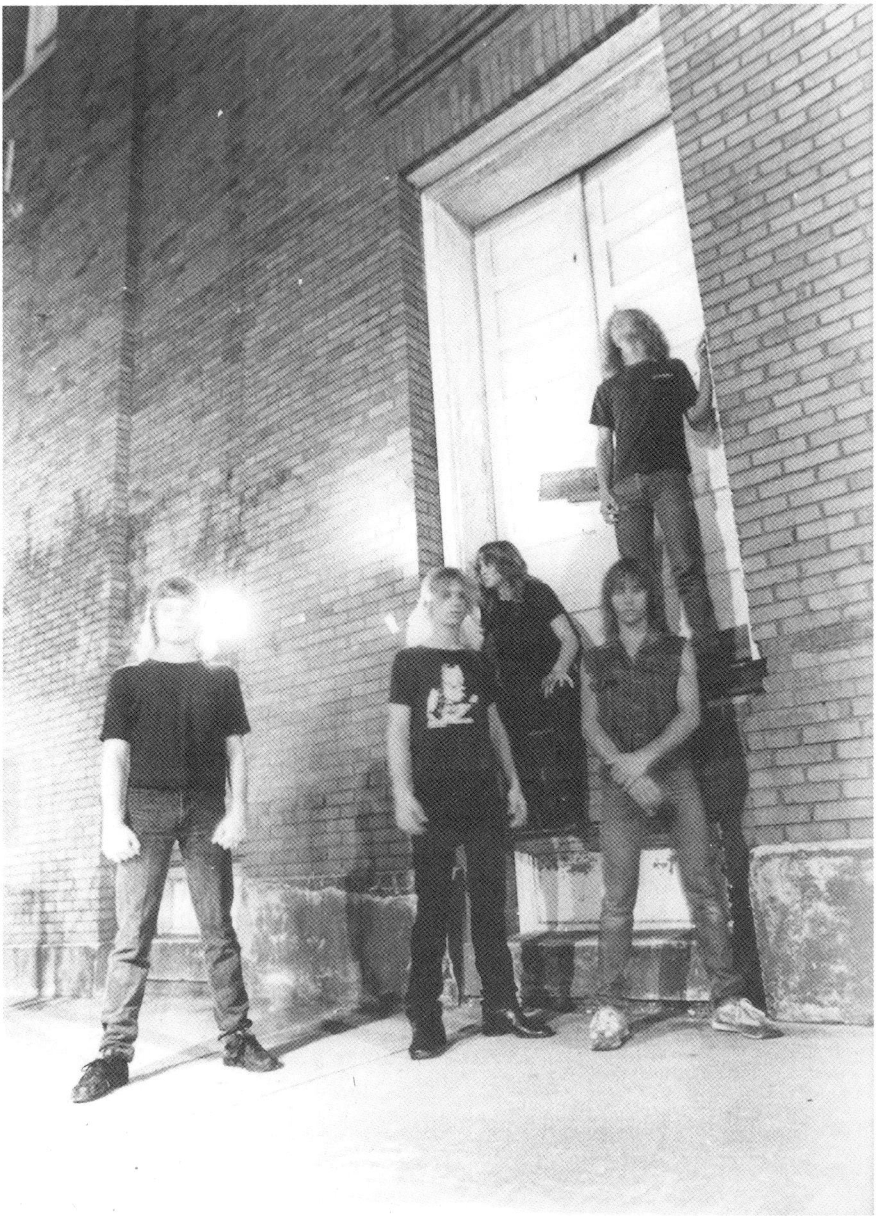

Xecutioner circa 1987 in Ybor City/Florida.
Foto von Charles Doan.

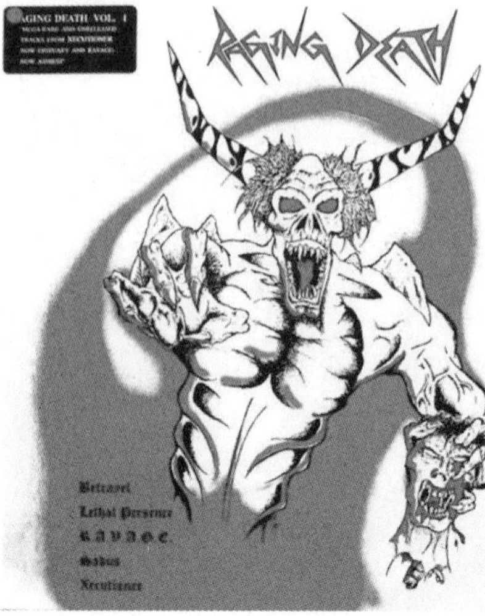

Die Raging Death-Compilation, 1987, Godly Records.

Krgin war dermaßen überzeugt von Xecutioner, dass er ihnen Studiozeit für die Aufnahme eines kompletten Albums finanzierte. Sie vereinbarten, dass Godly das Album veröffentlichen würden, falls die Band und Krgin kein bekannteres Label fanden. Peres hatte sein Spektrum erweitert, während er nicht dabei gewesen war, und begann nun umgehend, neue Songs beizusteuern. Das Gleiche galt für West, der ähnlich schnell komponierte. An diesem Punkt ihrer Karriere war Songwriting für Xecutioner wichtiger als ihre Entwicklung als Liveband.

„Wir versuchten nicht, rauszugehen und Konzerte zu geben", sagt John. „Wir wollten ein Album machen. Nach wie vor saßen wir im Proberaum und jammten. Das war das Einzige, worauf wir uns konzentrierten."

Xecutioners Auftritt im Sunset Club in Tampa am 29. August 1987 (im Vorprogramm von Nasty Savage) war eine forsche, knapp halbstündige Angelegenheit mit vielen Songs, die auf *Slowly We Rot* landen sollten, sowie 'Find the Arise' und 'Live Like the Dead'. Nachdem die Band ihre alten Bühnenrequisiten Anfang des Jahres eingemottet hatte, schaffte sie es nun immerhin, ein paar Galgenstricke von der Decke des Clubs baumeln zu lassen. Wesentlicher ist indes der Umstand, dass das Konzert zur Release-Show ihres inoffiziellen zweiten Demos wurde. „Wir vervielfältigten die Aufnahme und schickten es allen, die uns einfielen", sagt Grable. „Sie erregte eine Menge Aufsehen. Ich weiß nicht, was am Sound so toll war, doch die Leute standen drauf, und ich glaube, das schürte Interesse seitens der Labels, obwohl es ein beschissenes Tape mit viereinhalb Songs war. Im Postfach der Band trudelten Briefe von Fans ein, und anscheinend mochte jeder das Ding. Vermutlich kopierten sie es für alle ihre Freunde, denn es wurde im Underground ziemlich populär."

Im Herbst 1987 hatten Xecutioner acht neue Songs fertiggestellt und Studiozeit im Morrisound gebucht. Krgin streckte ihnen dafür 2.000 Dollar vor. Rick Miller, der mittlerweile verstorbene Tontechniker des Hauses, der die vorigen Demos

BORIVOJ -8, (2), 11.25.88

AGREEMENT made as of November 25, 1988, by and between BORIVOJ KRGIN, d/b/a Godly Records of 13-22 135th Street, College Point, New York 11356 (hereinafter referred to as "Krgin"), JOHN RUSSEL TARDY and DONALD TARDY both of 1310 Rockwood Drive, Brandon, Florida 33511, TREVOR LEON PERES of 2212 Wallwood Place, Brandon, Florida 33511, DEWAYNE DANIEL TUCKER of 2507 S. Mudlake Road, Plant City, Florida 33566, and ALLEN GERALD WEST of 1004 Orangewalk Drive, Brandon, Florida 33511, all five (5) p/k/a OBITUARY (all five (5) hereinafter jointly and severally referred to as "Artists") and ROADRUNNER RECORDS AND MUSIC PUBLISHING CO., INC. of 225 Lafayette Street, New York, New York 10012 (hereinafter referred to as "Company").

W I T N E S S E T H:

In consideration of the mutual promises and covenants herein contained, the parties hereto agree as follows:

1. Artists agree to and does instruct Company to pay to Krgin the two thousand ($2,000.00) dollars of artist royalties actually earned and payable to Artist as as a result of the sale of Artists' first LP recorded for Company, such LP referred to in their agreement with Company dated October 1, 1988.

2. Krgin hereby releases all right, title and interest that Krgin may have in and to the recording services of Artists and in and to master recordings previously and hereafter recorded by Artists including but not limited to all world-wide copyrights and extensions of copyright in and to such master recordings and including all rights of every kind and nature in and to all copyrights respecting the musical compositions embodied in the master recordings that have been or hereafter will be recorded by Artists.

IN WITNESS WHEREOF, the parties hereto have executed this Agreement the day and year first above written.

BORIVOJ KRGIN	ALLEN GERALD WEST
JOHN RUSSEL TARDY	DONALD WILLIAM TARDY
TREVOR LEON PERES	DEWAYNE DANIEL TUCKER

ROADRUNNER RECORDS AND MUSIC PUBLISHING CO., INC.

BY: ______________________

1

JUN- 1-89 THU 11:26 JULES KURZ P.01

Xecutioners Vertrag mit Godly Records. Abzug von Borivoj Krgin.

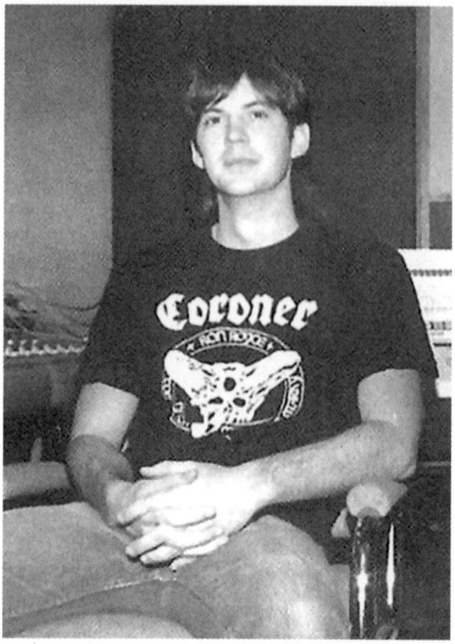

Scott Burns.

der Gruppe aufgenommen hatte, kümmerte sich bei dieser Session um Schlagzeug, Rhythmusgitarre und Bass. Allerdings geriet er während der Arbeiten in einen Autounfall und musste sich unvermittelt ausklinken. Weil die Besitzer Jim und Tom Morris mit anderen Projekten beschäftigt waren, fiel die Aufgabe, Xecutioners erste LP aufzunehmen, Scott Burns zu, was nicht nur die Entwicklung seiner ersten Kunden, sondern auch jene einer ganzen Szene veränderte.

Burns ist in den Annalen des Metal-Underground ein Rätsel wider Willen. Er wird sowohl gefeiert als auch verachtet, gelobt wie kritisiert, gewürdigt und angefochten. Eine Diskussion über Death Metal aus Florida, geschweige denn Metal insgesamt, ist ohne ihn nicht möglich. Burns war einer der ersten Toningenieure und Produzenten des Genres, dem es gelang, eine bis dahin größtenteils misstönende – oder wie er selbst sagte: „Es klang wie ein Rührgerät" – Musikart hochwertig klingen zu lassen. Seine Aufnahmemethoden, die durch die Bereitschaft der Morris-Brüder, in moderne Technik zu investieren, begünstigt und gestützt wurden, fanden sich bald auch bei anderen Toningenieuren auf der ganzen Welt. Er lernte, was man tun muss, damit sich Doublebass-Parts gegen Gitarrenwände durchsetzen, und war Experte im Platzieren von Deckenmikrofonen über den Drums, was die Aufnahme transparenter machte, wenn Spieler die Tempogrenzen ausloteten. Zudem wusste er, wie man extremen Metal mischt, um ihn anhörbar zu machen.

Im Laufe der 1990er kamen scharenweise Genre-Acts ins Morrisound, alle auf der Suche nach dem „Scott-Burns-Sound". Seine anfänglichen Ziele für die Produktion waren jedoch simpel: Er wollte Wege finden, um den bestmöglichen Klang für Bands in einem Studio-Setting zu erzielen. Als Burns bei Morrisound anfing, war er zwar mit Metal vertraut, ahnte aber nicht, dass er sich im Brennpunkt des Death Metal befinden würde.

„Als ich ungefähr 18 war, spielten Freunde von mir nach der High School mit einer Punk- und New-Wave-Band", erzählt er. „Sie brauchten einen Tontechniker. Ich hatte als Kind Bass und Posaune gespielt, besaß also ein gewisses musikalisches Grundwissen, doch an der Arbeit als Soundmann störte mich die Tatsache, dass man die Umgebung nicht kontrollieren konnte. Sie traten in vielen kleinen Clubs und Bars auf; es klang jeden Abend anders, und es klang beschissen. Selbst wenn man sein Möglichstes tat und es ein bisschen besser wurde, hörte es sich immer noch schrecklich an."

„Diese Band gewann einen Wettbewerb und bekam Zeit in einem Studio in Tampa geschenkt", fährt er fort. „Die Räumlichkeiten waren nicht besonders schön, aber ich begeisterte mich sofort dafür. Nach den Aufnahmen begann ich, nach einem guten Studio in der Gegend zu suchen, und das einzige professionelle war das Morrisound. Dort beschäftigte ich mich zunächst mit Punkbands wie Pagan Faith und handelte einen Vertrag aus, um die Produktionskosten zu splitten. Irgendwann wurde ich Assistenzingenieur, wobei ich mit Jim, Tom und Rick arbeitete."

Burns war bei den Aufnahmen der frühen Executioner-Demos zugegen und lernte die Band kennen, da er oft beim Aufbau des Schlagzeugs und der Verstärker im Live-Raum des Morrisound half. Abgesehen von ihrer freundlichen, aufgeschlossenen Art bewunderte Burns vor allem die Hingabe der Gruppe. „Sie meinten es todernst – schon im Alter von 14 Jahren", versichert er. „Ich weiß noch, dass ich einige ihrer ersten Shows sah und geplättet von all dem selbstgemachten Zeug war, das sie mitbrachten: Rauchbomben, Urnen, Dschungelmoos. Sie haben sogar eigene Bühnen gebaut. Ich kann gar nicht beschreiben, wie toll sie waren. Sie wirkten gleich authentisch."

Da Burns vom Punk kam, war er bereits mit überdrehten Sängern in Berührung gekommen, doch für ihn ließ sich keiner davon mit dem vergleichen, was John Tardy tat. Als Tontechniker verblüfften ihn die schiere Power von Xecutioners Auftritten und Tardys stimmliche Höchstleistungen. Als die Szene in Florida zunehmend technischer wurde, wusste Scott, dass die Band mit der Entscheidung richtig lag, ihren Sound relativ geradlinig zu halten. „Damit schwammen sie gegen den Strom", sagt er. „Sie haben nicht versucht, es ihren Zeitgenossen gleichzutun und hatten diesen ‚toten' Sound. Der war teuflisch heavy, und Johns Gesang klang überzogen verrückt. Beim Spielen legten sie keine zwei Millionen Meilen die Stunde zurück; mussten sie auch nicht." Die Aufnahmen zu *Slowly We Rot* enttäuschten Xecutioner. Sie spielten live im zentralen Kontrollraum, was weitgehend ihren Bandproben entsprach. Weil sie mit dem Morrisound-Personal vertraut waren, konnte sie sich darauf verlassen, dass die Morris-Brüder Donald, wenn die Nerven mit ihm durchgingen, auf die Finger schauten, um sicherzugehen, dass er seine beste Leistung erbrachte.

„Wenn ich es jetzt höre, bemerke ich einige Fehler", sagt Donald. „Da sind ein paar Ride-Becken-Kleinigkeiten, aber man erkennt solche Schnitzer, die reine Nervensache waren, denn wir spielten diese Songs in unserer Garage viel besser als im Studio. Sowas liegt einfach am Druck; du sollst um 16 Uhr da sein und weißt, dass die Techniker dort sitzen und den Aufnahmeknopf drücken. Dir ist klar, dass du ihre Zeit und ihr Geld verschwendest, wenn du die Stücke nicht korrekt spielst und patzt. Allein das genügte also schon, um die Studioarbeit äußerst nervenaufreibend zu machen."

Die *Slowly We Rot*-Sessions waren auch für John Tardy eine Offenbarung. Beim Proben in der heimischen Garage ging sein Gesang manchmal in der Lärmkulisse unter, doch wenn er mit Burns arbeitete, legte er eine Performance hin, die im

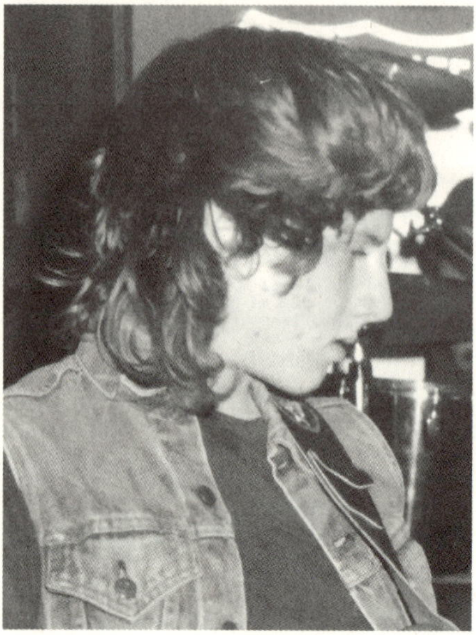

Jerome Grable circa 1985.
Foto aus Jerome Grables Archiv.

Death Metal schnell Maßstäbe setzte. Burns konnte nicht glauben, dass Tardy seine Stimme wie ein zusätzliches Instrument einsetzte. Niemand konnte sich einen Reim darauf machen, worauf John während der Aufnahmen gestoßen war, aber alle wussten, dass er etwas Beispielloses tat.

„Das Atmen war bei diesem Album das Schwierigste", gesteht er. „Ich habe so derb und laut geschrien, dass mir die Puste ausging. Manchmal sang ich nur eine halbe Zeile und musste wieder Luft schnappen. Heute hab ich diese Songs viel besser drauf, aber hin und wieder fällt es immer noch schwer, selbst wenn man etwas ausarbeitet."

Für *Slowly We Rot* übernahmen die Tardy-Brüder auch erstmals den Mix. Wohingegen der Rest der Band das Morrisound gerne verließ, wenn ihre jeweiligen Parts im Kasten waren, boten sich John und Donald an, um das Album gemeinsam mit Burns abzumischen. Diese Erfahrung gefiel ihnen so gut, dass sie das seither bei jedem Obituary-Album getan haben. Mit Burns an *Slowly We Rot* zu arbeiten vermittelte ihnen eine ersten Eindruck davon, wie sie ihren Sound optimieren konnten.

„Ich habe es in allen Belangen geliebt", schwärmt Donald. „Und das Schlagzeug spielt beim Mixen natürlich eine bedeutende Rolle. Die Gitarristen kommen mit ihrem Instrument und Verstärkern an, deren Sound einem bestimmten Stil entspricht, den sie mögen. Man nimmt ein Mikrofon und richtet es möglichst ideal auf den Verstärker aus, aber das war´s dann mehr oder weniger schon. Beim Schlagzeug geht es um so viel mehr. Die Stimmung, die Becken, die Position der Mikros an den Becken und deren Abstand von den Toms – all das ist sehr wichtig für den Mix eines Albums. Scott hat mich angehalten, meine Becken höher zu positionieren, als ich wollte, um sie von den oberen Mikrofonen zu entfernen. Das war eine Menge Arbeit. Und ich bin während der Aufnahmen sehr nervös gewesen, obwohl mich die Einstellung der Drums für einen besseren Sound interessierte. Es war also eine kurzweilige Angelegenheit für mich."

Xecutioner brachten die Produktion von *Slowly We Rot* nicht unversehrt hinter sicht. Während der Aufnahmen verärgerte der kompetente, aber kaum auffällige Bassist Grable West, der selten davor zurückschreckte, ihn auf Performance-Schwächen hinzuweisen. Seine Unzufriedenheit mit Jeromes Spiel übertrug sich bald auf den Rest der Band, der langsam dämmerte, dass der Bassist Xecutioner nicht in seine langfristigen Pläne einbezog. Schließlich spürte Grable selbst, dass es für ihn an der

Zeit war, sich neu zu orientieren. „Nach den Aufnahmen ließ mein Interesse an der ganzen Chose nach", gibt er zu. „Das hing großteils damit zusammen, dass ich nur noch versuchte, Kram für die Band zu regeln und gleichzeitig weiter aufs College zu gehen. Ich war nicht mehr hundertprozentig bei der Sache. Allmählich empfand ich es als Druck, Shows auf die Beine stellen zu müssen. In jeder Band, der ich angehörte – auch bei Xecutioner – war ich am Ende derjenige, der um zwei Uhr nachts im Hinterzimmer saß und die Gage entgegennahm, während alle anderen zum Feiern abhauten. Wenn man das ununterbrochen zwei Jahre lang getan hat, denkt man sich: ‚Das ist irgendwie scheiße.' Ich arbeitete schon 40 bis 50 Stunden die Woche und war außerdem noch in meiner Studentenprobezeit."

„Wenn ich mich nicht irre, kreuzte ich einfach nicht mehr zum Proben auf", sagt er abschließend. „Ich wüsste nicht, dass jemand mir mitteilte: ‚Hey, du gehörst nicht mehr zur Band', und entsinne mich auch nicht, ausgestiegen zu sein. Ich weiß nur, dass sie, als ich meine Sachen in der Garage der Tardys abholte, bereits einen anderen Bassisten hatten."

KAPITEL 4

SLOWLY WE ROT

Entgegen landläufiger Meinungen liegt es nicht am Wasser in Florida, dass der Staat so viele bedeutende Death-Metal-Bands hervorgebracht hat. Das Klima und die Atmosphäre vor Ort locken Menschen an, die Schnee leid sind und Vitamin D mögen. Berüchtigt wurde die Region durch das Internet-Meme des „Florida Man", das Bewohner des Sunshine State bei abwegigen Tätigkeiten im Zusammenhang mit Alligatoren zeigt. Des Weiteren gibt es dort keine Einkommenssteuer, was Personen mit schmalem Geldbeutel gutheißen, doch nichts in Florida ließ die Entstehung, die Entwicklung und den Erfolg so vieler Death-Metal-Bands vorausahnen.

Die Mitglieder von Obituary sowie ihren Zeitgenossen Atheist, Cynic, Death, Deicide, Massacre und Morbid Angel wurde immer wieder gefragt: „Was ist bei euch im Wasser?", ohne dass sie je eine einheitliche Antwort gefunden hätten. Sicher, die Stadt Tampa verfügte über eine Vielzahl von Clubs und – noch wichtiger – Morrisound Recording als erschwingliches Studio, das ein idealer Nährboden für harten Metal war. Demnach wäre „Morrisound" vielleicht die einzig annehmbare Antwort auf die Wasser-Frage. In den späten 1980ern nahmen fast alle wesentlichen Death-Metal-Bands aus Florida dort auf und begründeten eine der wichtigsten Szenen in der Geschichte der extremen Musik. Wenn man die Frage jedoch 100 Mal stellt, bekommt man wahrscheinlich 100 verschiedene Antworten.

„Jeder möchte hören: „Es lag an dem Sumpfwasser, in dem wir gebadet haben, oder es *muss* die Feuchtigkeit sein", sinniert Donald Tardy. „Vielleicht lief es auf die Morris-Brüder [Tom und Jim] hinaus, die mit dem Morrisound hier waren. Auch könnte es daran gelegen haben, dass Savatage und Nasty Savage dort aufnahmen. Wir erkannten den Zauber, der von dem Studio ausging; das spornte uns an, entweder eine gute Band zu sein oder in der Versenkung zu verschwinden. Möglicherweise herrschte auch ein wenig Konkurrenz zwischen den Gruppen. Ich denke aber, dass wir mehrere Schlüsselbands hatten, die sich einen ziemlich großen Namen machten, war reiner Zufall. Ich weiß es nicht, um ehrlich zu sein. Ich kann nicht genau sagen, was hier los war und warum es in Tampa statt Jacksonville oder einem anderen Ort in Florida passiert ist. Jedenfalls war irgendetwas im Busch."

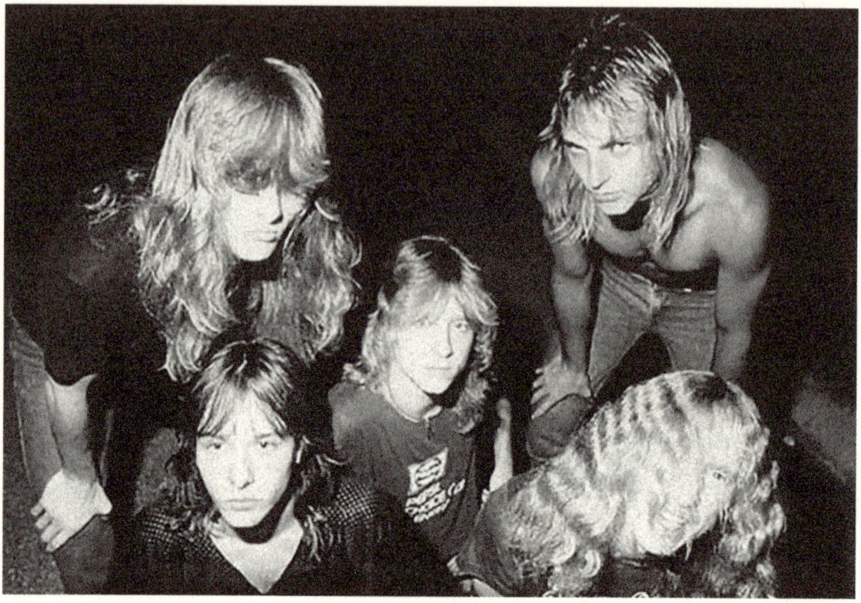

Xecutioner circa 1989.

„So ist es eben, und wir können es nicht erklären", ergänzt John Tardy gleichmütig. „Ob's um die New Yorker Hardcore-Szene, Seattle-Grunge oder Bay Area Thrash geht... Es kommt auf den richtigen Ort und Zeitpunkt dafür an, dass so etwas geschieht. Wir hatten einfach das Glück, hier in Tampa Teil einer echt starken Szene zu sein. Es gab viele gute, ja hervorragende Bands. Timing und Glück sind also ausschlaggebend, doch man braucht auch die entsprechenden Songs."

„Es entwickelte sich zu 100 Prozent organisch", betont Atheist-Frontmann Kelly Shaefer. „So sollte es sein, und anders geht's auch gar nicht. Man kann eine Strömung nicht planen. Musik – Kunst funktioniert so nicht. Das ist eines der coolsten Dinge, wenn man einer Szene angehört: Man sieht sie nicht, wenn man sich darin bewegt. Nach ihrer Hochphase Mitglied der Szene in Florida zu sein ist klasse. Die Kameradschaft war gesund, weil man als Band mehr Publikum ziehen wollte als die anderen. Wir hatten diesen Wettbewerbsgeist, der aber nicht böswillig war."

Zu Beginn des Jahres 1989 bildeten Chuck Schuldiners Death die unangefochtene Spitze der Death Metal Szene in Florida und Amerika insgesamt. Ihr 1987er Debüt *Scream Bloody Gore* und der Nachfolger *Leprosy* (1988) waren umwälzende, ungeheuer einflussreiche Brocken aus reinem, fauligen Death Metal. Death gelten neben Possessed aus San Francisco und Hellhammer/Celtic Frost als Wegbereiter des Stils. Morbid Angel hatten einen Vertrag mit Earache Records aus Nottingham in England abgeschlossen, um ihren Erstling *Altars of Madness* zu veröffentlichen. Zwei Bands waren im Begriff, ihren Namen zu ändern: Amon wurden bald zu Deicide, und R.A.V.A.G.E. wollten sich in Atheist umbenennen. Massacre wiederum zählten zwar zu den ersten Death-Metal-Bands Floridas, doch bis zu ihrem Einstand *From Beyond* dauerte es noch zwei Jahre. Und die Obituary-Vorläufer Xecutioner, die acht

Songs für ihr erstes Album *Slowly We Rot* im Kasten hatten, warteten geduldig auf dessen Veröffentlichung. Zu dieser Zeit begannen sie, sich einen Ruf als Florida-Death-Metal-Combo zu erspielen, die es gemächlich angehen ließ und sich klugerweise von dem Aktionismus fernhielt, der üblicherweise jede aufkommende Bewegung kaputtmacht.
Tatsächlich scherten sich die Mitglieder von Xecutioner und letztlich auch Obituary nie um Szeneaktionismus. Während einzelne Musiker bestimmter Bands meinten, sich wie Rockstars aufführen zu müssen, oder unablässig über andere Gruppen lästerten und sie schlechtmachten, hatten Xecutioner keine Ambitionen, an Aufstiegskämpfen in der Death-Metal-Szene teilzunehmen. Dementsprechend waren sie immer bereit, ihr Equipment zu verleihen, vor anderen Bands aufzutreten (oft zu Ungunsten der nachfolgenden Acts) und diejenigen zu unterstützen, mit denen sie die Bühne teilten. Die Wahrheit ist: Xecutioner verbrachten die meiste Zeit in der Garage der Familie Tardy, um an neuer Musik zu arbeiten, und gingen dann ihren Lieblingsbeschäftigungen nach, beispielsweise Football oder Frisbee, Biertrinken und Treffen mit Freunden.
„Wir lebten in unserer eigenen Welt", sagt Donald. „Weil wir so jung waren, besuchten wir nicht ständig Konzerte und sahen nicht jede Band, die in der Gegend spielte. Wir waren einfach damit beschäftigt, zu leben und Teenager zu sein. Uns lag nicht viel daran, was andere Bands machten, und wir fragten uns nicht, ob wir bloß das, was sie taten, übernehmen sollten. Wir haben uns schlichtweg in unserem eigenen Tempo in die Richtung weiterentwickelt, die wir einschlagen wollten. Als Typen, die ihr eigenes Ding drehten, schauten wir uns nichts von anderen Bands ab. Es war nie so, dass wir eine sahen und dachten: ‚Das sollten wir als nächstes tun.'"
1989 gab es dringendere Belange, um die sich Xecutioner kümmern mussten – angefangen damit, dass sie ihren Bassisten Jerome Grable durch den 19-jährigen Daniel Tucker ersetzten. Ihn kannte die Band schon länger – er war mit Trevor Peres befreundet und hatte Allen West als Mitglied von Massacre kennengelernt. Tucker kannte bereits Executioners 1986er Demo mit 'Find the Arise' und 'Live Like the Dead', außerdem hatte er die Band live erlebt. Daher ließ er sich nicht zweimal zu einer Anhörung bitten, als er von dem offenen Bassposten erfuhr.
Tucker versuchte zuerst, ein Plektrum für Xecutioners Songs zu verwenden, wechselte aber schnell zum Spiel mit den Fingern, was im Metal lange Zeit als natürlicherer Bassstil angesehen wurde (siehe Terry „Geezer" Butler von Black Sabbath, Iron Maidens Steve Harris und Metallicas Cliff Burton). Nach etwa 15 Minuten ihrer ersten gemeinsamen Probe wussten alle Beteiligten, dass Tucker ein guter Musiker war – er bekam den Zuschlag sofort.
Eine der ersten Aufgaben, die sich Tuckers auferlegte, bestand darin, sich mit seinem Bass gegen den gnadenlosen Gitarrensound von Peres/West durchzusetzen. „Ich habe ziemlich genau das Gleiche gespielt wie die Gitarristen", schildert er. „Ich versuchte aber, das Ganze etwas aufzulockern und zwischendurch etwas anderes einzustreuen. Zum Beispiel änderte ich einige Parts von 'Intoxicated', damit sie ein bisschen

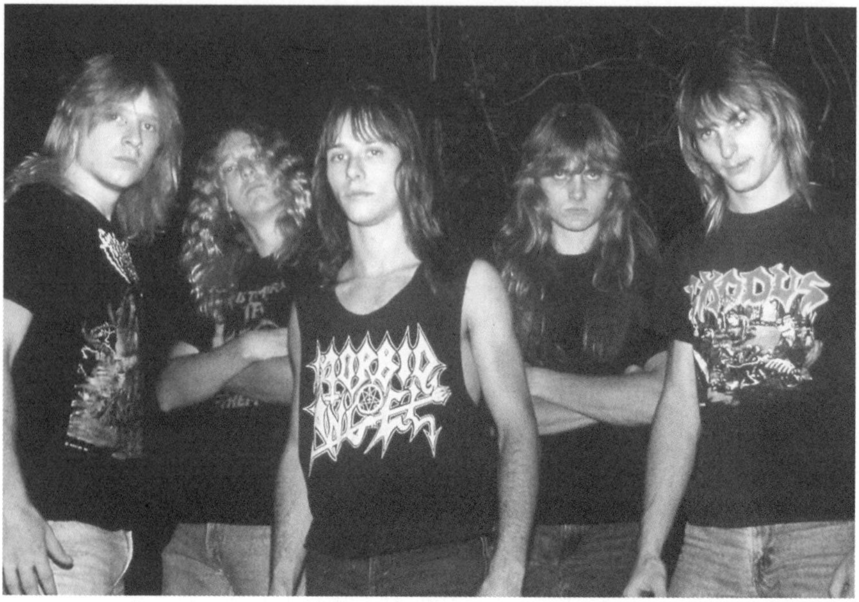

Von l. nach r.: Donald Tardy, John Tardy, Allen West, Trevor Peres und Daniel Tucker.

herausstachen - aber zu vermeiden, dass der Bass genauso klang wie die Gitarren fiel schwer. Genau das machte die Band ja zu dem, was sie war. Ziemlich heavy."

Auch mit Tucker an Bord war der Bass bei Xecutioner und Obituary nie ein tragendes, sondern nur ein stützendes Element. Der Versuch, der Peres/West-Gitarrenwand zu trotzen, wurde weiterhin dadurch erschwert, dass Grable und Tucker der Rhythmusgitarre folgten, womit sie eine weitere tieffrequente Spur hinzufügten, die sich jedoch nicht im Mix durchsetzte.

„Sobald die Songs fertig waren, zeigten Trevor und Allen den Bassisten die Noten und das, was sie mit der rechten Hand machten", erklärt Donald. „Jerome, Daniel und später Frank [Watkins] ahmten das einfach nach. In unseren Songs gab es weder auf den hohen Saiten gespielte Harmonien noch ungewöhnliche neue Tonleitern auf dem Bass. Allen war ein ziemlich guter Bassist, da sein Vater das Instrument spielte, also verstand es sich für ihn von selbst, sich einen Bass zu schnappen und ordentlich zu spielen. Allerdings stachen unsere Bassisten nie hervor, weil sie nur Trevors und Allens Rhythmusparts lernten."

Als sie Tucker auf den neusten Stand gebracht hatten, waren Xecutioner wieder eine feste Einheit. In jenen Tagen wurde ihr Name im Metal-Underground immer bekannter, was eine offizielle Veröffentlichung auf einem Label umso notwendiger machte. Die Band ging mit der Gewissheit ins neue Jahr, dass Borivoj Krgin *Slowly We Rot* über Godly Records herausbringen würde, falls sich keine andere geeignete Firma fand. Die nun folgenden Ereignisse sollten ihre Karriere allerdings nachhaltig beeinflussen – im Guten wie im Schlechten.

Underground-Metal-Plattenfirmen hörten auf Krgin, insbesondere Monte Conner vom aufstrebenden niederländischen Label Roadrunner Records. Die beiden bildeten zusammen mit dem Journalisten Don Kaye ein Triumvirat von in New York City ansässigen Metalheads, die in einer rasant wachsenden Szene zu frühen Geschmacksbildnern geworden waren. Conner arbeitete als DJ am Baruch College in New York City, weshalb er an die frühen Demos von Megadeth, Metallica, Possessed und Slayer gelangte. Wenn er eine Band für würdig befand wie die Kanadier Annihilator oder die Brasilianer Sepultura, verwies er sie zur Begutachtung an Combat Records und Metal Blade. Beide Labels lehnten Annihilator und Sepultura ab, aber Conners Tätigkeit beim College-Radio war eine gute Übung – er entwickelte ein intuitives Gefühl dafür, neue Metal-Talente zu erkennen.

Conner kam Ende 1987 zu Roadrunner, um sich um die junge College-Radio-Promotion der Firma zu kümmern. Sein einziges Ziel bestand zu dem Zeitpunkt darin, einen Fuß in die Tür zu bekommen. Er dachte, über Promotion für College-Radiosender sei der Einstieg ins Musikgeschäft am leichtesten, weil man dafür nicht sonderlich begabt sein musste. Doch kaum hatte sich Conner eingearbeitet, verließ A&R-Agentin Holly Lane das Label, um gemeinsam mit dem ehemaligen Combat-Mitarbeiter Steve Sinclair bei den Emporkömmlingen Mechanic Records einzusteigen. Mit Lanes Weggang blieb Conner als einziger Angestellter im New Yorker Roadrunner-Büro übrig, der Ahnung von den Geschehnissen in der Metal-Szene hatte. Infolgedessen wurde er automatisch nordamerikanischer A&R-Repräsentant des Labels.

„Ich nahm mir nie großartiges etwas vor, von wegen das sollte ein Sprungbrett sein", sagt Monte. „Nachdem ich aber eine Woche dort gearbeitet hatte, kündigte Holly, und wir hatten niemanden mehr, der A&R machte. Ich hob also eine Hand und sagte: ‚Ich würde das gerne tun.' Daraufhin übernahm ich diesen Posten und behielt meinen Job als College-Radio-Promoter bei – ich tat beides gleichzeitig. Von A&R verstand ich nichts; ich hatte gar nicht in Betracht gezogen, A&R-Agent zu werden. Im Grunde mussten wir Bands unter Vertrag nehmen und ich wollte Zeug signen, das mir gefiel, was seinerzeit Underground-Death-Metal war. Ich mochte aber nicht nur Death Metal. Alles, was cool, heavy und unbekannt war, darauf stand ich damals."

Conners erstes Signing für Roadrunner waren die Power-Thrasher Realm aus Milwaukee, gefolgt von Sepultura, die er ursprünglich auf Krgins Empfehlung hin auf seinem Tisch beim College-Radio bekommen hatte. Er begann, sich nach anderen Death-Metal-Bands aus Florida umzusehen, darunter Morbid Angel mit Mike Browning als „Frontmann" (in Anführungszeichen, weil er simultan sang und Schlagzeug spielte). Ihr baldiger Sänger/Bassist David Vincent suchte zu dem Zeitpunkt ein Label für die Band, nachdem er sie bei seinem eigenen Label Goreque Records aufgenommen hatte. Conner traf eine Entscheidung, die er bereuen sollte: Er lehnte Morbid Angel ab: „Was auch immer mir David geschickt hatte – ich fand es damals nicht gut genug. Ich kann mich nicht mehr erinnern; ich weiß nur noch, dass ich sie auf dem Schirm hatte und ihnen keinen Vertrag anbot. Digby [Pearson,

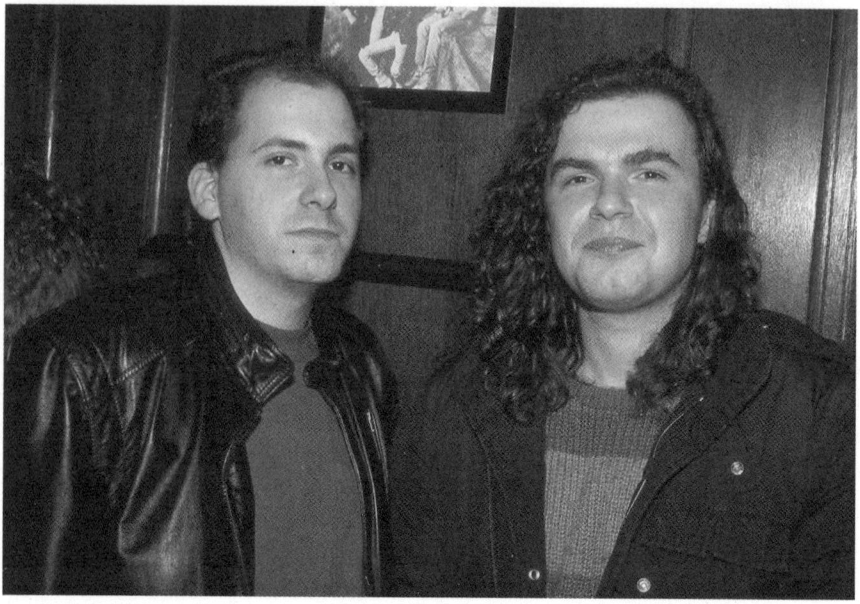

Monte Conner (l.) von Roadrunner mit Borivoj Krgin in New York circa 1989. Foto von Frank White.

Earache-Besitzer] schnappte sie sich dann wohl, und als ich *Altars of Madness* hörte, dachte ich: ‚Scheiße, ich wünschte, ich hätte das.'"

„Ich betrachte Earache nicht als Konkurrenz", fährt Monte fort, „denn obwohl wir damals unsere kleine Death-Metal-Nische hatten, wollte uns Cees [Wessels, Roadrunner-Gründer/Eigentümer] nie zu einem Death-Metal-Label machen. Man sollte bedenken: Es heißt Roadrunner. Der Name wurde bewusst gewählt, weil er sich nicht kategorisieren lässt. Roadrunner könnte alles sein und wurde deshalb so benannt – weil der Besitzer von Anfang an davon ausging, dass es vielleicht eines Tages ein Major-Label sein würde, dass man alle Arten von Rock und Metal auf Roadrunner haben könnte, und darum wollte er es bei diesem Namen belassen. Earache hingegen heißen Earache. Es muss fast zwangsläufig ein Death-Metal-Label sein. Das Gleiche gilt für Metal Blade; was sollen Metal Blade sonst vertreiben außer Metal? Jedenfalls gingen wir in diese Death-Metal-Richtung, weil ich den Stil mochte und der einzige A&R-Mann der Firma war. Roadrunner wurden zu der Zeit ein Death-Metal-Label, weil ich hauptsächlich ein Death-Metal-A&R war. Genau das wollte ich tun. Trotzdem steckte dahinter kein großer Plan von Cees, Roadrunner zu einem Death-Metal-Label zu machen."

Krgin, der Xecutioner nun aktiv potenziellen Labels vorschlug, zeigte Conner die anfangs acht Stücke umfassende Version von *Slowly We Rot*. Als er das Album hörte, verlor Conner wie so viele andere fest in der Metal-Branche etablierte Personen in ebenso vielen Worten „seinen verdammten Verstand".

„Ich fand es unglaublich", führt er aus. „Zunächst einmal liebe ich den Sound der Platte. Ich liebe die acht Songs, die Scott Burns produzierte. Es klang für mich

unfassbar und tut es immer noch. Der sehr grelle, schneidende Gitarrenton ist einfach der Hammer. Die Produktion klingt für die heutige Zeit nicht überragend, war damals aber auf jeden Fall besser als die der meisten anderen Platten. Am wichtigsten finde ich aber das Erste, was mich an der Band beeindruckte, und das war wie bei jedem Menschen damals John Tardy. Er hat eine sagenhafte Stimme, auch heute noch. Und allein seine Art auf der Platte, wie er im Mix eingebettet ist – wie ein Löwe. Du legst das Album auf, und John spricht einfach zu dir. Dass er keine Texte hatte, gefällt mir total. Es gab Songtitel, doch er hat in den meisten Songs keine Texte gesungen. Als publik wurde, dass er nichts sang, sondern nur Geräusche erzeugte, fand ich das erstaunlich. Ich dachte: ‚Das hat noch nie jemand gemacht!'"
Kurz darauf trat Conner mit der Idee an Wessels heran, Xecutioner unter Vertrag zu nehmen. Er gibt an, seinen Chef zu überzeugen habe nicht lange gedauert – Johns Stimme und die Stärke der ersten Version von *Slowly We Rot* ließen sich leicht schmackhaft machen. Um den Deal abzuschließen, musste Monte nur noch einen Flug von New York nach Tampa buchen.

Während sich Conner auf eine Reise nach Tampa vorbereitete, um Xecutioner zu signen, spielte Peres mit dem Gedanken, der US-Marine beizutreten. Seine Familie hatte eine Militärtradition, und in der Annahme, sie fortführen zu können, begann er, ernste Gespräche mit seinem Vater über die Navy zu führen, die auf den klassischen Konflikt zwischen verantwortungsvoller Vorbereitung auf die Zukunft und Traumerfüllung hinausliefen. „Mein Dad fragte mich: ‚Was willst du mit deinem Leben anfangen?' Ich antwortete: ‚Ich werde Rockmusiker!' Daraufhin meldete ich mich trotzdem bei der Navy an."

Strenggenommen tat er das nicht. Er erklärte sich per Handschlag mit Navy-Vertretern bereit, die ihn als Ingenieur in ein Atom-U-Boot stecken wollten, nachdem er die Mathematik- und Naturwissenschafts-Aufnahmeprüfungen weitgehend bravourös bestanden hatte. Allerdings rief die Navy Peres am darauffolgenden Montag an und teilte ihm mit, er solle sich an jenem Mittwoch im nahegelegenen St. Petersburg/Florida vereidigen lassen. Weil er nicht davon ausging, dass Xecutioner einen Plattenvertrag an Land ziehen würden, wollte Trevor mit 19 der Navy beitreten. Tags darauf ließ man ihn aber wissen, das Dach des Gebäudes, in dem er seinen Eid ablegen sollte, sei eingestürzt, und die Zeremonie auf Samstag verlegt. Zwei Tage später steckte ein Plattenvertrag von New Renaissance Records in seinem Briefkasten. Obwohl Peres und seine Bandkollegen das Angebot nie ansprechend fanden, deuteten sie es als Zeichen dafür, dass Xecutioners Zeit bald kommen würde. „Ich rief am nächsten Tag bei der Navy an und sagte: ‚Leute, ich habe meine Meinung geändert'", erzählt Peres. „Sie fragten: ‚Was heißt das?' Ich erklärte, dass ich Musik machte, was auch mein Berufswunsch sei, und mich nicht vereidigen lassen würde, weil meine Band ein Vertragsangebot bekommen hatte. Ich gab Baseball auf, obwohl ich als Kind Baseballspieler hatte werden wollen. Ich gab es wegen der Musik auf, hätte die Musik aber nicht wegen der Navy aufgegeben. Sie entgegneten: ‚Sie könnten bei uns weiterhin Musik machen.' Ich sagte: ‚Nicht meine Musik, Mann.' In einem Atom-U-Boot unter der Meeresoberfläche wird kein Death Metal gespielt. Vergiss es. Nicht mal am Hafen. Der Typ am anderen Ende der Leitung fing zu lachen an. Er meinte: ‚Mensch, kommen Sie schon.‘ Und ich: ‚Tut mir leid, Sie können mir das nicht ausreden. Danke für Ihr Angebot.‘ Sie riefen mich noch ein Jahr lang jede verfluchte Woche an."

Das kalifornische Unternehmen New Renaissance, dessen Eigentümerin und Betreiberin Hellion-Sängerin Ann Boleyn (bürgerlich: Anne Hull) war, fungierte hauptsächlich als Vertrieb für Bands. Laut Krgin gab das Label seinen Bands kein Geld für Aufnahmen, bot aber dennoch an, diese zu veröffentlichen. Mit der Zeit bildete sich ein Programm heraus, das hauptsächlich aus Compilations anstelle gewöhnlicher Bandalben bestand. In den späten 1980ern war New Renaissance ein wichtiger Teil des Metal-Undergrounds, aber sicherlich nicht gleichen Ranges wie Roadrunner, die den legendären dänischen Sänger King Diamond in seinen besten Jahren, Sepultura und Annihilator hatten, was Xecutioner wussten.

Während sie über das Angebot von New Renaissance nachdachten, buchte Conner seinen Flug nach Tampa. Eine Band unter Vertrag zu nehmen, ohne sie live gesehen zu haben, galt allgemein als A&R-Fauxpas – besonders im Metal, wo die Konzertsituation oft der Maßstab für den Wert einer Gruppe ist. Da Xecutioner aber noch nicht aufgetreten waren und auch kaum Shows anstehen hatten, musste sich Conner auf seinen Instinkt verlassen, als er Kontakt zu ihnen aufnahm.

„Ich hatte kein Problem damit, eine Band unter Vertrag zu nehmen, ohne sie live gesehen zu haben, wenn ich einfach an sie glaubte", sagt er. „Zudem dachte ich, falls sie aufgrund mangelnder Erfahrung live nicht sonderlich gut seien, würde es eben etwas Zeit brauchen. Nehmen wir an, sie wären nicht gut gewesen, obwohl sie, soweit ich mich erinnere, vom Start weg eine großartige Liveband waren, als ich sie schließlich sah; selbst wenn sie keine gewesen wären, hätten sie nur drei oder vier Monate auf Tour gehen müssen, um es zu werden."

Als Conner in Tampa eintraf, wurde er herzlich von den Mitgliedern begrüßt, die im schwülheißen Klima Floridas wie üblich Shorts, ärmellose Hemden und Band-Shirts trugen. Er war zu dem Zeitpunkt 23 Jahre alt, also nur etwas älter als die Musiker. Abgesehen von dem geringen Altersunterschied verstanden sich beide Parteien von Anfang an sehr gut – die Band mochte Conners Begeisterung für ihre Musik, und Conner gefiel ihre entspannte Art.

„Monte war unsere Brücke", sagt Donald. „Wer weiß, was wir ohne den Deal mit Roadrunner gemacht hätten? Vielleicht hätten wir die Band schlicht aufgelöst und wären nie zu der Erkenntnis gelangt, dass wir coole Sachen zusammen machen. Gott sei Dank ist das schnell passiert und wir erhielten einen Vertrag, der uns derart begeisterte, dass wir bemerkten: ‚Wow, wir sind eine Band. Wir sind jetzt offiziell eine Band.‘"

„Wir hatten bis dahin nie mit einer Plattenfirma zu tun gehabt und wussten nicht viel darüber, wie das so lief", fügt Peres hinzu. „Monte war einfach jemand, der sich für die Musik zu interessieren schien, und zack – wir bekamen seine Hilfe. Wir hatten also zunächst ein ziemlich gutes Gefühl bei der Sache mit Roadrunner."

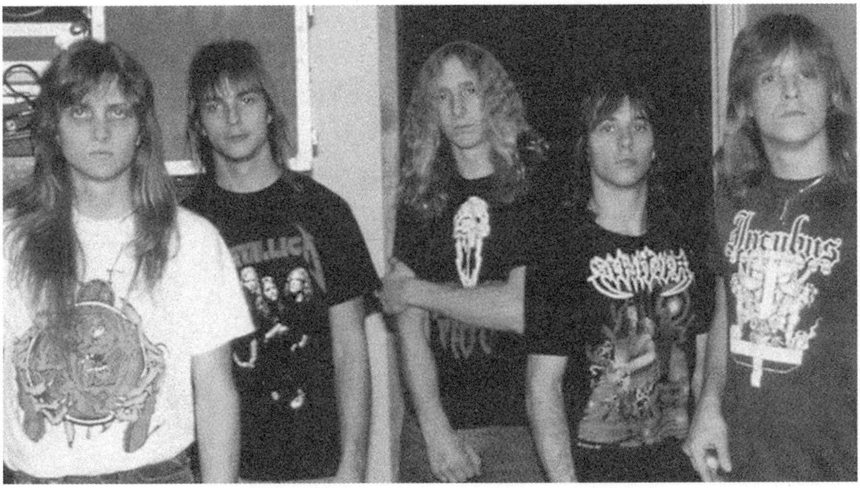

Xecutioner im Morrisound Recording.

Ernst wurde es, als Conner einen Vertrag von Roadrunner zückte und der Band vorlegte. Derjenige, den Xecutioner und andere Bands wie Deicide, Fear Factory oder Sepultura unterzeichneten, umfasste ein Album mit einer Option auf sechs weitere. Außerdem entsprach die Vereinbarung einer zeitgemäßen Fassung einer „Rundumbetreuung". Den Konditionen zufolge ging das Label einen Künstler-, Verlags- und Merchandising-Vertrag mit den Bands ein. Die einzige Einnahmequelle, die Roadrunner unberührt ließ, waren Auftrittsgagen. Wessels bestand darauf, dass die Gruppen bei der Unterzeichnung in diese Rahmenbedingungen einwilligten. Andernfalls kam kein Vertrag zustande. Er war der Meinung – und überließ die Mitteilung dieser nicht so erfreulichen Information oft Conner –, der einzige Grund dafür, dass eine Band mit ihren Verlags- und Merchandising-Rechten Geld verdiente, sei der Aufwand, den Roadrunner für ihre Alben betrieben. Wessels dachte, wenn er schon in eine Gruppe investierte, die Geld machte, sollte er auch an ihren Einkünften beteiligt werden.

Laut Conner verärgerte Wessels´ Vorgehensweise viele Roadrunner-Klienten, darunter auch Xecutioner. Die Tatsache, dass das Label die Rechte an den ersten sieben Obituary-LPs (einschließlich des Livealbums „Dead" von 1998) für immer behält, wird für die Tardy-Brüder und Peres immer ein Streitpunkt bleiben. Da jedoch keine weiteren bedeutenden Underground-Metal-Labels um Xecutioner buhlten, hatten Roadrunner bei der Verhandlung die Oberhand.

Um Klarheit zu schaffen, hielt Conner die Band an, den Vertrag vor der Unterzeichnung von einem Anwalt für Medienrecht prüfen zu lassen. So zogen die Musiker die Anwältin zurate, die zuvor mit Chuck Schuldiner an dessen Death-Verträgen gearbeitet hatte. Nachdem sie den Vertrag gelesen hatte, der nach Peres´ Schätzung „gut einen Zentimeter dick", war, sagte sie: „Das ist ein völlig einwandfreier Standardvertrag."

Auf ihren Rat hin unterschrieben Xecutioner Anfang 1989 bei Roadrunner. Die Band behauptet, ihr seien viele der Vereinbarungen nicht bewusst gewesen, vor allem die Verlagsrechte. Nach der Unterzeichnung herrschte aber ausgelassene Stimmung – im Hause Tardy wurde eine Party veranstaltet, wo die Mitglieder bei Grillfleisch und Bier von einer Musikkarriere träumten. Allerdings sollte es nicht lange dauern, bis sie einen Blick aufs Kleingedruckte warfen.

„Wir waren eine junge Band und hatten wie viele junge Bands einen furchtbaren Vertrag unterschrieben, weil Roadrunner clevere Anwälte hat, die Bands dazu brachten, furchtbare Verträge zu unterschreiben", fasst Donald zusammen. „Ich musste vieles davon verdrängen, weil der Vertrag für uns scheiße war."

„Alle Bands, die behaupten, ihnen sei nichts anderes übriggeblieben, als sie damals bei Roadrunner unterschrieben, meinen eigentlich, dass wir das einzige Label waren, das ihnen einen Deal angeboten hat", erklärt Conner. „Hätten Xecutioner zu der Zeit, als ich sie unter Vertrag nahm, fünf andere Angebote gehabt, hätten sie uns sicher gesagt, wir sollten Leine ziehen. Die meisten Bands, die ich damals signte – Type O Negative, Fear Factory, Machine Head –, hatten diese Konditionen. Wir waren die einzige Plattenfirma, die diesen Gruppen einen Deal anbot. Das zeigt, dass es zu der Zeit noch nicht viele Metal-Labels gab.

„Ich war nur ein gewöhnlicher Angestellter", so Conner weiter. „Natürlich verstehe ich ihre Argumentationsweise und warum sie sich über ihren Vertrag ärgerten, das hätte ich auch getan. Er war echt mies. Es stimmt, sie werden diese Platten nie von Roadrunner zurückbekommen, aber Roadrunner leisteten großartige Arbeit, indem sie diese junge Underground-Death-Metal-Band annahmen und weltweit bekanntmachten."

Eine Bedingung für den Deal bestand darin, dass Xecutioner weitere Songs für *Slowly We Rot* schrieben. Die Band kehrte also mit mehreren neuen Kompositionen, die zum Aufnehmen bereit waren – und zusätzlichen 2.000 Dollar von Roadrunner – ins Morrisound zurück, wo sie schnell ′Suffocation′, ′Intoxicated′, ′Deadly Intentions′ und ′Bloodsoaked′ einspielte.

Wie zu erwarten, klangen die vier neuen Stücke aufgrund der seinerzeit beschränkten technischen Möglichkeiten anders als die anderen acht. Rückblickend hätte Trevor es für sinnvoll gehalten, die erste Session neu aufzunehmen, um das Material den zusätzlichen Tracks anzugleichen.

„Als wir ins Studio zurückkehrten, beeilten wir uns mit der Aufnahme der neuen Songs", erzählt er. „Es hätte nie genauso geklungen wie zuvor, egal wie wir vorgegangen wären. Selbst mit der Digitaltechnik kann man nachträglich nichts daran ändern, wie die Mikrofone vor den Gitarrenboxen ausgerichtet waren. Es wird also ein bisschen anders klingen, auch wenn man die gleichen Einstellungen wie zuvor verwendet."

„Die anderen vier Stücke klingen nicht so räumlich, weniger Stereo", sagt Monte. „Eher zusammengestaucht in der Mitte des Mix. Auf dem mittleren Kanal klingt alles etwas undifferenzierter, die Gitarren sind nicht so weit aufgetrennt. Das erkennt man deutlich mit Kopfhörern – die Gitarren lagen bei der ersten Session viel weiter auseinander, sie klangen einfach nicht so fett und mittig-aggressiv."

Rob Mayworth, ein lokaler Illustrator aus Tampa, malte das Cover von *Slowly We Rot*. Er hatte einen Abschluss am Art Institute of Fort Lauderdale gemacht und entwarf Tropenmotive für T-Shirts mit Bezug zum Bundesstaat Florida, als ein Freund, den die Band ebenfalls kannte, anrief und fragte, ob er gern ein Plattencover anfertigen würde. Mayworth fuhr daraufhin zu den Tardys nach Brandon, um Xecutioner kennenzulernen, wobei ihm sofort auffiel, dass sie kaum Möbel hatten. Allerdings wusste er, dass sie es ernst meinten, als John ihm eine starke Idee fürs Cover zeigte. Zunächst hatte er jedoch eine eigene Vorstellung: Er wollte eine detailgenaue E-Gitarre in einer skelettartig knochigen Hand mit „Samthandschuh" malen. Sein Vorschlag wurde zugunsten des letztlichen Motivs abgelehnt, das einen neben einem Kanalgitter verwesenden („rotting") Zombie zeigt.
„Das Artwork für das *Slowly We Rot*-Cover habe ich nebenher für 350 Dollar gemacht", sagt Mayworth, „aber die Gelegenheit zu bekommen, ein Plattencover zu malen, war echt klasse. Die Mitglieder von Xecutioner waren damals noch Kids, also dachte ich: ‚Viel Glück', ohne zu ahnen, welche Karriere sie hinlegen würden. Erst viele Jahre später, als ich mich selbst googelte, fand ich heraus, wie gut es für sie lief. Für lange Zeit beruhte meine Bekanntheit auf Obituary. Kürzlich fuhr ich mit meiner Enkeltochter durch den Norden Floridas, und als wir an einem Minimarkt in Jacksonville hielten, kam ein Typ mit einem *Slowly We Rot*-T-Shirt um die Ecke. Ich saß mit der Kleinen im Wagen und sagte zu ihr: „Schau, das hab ich gemacht!"
Besonders angetan hatte es der Band das neue Logo von Mayworth – der Name Xecutioner wurde nun mit scharf aussehenden Klingen stilisiert, von denen Blut tropfte. Die Musiker fanden es naturgemäß „todesgeil", dass es ihre jugendlichen Erwartungen nicht nur erfüllte, sondern übertraf. „Das war das erste Mal, dass wir mit einem Illustrator reden und ihm unsere Ideen erklären konnten", sagt Donald. „Das Konzept hinter *Slowly We Rot* war aber recht simpel; es zeigt bloß ein Geschöpf, das am Straßenrand im Rinnstein liegt. Jedenfalls schilderten wir Rob, was wir wollten, und er malte es. Für die Logos von Xecutioner und Obituary, die Kultstatus erlangt haben, verdient er aber die alleinige Anerkennung."

Eines Abends erhielt Trevor Peres einen Anruf von Monte Conner, der erzählte, eine Bostoner Band habe sich den Namen Executioner rechtlich schützen lassen, was ihre Schreibweise ohne das E am Anfang hinfällig machte. Die Jungs waren enttäuscht, aber nicht verzweifelt; zugegebenermaßen gefiel der Name niemandem so richtig. Aus dem Stegreif wurde „Desecration" in Erwägung gezogen, was sich aber nicht besonders gut einprägte, wie die Brüder und Peres fanden. Tags darauf setzten sich die drei bei den Tardys zusammen und besprachen neue Namensideen. John hatte ein umfangreiches, abgegriffenes Exemplar des dicken *Webster's Dictionary* vor sich und begann, den anderen beiden Vorschläge zu machen. Als er schließlich zum Buchstaben O gelangte, fragte er seine Bandkollegen, ohne lange zu überlegen: „Was haltet ihr von ‚Obituary'?" Die drei schauten einander an und nickten alle einvernehmlich.

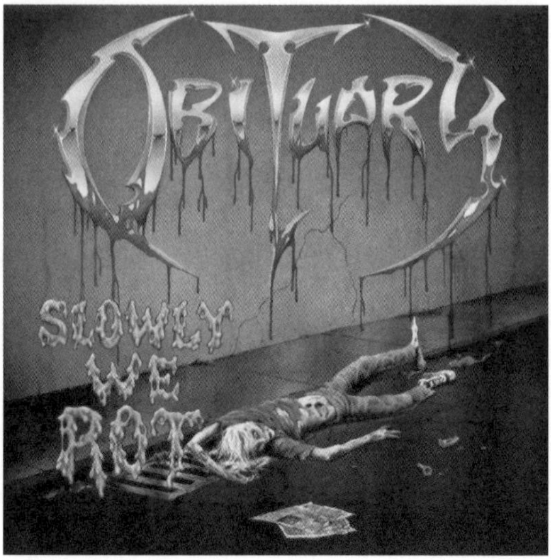

Obituarys *Slowly We Rot*, 1989, Roadrunner Records.

„Ich meinte zu John: ‚Also, das hört sich besser an als alles, was du runtergerattert hast'", sagt Trevor. „Da wir keine andere Band gleichen Namens kannten, dachten wir: ‚Alles klar, das wär´s dann wohl.' Die Namensänderung störte uns immer noch ein bisschen, weil die Tatsache, dass wir nicht mehr Xecutioner hießen, nicht in unser Bewusstsein drang. Als wir aber ‚Obituary' hörten, sagten wir uns: ‚Okay, prima. Das klingt gut und besser als alle bisherigen Vorschläge. Mach gar nicht erst mit P weiter!'"

„Im Nachhinein betrachtet war ‚Executioner' ein beschissener Name", findet Conner. „Falls sie ihn aber behalten hätten, wäre er durch das X am Anfang wenigstens ein bisschen peppiger geworden. Das hätte vielleicht ein wenig geholfen, weil es nicht genauso geschrieben worden wäre wie bei der Bostoner Band. Dennoch war ‚Obituary' viel besser. Heutzutage könnte man sich diesen Namen niemals sichern. Roadrunner war damals ein kleines, unbedeutendes Label. Ich glaube nicht, dass wir Markenrecherche betrieben oder überhaupt irgendwas gecheckt haben, um herauszufinden, ob wir den Namen verwenden durften. Wenn man so etwas jetzt mit einem geläufigen Wort versucht, würde es garantiert nicht anerkannt."

Einer von Obituarys ersten Handlungsschritten bestand darin, Mayworth anzurufen und zu bitten, das Logo auf dem *Slowly We Rot*-Cover umzugestalten. Leider bleibt das ursprüngliche Motiv mit dem Xecutioner-Logo unwiederbringlich verloren, doch das aktualisierte Obituary-Logo aus scharfen, bluttriefenden Klingen für alle Buchstaben ist in die Geschichte eingegangen. Es nimmt fast das gesamte Bild ein, was vielleicht auch gut so ist. Inzwischen gehört es unbestreitbar zu den bekanntesten Schriftzügen nicht nur im Death Metal, sondern auf das gesamte Genre bezogen.

„Du kannst dir nicht vorstellen, wie wir reagierten, als wir es zum ersten Mal sahen", unterstellt Donald. „Ich habe mir fast in die Hose gemacht. ‚Das ist das kränkste Logo überhaupt!', sagte ich laut."

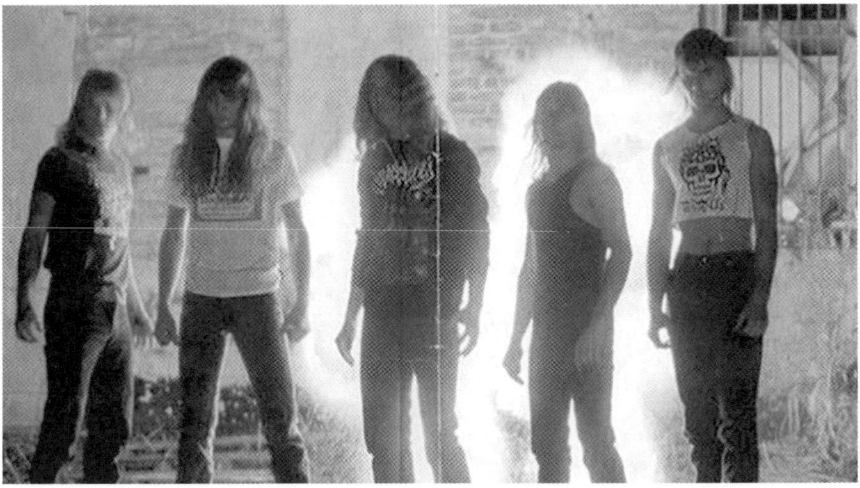

Obituary circa 1989. Foto von Tim Hubbard.

„Als wir noch Executioner waren, kritzelten wir ständig irgendwelche Bleistiftschriftzüge", fügt Peres hin. „Es war die gleiche Idee, aber nicht identisch. Das Obituary-Logo von Rob wirkte dreidimensional und war im Detail ganz anders. Außerdem konnte man es lesen. Ich hatte immer eine Schwäche für Kunst, jeder von uns eigentlich. Das Tolle an diesem Schriftzug ist, dass man erkennen kann, was er bedeutet. Bei manchen Bands – vor allem heute – kann man das Logo nicht entziffern, doch unseres war von Anfang an wunderbar."

Für die Fotos zum Album *Slowly We Rot* arbeiteten Obituary mit Tim Hubbard zusammen, einem Fotografen aus Tampa. Er wurde von seinem engen Freund Scott Burns empfohlen, der seine ersten Erfahrungen ebenfalls in der lokalen Punkrock-Szene gemacht hatte. Er wusste, dass Obituary einen Profi für die Fotos brauchten, und hielt Hubbard für kreativ genug, um mehr zu machen als die üblichen Bilder von Metal-Typen mit verschränkten Armen.

„Damals gab es Szenen für Rock´n´Roll, Heavy Metal und Punk", erinnert sich Tim. „Jeder hatte seine eigene kleine Nische. Ich wollte, dass Scott Obituary für mich beschrieb. ‚Na, was spielen sie?', fragte ich. ‚Death Metal', antwortete er, und ich erwiderte: ‚Was ist das?' Da meinte er: ‚Du kennst Bands, die *Aaaaaah* machen, oder?' Ich bejahte. ‚Gut', fuhr er fort. ‚Diese Jungs machen *Urghhh*. Ist echt intensiv.' Ich nickte und dachte: ‚Okay, dann wollen wir mal.'"

Auf Burns´ Beschreibung hin überlegte Hubbard gleich, wie er eine junge Band angemessen ablichten konnte, die so extreme, bisher ungekannte Musik machte. Ihm schwebten Fotos vor, die „zum Nachdenken anregen" und den Leuten „sogar ein bisschen Angst einjagen" sollten. Er traf sich mit der Band im nahegelegenen Ybor City. Es war ein ruhiger Montagabend – nicht viele Kneipen oder Restaurants hatten geöffnet –, an dem nur wenige Passanten das Fotoshooting hätten beobachten können.

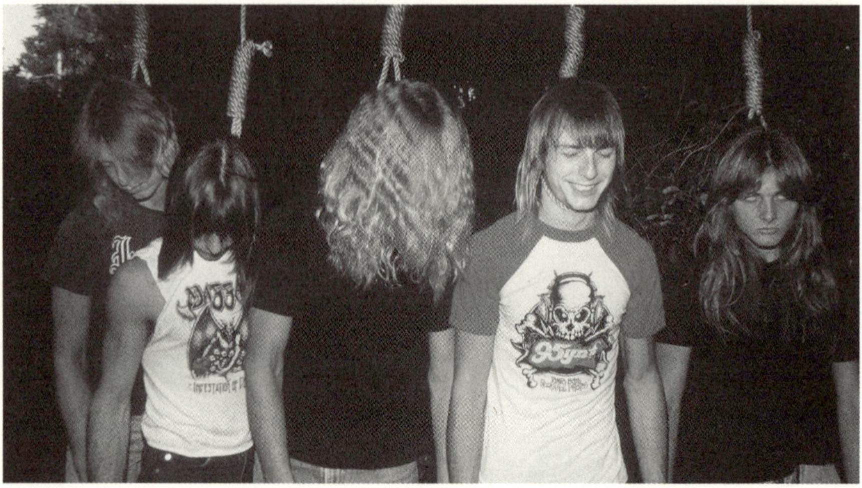

Promo-Foto für *Slowy We Rot* von Tim Hubbard.

Hubbard zog sich mit der Band hinter ein Gebäude an der Hauptgeschäftsstraße zurück. An dem Abend begleitete sie Bryan „Big Daddy" Geisler, dem bei Xecutioner beziehungsweise Obituary die Rolle des Licht- und Pyrotechnikers zufiel. Er nahm Feuerschalen mit: zylinderförmige Behälter für Zündpulver, die bei Konzerten der Band zur Standardausstattung gehörten. Hubbard war begeistert und bat Geisler, die Schalen jeweils mehrere Meter weit von den Mitgliedern entfernt aufzustellen. Nachdem sie Position bezogen hatten, knipste Tim drauflos.

„Ich hatte ein relativ flexibles Setup", sagt er. „Die Jungs, sechs, sieben Meter hohe Flammen in die Luft geschossen, mitten in Ybor City an einem Montagabend. Niemand war in der Nähe, aber als die Dinger losgingen, war es wie Blitzlicht in einem dunklen Kino – irrsinnig. Wir alle haben uns minutenlang umgeschaut und gefragt: „Hat das noch jemand mitgekriegt?", aber da war praktisch niemand. Wir machten diese Aufnahmen, gingen dann auf die andere Seite der 7th Avenue und wiederholten das Ganze noch einmal. Verwendet haben sie dann das: das Bild mit den Schattenrissen. Es hat sehr viel Spaß gemacht und mir kräftigen Schub gegeben. Über dieses Foto wurde viel geredet, weil sie eine neue Band waren und Death Metal spielten. Außerdem wirkten sie geheimnisvoll."

Obituary brauchten immer noch richtige Promo-Fotos, auf denen man ihre Gesichter erkannte. Dazu kam Hubbard mit Stricken zum Haus der Tardys. Er wusste von seiner Mutter, wie man Schlingen knüpfte, und war der Meinung, dies sei eine gute Möglichkeit, um ein „Motiv" vorzugeben, auch wenn es sich um eine Band ohne Texte oder Botschaften handelte.

Tim entschied sich für eine leere Scheune als Drehort und hängte die Stricke über eine Stange. Die Musiker schauten ihn verwirrt an und bemerkten, sie wüssten nicht, was sie tun sollten; sie fragten, ob sie tatsächlich eine Erhängung nachstellen sollten – oder könnten sie es bloß irgendwie andeuten? Hubbard wies sie an, sich unter die Schlingen zu stellen, die Köpfe hineinzustecken und dann die Länge der Stricke

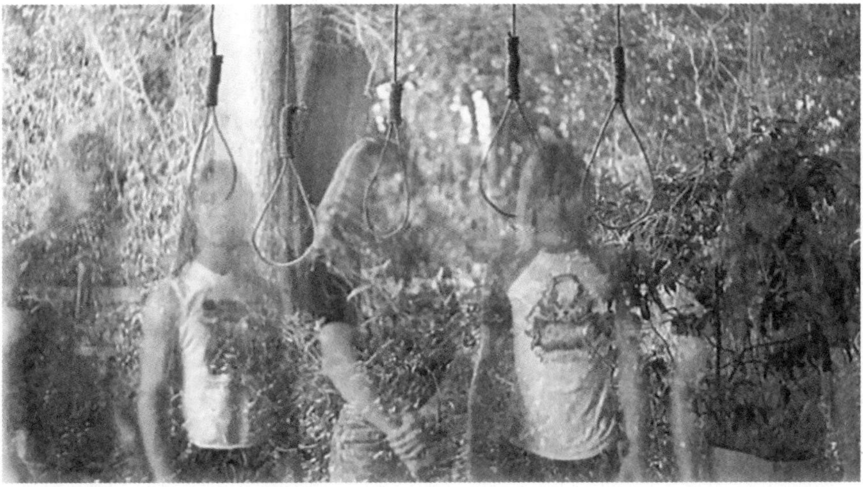

Das berüchtigte „Galgen"-Foto von Tim Hubbard.

anzupassen. Dann galt es nur noch, grausige Grimassen zu schneiden, um eine entsprechende Wirkung zu erzielen. Zeugnis davon legen die berüchtigten Fotos ab, die letztlich entstanden sind.

Die Fotosession mit den Schlingen hinterließ einen bleibenden Eindruck. Die Band arbeitete im Laufe der Jahre weiter mit Hubbard zusammen, weil sie ein enges Verhältnis zu ihm hatte, doch die Vorstellung, vor einer Kamera „posieren" zu müssen – ob mit oder ohne Requisiten –, missfiel ihr quasi von vornherein, und mit Galgenstricken zu posieren stieß sie umso mehr ab. Bandfotos sind vermutlich niemandem so zuwider wie John Tardy, der sich, wie Obituarys Bilderhistorie beweist, oft mit Bedacht so präsentiert, als sei er *nicht* der Frontmann. Zu solchen Anlässen wollte er überall sein, nur nicht vor einer Kamera.

„Fotoshootings sind einfach das Schlimmste", gesteht er lachend. „Ich hasse sie bis auf die Knochen, sie sind schrecklich. Wir kannten Tim aber scho lange, und er war seinerzeit auch noch recht jung. Mit den Stricken wollte er etwas anderes probieren. Es war so, als ob wir versucht hätten, andere Musik zu machen. Er wollte nicht, dass sich fünf Bandmitglieder für ein Foto nebeneinanderstellten. Wir hatten ziemlich gute Sessions mit Tim und anderen Fotografen, aber nach den Stricken und den Särgen für *Cause of Death* frage ich mich: ‚Gibt es noch irgendetwas, das nicht schon getan wurde?'"

Mit seiner Veröffentlichung im Juni 1989 fiel *Slowly We Rot* in eine umtriebige Zeit für Roadrunner. Sepulturas *Beneath the Remains*, Annihilators *Alice in Hell* und King Diamonds *Conspiracy* trugen zum bis dato erfolgreichsten Jahr des Labels bei, die Voraussetzung für seinen Aufstieg im folgenden Jahrzehnt. Während Conner noch in weiteren Bereichen außer A&R tätig blieb, sollten sich andere Angestellte der Firma maßgeblich für Obituarys und Roadrunners Entwicklung einsetzen.

Mark Abramson aus Buffalo in New York nahm seine Arbeit 1989 auf. Er moderierte eine Radiosendung in seiner Heimatstadt und tauchte rasch in den Metal-Underground ein. Sein damaliger Mitbewohner war zufälligerweise Cannibal-Corpse-Bassist Alex Webster, der erst noch mit seinen Bandkollegen nach Florida umziehen musste. Nachdem Abramson eingesehen hatte, dass er sich eine Vollzeitanstellung als Moderator abschminken konnte, fasste er New York City und die Musikbranche ins Auge. Er war mit Kathy Merritt befreundet, die sich bei Roadrunner um die College-Radio-Promo kümmerte, und fragte sie freiweg nach einem Job. Nachdem sie ihm mitgeteilt hatte, dass keine Vollzeitstellen vakant waren, begnügte er sich mit einem Praktikum.

„Ich betrat die Büros und setzte mich mit Doug Keogh zusammen, der das nordamerikanische Ressort leitete", rekapituliert er. „Ich sagte zu ihm: ‚Ich bin wegen der Stelle hier.' Er sah mich an, lachte und fragte: ‚Schön, Junge, welche Stelle meinst du?' Ich entgegnete: ‚Diejenige, die ihr mir geben werdet, nachdem ihr mich als Praktikanten genommen habt.'"

Abramson arbeitete bald gemeinsam mit Merritt an der Metal-Radio-Promotion. Er schätzt sich glücklich, zur richtigen Zeit am richtigen Ort gewesen zu sein. Extremer Metal befand sich in seiner gewinnbringenden Blüte – man hielt die Möglichkeiten für schier unendlich, weil sie es wohl auch waren. Fast jede Veröffentlichung brachte etwas Neues, Frisches in die Szene. Abramson fiel die Aufgabe zu, die Bands einem ahnungslosen Publikum vorzustellen.

„Damit wurde ein Traum wahr, denn es ging um Sepultura, Obituary, Deicide und Exhorder – Bands, die die Metal-Welt veränderten", sagt er. „Zudem hatten wir Obituary, die revolutionär waren. John Tardy hielt meines Erachtens eine Ausnahmestellung inne. Die Leute hörten, was er tat, und kapierten es nicht ansatzweise. Mittendrin zu sein und bei der weltweiten Verbreitung dieser Musik zu helfen war genial. Ich nahm offensichtlich keine Bands unter Vertrag, war aber derjenige, der sie empfahl. Ich durfte die Metal-Sender dafür begeistern, und sie spielten das Zeug dann. Es war aufregend und großartig."

Abramson beschreibt das kommerzielle Radio der späten 1980er und frühen ′90er als unempfänglich für Death-Metal-Acts wie Obituary. Es blieb lieber bei Mötley Crüe und deren poppigen Hair-Metal-Pendants, bei denen das Image im Vordergrund stand. Irgendwann fand er jedoch bei den Programmgestaltern von College-Sendern Gehör. Er gewöhnte sich eine Masche an, um Obituary zu verkaufen, angefangen natürlich mit Johns Vocals, ehe er auf die zügellos extreme Musik der Gruppe hinwies.

„Mit Leuten zu reden war toll – den Programmgestaltern dieser Sender, die fragten: ‚Was singt der da?' Anfangs ging es nur darum, ihnen begreiflich zu machen, dass es bei Obituary und Johns Vocals nicht um Texte ging. Sein Stimme war wie ein gesondertes Instrument, wovon wiederum niemand je gehört hatte. ‚Was meinen Sie damit?', hieß es dann. Entweder verstand man es oder nicht. Die Metal-Fans, die extremen… Wie kann man *Slowly We Rot* oder natürlich *Cause of Death* ablehnen? Wie lassen sich diese Alben leugnen? Die eher Mainstream-orientierten Hörer taten das. Von ihnen kam keine Unterstützung, bis man auf *Cause of Death* und vielleicht auch *The End Complete* zu sprechen kam. Die Sondersendungen der kommerziellen

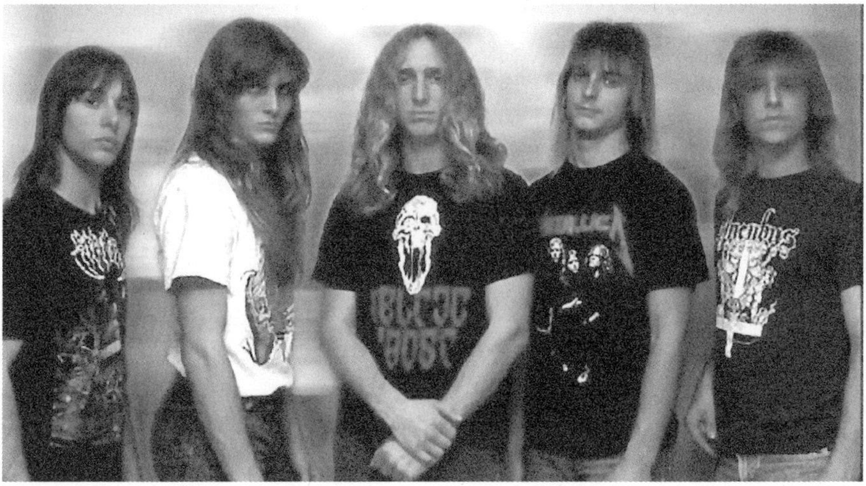

Obituary circa 1989. Foto von Tim Hubbard.

Sender waren nicht so extrem. Das College-Radio hat immer Mut bewiesen; dort besaß man den Schneid, hinzugehen und krasse, bahnbrechende Musik zu spielen."
Da Obituary nach dem Release von *Slowly We Rot* nicht aktiv tourten, musste Roadrunner die Band auf andere Art bewerben. Die Schattenriss-Fotos aus Ybor City tauchten regelmäßig in Zeitschriften und Presseerklärungen auf – was Ende der 1980er, Anfang der ´90er, als sich vieles um Images drehte, ungewöhnlich war. Durch die Bilder erhielt die Gruppe einen rätselhaften Anstrich, was dazu führte, dass Medien und Fans mehr über die fünf Jungmusiker aus Tampa erfahren wollten. „Wir versuchten, ein Geheimnis aus ihnen zu machen", sagt Abramson. „Vor allem wenn jemand die Platte hörte, diese irre Stimme und den überdrehten Sound, wobei wir auch nicht zeigten, wie sie aussahen. Das verlieh Obituary etwas Mysteriöses. Dann läuft es darauf hinaus, die Musik unters Volk zu bringen. Radio-Promo ging mit vielen Telefonaten einher. Aus dem Grund war das, was ich damals tat, ein Traumjob: Ich lebte sozusagen fürs Label, für diese Musik. Die Begeisterung war ansteckend. Für mich gab es nichts Schöneres, als den ganzen Tag lang zu versuchen, die Leute davon zu überzeugen, diesen verrückten Kram zu spielen."
Roadrunners Büros wurden rasch zu einem Tummelplatz für Metal-Journalisten und Bands, die sich entweder geschäftlich mit Conner respektive Keogh unterhalten oder herumlungern und die jüngsten Signings des Labels hören wollten. Monte nahm dies oft zum Anlass, den Besuchern seine neuen Acts – Obituary auch – vorzuspielen und anzupreisen.
„Ich habe das Obituary-Tape für etliche Personen laufenlassen, die zu uns kamen, erzählt er. Wenn ´Internal Bleeding´ mit diesem unheimlichen Intro anfängt, fragt man sich, was passieren wird. Dann setzen die Drums ein, und ehe man sich versieht, röhrt John Tardy aus den Boxen. Den Leuten wurde ganz anders, wenn sie das hörten. Im Grunde hatte man sie an der Angel, sobald Johns Vocals kamen."

Im Oktober 1989 verließen Obituary zum ersten Mal die USA, um zwei Konzerte in Mexiko zu geben. Ansonsten hielten sich die Live-Aktivitäten in diesem Jahr in Grenzen – die Band spielte im Vorfeld der Gigs in Mexico drei Shows, darunter eine heute berühmte als Support von Morbid Angel in einem Flugzeughangar in Tampa. Die Mitglieder ahnten nicht, was sie erwartete, als sie in ihre Maschine nach Mexiko stiegen. Sie nahmen ihre Verstärkertopteile mit an Bord und verstauten sie in den Gepäckfächern über den Sitzen, was zu jener Zeit ging, als die Fluggesellschaften noch nachsichtiger mit den Habseligkeiten Reisender waren. Nach der Landung wurde die Band am Veranstaltungsort von einer überschwänglichen, hungrigen Meute begrüßt, die auf sie wartete. So begann eine Liebesbeziehung, die jetzt seit mehr als drei Jahrzehnten besteht

Die zwei Konzerte in der Arena Adolfo López Mateos in Tlalnepantla waren ausverkauft. Obituary spielten auf einer improvisierten Bühne aus mit Klebeband und Seilen zusammengehaltenen Picknick-Tischen. Zum Glück hielt sie dem aufgekratzten Publikum aus Hunderten, falls nicht sogar Tausenden mexikanischen Headbangern stand.

„Die Shows waren super", schwärmt Peres. „Wir spielten in einer Ringkampfarena mitten in Mexiko-Stadt. Wo auch immer man hinschaute, sah man Betonblöcke, die das Gebäude stützten. Während wir spielten, rechnete ich jeden Augenblick damit, dass sie einstürzten. Die Halle musste definitiv auch neu gestrichen werden, aber wir schlugen uns ganz ordentlich in Mexiko. Zu dem Zeitpunkt waren wir schon relativ gut aufeinander eingespielt, weil wir zu Hause viele Gigs abgerissen hatten. Man verbessert sich dabei zusehends und kann nur tighter werden – was wir wurden. Wir waren noch junge Hüpfer; ich wurde in dem Juli 20.

Auf ihrer 1989er Jungfernreise nach Mexiko und bei ihrer Rückkehr 1991 versuchten Obituary außerdem, Montezumas Rache zu umgehen: Anflüge von Durchfall, die vorkommen, wenn Ausländer ungewohntes Essen zu sich nehmen, das möglicherweise Kolibakterien enthält. Die Band lernte auf die harte Tour, nachdem ihnen der Promoter im Zuge der zweiten Show fünf Plastiktüten mit scharfem Geflügel geschenkt hatte. Das Fleisch wurde sofort verputzt („Wir waren ausgehungert", bemerkt Peres), doch was folgte, war weit weniger ersprießlich.

„Schon während wir die Hühnchen verschlangen, fragte ich mich: ‚Worauf haben wir uns bloß eingelassen?'", erheitert sich Donald. „Uns allen wurde kotzübel. Ich halte jetzt nichts mehr von der Annahme, man bräuchte keine Angst mehr davor zu haben, sich etwas in Mexiko einzufangen, sobald man einmal krank geworden ist und die Bakterien ins Blut gelangt sind. Jedenfalls graust es mich heute noch, wenn ich daran denke, wie schlecht es mir ging, als wir aus Mexiko zurückkehrten. Ich lag im Bett und musste ständig aufs Klo rennen, um mich zu übergeben. Ich rief nur deshalb keinen Notarzt, weil ich mich zu elend fühlte, um mich irgendwohin zu bewegen."

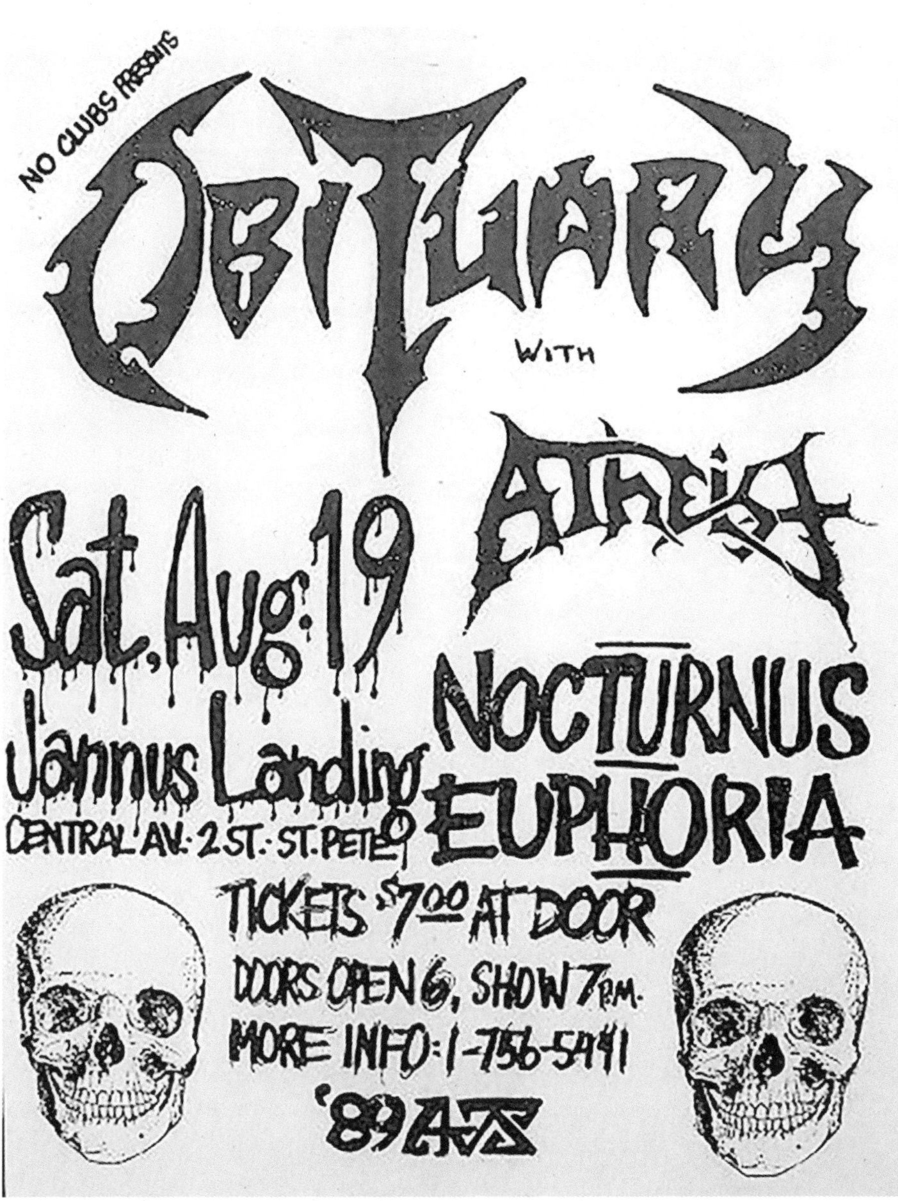

Flyer für eine der ersten Obituary-Shows. Abzug von Andi Sumpter.

KAPITEL 5

WIE EIN BRÜLLENDES UNGEHEUER: JOHN TARDYS VOCALS

Die Entdeckung, dass John Tardy keine richtigen Texte hatte, sondern Geräusche mit seiner Stimme erzeugte, fiel mit der Entstehung eines neuen Typus von Sängern zusammen. Thomas Gabriel Fischer von Hellhammer/Celtic Frost und Venoms Conrad „Cronos" Lant leisteten Vorarbeit für kantig rauen Gesang ohne melodische Elemente. Thrash ging mit überspitztem Grölen den nächsten Schritt. Death Metal veränderte die Konventionen des Singens grundlegend, indem er Kreisch-, Groll-, Grunz- und Rülps-Laute, Quieken, Schrillen, Raunen und Röhren einführte. Vocals wurden in diesem Genre zu einem weiteren Instrument, wobei man die Texte nicht mehr verstehen musste – ihr Zweck bestand darin, die brutale Musik zu begleiten.

John Tardy nimmt in der bewegten Geschichte des extremen Metal eine Sonderrolle ein. Er gehörte zu den ersten Death-Metal-Sängern, die über die Musik hinaus Aufmerksamkeit einforderten. Seine Eskapaden im *Slowly We Rot*-Opener 'Internal Bleeding' zwangen den arglosen Hörer förmlich, Notiz von einem Mann zu nehmen, der beispiellose Kontrolle über seine Stimme hatte und die Fähigkeit besaß, die unmenschlichsten Töne zu erzeugen. Niemandem im Metal war so etwas zuvor gelungen, obwohl John wenige erlesene Vorläufer hatte.

Die Meinungen darüber, wer Growls im Metal etablierte, gehen auseinander, doch Jeff Becerra von Possessed gilt weithin als einer der Urheber. Seine Band wurde 1983 in der Bay Area von San Francisco gegründet und veröffentlichte im Folgejahr das *Death Metal*-Demo. Becerra sang seine Parts als Teenager ein, doch sein roher Ansatz suggerierte, dass etwas Garstigeres folgen sollte. Seven Churches, das 1985er Debütalbum der Band – eine der ersten Death-Metal-Platten, falls nicht sogar die erste – avancierte sofort zu einem Klassiker, der für seine Extremität und sein halsbrecherisches Tempo gerühmt wurde. In einer Szene, der auch Metallica, Exodus und Legacy (die späteren Testament) angehörten, war Originalität unerlässlich. Andere Szenevertreter zu kopieren oder nachzuahmen galt als Tabu.

„Ich hatte schon in einem sehr jungen Alter das Ziel, meine Spuren zu hinterlassen", sagt er. „Der Wille zur Eigenständigkeit steckte bereits in mir. Ich liebte Motörhead,

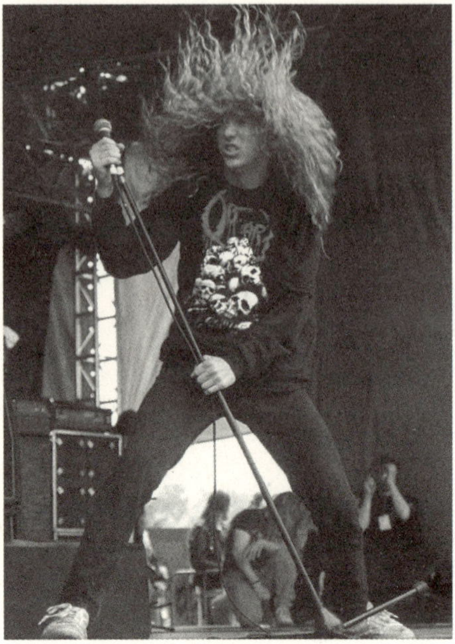
John Tardy live.

Raven und 'God of Thunder' von Kiss. Sie waren alle heavy. Dann hörte ich Exodus und all die anderen Bands sagen, ‚Wir sind die Härtesten' und wusste, dass es an uns lag, auf Satan zu machen, volle Kanne. Punk lief uns ziemlich gut rein. Larry [LaLonde, Gitarre] spielte in einer Punkband, und alle unsere Freunde waren Punks. Die meisten Leute lachten und spazierten raus, wenn sie uns hörten. Death Metal war zu Beginn nicht sonderlich beliebt. Ich fing einfach an, so zu singen, damit es zur Musik passte. Cronos und Lemmy waren mir geläufig, doch ich wollte das Extreme von Gruppen wie Discharge oder T.S.O.L. aufgreifen. Bewusst versucht, wie jemand anders zu klingen, habe ich nicht. Meine Absicht bestand darin, so zu texten und zu singen, dass es der Musik entsprach, die wir komponierten."

Becerra nennt 'Satan's Curse' von *Seven Churches* als den Song, mit dem er erstmals über einen tiefere, aggressivere Art des Singens stolperte. Er gibt an, die beiden ursprünglichen Possessed-Gitarristen Mike Torrao und Brian Montana hätten „riesengroße Glotzaugen" bekommen, als sie es hörten. Sie baten Becerra, gemäßigter zu singen, doch da war es bereits zu spät. „Ich klang zunächst ein bisschen wie Glen Benton [von Deicide]. Das hatte ich zu Beginn auch gewollt, doch es entwickelte sich weiter. Ich wurde für verrückt gehalten, weil ich so sang, aber das war mir schnuppe. Den Wenigen, die es kapierten, gefiel es total. Trotzdem gab es viele, die nicht bereit dafür waren."

Scream Bloody Gore von Death erschien zwei Jahre später und provozierte einen endlosen Streit darüber, wer das erste „echte" Death-Metal-Album herausbrachte, Possessed oder Death. Obwohl sich vermutlich nie eine verbindliche Antwort auf diese Frage findet, markierte Deaths Auftauchen den inoffiziellen Startschuss für ein gänzlich neues Subgenre. In seinen Anfangstagen zeichnete sich Aushängeschild Chuck Schuldiner durch einen schauerlichen, qualvollen Vortrag aus, der tief und verständlich war. Die ersten drei Death-LPs *Scream Bloody Gore*, *Leprosy* (1988) und *Spiritual Healing* (1990) zeigen Schuldiner auf seinem Zenit als „reiner" Death-Metal-Sänger. Seine Stimme wandelte sich, als die Band mit *Human* (1991) langsam progressiver wurde, und als 1998 *The Sound of Perseverance* erschien, erinnerte er kaum noch an seine frühen Tage.

Eine Band, die Obituary aufmerksam beobachtete, waren die niederländischen Pestilence, die 1986 von Gitarrist Patrick Mameli gegründet wurden und im Jahr darauf Sänger Martin van Drunen hinzuzogen. Nach der Veröffentlichung ihres 1987er Debüts *Malleus Maleficarum* fingen Martins Mitmusiker an, ihn zu belämmern, er solle auf dem nächsten Album *Consuming Impulse* brutaler singen.

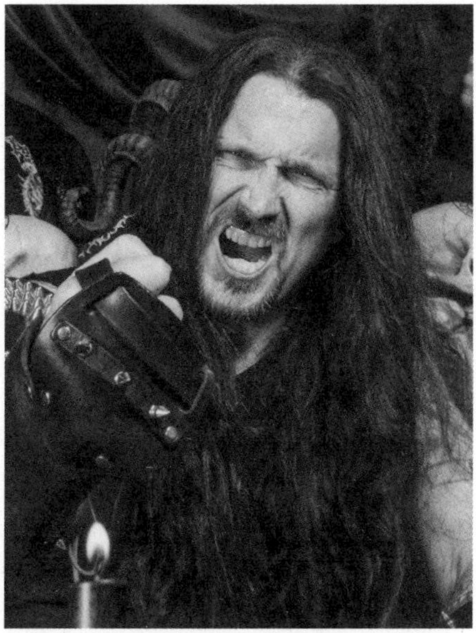

Jeff Becerra.
Foto von Hannah Verbeuren.

„Ich hatte keine Ahnung, was zum Teufel sie meinten“, erzählt er. „Ich erklärte ihnen: ‚So singe ich – ich kenne keine andere Technik.‘ Ihr Sänger zu sein war ätzend. Sie drangsalierten mich, bis ich irgendwann sagte: ‚Wisst ihr was? Ihr könnt mich alle mal.‘ Ich verließ das Studio, ging in eine Berliner Kneipe, betrank mich und fing am nächsten Tag von vorne an. Dann hieß es: ‚Mensch, Martin, versuch es doch einfach. Tu es und sing wie John Tardy von Obituary.‘ Ich erwiderte: ‚Ich hab diese Technik nicht drauf.‘ Als ich unvermittelt aus dem Bauch heraus sang, meinten alle: ‚Ja, das ist es! Genau das wollen wir hören. Behalte das bei.‘ Und ich so: ‚Hä? In Ordnung, das gefällt euch?‘ Ich dachte mir: ‚Was soll´s? Du musst es einfach akzeptieren. Das ist schlicht der lustige Teil der ganzen Sache.“

Van Drunen krempelte seinen Gesangsstil von einem Album zum nächsten um. Damit einher ging eine Veränderung seiner Technik, indem er sein Zwerchfell statt seiner Kopfstimme einsetzte. Auf Tour zu *Malleus Maleficarum* hatte er unter Kopfschmerzen gelitten, doch sobald er die Vortragsart wechselte, gelangen ihm problemlos mehrere Shows hintereinander. „Nimm klassische Opernsänger, die tun das Gleiche“, bemerkt er. „Sie singen aus dem Bauch heraus. Das zu tun war eine logische, natürliche Entwicklung für mich. Zum Glück hatte ich nie Schwierigkeiten mit meinem Timing oder der Verteilung der Silben. Ich musste mich nach *Consuming Impulse* bloß an eine neue Technik gewöhnen. Die Tournee dazu lief aber besser als jede andere, die wir gemacht haben, weil ich die richtige Technik entdeckte.“

„Vermutlich habe ich meine Stimme in den Anfangstagen von Possessed verdammt nochmal ständig verloren“, gesteht Becerra. „Ich erkannte schon sehr früh, dass man so singen muss, damit es nicht wehtut, wenn am nächsten Tag eine Show ansteht, vor allem auf Tour. Wir traten fast jedes Wochenende auf; das war echt gut, weil man sich auskurieren, erholen und sondieren konnte, was man sich zumuten durfte. Außerdem lernte ich, dass man sich nicht umbringen und die Kehle herausschreien muss, um ordentlich zu klingen. Ich singe gerne laut; ich bin kein großer Flüstersänger. Aus diesem Grund mag ich John Tardy: Er röhrt lauthals. Ich schätze, auch das gehört zu den Merkmalen eines echten Death-Metal-Sängers.“

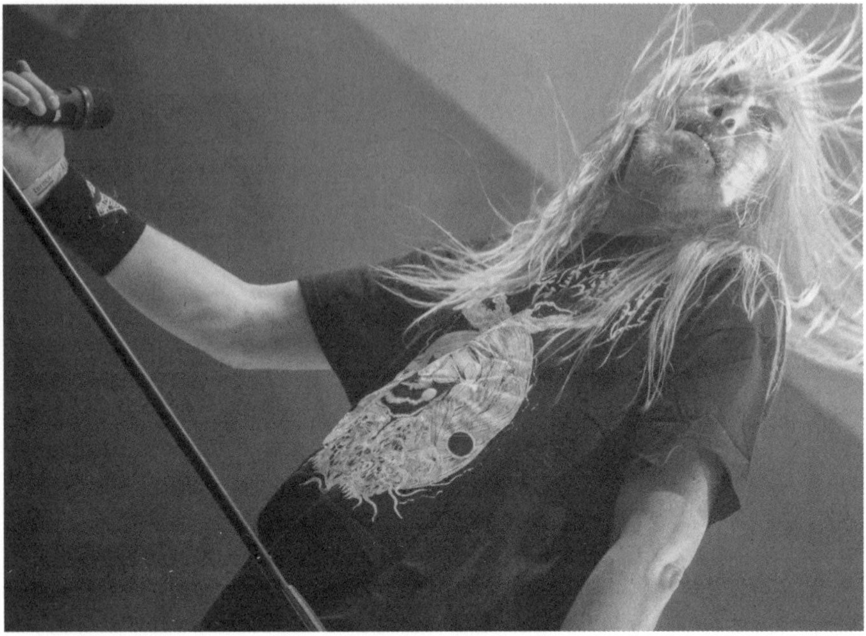

Martin van Drunen.

Tardy hatte auf Tournee ebenfalls selten Probleme mit seiner Stimme. Er schont sie eisern, spricht vor Auftritten möglichst wenig und ist normalerweise der Erste, der sich hinterher in seine Koje zurückzieht. Abgesehen von einer Europatour, auf der er die Grippe bekam, hatte John bisher gehöriges Glück auf Konzertreisen. Zudem lernte er im Lauf der Jahre, pfleglich mit seiner Stimme umzugehen.

„Ich habe eine Menge darüber gelernt, wie man sie einsetzt und wie nicht", sagt er. „Manchmal will ich eine bestimmte Passage länger singen und muss sie ein wenig kürzen, um meine Stimme zu behalten. Das ist an manchen Abenden schwierig, wenn die Fans richtig ausrasten und man jeden einzelnen Ton treffen will. Wenn ich das aber nicht kann, ist es schwierig, mir zu sagen: ‚Okay, nach heute müssen wir das noch 35 Mal machen.' Ich darf mich nicht verausgaben, weil es tags darauf weitergeht. Nichtsdestoweniger habe ich meistens das Gefühl, dass ich das, was ich mir vornehme, auch schaffen kann. Wir traten früher an sieben aufeinanderfolgenden Tagen auf, das war sehr anstrengend. Heute sind es höchstens fünf. Ich finde, dieses Recht habe ich verdient!"

Der schwedische Musiker und Produzent Dan Swanö weiß das eine oder andere über Death-Metal-Vocals. Er war von 1989 bis '97 Frontmann der einflussreichen Edge of Sanity und gehörte zu den Ersten, die harte Growls mit klarem Gesang kombinierten. Im Studio arbeitete er unter anderem mit Bloodbath, Dark Funeral, Diabolical Masquerade, Hail of Bullets (mit Martin van Drunen), Katatonia und Opeth. Swanö hatte mit einigen der besten Growler der Welt zu tun. Und nach mehr als 30 Jahren im Geschäft hat er mehrere strenge Richtlinien dafür festgelegt, was einen großartigen Death-Metal-Sänger ausmacht.

„Das Timing muss punktgenau sein", betont er. „Das liegt daran, dass Growls auf eine Weise zur Rhythmussektion gehören, wie es bei klarem Gesang nicht der Fall ist. Ich muss die Lyrics hören können. Sie sollten genauso verständlich sein wie gewöhnliche Vocals in einem Popsong, bloß atonal rau statt mit einem angenehmen Timbre. Das ‚Pattern' ist beim Singen genauso wichtig wie die Riffs, falls nicht sogar wichtiger. Ich mag es, wenn Growls so vielfältig sind wie normaler, cleaner Gesang. Zudem möchte ich, dass es klingt wie Balu aus *Das Dschungelbuch*, wenn er Mogli im Original-Zeichentrickfilm beibringt, ‚wie ein großer Bär' zu brummen. Die Growls müssen grundsätzlich laut sein oder wenigstens den Anschein erwecken, die Person würde sich während der Performance die Lunge herausbrüllen. Ein erstklassiger Growler wie Mikael Åkerfeldt [Opeth] singt auf der Bühne tatsächlich recht leise. Durch seine stark gepresste Stimme kommt er einem so laut vor, dass das Mikrofon übersteuert, genauso wie bei Mogli."

Swanö lernte Obituary Mitte 1989 kennen, als ihm ein Exemplar von *Slowly We Rot* in die Hände fiel. Er fragte sich laut, ob John „mehr Mensch" oder „eher ein Grizzlybär" sei, als ′Internal Bleeding′ losbrach, und gibt an, jenen Sommer nur damit zugebracht zu haben, „wie Tardy zu growlen". Edge of Sanity coverten später ′Godly Beings′. Hier ist Swanös Interpretation des Texts:

Running low
Living fame
Death is in the eye
Geting darkness
Rolling fay
He... the spay
Find the death
Rot
Soul
Geting ya
Dark bison
Lyin'
Fly
You will pay
Ray
Soouu!!!

„John Tardys Timing ist ausgezeichnet", fährt er fort. „Ich konnte die ‚Lyrics' einigermaßen gut verstehen, und er hat die zauberhafte Fähigkeit, die Tonhöhe zu ändern, als würde er unterschiedliche Noten singen, aber alle seine Register klingen einfach beeindruckend brutal. Darum gehört er zu meinen fünf liebsten Growlern aller Zeiten!"

Johns Einfluss reicht jetzt bis in eine Generation jüngerer Death-Metal-Bands hinein. Acts wie Gatecreeper, Necrot oder Power Trip haben sich zu Johns und Obituarys

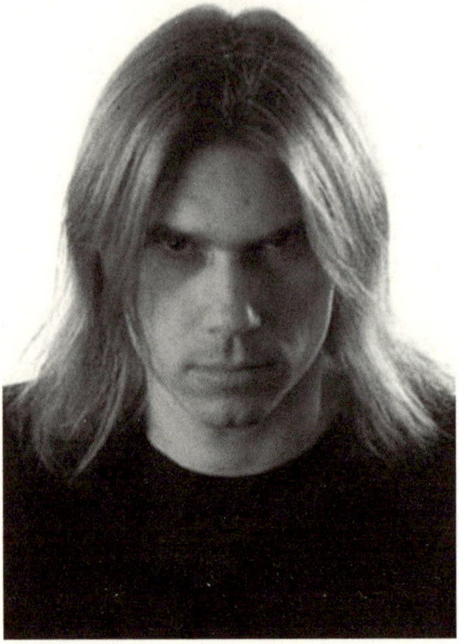

Dan Swanö.

Wirkung auf ihre Karrieren geäußert. Laut Gatecreeper-Sänger Chase Mason nennt seine Gruppe bestimmte Teile ihrer Songs oft „Obituary-Parts", wobei er ihre typisch zähen Grooves und simplen wie garstig eingängigen Riffs anführt. Im Studio verwenden Gatecreeper eine Verstärker-Boxen-Kombination für den „Obituary-Ton", alles zur Würdigung der Band, die den Maßstab für Heaviness im Death Metal festlegte.

„John Tardy hat meine Vocals bei Gatecreeper quasi inspiriert", gibt Mason zu. „Seine Stimme klingt wirklich einzigartig und sofort wiedererkennbar. Sein Gesangsstil hat unheimlich viel Charakter. Er wird nie eintönig, und sein imposanter Stimmumfang erhält die Spannung aufrecht, während er die ganze Zeit über brutal und aggressiv bleibt. Die Art und Weise, wie er die Tonhöhe in einem einzelnen Wort oder einer Gesangszeile moduliert, ist ein Merkmal, das ich in meinen eigenen Stil zu integrieren versuche."

Als ich Obituary zum ersten Mal hörte, dachte ich: ‚Mann, diese Band klingt total urig!'", ereifert sich Necrot-Gitarrist Sonny Reinhardt. „John Tardy hört sich buchstäblich wie ein brüllendes Ungeheuer an! Als würde er seine Stimmbänder zerfetzen. Was das angeht, ist seine Stimme einzigartig. Er bringt nicht nur brutal tiefe oder schrill hohe Töne. Er ist wie ein Tier! Ich finde, die Fähigkeit, mit diesen urtümlich harten Riffs und Sounds aufzuwarten, macht sie umso heavier. Der technische Kram wird größtenteils weggelassen, damit mehr Feeling und Wut durchkommen. Eine meiner ewigen Lieblingsbands!"

Die Death-Metal-Truppe Black Dahlia Murder aus Michigan gehört selbst schon zu den Veteranen, stammen aber aus einer Generation, die in den 1990ern mit Obituary aufwuchs. Frontmann Trevor Strnad[3] weiß noch, wie er ´Don´t Care´ von *World Demise* hörte, als er 17 war. Er arbeitete sich bis zu *Cause of Death* zurück und versuchte bald in seinem Jugendzimmer, John nachzueifern, wobei er noch eine Topffrisur hatte und ein Death-Metal-Shirt trug, das „vier Nummern zu groß" war.

„Zunächst einmal ist ‚kultig' das erste Wort, das mir bei John einfällt und wohl eher auf ihn als jeden anderen Death-Metal-Sänger zutrifft", sagt Trevor. „John ist einfach so unverkennbar unter ihnen allen. Im Laufe der Zeit gab es viele großartige Sänger, besonders die Ikonen aus den alten Tagen. Eine solche Stimme findet man kein zweites Mal. Obwohl andere versucht haben, es John gleichzutun oder bis zu einem

[3] Strnad starb 2022 im Alter von 41 Jahren.

gewissen Grad von ihm beeinflusst sind, glaube ich nicht, dass man das kopieren kann. Er hat nach wie vor Power; er klingt immer noch stark wie ehedem."
„Es kommt mir sehr instinktiv vor", so Strnad weiter. „Dass er nicht sagt: ‚Also, ich mache das so', wundert mich nicht. Vielleicht weiß er nicht, wie er das vermitteln soll. Ich bin auch so; ich kann nicht in Worte fassen, was ich mit der Band tue. Ich könnte es niemand anderem beibringen, so viel steht fest. Ich kann es schlicht nicht erklären. Das sehe ich ein. Gerade Johns Zeug ist so einmalig – so ‚fremdartig'. In ihren besten Momenten klingen Obituary wie ein Soundtrack. Wenn sie das Tempo drosseln oder ein Solo über einen wuchtigen Abgrund-Part brettern lassen, hat das etwas Cineastisches an sich. John trägt auch zu diesem Horror-Element bei. Er ist zweifelsfrei das i-Tüpfelchen."
Strnad hat nicht Unrecht, wenn er mutmaßt, John könne vielleicht nicht adäquat kommunizieren, wie er seine Vocals hinbekommt. In Hinblick auf den Tag, als er sich während einer Executioner-Probe ans Mikro pirschte und den Refrain von 'I'm in Pain' bellte, sowie seine stilprägende Leistung auf *Slowly We Rot* und *Cause of Death* bedarf seine natürliche Begabung als Shouter keiner Erklärung. Death-Metal-Sänger zu sein ist für den sanftmütigen John etwas, das von innen kommt. Was er besser macht als die Meisten, kann er unmöglich wissenschaftlich darlegen.
„Das gehört zu den Dingen, deren Entwicklung Zeit erfordert", sagt er. „Auf unserem ersten Demo *Metal Up Your Ass* waren die Vocals von Nasty Savage und Savatage beeinflusst. Dann erfuhr ich aber durch Hellhammer, wie heavy Gesang sein kann. Von da an entwickelte sich meine Stimme anders. Das liegt auch daran, dass ich Trevors Gitarrenton und die Drums meines Bruders ständig im Ohr hatte – ich musste so singen, sonst wäre der Kontrast zu stark gewesen. Es gab Zeiten, da spielten wir gefühlt unzählige Shows hintereinander, weshalb ich eine Pause brauchte, doch wenn ich mich gut fühle, traue ich mir zu, ewig zu singen. Ich kann das nicht beschreiben, doch es kommt mir mühelos vor.

KAPITEL 6

CAUSE OF DEATH

S*lowly We Rot* gab mit seiner ungezügelten Begeisterung, den ansteckenden Riffs und Reiß-dir-die-Rübe-ab-Vocals einen frühen Hinweis darauf, wohin sich Obituary entwickelten. *Cause of Death* von 1990 wird weithin als Maßstab für alle anderen Alben von Obituary angesehen und bedeutete eine unmittelbare Erfüllung ihres Potenzials. Die Platte gab faktisch ihren weitere Weg vor, indem sie bleischwere Riffs, klotzige Riffs, aufbrausende wie knorrige Refrains und weitläufige Arrangements abseits jener gängigen Songstrukturen einführte, auf die sich die Band für ihre folgenden Releases so sehr verließ. Es ist einer der unantastbaren Meilensteine des Florida-Death-Metal und schon seit seiner Veröffentlichung ein Klassiker, entstanden im Zuge jäher, stürmischer Besetzungswechsel, die der Kern von Obituary, wie nicht anders zu erwarten, leicht wegsteckte.

Cause of Death gehört zum exklusiven Kanon der legendären amerikanischen Death-Metal-Alben: *Altars of Madness* von Morbid Angel, *Tomb of the Mutilated* von Cannibal Corpse, das selbstbetitelte Debüt von Deicide, *Scream Bloody Gore* von Death und *Seven Churches* von Possessed. Es bewies, dass *Slowly We Rot* keine Eintagsfliege war; vielmehr zeigte es den jungen Musikern, dass sie ihre musikalische Karriere ernst nehmen durften, obwohl alle fünf unbeirrt an ihren Tagesjobs festhielten – wohl wissend, dass sie nie genug Geld verdienen würden, um von der Band zu leben. Die Platte bestärkte den Glauben von Roadrunners Senior Vice President of A&R Monte Conner an eine Band, die bis dahin nur selten live aufgetreten war. Und sie wurde zu einem direkten Bezugspunkt für Scott Burns, der sich kein volles Jahr nach seiner ersten Death-Metal-Produktion *Slowly We Rot* kaum vor Anfragen von Bands aus aller Welt retten konnte, die hofften, er könne das Gleiche für sie tun wie für Obituary.

„Anscheinend ist es das eine Album von uns, mit dem wir einen Volltreffer gelandet haben", sagt Trevor Peres. „*Slowly* schuf die Voraussetzungen, und dann wirkte *Cause of Death* wie ein Full Count im Baseballligafinale, wenn alle Bases besetzt sind. Schließlich haut man den Ball aus dem Stadion und hat es geschafft. Wir haben den Ball mit dieser Scheibe rausgehauen."

„Ich weiß noch, dass wir super-fokussiert gewesen sind", fügt Donald Tardy hinzu. „Bei einem Label unter Vertrag zu stehen und touren zu können – noch dazu in

Europa – war auch spannend für uns. Wir dachten ungefähr: ‚Geiler Scheiß, wir sind jetzt ´ne Band.' Die Aufregung war gegeben, also pulsierte das Blut, und unsere Herzen rasten, wenn wir Songs schrieben. Allerdings versuchten wir mit jeder Komposition, ob für *Cause of Death* oder unsere anderen Alben, die mitreißendste und außergewöhnlichste Nummer zu schreiben, zu der wir fähig waren. Wenn ich mir diese Stücke jetzt nach über 30 vornehme, höre ich, dass darin viel passiert. Wir waren heiß."

Die Band lehnte sich einfach weiter aus dem Fenster", glaubt Conner. „Es gab längere Songs – progressiver, mehr Unterteilungen. Es ist ein verdammtes Meisterwerk, keine Frage."

Nun da sie *Cause of Death* beim 2019er Metal & Beer Fest des *Decibel*-Magazins in Philadelphia und ein Jahr später im Rahmen einer Reihe von Streams während der weltweiten Pandemie komplett gespielt haben, wissen Obituary das Album wieder zu schätzen, das sie mit Anfang 20 komponierten und mit dem sie zu einer beständigen Macht im Death Metal wurden. Der Live-Stream gab ihnen aber auch zu denken – sie glauben, dass sie es heute sogar besser spielen als 1990.

John Tardy: „Es ist immer seltsam, weil man denkt, sobald die Aufnahmen und der Mix eines Albums abgeschlossen sind: ‚Mann, das ist das Größte!' Ich sitze aber nicht rum und höre ständig *Cause of Death*. Wenn die Musik geschrieben und eingespielt ist, sitzen wir zehn Tage lang im Studio, und nach ihrer Fertigstellung habe ich die Songs bestimmt 10.000 Mal gehört. Bei der Veröffentlichung eines Albums von uns bin ich nicht der Erste, der losstürzt, um es kaufen und noch öfter zu hören. Nimmt man es sich aber wieder vor, ist das so, als würdest du dein Elternhaus mit Freunden besuchen, wo deine Mom ein Foto von dir aus der sechsten Klasse in merkwürdigen Klamotten hängen hat. Du kommst dir komisch vor, weil du damals eben so ausgesehen hast. Mit Musik ist es genauso – du wünschst dir, du hättest manche Dinge etwas anderes gemacht."

Das Songwriting für *Cause of Death* begann im Sommer 1989. Zunächst arbeitete dieselbe Besetzung zusammen, die *Slowly We Rot* aufgenommen hatte, einschließlich Allen West und Daniel Tucker. Die ersten zwei Songs, die aus jenen Jamsessions hervorgingen, waren ´Cause of Death´ und ´Memories Remain´ – beides West-Kompositionen. Der Fortschritt war für alle Beteiligten augenfällig. Obituary entschieden sich nicht für einen Aufguss des Debüts, sondern für ein eher instinktgetriebenes, herausforderndes Album, das ihren Hang zu Celtic Frost und Venom widerspiegelte, ohne wie eine Hommage zu klingen.

Was der Rest der Band jedoch nicht wusste: Tucker hatte zu Hause Stress mit seiner Großmutter, bei der er wohnte. Er verlor seinen Job bei Molly-O´s, dem italienischen Restaurant, wo auch die Tardys und Peres arbeiteten. Bald fand er eine andere Stelle, wo er die Mittagspausen lieber in Ruhe in seinem Auto verbrachte. Dessen Batterie gab während einer Pause in jenem Sommer den Geist auf, zudem tauchte ein Freund von ihm auf und schlug die Scheiben des Wagens mit einem Baseballschläger ein – sodass Tucker nicht mehr wegkam (dazu ergänzt er, dieser „Freund" habe generell zu gedankenlos destruktivem Handeln geneigt). Seine Großmutter, die unzufrieden mit seiner Erklärung und frustriert über sein Verhalten war, hatte nun genug und teilte dem Bassisten mit, dass er am folgenden Tag nach Texas geschickt würde, um bei seinem Vater zu leben.

Tucker hatte weniger als 24 Stunden Zeit, um seine Sachen zu packen und sich von seinen Freunden in Tampa – auch seinen Obituary-Bandkollegen – zu verabschieden. Es gab nur ein kleines Problem: „Ich hatte die Telefonnummer der Tardys nicht im Kopf, weil ich sie eigentlich nie anrief", gesteht er. „Es gab keine Textnachrichten oder E-Mails wie heute. Kontakt zu jemandem aufzunehmen war damals schwierig. Wenn du also solchen Knatsch mit Verwandten hast und eine überstürzte Entscheidung fällt wie: ‚Na gut, Daniel, wir schicken dich morgen nach Texas', sitzt du in der Klemme.

„Trevor konnte bei seinen Eltern wohnen, Allen bei seiner Tante Anita, und John und Donald hatten ihre eigene Wohnung", fährt er fort. „Alle hatten eine Bleibe, nur ich nicht. Als ich meine Unterkunft verlor, sagten meine Mom und meine Großmutter zu mir: ‚Wir lassen uns dein Benehmen nicht bieten, du verschwindest von hier und wirst bei deinem Vater wohnen.' Ich hatte keinen fahrbaren Untersatz, in dem ich hätte schlafen können. Was sollte ich tun – im Wassergraben pennen?"

Den übrigen Obituary-Mitglieder kam es so vor, als sei Tucker spurlos ohne plausible Erklärung verschwunden. Seine bald ehemaligen Bandkollegen hatten keine Ahnung, was mit ihm passiert war. Aus Tagen des Wartens wurden Wochen, bevor sie einsahen, dass er nicht wiederkommen würde. Sein plötzliches Verschwinden verwirrte sie, weil sie davon ausgegangen waren, Tucker würde an einem beliebigen Tag zum Proben aufkreuzen, als sei nichts passiert – das Übliche, nachdem sie sich schon an Wests ständige Unpünktlichkeit und Neigung, Proben gelegentlich zu versäumen, gewöhnt hatten. Schließlich kehrte Tucker mehrere Monate später, nachdem er abgeschrieben worden war, zum Proberaum der Tardys zurück – aber nur, als niemand da war –, um seinen Bass und Verstärker zu holen, die noch an ihrem Platz standen.

Roadrunner schossen sich flugs auf die Story vom „verschwindenden Bassisten" ein und setzten Pressemitteilungen auf, um die zunehmende Geheimniskrämerei um Obituary zu befeuern. Die Promo-Fotos mit den Schattenrissen für *Slowly We Rot* gaben dem Label eine weitere Gelegenheit, um Interesse an einer Band zu schüren, die viele immer noch kaum kannten. Tucker blieb jedoch nur sechs Monate in seinem texanischen Exil. Als er erneut in Tampa aufschlug, bat er Peres und die Tardys, wieder einsteigen zu dürfen, erfuhr aber, dass sie ihn ersetzt hatten. Er blieb während der 1990er aktiv und besuchte Obituarys Konzerte mehr oder weniger regelmäßig, wenn sie in Tampa auftraten. Das zeigt, dass das Kriegsbeil längst begraben ist. Derzeit spielt er mit dem ehemaligen Morbid-Angel- und Nocturnus-Drummer Mike Browning bei Nocturnus A.D.

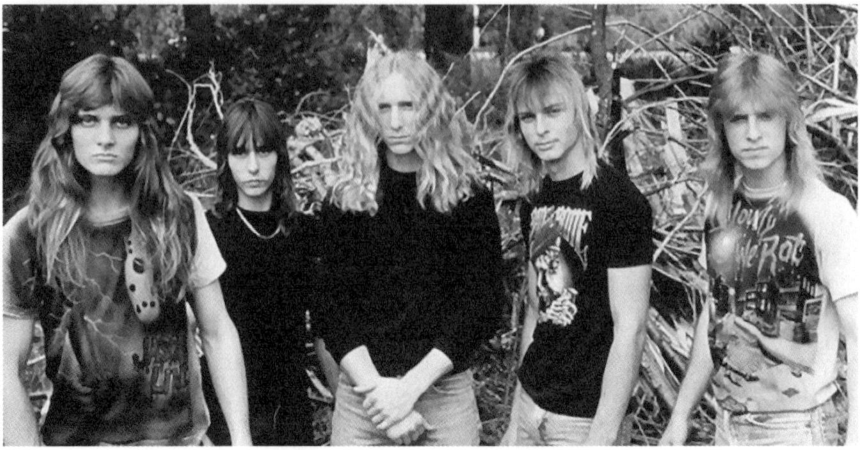

Eines der letzten Promo-Fotos mit Daniel Tucker.

Zehn Tage nach der Veröffentlichung von *Slowly We Rot* eröffneten Obituary eine Show für Morbid Angel in einem Flugzeughangar außerhalb Tampas. Aushilfsbassist war Brent „Moose" Federson, ein langjähriger Freund der Musiker. Laut Donald und Trevor spielte er kompetenter und verfügte über ein breiteres musikalisches Vokabular als sie selbst. Da Death Metal aber nicht sein Bier war, mussten Obituary weiter nach einem Ersatz suchen, was nicht lange dauerte: Während ihres Sets in dem Hangar schaute Frank Watkins aufmerksam zu.

Der in Fort Lauderdale knapp vier Stunden südlich von Tampa geborene Watkins, der 2015 nach einem Kampf gegen ein ZNS-Lymphom starb, gehörte den Death-Thrashern Hellwitch an, bei denen auch der künftige Malevolent-Creation-Schlagzeuger Alex Marquez spielte. Nachdem er Obituary live gesehen und erfahren hatte, dass der Bassposten bei ihnen zu besetzen war, fühlte er sich gezwungen, dies zu tun. 2007 sagte Watkins in einem Interview mit dem Journalisten Kory Grow anlässlich der Aufnahme von *Cause of Death* in die „Hall of Fame"-Artikelreihe des *Decibel*, als er Obituary zum ersten Mal sah, habe er gedacht: „‚Wow, diese Band ist die heavieste, die ich je erlebt habe.' Ich war sprachlos. Während ich dastand und ihnen zuschaute, kam der Typ, der damals bei Cynic spielte – Tony Choy [Bass] – wie aus dem Nichts zu mir und meinte: ‚Alter, du muss der Bassist dieser Band werden.' Ich antwortete: ‚Vergiss es.' Und zehn Minuten später, als Obituary fertig waren, ging ich nach vorne zur Bühne. John Tardy stand dort und verteilte Autogramme, und ich sagte: ‚Yo, ich hab gehört, ihr braucht einen Bassisten.'"

Watkins erhielt Peres' Telefonnummer und rief ihn an. Der Gitarrist, dem klar war, dass sie schnell einen neuen Bassisten brauchten, weil weitere Live-Termine anstanden, lud ihn zum Jammen ein. Als Frank zum Proberaum der Tardys kam, schleppten die Brüder gerade Möbel und Geräte aus ihrem Haus – sie zogen um ins Geschäftsviertel von Brandon. Peres bemerkt, eine Folge des nunmehrigen Reality-TV-Serienklassikers *Cops* sei zwei Häuser unterhalb der neuen Adresse der Tardys gedreht worden, weshalb jeder, der sie sah, in brüllendes Gelächter ausbrach, wenn er Donald und Johns Wohnung in der Glotze erkannte („Von allen Buden, die sie hätten beziehen können, haben sie ausgerechnet diese genommen", erheitert sich Trevor).

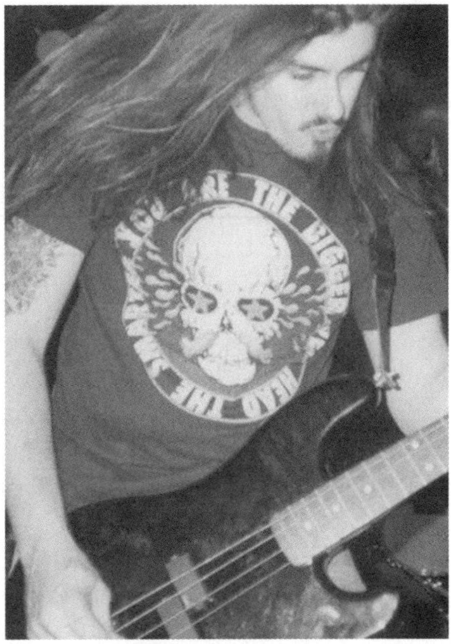

Frank Watkins.

Aber zurück zur Sache: Peres hatte ein schlechtes Gewissen, weil Watkins aus dem weit entfernten Fort Lauderdale angereist war und feststellen musste, dass niemand von seiner Anhörung wusste. Darum lud er ihn in Wests Appartement ein, wo der Bassist gebeten wurde, zu *Slowly We Rot* zu spielen. Allen und Trevor legten die LP auf und die Beine hoch, machten sich ein Bier auf und schauten dabei zu, wie Frank mit Leichtigkeit alle zwölf Songs begleitete. Die beiden wussten gleich, dass er der richtige Mann für den Job war. Dennoch wurde ihm die Mitgliedschaft nicht sofort angeboten. Watkins fuhr wieder nach Hause und wartete ein paar Tage auf eine Rückmeldung der Band. Ungeduldig rief er bei Peres an und fragte, ob er dabei sei, woraufhin der Gitarrist antwortete: „Na ja, du warst hier. Du bist dabei."

Watkins gewöhnte sich gerade erst ein, als Obituary einen weiteren Besetzungswechsel bewältigen mussten: Ende 1989 war Wests Freundin drauf und dran, ihr erstes Kind zu bekommen. Die Band hatte bisher sehr wenig Geld abgeworfen, und eine ausgewachsene US-Tour für *Slowly We Rot* stand noch aus. Weil er sich darum sorgte, wie er als Death-Metal-Musiker für seine Familie aufkommen sollte, und angesichts der Zeit, die er bereits in die Gruppe steckte, beschloss er, seinen Posten als Leadgitarrist zu räumen, um sich um seinen Sohn Allen Jr. zu kümmern. Die anderen Mitglieder hatten Verständnis für seine Situation und ließen die Tür für den Fall, dass er zurückkommen wollte, einen Spaltbreit offen.

„Wir haben nie gewollt, dass er geht", sagt Peres. „Wir waren gute Freunde. Ich glaube, ich war der Einzige, der sich noch mit ihm abgab, nachdem er uns verlassen hatte. Wir trafen uns, zischten ein Bier, schauten uns Spiele der Bucs an [Tampa-Fußballmannschaft] oder kifften."

„‚Ich weiß nicht, ob ich mich der Band widmen kann, wenn meine Freundin schwanger ist und wir ein Baby bekommen' – das zu gestehen war sehr verantwortungsvoll von ihm", sagt Donald. „Wir fanden es nicht so dramatisch, obwohl es scheiße war, weil wir schon an *Cause of Death* arbeiteten und er ein paar Songs geschrieben hatte. Ihn an den Aufnahmen teilnehmen zu lassen wäre schön gewesen. Als er ausstieg, wollten wir natürlich weitermachen, doch es gab nie ein Gespräch mit Allen, von wegen „wenn euer Baby gesund ist und du wieder Fuß gefasst hast, ist die Tür jederzeit offen.‘ Davon war nie die Rede.“

„Er tat es zu einem ungünstigen Zeitpunkt“, fügt John hinzu. „Nachwuchs lässt sich nicht immer planen. Dass Big Al ging, hat mich nicht riesig überrascht, denn was ihn anging, wunderte mich nichts mehr. Er war jederzeit zu allem fähig.“

Nun da West aus dem Rennen war, fiel der offene Anteil des Songwritings Peres und Donald zu. Ersterer war vorbereitet – in den Monaten seit der Fertigstellung von *Slowly We Rot* bis zu der kurzen Tournee zur Bewerbung des Albums hatte er stetig neue Riffs gesammelt. Er zeichnete sich für die eher fiebrigen, unkonventionellen Lieder des Debüts verantwortlich, vor allem ′Intoxicated′. Obwohl er keine Lust hatte, noch ein Stück mit „22 Riffs“ zu komponieren, wie er absichtlich überspitzt anmerkte, wollte er die Grenzen, was das Strukturieren von Obituary-Songs anging, weiter ausloten.

Der Gitarrist schreibt die Beschaffenheit seiner Kompositionen auf *Cause of Death* „gutem Gras“ zu und weist darauf hin, dass die Band im Grunde nach wie vor ihren eigenen Launen folgte. Auf ′Infected′ und ′Body Bag′ kam er schon recht früh während des Schaffensprozesses, wobei sich das letztgenannte Stück wegen des verschlungenen Aufbaus als eines seiner liebsten erwiesen hat. „Ich mag ′Body Bag′ besonders wegen der ersten paar Riffs“, sagt er. „Die Akkordfolge ist genial, dann wird es richtig irre, und später kommt wieder dieses erste Riff. Ich krieg jedes Mal Gänsehaut, wenn wir es spielen.“

′Chopped in Half′ entstand, als Peres seinen Gedanken während des Statistik-Unterrichts am Community College freien Lauf ließ. Im Kopf sondierte er das mittlerweile berühmte Palm-Muting-Riff, das den Song einleitet, klopfte den tuckernden Rhythmus auf seinem Tisch, wenn sein Lehrer nicht hinschaute. Nach dem Unterricht eilte er nach Hause, um schnell zum Proberaum der Tardys zu kommen und das Intro mit Donald auszuarbeiten. Nachdem John die grausigen ersten Textzeilen hinzufügte, war ein Obituary-Klassiker geboren. ′Chopped in Half′ blieb auf Setlists nur selten außen vor und ist womöglich der beliebteste Song der Band.

Das ursprünglich auf dem Executioner-Demo von 1986 enthaltene ′Find the Arise′ wurde für die Aufnahmen zu *Cause of Death* leicht umgestaltet. Die neue Version weicht geringfügig vom Original ab – vor dem Breakdown wird′s etwas flotter, und das Solo ist anders gespielt worden. ′Dying′ bringt ein mit den Bassdrums verzahntes Riff ein, das wohl zu den heaviesten Momenten der Band zählt. Der Song wäre fast ein Instrumentalstück, wenn Johns Gesang nicht gegen Ende einsetzen würde.

Die weniger stromlinienförmige Ausrichtung von *Cause of Death* und Tracks wie ′Dying′ führte zu einer unbeabsichtigten Eigenheit beim Songwriting: Die Death-Metal-Sänger jener Zeit neigten dazu, jeden Freiraum mit ihren Growls zu füllen. Im Gegensatz zu anderen Stilen wie Power beziehungsweise traditionellem Metal, wo die Einbettung des Gesangs hinsichtlich der Melodien, die den Songs zu Eigen sind, eine bedeutendere Rolle spielt, ist Death Metal wie ein unbeschriebenes Blatt, auf dem sich Kläffer, Brüller und Gurgler nach Belieben entfalten können. Das traf auf viele Zeitgenossen von Obituary zu, die trotz ihrer eher technischen Musik

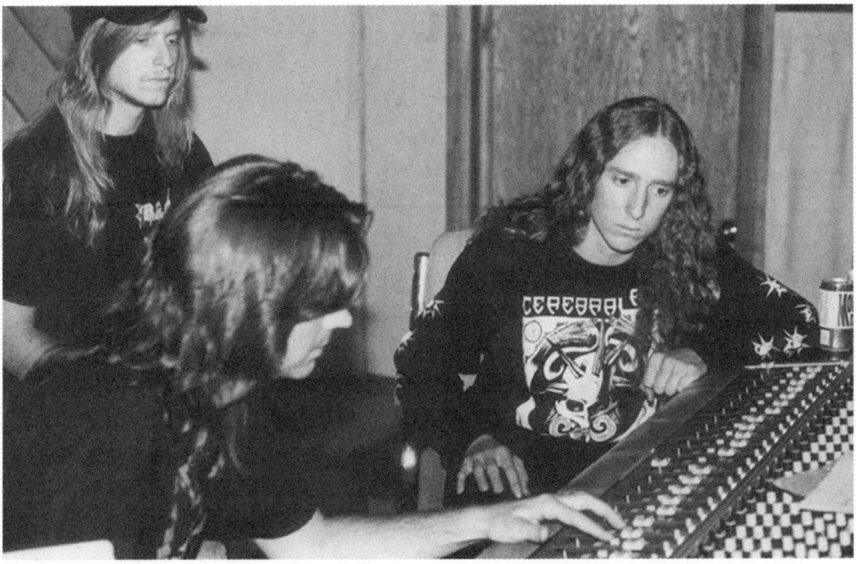

Donald und John Tardy beim Mixen mit Scott Burns.

weitaus mehr Gesang hatten (namentlich Atheist, Cannibal Corpse, Deicide und Malevolent Creation).

Bei Obituary selbst war es zur Zeit von *Cause of Death* noch nicht akut. Während ihre Songs zunehmend unkonventioneller und Riff-lastiger wurden, legte John mit Bedacht fest, an welchen Stellen er sang. In Stücken wie den erwähnten 'Body Bag', 'Chopped in Half' und 'Dying' gab es mehrere Instrumentalsegmente, wo er schlicht deshalb nicht sang, weil er spürte, dass diese Passagen keine Vocals brauchten. John war der Meinung, er müsse nicht über jedes Riff growlen, und hielt sich lieber zurück, um die Musik in den Vordergrund zu stellen. Die Tatsache, dass er Obituarys Lieder ungern mit seinem Gesang überfrachtete, wurde erst bei *The End Complete* zu einem Streitpunkt für Außenstehende, insbesondere die Plattenfirma. Auf *Cause of Death* betrachtete man es als natürlichen Aspekt des Gesamtsounds.

„Ich habe eigentlich nicht darüber nachgedacht", sagt Peres. „John tat halt, was er tat. Ich überlegte nie: ‚Was macht er da?' Niemals. Die Strukturen auf *Cause of Death* waren sehr wild und abgedreht, wir haben einiges aufs Spiel gesetzt. Einer der Songs enthält 23 Wechsel; das sind so um die 20 Riffs, die alle verschieden sind und überhand genommen haben. Ein Lied zu schreiben, das sich mitsingen lässt, fällt schwer. Wir sind nicht ein einziges Mal zu John gegangen und haben ihn gefragt, warum er nicht über einige dieser Riffs sang."

„'Dying' ist ein gutes Beispiel für diese Vorgehensweise", sagt der Frontmann. „Ich erinnere mich daran, dass mich die Jungs beim Ausarbeiten des Songs ansahen und fragten: 'Was wirst du tun?' Ich antwortete: 'Ich werde gar nichts tun.' Sie hakten nach: ‚Okay, also singst du nur über diesen einen Teil?' Daraufhin ich: ‚Ja, mehr nicht!'"

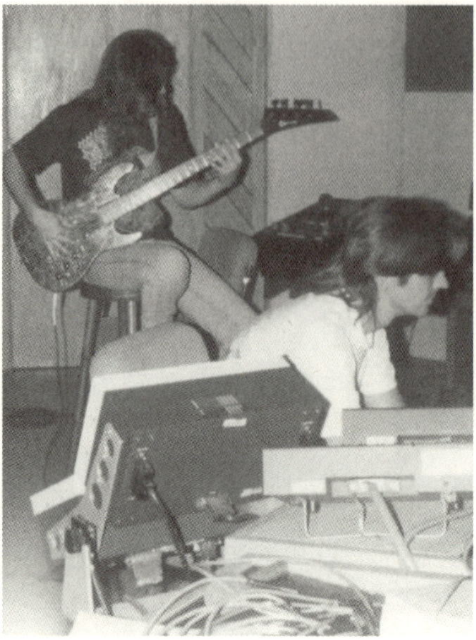

Frank Watkins im Morrisound.
Foto von James Murphy.

Obituary hatten nun acht Songs für ein ganzes Album fertig. Sie kehrten ins Morrisound zurück, um abermals mit Scott Burns aufzunehmen, zunächst aber nur zu viert, weil sie noch einen Nachfolger für West suchten. Da Peres alle Rhythmusgitarren live mit Donald einspielen sollte, begannen die beiden einen spontanen Jam mit Celtic Frosts ´Circle of the Tyrants´, während sie warteten, bis Burns den Sound für den Tag eingestellt hatte. Ihre Performance gefiel den beiden so gut, dass sie beschlossen, der Platte eine Coverversion des Songs hinzuzufügen.

„Celtic Frost gehören offensichtlich zu unseren Einflüssen", erinnert John. „Sie führten uns an extreme Musik heran und zeigten, wie weit man gehen kann. Wir liebten sie einfach. Stundenlang haben wir sie gehört. Selbst heute… Ich höre nicht viel Death Metal, aber wenn, ist es meistens etwas von Celtic Frost. Sie haben bei uns eben den richtigen Ton getroffen."

„Ich mag ihr Cover von ´Circle of the Tyrants´ sehr, weil Obituary die logische Fortführung von Hellhammer und Celtic Frost sind", fügt Conner hinzu. „Gerade ihr Gitarrenton. Obituary sind die Band, die das, was Celtic Frost taten, auf eine kommerzielle Ebene übertrugen. Celtic Frost hatten tolle Texte und diese intellektuelle, künstlerisch Seite, wohingegen es bei Obituary nur um den kleinsten gemeinsamen Nenner Brutalität ging. Was sie machten, war keine höhere Wissenschaft."

Die Band spielte *Cause of Death* sehr zügig ein. Peres genoss es, die Rhythmusspuren allein zu übernehmen. Watkins erfüllte brav sein Soll, nachdem er erst ein paar Monate zuvor hinzugestoßen war, und etwas von der Nervosität, die Donald während der Aufnahmen zu *Slowly We Rot* zugesetzt hatte, blieb zwar erhalten, hinderte ihn aber kaum an einer überragenden Leistung. Obgleich er zufrieden damit ist, gefällt ihm der Klang der Drums auf dem fertigen Album nicht. Burns und das Morrisound-Personal hatten begonnen, eine Methode auszuprobieren, mit der man Beats austauschen konnte. Einfach ausgedrückt hatten sie die Option, einen ungleichmäßigen Snare-Schlag oder Bassdrum-Tritt durch ein präzises Sample zu ersetzen. Dies wurde bald zu einer vorherrschenden Sitte bei den meisten Death-Metal-Aufnahmen. Donald, der stolz darauf ist, beim Schlagzeugspielen keine technischen Hilfsmittel zu benötigen, erklärte sich widerwillig mit Burns´ Idee einverstanden.

„Scott wollte das unbedingt tun", so der Drummer. „Es war 1990, man hatte dieses neue Verfahren, und viele Produzenten beziehungsweise Schlagzeuger in unserem

Genre verwendeten es. Mag sein, dass man Bands, die oft Blastbeats einsetzten, mit einer getriggerten Snare half, damit jeder Schlag perfekt saß, doch für Obituary war das bedauerlich, weil wir keine Hilfe brauchten. Falls jemand nicht der beste Trommler der Welt ist, lässt sich das geradebiegen.

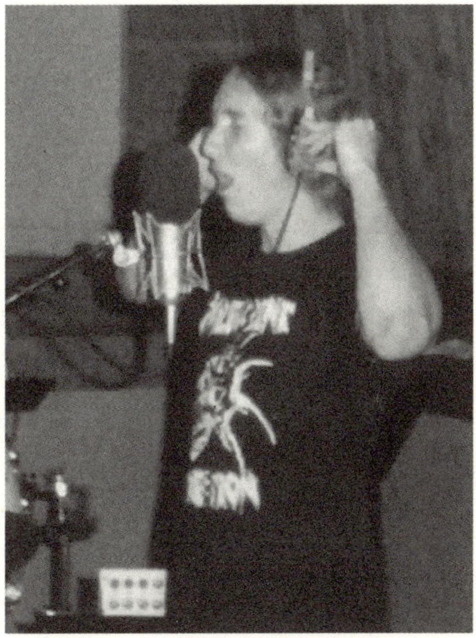

John Tardy im Morrisound.
Foto von James Murphy.

„Ich bilde mir etwas darauf ein, solide zu spielen", fährt er fort. „Ich bin zuverlässig, vor allem auf der Snare. Man bekommt Nuancen von einem Drummer, Rimshots oder bestimmte Flams, die beibehalten werden sollten. Ich erinnere mich, dass sie verschwanden, während das Album abgemischt wurde. Schließlich wandte ich mich an Scott: ‚Oh, was hast du getan? Es ist viel schlechter geworden.' Meine Snare klingt auf *Cause of Death* so laut, weil ihr natürlicher Sound ausgetauscht wurde. Ich führe das auf jugendliche Unerfahrenheit zurück. Würde mich heute jemand bitten, es zu tun, würde ich nein sagen, doch mit 19 ist man einfach nicht bereit, Leuten diesbezüglich die Stirn zu bieten."

Nun da die Grundspuren eingespielt waren und der Mix voranging, mussten sich Obituary um den fehlenden Leadgitarristen kümmern. Die Band konzentrierte sich dermaßen aufs Schreiben und Aufnehmen von *Cause of Death*, dass sie sich nicht damit aufhielt, eine Liste aus potenziellen Ersatzleuten für West zusammenzustellen. Stattdessen dachten sie, die Sache würde sich von selbst klären – und so war es auch. Dazu brauchte Scott Burns nur wieder seine Beziehungen spielenzulassen.

Nachdem er 1987 kurzzeitig Live-Gitarrist der Power-Thrasher Agent Steel aus Los Angeles gewesen war, stieß James Murphy auf der Tournee zum 1988er Album *Leprosy* zu Death, die seinerzeit neben Gründer, Sänger und Gitarrist Chuck Schuldiner aus Bassist Terry Butler (Massacre und später auch Obituary) und Drummer Bill Andrews (auch Massacre) bestanden. Murphy und die beiden letztgenannten spielten auch auf *Spiritual Healing* von 1990, wobei der Gitarrist Songwriting-Credits für 'Within the Mind', 'Low Life', 'Genetic Reconstruction' und 'Killing Spree' bekam. Das Album wurde zu Recht als Death-Metal-Bollwerk gefeiert und trug melodische Züge, die auf *Human* aus dem Folgejahr weiter ins Zentrum rücken sollten. Murphys Leads waren ein wesentlicher Bestandteil von *Spiritual Healing*. Als Spross einer Militärfamilie sagte er seine Meinung für Schuldiners Geschmack allerdings einen Tick zu gerne, sodass er ins Visier eines Bandleaders geriet, der wenig Verständnis für Unzufriedene hatte. „Death war in erster Linie Chucks Band", erklärt James. „Ich sprach Probleme an, was unangemessen war, also nahmen die Span-

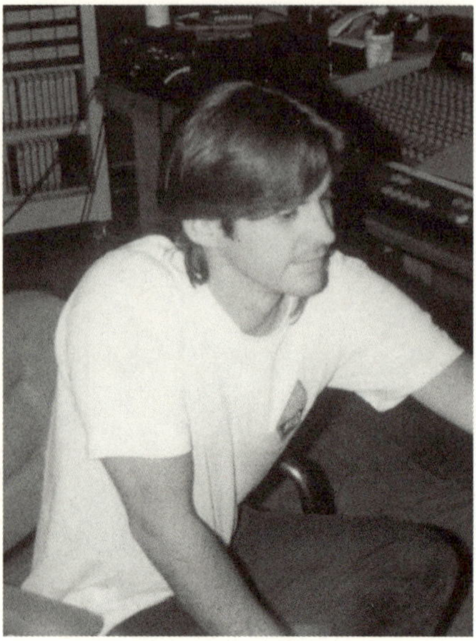

Scott Burns.
Foto von James Murphy.

nungen zu. Schließlich dachte ich: ‚Kumpel, das passt mir einfach nicht.' Keine Ahnung, ob das normal ist, wenn man in einer Band spielt, oder ob etwas mit mir nicht stimmte. Vielleicht war ich ein Arschloch, ich weiß es nicht. Womöglich sollte ich lernen, die Klappe zu halten. Jedenfalls war ich raus und befürchtete, sie würden irgendeinen Scheiß abziehen, als ich ging."

„Ich hatte ein bisschen Angst davor, dass sie versuchten, mein Equipment zu behalten, denn Agent Steel hatten das auch zuerst probiert", führt Murphy weiter aus. „Agent Steel gaben mir meine Verstärker zurück, doch von Death habe ich nicht alle meine Sachen bekommen. Genaugenommen ließen sie mich mit einem Topteil gehen. Darüber hinaus besaß ich nichts, allenfalls noch eine Box. Ich konnte nicht eine meiner Gitarren mitnehmen. Weil ich das geahnt hatte, wollte ich mich unauffällig verziehen. ‚Ich pack jetzt mein Zeug', dachte ich, ‚stelle es bereit und lass es dann in einen Bus laden.' Damit meine ich einen Trailways oder Greyhound. Dann wollte ich Chuck anrufen – hoffentlich erreichte ich jemanden – und Bescheid geben, dass ich keinen Bock mehr hatte."

Zu Murphys Leidwesen kam ihm Schuldiner zuvor und teilte mit, der junge Gitarrist sei bei Death raus. Während er an einem Busbahnhof in Jacksonville wartete, kam James die Idee, sich bei seinem Freund Scott Burns zu melden. Dieser erwähnte, West habe Obituary verlassen, und die Band sei gerade zum Aufnehmen von *Cause of Death* im Studio, was Murphy prompt hellhörig machte. Er hatte die Jungs einmal live gesehen und besaß eine Kassette von *Slowly We Rot*, behauptet aber: „Fand's gut aber nicht super."

„Damals hätte ich sie nicht zu meinen Top-5-Bands aus der Gegend von Tampa gezählt", ergänzt er. „Ich war aber arg auf die Gitarre versteift. Für mich musste das Gitarrenspiel ausgefallen sein, und bei Obituary ging es viel simpler zu. Mir gefiel *Slowly We Rot*, ein gutes Album. Darauf gab es einige coole Songs, doch sie waren nicht meine Lieblingsband aus der Szene in Florida."

Laut Trevor wurde James nicht großartig überprüft. Er hatte ihn bei einer Death-Show kennengelernt und war über seine Fähigkeiten im Bilde, mehr aber auch nicht. Murphy und der Rest von Obituary waren höchstens flüchtige Bekannte und einander praktisch noch fremd. Als die Zeit während der Aufnahmen zu *Cause of Death* eng wurde, mussten Obituary eine schnelle Entscheidung treffen. „Wir

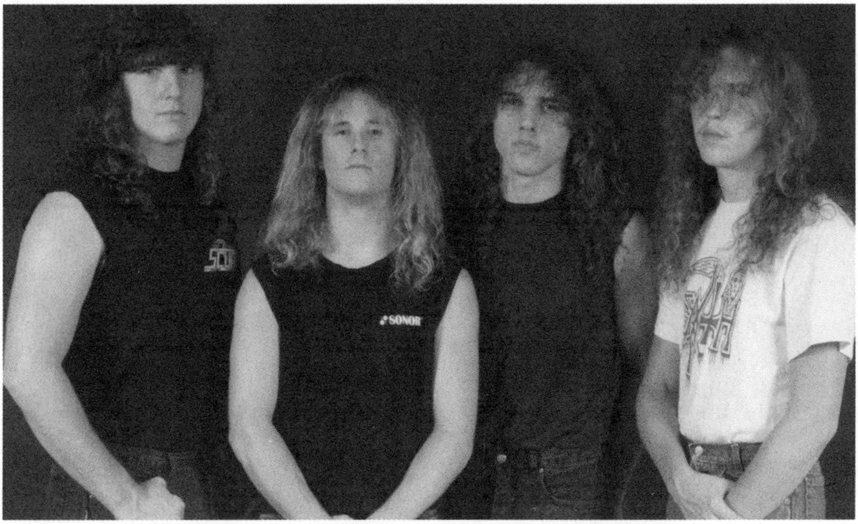

Death zur Zeit von *Spiritual Healing* mit Murphy (r.)

sind ziemlich einfache Leute, glaube ich“, sagt Peres. „Wir haben uns echt kaum Gedanken gemacht. Die Aufnahmen waren im vollen Gang, und alle geschriebenen Tracks bereits aufgenommen – die Rhythmusgitarren, der Bass, alles. Wir sind also ziemlich weit gewesen. Was James anging, mussten wir nur früher oder später zu Scott sagen: ‚Ja, cool, bring ihn her, und wir schauen, was passiert.‘“

Murphy kam am nächsten Tag ins Morrisound und war sofort beeindruckt, als er die noch ungemischten Tracks von *Cause of Death* hörte. „Ich dachte: ‚Oh Mann, ja! Diese Songs legen eine Schippe drauf, das Zeug ist echt geil.‘ Als ich *Cause of Death* im Morrisound hörte, gefiel mir die Band viel besser, und ich konnte mir vorstellen, mit ihr zu spielen.“

Im Kontrollraum des Studios unterhielten sich Murphy und Burns in aller Ruhe mit den Mitgliedern über die Situation. Diese ließen den Gitarristen wissen, dass er nicht für den Posten vorzuspielen brauchte – sie wussten bereits anhand von Spiritual Healing, was er leisten konnte. Er bekam mitgeteilt, er könne den Job bei Interesse haben, doch es gebe einen Haken.

„Als sie mir das Angebot machten, erwiderte ich: ‚Aber ja doch, ich bin dabei‘“, rekapituliert James. „Dann fügten sie jedoch hinzu: ‚Du solltest wissen, dass…‘ Damit folgte der Vorbehalt: ‚Al ist unser Mann, ein Kumpel und Freund fürs Leben. Für seinen Ausstieg gab es Gründe; wir haben ihn weder rausgeschmissen, noch herrschte dicke Luft zwischen uns. Sollte er also jemals zurückkommen wollen, werden wir ihn wohl wiederaufnehmen. Das ist sehr wahrscheinlich, falls er sich dazu entscheidet.‘ Ich dachte mir: ‚Na gut, das ist ein schwerer Vorbehalt, aber da ich ihn jetzt kenne, habe ich kein Problem damit.‘“

Murphy fand sich schnell mit der Dynamik von Obituary zurecht. In der Band trafen die kontaktfreudigen, umgänglichen Peres und Watkins auf die freundlichen, aber reservierten Tardy-Brüder, denen die Aufnahme eines Außenstehenden in ihren sehr engen inneren Kreis Sorgen bereitete. Nicht lange, und diese Unterschiede kamen auf Tournee zum Vorschein.

Obituary zeigten Murphy, wo potenziell Platz für Gitarrensolos war. Darüber hinaus gaben sie ihm kaum Richtlinien bei den Leads – er durfte nach Gutdünken solieren. Wohingegen sich West auf die Pentatonik und das Tremolo berufen hatte, verfolgte James einen völlig anderen Soloansatz.

„Ich versuche mit jedem Solo, ein bestimmtes Gefühl zu wecken", erläutert er. „Bei Solos geht es für mich um Gefühle, und ich will genau *dieses* Gefühl hervorrufen. Das mag bedeuten, dass ich sehr langsam spiele, nur ein Vibrato erzeuge und eine Melodie einbringe, die ich dann vielleicht mit einer Harmonie überlagere. Ich habe das getan, weil ich dachte, es würde klappen, als es darum ging, den kurzen schnellen Part in ′Cause of Death′ zu spielen. Als ich das Solo schrieb, kam mir nie der Gedanke in den Sinn: ‚Schaut her, was ich kann!' Das habe ich am Gitarrenspiel zutiefst gehasst. Ich dachte: ‚Wieso spielt er das jetzt? Nur um zu zeigen, dass er es hinkriegt? Musikalisch passt es nicht.' Ich wollte immer, dass meine Soli musikalisch sind, was wahrscheinlich an meinen Vorbildern liegt – vor allem an jemandem wie [dem frühen Scorpions-Leadgitarristen] Uli Jon Roth, der ganz bestimmt shredden kann, es aber meistens nicht tut."

Murphys Solos stechen auf *Cause of Death* wiederholt hervor. Zum ersten Mal hört man ihn nach etwa einer Minute im eröffnenden ′Infected′, wo er sein geschmackvolles Vibrato in Verbindung mit exotischen Skalen zeigt. Sein Solo, bevor das Hauptriff von ′Body Bag′ wiederaufgegriffen wird, vermittelt Schwung und Begeisterung. In ′Circle of the Tyrants′ verbessert er schlagartig das Originalsolo von Thomas Gabriel Fischers , der bereitwillig zugeben würde, dass er kein guter Leadgitarrist war. Auf seine Leistung im Titeltrack ist James auch mehrere Jahrzehnte nach der Aufnahme von *Cause of Death* besonders stolz.

„Er dient als Paradebeispiel dafür, dass ich nicht angeberisch spiele", bemerkt er. „Ich tue mich da nicht hervor und sage: ‚Guckt mal, wie krass ich shredden kann.' Es ist eine Stimmung; die Musik versetzte mich in eine gewisse Stimmung. Ich überlegte: ‚Wie kann ich diese Stimmung, die diese Musik erzeugt, weiter hervorheben? Ich spüre sie. Was soll ich spielen, um sie zu verstärken?' Ich suchte einfach nach Tönen, die diese Stimmung für mich heraufbeschworen, und arbeitete sie noch etwas stärker heraus."

„Allen spielte wie Kerry King, Jeff Hanneman und sogar Kirk Hammett", sagt Burns. „Er war ein reiner Death-Metal-Gitarrist, James ein eher klassisch ausgebildeter Typ. Obwohl er auf Thrash und Death Metal stand, klang er glatter. Er war ein reiner Leadgitarrist. In diesen Songs spielte er großartig. Auf *Cause of Death* verlieh er Obituary im Vergleich zu *Slowly We Rot* definitiv eine neue Dimension.

Trevor Peres begann in seiner lokalen Bücherei mit der Recherche für das *Cause of Death*-Plattencover. In einem Time-Life-Buch stieß er auf ein Gemälde einer Szene aus dem US-Bürgerkrieg, das einen Wald mit toten Soldaten auf dem Boden zeigte, deren Seelen aus ihnen aufstiegen. Man sah auch eine Frau mit Mantel, die Gevatter

Tod ähnelte und ein Messer senkrecht mit beiden Händen hochhielt, von denen Blut tropfte. Peres dachte bei sich: „Mein lieber Schwan, das sieht ganz schön böse aus."
Als er sich an den Verlag Time Life wandte, um das Bild zu lizenzieren, wurde er abgewiesen. Die Band bat sogar Roadrunner, eine Freigabe des Kunstwerks zu beantragen, bekam aber schnell ein verbindliches Nein zurück. Nun war sie genauso weit wie zuvor. Trevor fragte Monte Conner nach Vorschlägen. Max Cavalera von Sepultura hatte dem A&R-Mann kürzlich ein Motiv des amerikanischen Malers Michael Whelan gegeben, das die brasilianischen Death-Thrasher für ihr 1989er Album *Beneath the Remains* verwenden wollten. Conner glaubte, dass es besser zu *Cause of Death* passte, was er Sepultura jedoch verschwieg. Wie das Schicksal es wollte, schickte Whelan Conner ein ganzes Buch mit Gemälden von ihm. Sepultura bekamen ein anderes Cover für ihre Platte – eine detailverliebte Zeichnung eines rauchenden Schädels. Der Rest ist Heavy-Metal-Artwork-Geschichte.

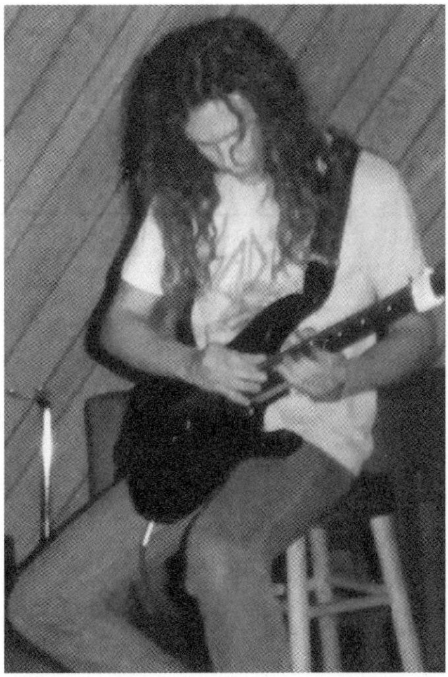

James Murphy bei Soloaufnahmen für *Cause of Death*.

„Mein Schaffen beläuft sich überwiegend auf Buchcover, Illustrationen für Erzählungen und dergleichen", erzählt Whelan. „Dass mich Monte Conner wegen Sepultura kontaktiert hatte, eröffnete mir eine ganz neue Welt. Ich habe gerne mit ihm an Sachen mit einem eher alternativen Feeling gearbeitet. Mir gefiel die Vorstellung von so viel Unabhängigkeit, ich durfte mich zwangloser ausdrücken und so düster oder ausladend sein, wie ich meines Erachtens konnte. Damals fand keine Zensur statt, und weder die Plattenfirma noch andere Projektbeteiligte verlangten, dass ich mich zurückhielt, also nahm ich die Freiheit an und kostete das Gefühl aus.
Whelan, der später Karriere als bildender Künstler machte und nebenher weiterhin Metal-Cover entwarf, entsinnt sich, gemocht zu haben, was er von Obituary hörte. Er sagt, er habe Abstand davon genommen, Einfluss auf die Gestaltung ihres Logos zu üben, sei aber gezwungen gewesen, das T zu verkürzen, sonst hätte es die mumifizierte Leiche in der Mitte des Bildes überdeckt. Davon abgesehen stellten ihm Roadrunner jegliche Änderungen an dem bestehenden Artwork frei. Er fügte weitere Friedhofs-Elemente hinzu und verstärkte die alptraumhafte, finstere Stimmung. Obwohl das *Cause of Death*-Cover zu seinen fünf liebsten gehört, bedauert Whelan,

zu wenig Zeit und Mittel bekommen zu haben, um ein gänzlich neues Bild für Obituary zu malen.

„Es sähe organischer aus und… würde den Eindruck vermitteln, schon seit Urzeiten zu existieren, obwohl es Teil unserer modernen Erfahrung als Menschen in dieser Umgebung ist", postuliert er. „Ich weiß, das klingt vage, aber ich hätte einfach gerne eine große Tafel vor mir, dazu Schwarz und dunkle Farben auf meiner Palette, um hineinzugehen und zu schauen, was herauskommt. Ich finde das *Cause of Death*-Motiv immer noch gelungen, bloß wünschte ich, es noch einmal angehen zu können, weil ich das Gefühl habe, seitdem gewachsen zu sein, weshalb ich ein viel feineres Gespür dafür hätte, was ich tun würde. Dürfte ich es von Grund auf neu malen, würden die hellen Bereiche stärker leuchten."

Conner schickte die endgültige Version von Whelans Cover via FedEx an die Hydraulikwerkstatt von Peres´ Vater. Der Gitarrist hätte nicht zufriedener damit sein können. „Ich dachte, ich werd nicht mehr: ‚Dieses Bild ist total krank'. Ich saß mit meinen Kollegen bei der Arbeit, und wir fanden es alle derb geil. Ich sagte jedem: ‚Mir ist egal, was irgendjemand meint – das ist unser Plattencover. Alle anderen sollen sich verpissen. Kratzt mich nicht.'"

Die Vertauschung im Zusammenhang mit dem Artwork von *Cause of Death* kam erst mehrere Jahre nach der Veröffentlichung ans Licht. Obituary und Trevor im Besonderen wussten rein gar nichts davon; er behauptet, niemand aus der Band habe Whelans Werk gesehen, bis sie es geschickt bekamen. Sepultura mussten zunächst in den sauren Apfel beißen, obwohl es hinreichende Argumente für die Behauptung gibt, beide Bands hätten am Ende legendäre Motive erhalten, die ihrer Musik entsprachen.

„Sepultura machen mir bis heute Vorwürfe", klagt Conner, „doch ich denke, sie sehen ein, dass sie ein für sie angemesseneres Cover erhielten. Die Orange- und Erdtöne auf *Beneath the Remains* passen genau zu den Songs. Obituary brauchten sich nicht zu beschweren; Sepultura hatten ihr Cover, und es wurde einer anderen Band gegeben."

Für das letzte Puzzleteil zur Bewerbung von *Cause of Death* wandten sich Obituary wieder an den örtlichen Photografen Tim Hubbard aus Tampa. Die Mitglieder, die sich schon ein wenig für die Promo-Bilder zu *Slowly We Rot* schämten, auf denen sie mit Stricken um den Hals posiert hatten, hofften auf ein einfaches Shooting, das sich eher an ihren Zeitgenossen orientierte – also eine Session in einer verlassenen Lagerhalle oder auf der Straße, fast oder ganz ohne Effekte und Requisiten. Scott Burns schwebte allerdings etwas anderes vor.

Er und Hubbard hatten einen gemeinsamen Freund, dem eine Schreinerei gehörte. Burns lernte, wie man Särge baute, und dachte, sie seien nützlich für Obituary, also brachte er sie zum Streichen zu Hubbard. Dieser bemalte sie schwarz und polsterte das Innere aus, um den Effekt zu verstärken (und sie bequemer zu machen). Besonders gefiel Tim die altmodische Rautenform der Särge. Nichtsdestoweniger erkannten Burns und er schnell, dass die Bandmitglieder nicht so begeistert von einem weiteren Fototermin waren, bei dem Requisiten zum Einsatz kamen.

„Ich hatte Obituary seit ihrem ersten Album nicht mehr gesehen", erzählt Hubbard. „Bei unserer vorigen Zusammenarbeit waren sie noch jung und hungrig gewesen. Wenn sie posierten, taten sie das instinktmäßig. Sie waren leidenschaftlich; man erkennt es auf den Schattenriss-Fotos für *Slowly We Rot*. Als wir jedoch Bilder mit den Särgen machten, waren sie schon routiniert mit allem. Sie standen bloß da. Ich sagte zu ihnen: ‚Kommt schon, wo ist die Leidenschaft?' Sie war völlig verschwunden. Auf mich wirkten sie so: ‚Mach einfach die Fotos, bringen wir´s hinter uns.'"

„Zuerst dachten wir: ‚Ist nicht dein Ernst, Mann…'", lacht Peres. „Wenn wir diese Bilder sehen, scherzen wir immer noch darüber, wie wir uns reinlegten und tot stellten. Ich trug ein Napalm-Death-Shirt, eine stonewashed Jeans und Tennisschuhe. Wir sahen aus wie dumme Rednecks, die gerade aus ihren Wohnwagen gekrochen sind und meinen, in irgendwelche beknackten Särge hüpfen zu müssen. Wir hätten zu dem Anlass wenigstens Anzüge tragen können."

Donald sagt, das einzig Bemerkenswerte an den *Cause of Death*-Fotos sei die Tatsache, dass sich Burns und Hubbard viel Mühe mit dem Bau der Särge gaben. Wenngleich er ihr Handwerk bewundert, kann er sich eine Bemerkung nicht verkneifen: „Wie bei den meisten Bands, vor allem Ende der ´80er und Anfang der ´90er, gab es viele dämliche Fotos."

Roadrunner achteten darauf, die Sargbilder bei jeder Gelegenheit zu verwenden, womit sie dafür sorgten, dass die Motive für immer in den Annalen der ungewollt klassischen Bandfotos bleiben. Zu Obituarys Glück erhielt das Album dadurch aber mehr Aufmerksamkeit. Der Anblick fünf alltäglich gekleideter Metal-Musiker, die mit überkreuzten Armen in Särgen lagen, erzielte die gewünschte Wirkung – niemand wird sie je vergessen. Peres tat dies bestimmt nicht, als er Burns fragte, ob er einen der Särge in das Appartement mitnehmen könne, das er mit dem vorübergehenden Live-Bassisten Brent „Moose" Federson teilte.

„Ich stellte ihn ins Wohnzimmer, fast wie einen Couchtisch", erzählt er. „Ich wollte immer eine Glasplatte für obendrauf besorgen. Hab ich nie getan, dafür legte ich aber ein unechtes Skelett rein, nicht zu vergessen eine Menge künstlicher Spinnweben wie an Halloween und eine Schwarzlichtlampe. In der Wohnung hatten wir auch schwarze Vorhänge aus billigem Nylon mit stark glänzenden Nähten. Ich hängte sie neben den Sarg und nutzte sie als Raumtrenner. Wenn Leute vorbeikamen, fragten sie: ‚Trevor, warum steht ein Sarg in deinem Wohnzimmer?'"

Am 20. Juni, drei Monate vor der Veröffentlichung von *Cause of Death* fiel der offizielle Startschuss zur Tour für *Slowly We Rot*. Auf der Rotting Slow in America Tour waren die Thrasher Sacred Reich aus Phoenix Headliner, gefolgt von Obituary und den Seattler Speed-Metallern Forced Entry als Opener. Es handelte sich um Obituarys erste landesweite Tournee und für die meisten Mitglieder auch um die erste Gelegenheit, bei der sie den Bundesstaat Florida verließen.

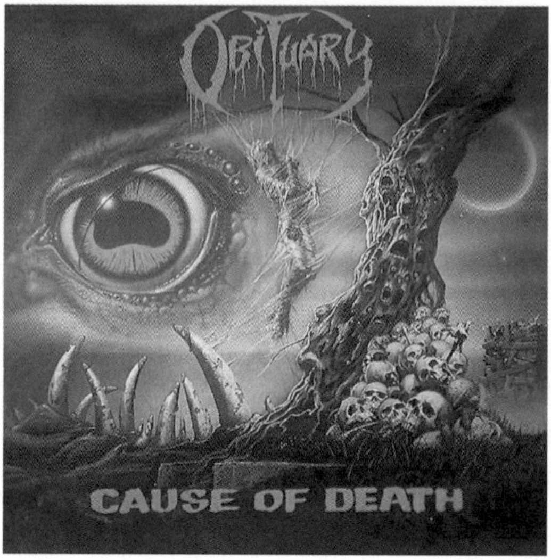

Obituarys *Cause of Death*, 1990, Roadrunner Records.

Weil das zweite Album noch nicht erschienen war, bestand die Setlist nur aus Stücken des Debüts. Nun da sie ihre Pflicht im Morrisound getan hatte, probte die Band – Murphy inbegriffen – wieder regelmäßig. Peres zeigte seinem Nebenmann, wie man das Material von *Slowly We Rot* spielte. Binnen kurzem klangen Obituary mit ihren neuen Leadgitarristen wie eine stattliche Live-Einheit.

„Ich denke, wir waren vom ersten Tag an darauf aus, bei Konzerten genauso zu spielen wie beim Proben", sagt Trevor. „Wir versuchten immer, alles bombenfest zusammenzuhalten, absolut tight zu sein. Auf der Tour wurden wir besser. Als Gruppe steigert man sich logischerweise, je häufiger man spielt – wie eine Fußballmannschaft, das ist das Gleiche. Wir wussten während dieser ersten Tour für *Slowly We Rot*, dass wir tight wie Sau waren."

Ohne richtiges Management wurde die Reise mit Sacred Reich für Obituary zu einem Crashkurs in Geschäftsangelegenheiten. Die Band wusste kaum etwas von gängigen Tournee-Abläufen, wie dem Bestellen von Merchandise im Voraus, festen Einladezeiten und Tagesgeldern. Der Einzige mit Erfahrung war James, der die Belastungen des Unterwegsseins bei Agent Steel und Death kennengelernt hatte. Zur Verwunderung der Band verkauften sich ihre *Slowly We Rot*- und Rotting-Slow-in-America-Shirts schneller als erwartet. Darum wandte Murphy Lektionen an, die er bei Death gelernt hatte, damit Obituary weiterhin Shirts anbieten konnten.

„Das Merch verkaufte sich sehr gut und wäre bald vergriffen gewesen", erklärt er. „Ich schlug etwas vor, das ich bei Death getan hatte: Wir waren zum Finanzieren der Tour auf Einkünfte aus dem Merchandising-Verkauf angewiesen. Es lief darauf hinaus, dass wir mehrere Wochen lang ohne größere Produktmengen reisen und warten mussten, bis mehr gefertigt und schließlich zu uns geschickt wurde. Das hätte ein bis zwei Wochen gedauert und zeitlich nicht funktioniert.

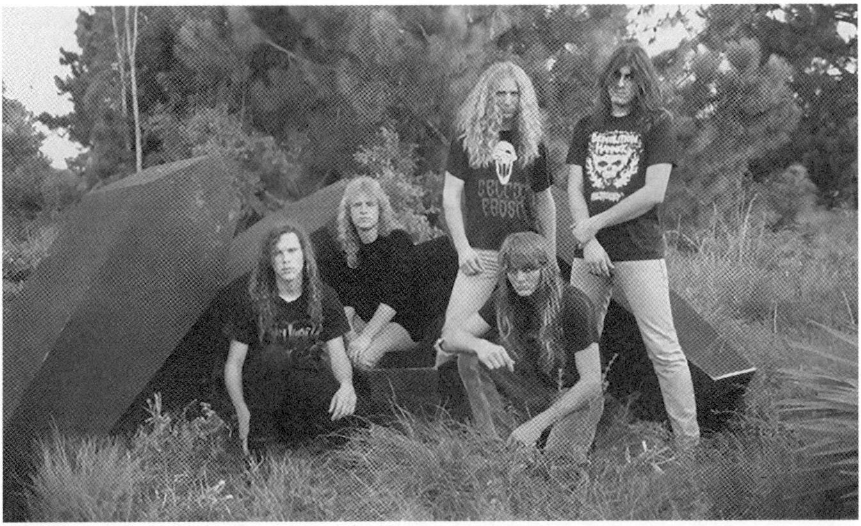

Obituary circa 1990. Foto von Tim Hubbard.

„Meine Idee bestand darin, dass wir, wenn nur noch wenige Shirts übrig waren, ein Schild am Merch-Stand aufstellten", fährt Murphy fort. „Dann lief ich zu einem Kopierladen und ließ Bestellformulare drucken, auf denen die Fans das Motiv und die Größe eintragen konnten, die sie wollten. Sie bezahlten uns bei der Show, und wir gaben die Shirts gleich danach in Auftrag, um sie dann dorthin zu versenden, woher die Order kam. Ansonsten wären wir leer ausgegangen und hätten nichts mit dem Merchandising verdient. Natürlich hielten wir unser Versprechen mit den Shirts, fingen sofort mit dem Verpacken der Bestellungen an und schickten sie los."

Die Rotting Slow in America Tour ging am 25. August 1990 zu Ende. Obituary flogen umgehend nach Europa, um unter dem Motto Gore and Agony All Over Europe Konzerte mit Demolition Hammer und Morgoth zu geben. Peres bemerkt, dies sei der Moment gewesen, in dem er erkannte, dass sich die Band eine Anhängerschaft in Übersee aufbaute. Die Clubs waren zum Bersten voll, die ungestümen Mosher und Stagediver standen für eine Zeit, als im Metal eine „alles geht"-Haltung vorherrschte. Oft rempelten Leute aus der Menge die Musiker beim Spielen an; genaugenommen geschah das selten nicht. Durch ihren voluminösen, verheerend harten Sound – verbunden mit John Tardys tollwütigem Gebaren auf der Bühne, wobei er sich entweder am Mikrofonständer festhielt oder die Matte kreisen ließ – verdienten sich Obituary den Ruf, einer der intensivsten Live-Acts im Death Metal zu sein.

Cause of Death erschien am 19. September 1990, als die Band die Hälfte der Tour hinter sich hatte. Die Promo-Abteilung von Roadrunner organisierte wenige Wochen später zur Bewerbung der Platte eine Autogrammstunde bei Tower Records in London. Knapp 300 Fans zwängten sich in den Laden und warteten geduldig in einer Schlange, bis die neuen Death-Metal-Helden Exemplare des Albums signierten. Als weiterer Beleg dafür, dass es mit der Gruppe bergauf ging, bekam sie ihren

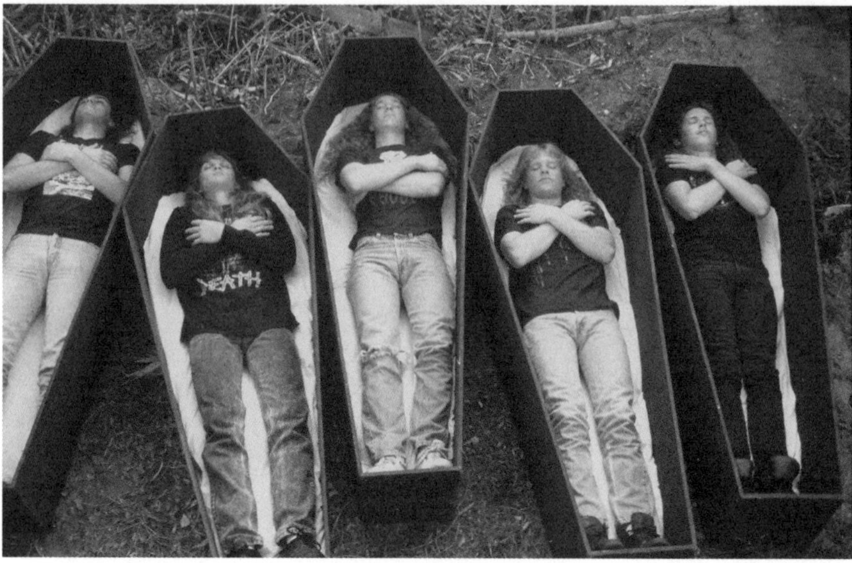

Promo-Foto für *Cause of Death* von Tim Hubbard.

eigenen Werbeaufsteller neben den bald mit Platin ausgezeichneten Alternative-Rockern Jane´s Addition aus Los Angeles und deren Album *Ritual de lo Habitual.*

Während die Europatour weiterging, kamen Spannungen zwischen Murphy und dem Rest der Band auf. Peres erinnert sich an ein Open Air vor 3.000 Zuschauern, wo der Leadgitarrist auf seine Bühnenseite kam und meinte, Trevor solle „härter rocken", was er als beleidigend empfand – in den frühen 1990ern sah man ihn selten *nicht* headbangen. „Wir benutzten damals ein Funksystem, bewegten uns aber auf der Bühne abgesehen vom Kopfschütteln nicht viel", führt Peres aus. „Er sagte etwas zu mir wegen der Art, wie ich ‚rocken' würde. Darauf entgegnete ich: ‚Fick dich, was meinst du damit? Du kannst mir alles Mögliche an den Kopf werfen, aber nenn mich nicht „Rocker".'"

Im Gegensatz zu Death, die fraglos Chuck Schuldiners Band waren, hatten Obituary keinen ausgewiesenen Anführer. Stattdessen trafen Peres und die Tardys die meisten Entscheidungen, wobei sich der immer noch neue Watkins gelegentlich einbrachte. Murphy sagt, seine Schwierigkeiten bei Obituary hätten sich aus seiner Zeit bei Death ergeben. Sobald er ein Problem sah, sprach er es vor Schuldiner an, der zum Aufbrausen neigte, etwa bei einem besonders eindrücklichen Vorfall im Zusammenhang mit ihrem Soundmann. Schuldiner sei böse geworden, weil Murphy, wie dieser selbst behauptet, zu verstehen gegeben habe, der Live-Mischer, den der Bandkopf für ihre Europatour mit Devastation ausgesucht hatte, würde sich „nicht am Mischpult zurechtfinden." Chuck teilte diese Meinung nicht, und während der Tournee herrschte zwischen den beiden dicke Luft.

Murphys Verhältnis zu den Mitgliedern von Obituary lässt sich auf die Tatsache herunterbrechen, dass er von seinem Wesen her nie richtig zu ihnen passte. Zwischen den Tardys und Peres besteht eine schier unbeschreibliche Verbindung. Watkins

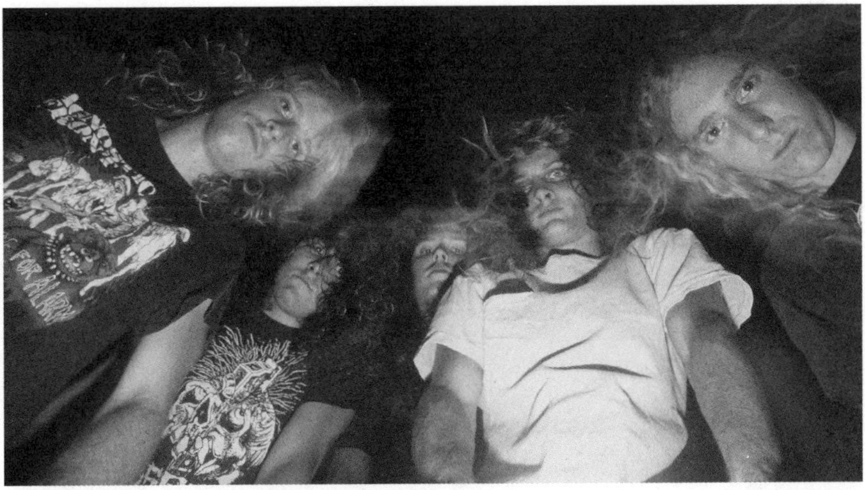

Von l. nach r.: Donald Tardy, Frank Watkins, James Murphy, Trevor Peres und John Tardy. Foto von Tim Hubbard.

arbeitete sich schnell auf jenen Tourneen ein und mehrte sein Ansehen innerhalb der Gruppe, weil er einen lässigen Charakter und Sinn für Humor hatte. Murphy wurde hingegen mürrisch und kaltschnäuzig, weil er seinen Standpunkt zu Obituarys Geschäftsgebaren für sich behielt. Er war außerstande, einen Mittelweg zwischen Ungestüm und Zurückhaltung zu finden. Dies fiel dem Rest der Band im Laufe der Europatour auf.

„Trevor, John und ich waren einfach gestrickt", sagt Donald. „Lockere Typen, Sportfans, Brüder. Wir nehmen die Dinge einfach so, wie sie kommen. Wenn wir zusammen sind, haben wir immer Spaß. Zu Beginn unserer Karriere lautete die Devise: Wenn du kein Geld hast, hat die Band kein Geld. Wir haben alles getan, was wir tun konnten, um ein paar T-Shirts zu verticken, damit wir den Bus betanken und zur nächsten Show fahren konnten. Dazu gehörte auch, dass wir, wenn wir bei McDonald's haltmachten, alle etwas von der Karte bestellten und aus der Merch-Kasse bezahlten. Niemand fragt, wer was geordert hat. Falls ich als schmächtiger Kerl nur einen Cheeseburger und was Kleines dazu wollte, war das okay; falls Frank zwei Big Macs und eine große Cola wollte, tat er das eben. Murphy war aber sehr speziell."

Donald führt weiter aus, einige von James' Marotten – nicht zur gleichen Zeit wie seine Bandkollegen essen oder Geld für ein Gitarrenmagazin statt Lebensmittel ausgeben zu wollen – seien ihnen unangenehm geworden. Sein Benehmen auf Tour und seine längeren Schweigephasen, in denen er die gleichen Dinge zu vermeiden suchte, die seinen Rauswurf bei Death verursacht hatten, führten bald dazu, dass seine Mitgliedschaft auf der Kippe stand.

Als nächstes taten sich Obituary mit Sepultura als Hauptact und den Einheizern Sadus für die S.O.S.-Tour zusammen, die im Herbst stattfand. Die sechswöchige Reise begann am 15. November in West Palm Beach/Florida und sollte sowohl Sepultura als auch Obituary auf dem amerikanischen Markt etablieren. Die rasanten,

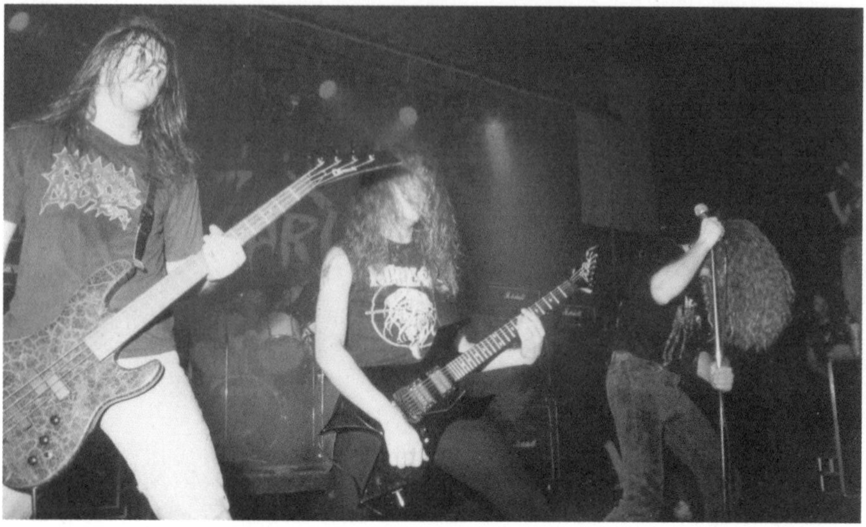

Obituary in Europa. Foto aus James Murphys Archiv.

wilden und nachgerade exotischen Brasilianer passten hervorragend zu den kompromisslos brutalen Obituary, und Sadus bestechende Virtuosität diente als perfekte Eröffnung für diese Konzerte.

Die Tour verlief nicht ohne Zwischenfälle: Vor der Show am 7. Dezember im Eagles Ballroom in Milwaukee bekam Bühnentechniker Bryan „Big Daddy" Geisler von der örtlichen Feuerwehr untersagt, zwei Feuerschalen an Donalds Bassdrums zu zünden, also stifteten die Bandmitglieder ihn einzeln an, mehr Zündpulver zu verwenden und die Pyros heimlich auf der Bühne zu platzieren. Big Daddy willigte ein und stellte sie an die vorderen Ecken des Schlagzeug-Podests.

Die übervollen Schalen entflammten wie geplant, während die Band ´Slowly We Rot´ spielte. Die schiere Wucht der Explosion zerriss und löste das vordere Fell von Donalds Hauptbassdrum; das Fell der anderen blähte sich für den Bruchteil einer Sekunde „wie eine Tüte Mikrowellenpopcorn" auf. Das rechte Fell hatte sich so weit gelockert, dass er die Show nur mit links zu Ende spielen musste. Die Bassdrum stand zwar in Flammen, doch Geisler löschte den Brand, um weiteres Unglück zu vermeiden.

Broken-Hope-Gitarrist Jeremy Wagner filmte die Explosion. Seine Band stand als lokaler Opener mit auf dem Programm, und vor Beginn von Obituarys Auftritt stellte er seine Videokamera mit Stativ auf die Galerie des Clubs. 2007 teilte Wagner seine Erinnerungen an den Vorfall mit Borivoj Krgin auf *Blabbermouth*:

„Während der Show bei ihrem Klassiker ´Til Death´ zündeten Obituary unerlaubterweise einen Pyro auf der Bühne. Das klappte nicht richtig, also ging das Ding hoch wie eine Atombombe. Ich weiß noch, dass es ohrenbetäubend laut knallte, gefolgt von einer gewaltigen Hitzewelle und Holzsplittern, die vom Drum-Podest auf mich prasselten. Ein Teil des Podests flog übers Publikum und landete auf der Lichtkonsole. Donald Tardys Bassdrum ging in Flammen auf, und ich glaube, Frank Watkins zog sich Splitter im Rücken zu. Es war irre. Dass die Band einfach weiterspielte und niemand ums Leben kam, ist ein Wunder! Wenn man das Video in Zeitlupe laufenlässt, sieht man das Bild bei der Explosion komplett weiß werden… So heftig war das."

Murphy und Watkins beschrieben ihre Wahrnehmung 2007 in der *Decibel*-Rubrik „Hall of Fame":

Murphy: „Eines Abends – es war in der Eagles Hall [in Milwaukee] – durften wir keine Pyros zünden, glaube ich, also sagte Big Daddy: ‚Scheiß drauf, ich mach´s trotzdem.' Die Decke dort war sehr hoch. Wir hatten zehn Meter Platz nach oben und jeweils fünf bis sechs nach links und rechts. Die Bühne war riesig."

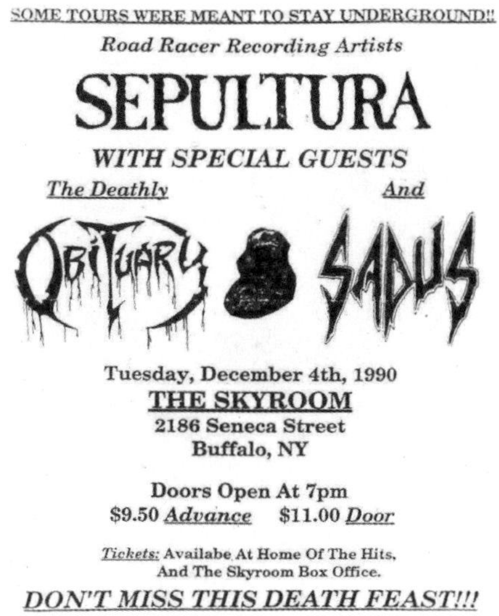

Flyer für ein Konzert der S.O.S. Tour von Sepultura, Obituary und Sadus in Buffalo.

Watkins: „Womit wir eigentlich nicht rechneten war, dass einige Leute, die wir zum Aufbauen mitgenommen hatten – ein paar Kumpels von Big Daddy – Säufer und Deppen waren. Sie ließen Klebeband auf der Öffnung der Rohre, aus denen die Flammen schossen. Als Big Daddy also alles zündete, implodierten die Ladungen, statt oben herauszukommen, die Bühne wurde komplett gesprengt, und Zeug flog durch die Gegend."

Murphy: „Ich glaube, es hat Donald von seinem Hocker gerissen. Holz wurde in die Menge geschleudert, spitze Splitter überall. Ich sah, wie ein Stück über die Köpfe der Leute flog und hinterm Mischpult aufschlug. Als ich nach vorne gedrückt wurde, dachte ich zunächst, ich sei gestoßen worden, doch es tat sehr weh. Ich drehte mich um und sah ein Stück Holz direkt hinter mir liegen. Jemand sagte: ‚Alter, das ist dir gerade flach gegen den Rücken geklatscht. Ich dachte, du würdest umfallen.' Ich hatte üble Schmerzen und war taub, doch wir spielten tatsächlich bis zum Ende des Sets weiter. Wäre dieses Stück Holz gedreht gewesen, hätte mich das spitze Ende sicherlich töten können."

„Gleich nach der Explosion kam Trevor verwundert darüber, was zur Hölle passiert war, auf mich zu", erzählt Donald lachend. „Sein Gesicht war mit Flecken übersät. Wie sich herausstelle, handelte es sich um Pulver aus den Pyros, das sich nicht entzündet hatte. Es klebte allen Bandmitgliedern im Gesicht und am Körper."

„Heute kann man darüber lachen, aber als es geschah, war es nicht lustig", fügt John hinzu. „Zum Glück wurde niemand verletzt, aber Big Daddy war nicht ausgebildet, um mit so viel Zündpulver zu hantieren. Mein Bruder musste das Konzert mit dem linken Fuß zu Ende spielen, und James Murphy rief: ‚Oh mein Gott! Ich höre nichts

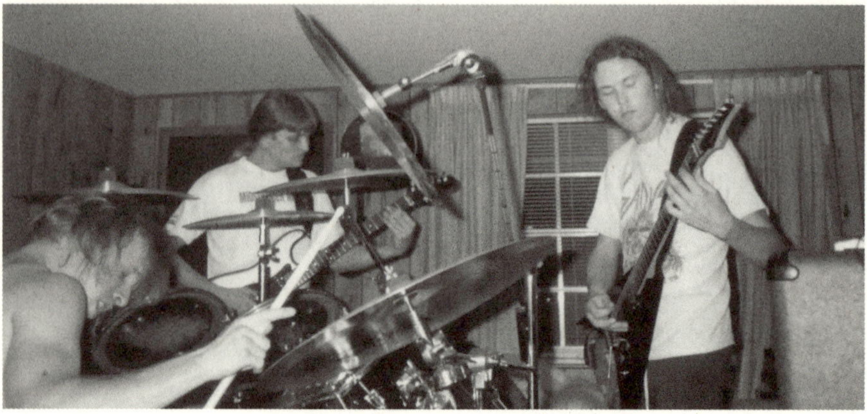

Obituary beim Proben in Tampa.
Foto aus James Murphys Archiv.

mehr!' Ich habe das Video gesehen, und der Blitz ist verrückt – das Licht war so grell. Wir hatten ziemliches Schwein an dem Abend."

Als Obituary im Januar 1991 von der S.O.S.-Tour zurückkehrten, probten sie für bevorstehende Shows in Mexico und dem Vereinigten Königreich. Murphy sagt, er wurde stets im Voraus darüber informiert, wann sie probten. Diesmal erhielt er jedoch keine Nachricht und rief seine Kollegen an, erreichte sie aber nicht. Aus Furcht vor den Konsequenzen einer verpassten Probe fuhr er trotzdem zum Haus der Tardys. Ihm fiel nichts Ungewöhnliches auf, bloß dass Watkins mit besorgter Mine draußen in der Einfahrt hin und her ging. Murphy stellte seinen Gitarrenkoffer ab und ging an Watkins vorbei ins Haus, wo Donald und Peres gerade mit Allen West jammten.

Roadrunners Radio-Promoter Mark Abramson und Suffocation-Bassist Josh Barohn machten zu jener Zeit Urlaub in Florida, was sie für eine ideale Gelegenheit hielten, um mit Obituary abzuhängen. Stattdessen wurden sie Zeuge von Murphys Trennung von der Band. „Das war ein alles andere als angenehmes Erlebnis", erheitert sich Abramson heute. „Ich wüsste nicht, dass sie je gesagt hätten: ‚Hey, Al ist wieder dabei.' Ich erinnere mich, dass es eher so war: ‚Ach, das ist ein Treffen unter Freunden, und sie jammen bloß.' Sie fragten mich: ‚Habt ihr Bock, zum Proberaum zu kommen? Wir jammen.' Ich antwortete: ‚Mensch, klar doch. Darum sind wir hier in Florida! Wir wollen zu euch kommen.' So war das. Dann ging das mit James wie aus heiterem Himmel zu Ende."

„Ich dachte: ‚Oh, jetzt ist es also endlich geschehen'", rekapituliert Murphy. „‚Allen will wieder einsteigen, oder sie haben ihn dazu überredet. Jedenfalls haben sie mir so oder so angekündigt, dass das passieren könnte.' Ich glaube, ich sagte etwas in der Art von: ‚Gut, ich hole nur mal eben meinen Amp ab.'"

Nachdem er seinen Verstärker aus Obituarys Proberaum genommen hatte, umarmte Murphy Watkins. Dann verabschiedete sich der Leadgitarrist vom Rest der Band. Letzten Endes trennten sie sich im Guten voneinander.

1993 stellte Murphy seine eigene Band Disincarnate mit dem von Scott Burns produzierten Album *Dreams of the Carrion Kind* vor. Er spielte im darauffolgenden Jahr auf Testaments *Low* und trat seitdem vielmals als Gastmusiker oder Produzent in Erscheinung. Bekannt ist er aber vor allem wegen *Spiritual Healing* und *Cause of Death*, wobei letzteres vielleicht seine beste Leistung überhaupt enthält.
Nun da ihr ursprünglicher Leadgitarrist zurückgekehrt war und *Cause of Death* Auftrieb erhielt, sah die Zukunft für Obituary glänzend aus. „Mit *Slowly We Rot* und *Cause of Death* stellten wir die Weichen und bestimmten unser Ziel", sagt Donald. „Die Vorstellung, einen Plattenvertrag zu bekommen und touren zu können, dann zu begreifen: ‚Wow, davon lässt es sich leben.' Nun konnten wir wirklich über Songwriting und Ideen für Albumcover nachdenken, mit einem Illustrator übers Artwork und Logo sprechen. Es war die Erkenntnis: ‚Wir können heimkommen und schaffen, was wir wollen. Mit dem dritten Album werden wir eine richtige Band.' Wir gingen immer noch arbeiten, um unsere Miete zu zahlen, doch es fühlte sich wie ein Broterwerb an. Jetzt kam es uns echt vor. Das war ein verdammt geiles Gefühl."

KAPITEL 7

THE END COMPLETE

Obituary gelangten mit *Cause of Death* in die vorderen Ränge der Death-Metal-Szene und setzten in der Zeit vor dem Verkaufsdatenerfassungssystem SoundScan mehr als 90.000 Exemplare ab. Die Band verkaufte mehr Alben, spielte häufiger live, schrieb mehr Autogramme und schüttelte mehr dankbaren neugewonnenen Fans die Hände, als sie und ihr Label Roadrunner beim Abschluss ihres Vertrags 1989 hatten ahnen können. Der Pfeil zeigte nach oben. Ins Wanken brachte John Tardy oder die anderen Mitglieder aber nichts davon, die alle unentwegt in ihren Berufen weiterarbeiteten, als 1992 anbrach. Sie betrachteten die Band als Hobby und waren davon überzeugt, ihren Lebensunterhalt aus dem einfachen Grund, weil sie Death Metal spielten, nie mit der Veröffentlichung von Alben und allabendlichen Auftritten in Clubs voller Headbanger verdienen zu können.

Das letzte Konzert für *Cause of Death* fand am 22. Dezember 1991 statt. Nach einer kurzen Winterpause begann John, bei Product Safety Engineering (PSE) zu arbeiten, einer Prüfstelle der Federal Communications Commission, die ihrem Namen gemäß die Sicherheit und Funktionsfähigkeit von Haushaltsgegenständen (Alarmanlagen, Rauchmelder) und -geräten (Kühlschränke, Mikrowellen) sowie Computersoftware prüfte. John bekam den Job über einen Freund im Unternehmen, der ihm zu einer Position in der Poststelle verhalf. Er hatte keine nennenswerten technischen Vorkenntnisse, interessierte sich aber von jeher dafür, wie Dinge aufgebaut waren. Noch als älterer Teenager beschäftigte er sich in seinem Elternhaus mit verschiedenen Heimwerkerprojekten, wobei er an der Auffassung festhielt, selbst etwas zu tun sei besser, als es jemand anderem zu überlassen. Im Zuge des technischen Fortschritts fand sich John in eine Tätigkeit ein, die ihm ein geregeltes Einkommen neben Obituary garantierte.

Auf seinem täglichen Arbeitsweg fuhr John von der Eigentumswohnung, die er mit seinem Bruder Donald im Geschäftsviertel von Brandon teilte, ins benachbarte Dade City. Die etwa 45-minütige Strecke führte durch überwiegend ländliche Gebiete, wo es auch eine leere Weide gab, in deren Mitte ein großer, toter Baum stand. Diesen betrachtete John jeden Tag, wobei er darauf achten musste, nicht auf die Gegenspur

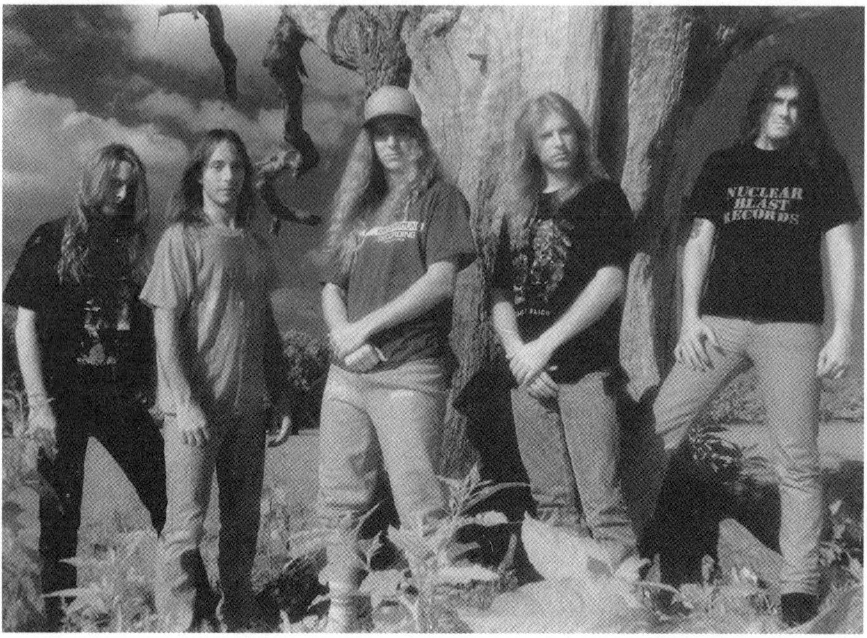

Promo-Foto für *The End Complete* von Rene Miville.

zu driften, aber wiederholt und lange hinschaute, während er bei sich sagte: „Der Baum da drüben sieht so krass aus."

Da John seit einer Weile neben seiner handwerklichen Arbeit auch fotografierte, wollte er auf keinen Fall Bandfotos mit Schockeffekt machen, also solche mit Galgenstricken oder selbstgebauten Särgen. Obituary waren eine nahbare Death-Metal-Band und hatten es nicht nötig, auf billige Mätzchen zurückzugreifen, um Fans zu gewinnen, selbst wenn der Senior VP of A&R von Roadrunner, Monte Conner, ebenjene Strick- und Sargfotos für die Presse ausschlachtete, so gut es ging. Jedoch sollte ausgerechnet ein toter Baum zu einem bestimmenden Motiv für eines der meistverkauften Death-Metal-Alben aller Zeiten werden: *The End Complete*.

Der in Florida ansässige Rene Miville wurde für die LP engagiert, womit Obituary zum ersten Mal einen anderen Fotografen als Tim Hubbard für eine Albumveröffentlichung einsetzten. John fuhr Miville und seine Kollegen zu dem Ort, an dem der tote Baum stand. Band und Fotograf starrten auf die knorrigen Äste – wenige Jahre zuvor war ein Blitz in ihn eingeschlagen. Die Band posierte an einem bedeckten Nachmittag in ihren gewöhnlichen Kleidern – T-Shirts, Jeans und umgedrehte Baseballmützen –, während Rene knipste. Obituary waren jetzt keine jugendlich frischen Teenager mehr, auf die die Welt wartete, sondern ein erfahrener Act im Bestreben, das Album zu übertreffen, das sie bekanntgemacht hatte.

Die Fotos kündigten die Rückkehr eines bekannten Gesichts an: Leadgitarrist Allen West war nach fast zweijähriger Abwesenheit wieder mit von der Partie. Er hatte die Band zwar verlassen, um sich seiner Familie zu widmen, aber schnell erkannt, dass das Leben mit Obituary aufregender war als ohne sie. West war während seiner Abwesenheit nicht ganz untätig gewesen - ungefähr ein halbes Jahr nach seinem und *Slowly We Rot*-Bassist Daniel Tuckers Ausstieg hatten die beiden versucht, eine eigene Band im Stil von Obituary auf die Beine zu stellen. Laut Tucker war das Projekt Wests Idee; er schlug zunächst vor, gemeinsam ein paar *Slowly We Rot*-Songs durchzuspielen, um sich einzugewöhnen. Als sie aber loslegten, wurde ihnen klar, wie dringend sie mehrere Zutaten brauchten, um den Sound von Obituary zu reproduzieren, nämlich die Tardys und Trevor Peres. Das Tucker/West-Projekt zerschlug sich nach nur wenigen Proben.

Wests Wiedereinstieg war für die Mitglieder von Obituary eher keine glorreiche Heimkehr. Vielmehr machte sich ein behagliches, vertrautes Gefühl breit. Sie hatten Wests Gegenwart vermisst und schienen sich nicht an manchen Macken zu stören, die Bands mit strengeren Richtlinien sicherlich abgestoßen hätten. Solange West keinen Führerschein besaß, übernahm John die Aufgabe, ihn vom Haus seiner Tante abzuholen. Der Gitarrist neigte allerdings zu chronischer Verspätung und Tändelei. Manchmal nötigte er John – einen eingefleischten Fan der Miami Dolphins –, sich alte Football-Höhepunkte der Tampa Bay Buccaneers anzusehen, bevor sie zum Proben aufbrachen. Wenn es dann endlich soweit war, schnappte sich Allen seine Gitarre (er hatte keinen Koffer) mit einer Handvoll Kabel und warf sie achtlos auf Johns Rückbank. Der Sänger erinnert sich an zahlreiche Gelegenheiten, zu denen er bei West auftauchte und feststellen musste, dass der Gitarrist noch ein Hühnchen im Ofen garte, das noch 30 Minuten brauchte, oder einen neuen Verstärker gekauft hatte und jede Feinheit mit seinem Bandkollegen durchgehen wollte.

„Big Al hat dich nie überrascht", frotzelt John. „Wir schüttelten seinetwegen ständig den Kopf. Er war immer für die verrücktesten Sachen zu haben. Unterhaltsam auf jeden Fall; aber Big Al ähnelte uns stark, deshalb kamen wir auch so gut miteinander aus. Er hatte die gleichen Interessen wie wir – Football schauen, Frisbee werfen, jammen und Musik schreiben. Ich mochte ihn immer. Damals war es die meiste Zeit über recht schön mit ihm."

Die Wahrheit ist: West blieb ein enger Freund, ein geschätzter, produktiver Songwriter und als Gitarrist das perfekte Pendant zu Peres. Seine Rückkehr festigte Obituarys Sound über Jahre hinweg und läutete die für viele klassische Besetzung aus den Tardy-Brüdern, Peres, West und Bassist Frank Watkins ein.

„Manchmal braucht es eine Trennung wie diese, um die ganze Einheit wieder zusammenzubringen", sagt Donald. „Als Al zurückkam, wurde das nicht angesprochen. Es gab nicht viel zu hören wie: ‚Oh Gott, Al, ich bin so erleichtert, dass du hier bist; lass dich umarmen!' So war es nicht – eher das Bewusstsein vereinter Brüder, dass die Einheit wiederhergestellt und wir alle von Anfang an gute Freunde waren.

„Wir waren uns alle sehr ähnlich, was die Sportarten anging, die wir gerne schauten, unsere Gesprächsthemen und Tätigkeiten abseits der Band", fährt er fort. „Al zurück zu haben holte uns jedenfalls auf den Boden der Tatsachen zurück, und wir konnten wieder unbeschwert schreiben – ich zumindest, weil ich wusste, dass mehr gute Songs in Trevor und mir steckten. Dann allein die Gewissheit, dass Big Al, der Riff-

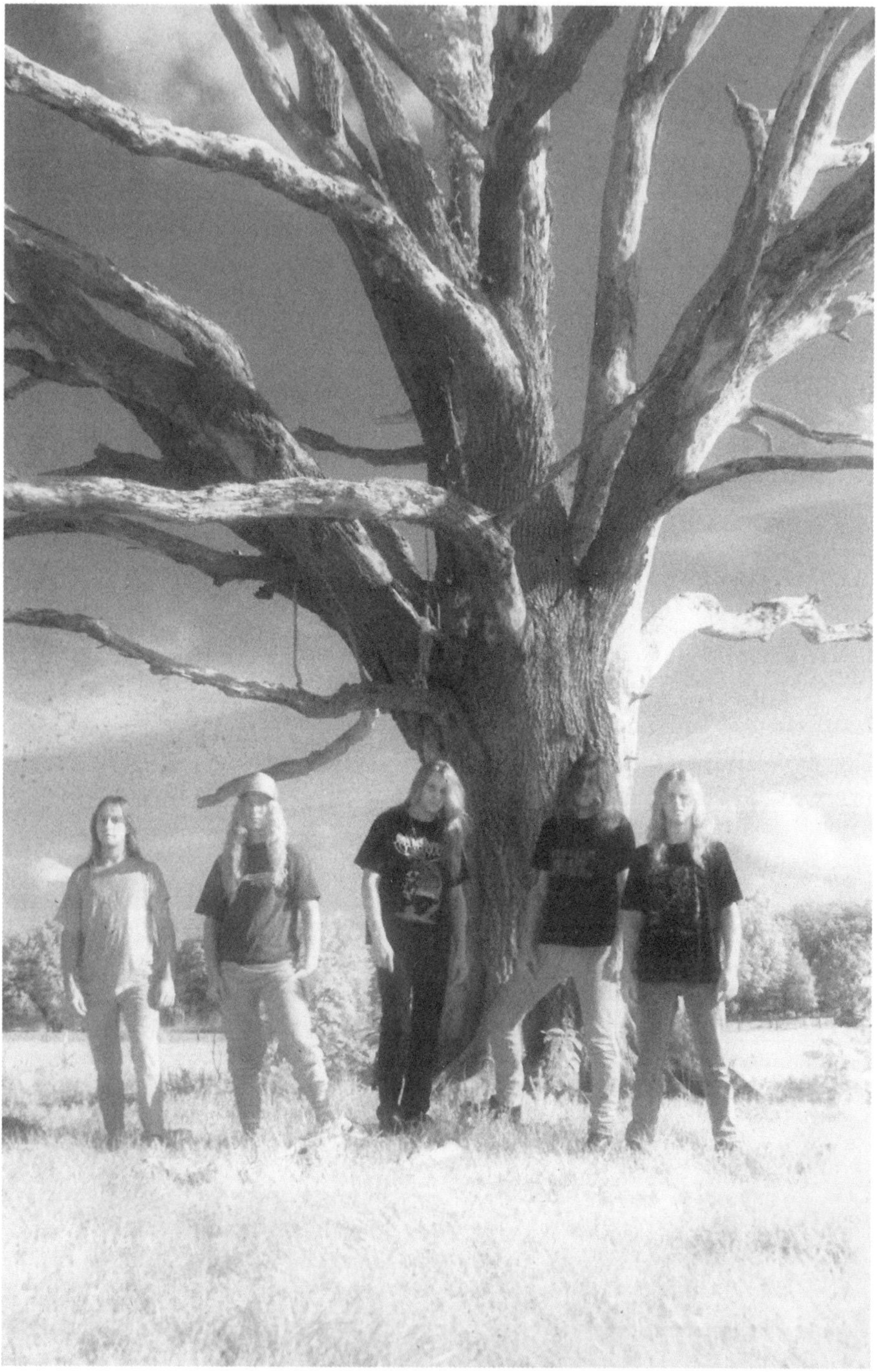

Unter dem berühmten Baum in Dade City. Foto von Rene Miville.

König, da war… ihn bei uns zu wissen, als wir eine starke Platte machen wollten, beruhigte ungemein.“

„Während Big Al nicht zur Band gehörte, besuchte ich ihn weiterhin und hing mit ihm herum“, fügt Peres hinzu. „Wir haben Gras geraucht, Bier getrunken, gegrillt und Spiele der Buccaneers geschaut. Als er wieder einstieg, fingen wir sofort an, Musik zu komponieren, wie wir es früher getan hatten. Es ging ganz natürlich. Es war, als wären wir nie auf Schwierigkeiten gestoßen.“

Am 27. September 1990 schloss sich die Rotting Slow in America Tour (mit dem Hauptact Sacred Reich, dem Support Obituary und dem Opener Forced Entry) der Co-Headliner-Tour von Death Angel und Forbidden in San Antonio/Texas an. Im Backstagebereich ging es hoch her, als zwei der neuen Bay-Area-Hoffnungsträger Death Angel und Forbidden zum ersten Mal auf ihre extremeren Gegenstücke Obituary aus Florida trafen. Peres hielt sich in einem *Seven Churches*-Shirt von Possessed in der Umkleide der Band auf, als ihn eine Frau Anfang 60 ansprach. „Nettes Shirt“, sagte sie. „Ich hab die Band mal gemanagt.“

Daraufhin erinnerte sich Trevor an dieses eine Gesicht aus der Collage im Einleger der *Seven Churches*-LP – es war die legendäre Managerin Debbie Abono. Die beiden begannen ein Gespräch übers Business. Abono, der wohl bewusst war, dass Obituary zunehmend heiß gehandelt wurden, fragte Peres über die Pläne der Gruppe aus. Er erzählte ihr, dass weitere Tourneen und Aufnahmen anstanden, doch man müsse sich um ihren Vertrag mit Roadrunner kümmern. Neugierig gab Debbie ihm ihre Visitenkarte.

Sie nahm Ende 1991 Kontakt zu ihm auf, als Obituary *The End Complete* komponierten. Bis dahin hatten Obituary nicht mit einem Manager geliebäugelt – sie zogen es vor, alle geschäftlichen Angelegenheiten selbst zu regeln, und holten sich nur Hilfe von außen, wenn dies absolut notwendig wurde. Die Tardy-Brüder übernahmen in erster Linie die Buchhaltung und lernten die Einzelheiten von Obituarys Finanzverwaltung nebenbei, indem sie sorgfältig jeden Merch-Dollar in Backstagebereichen oder Tourbussen zählten. Da jedoch die Anforderungen an sie zunahmen und mehr Konzertangebote eintrudelten, erklärten sie sich bereit, Abono als Managerin anzunehmen. Sie gingen nie einen Vertrag miteinander ein, was der Band weitere Abzüge von ihren ohnehin mickrigen Einkünften ersparte.

Um 1991 herum gehörte Abono zu den einflussreichsten Managementleuten im Metal-Underground. Dennoch wich sie in diesem Bereich von der Norm ab: Zu Beginn ihrer Tätigkeit für Possessed Mitte der 1980er war sie eine Großmutter, die sich anschickte, einen Haufen ungeregelter Teenager an die Front der aufblühenden Extrem-Szene zu lotsen. Possessed sollten die Klasse von *Seven Churches* nie mehr vollends erreichen und wurden 1989 von internem Gerangel und Aufruhr geplagt. Debbie managte weitere Bay-Area-Bands wie Exodus, Forbidden oder Vio-lence,

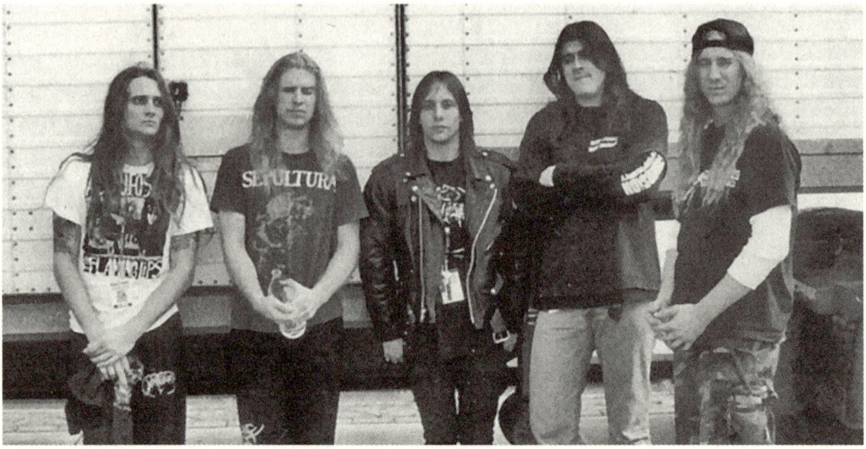

Obituary in Europa.

bevor sie ihre Aufmerksamkeit mit Obituary und den Nachwuchs-Prog-Death-Metallern Cynic auf Florida richtete.

Erstere erkannten nach dem Abschluss ihres Vertrags mit Roadrunner 1989 rasch, dass er ihnen nicht zum Vorteil gereichte. Obwohl Roadrunner-Eigentümer Cees Wessels, der nordamerikanische Leiter Doug Keogh und Monte Conner rieten, den Vertrag von einem Anwalt für Medienrecht prüfen zu lassen, wurden Obituary bei der Unterzeichnung schlecht beraten. Die Anwältin, die den Kontrakt gegenlas – Scott Burns hatte sie empfohlen – behauptete, er sei es wert, unterschrieben zu werden, und nicht wert, verhandelt zu werden. Er band Obituary für sieben Alben an die Plattenfirma, denen die Rechte daran auf Dauer zufallen sollten.

Da jedoch eine entscheidende dritte LP komponiert werden musste, führten Obituary ernsthafte Gespräche, um ihr Vertragsverhältnis mit Roadrunner nachzuverhandeln. Da die Death-Metal-Szene in voller Blüte stand, hatten Obituary das Zeug, weiter auf *Cause of Death* aufzubauen. Auch Roadrunner waren darauf gefasst, dass die Band – und sie selbst – einen großen Schritt nach vorne machten.

Roadrunner und Earache waren zu dieser Zeit die unangefochtenen Spitzenlabels im Death Metal. Conner reicherte das Programm weiter mit neuen Talenten an, darunter Gorguts, Immolation, Malevolent Creation, Pestilence und Suffocation; Earache vertraten Napalm Death, Morbid Angel, Carcass, Entombed und Bolt Thrower. Roadrunners Erfolg im Jahr 1992 hing weitgehend davon ab, wie gut sich *The End Complete* verkaufte. Das Label hatte noch kein Platinalbum vorzuweisen und war noch im Begriff, Bands wie Deicide oder Sepultura und Newcomer wie die Brooklyn-Goth-Metaller Type O Negative oder die L.A.-Industrial-Death-Metaller Fear Factory zu fördern. 1992 bedeuteten Obituary der Firma so viel, dass Wessels Conner, wie dieser angibt, regelmäßig über den Stand der Dinge bezüglich *The End Complete* befragte.

„Cees saß mir deswegen im Genick“, erzählt er. „Jeden Tag: Wann wird die Platte fertig? Wann bringen wir sie heraus?‘ Dann wurde es zu einem dicken Geschäft und

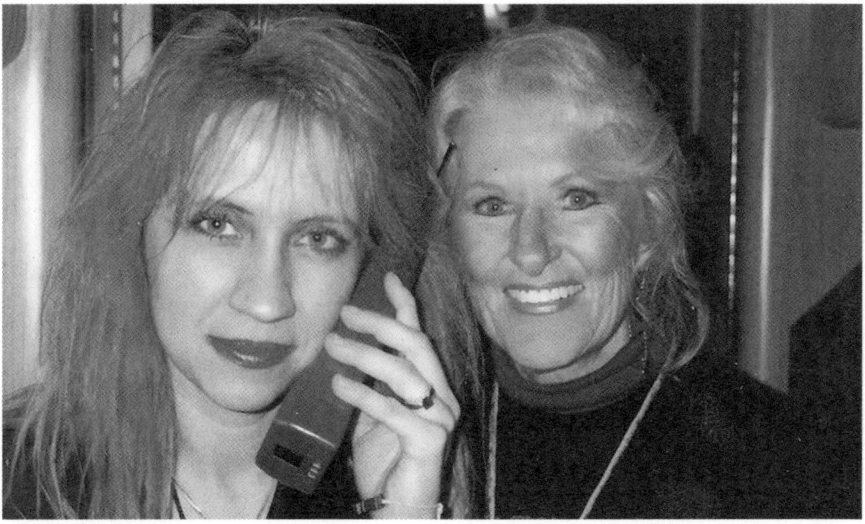

Debbie Abono (r.) mit der damaligen Sepultura-Managerin Gloria Cavalera. Foto aus Gloria Cavaleras Archiv.

wichtig fürs Label, sodass Druck aufkam. Der nahm jedes Mal zu, wenn Obituary größer wurden. Als *The End Complete* erschien, gehörten sie zu unseren größten Bands. Man hatte alle möglichen Erwartungen – eine bessere Platte, höhere Verkaufszahlen, ein schickeres Artwork und so weiter."

Wessels und Conner waren besonders gespannt darauf, ob Obituary – durch ausgiebige Promotion und unermüdliches Touren – mehr als 100.000 Einheiten absetzen konnten. Death Metal hatte sich 1992 so weit entwickelt, dass Thrash – bis dahin das vorherrschende Subgenre – vergleichsweise zaghaft und abgeschmackt klang, zumal Gruppen wie Megadeth oder Metallica ihr Glück in eingängigeren, kommerzielleren Gefilden suchten. Die Plattenfirma hatte nun mehr Mittel zur Hand, etwa eine vollständige Promo- und Radio-Abteilung, um Obituary über die noch wachsende Death-Metal-Szene hinaus zu pushen.

„Sie kosteten uns offensichtlich nicht viel, als wir sie signten, doch das erste Album *Slowly We Rot* lief so gut", erörtert Monte. „Debüts sind oft die besten Platten von Bands, wie die alte Floskel besagt: ‚Man hat ewig Zeit, um sein erstes Album zu schreiben.' Sehr häufig kommt es danach zu einem Einbruch, wobei das zweite Album vieler Gruppen abfällt und einfach nicht so gut wie das erste ist."

„An der zweiten Platte einer Band erkennt man wirklich, was in ihr steckt", so Conner weiter. „Falls sie floppt, besteht natürlich die Chance, die Scharte mit dem dritten Album auszuwetzen. Bringt jemand aber ein tolles zweites heraus, das dem ersten überlegen ist, deutet das normalerweise auf eine lange Karriere hin. Bei Obituary war es bekanntlich so, dass sie sich noch weiter steigerten. Es gab keine Erwartungen bei *Slowly We Rot* – wir waren froh, 15.000 Exemplare zu verkaufen, doch plötzlich, wenn eine Scheibe so gut ankommt und sie den Nachfolger von *Cause of Death* machen, sind alle Augen auf sie gerichtet."

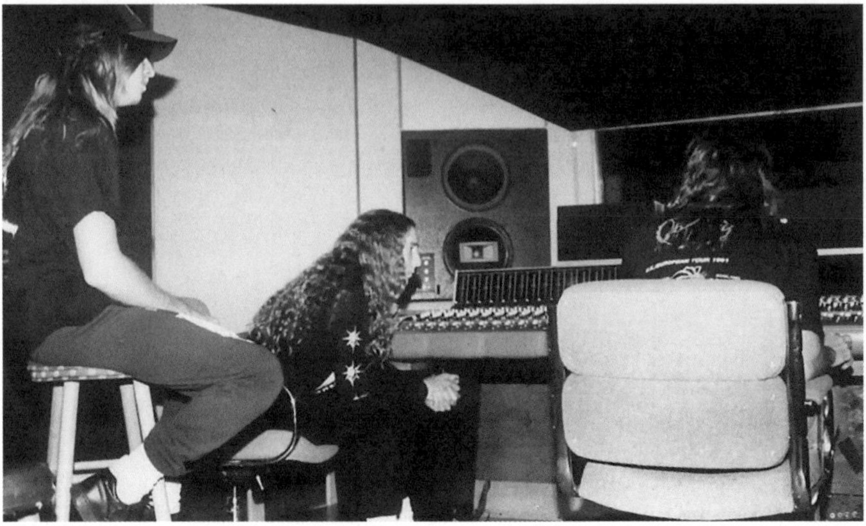

Donald und John beim Mixen von *The End Complete* mit Scott Burns.
Foto von Jerome Lefevre.

„Ich glaube nicht, dass wir uns selbst unter Druck setzten", sagt Donald Tardy, „dass wir das überhaupt jemals getan haben. Wir sind nicht so drauf, dass wir sagen: ‚Oh je, alle Augen sind auf uns gerichtet, was sollen wir als nächstes tun? Welche Songs sollten wir schreiben? Welchen Stil, und wie können wir uns verbessern?' Trevor und ich gehören einfach zu der Sorte, die einfach Riesenspaß am Jammen und Songschreiben hat. Darauf haben wir uns immer gefreut. Zur Zeit von *The End Complete* waren wir noch sehr jung. Wir wollten nur ins Studio gehen, ein bisschen kiffen und jammen."

„So waren wir immer", fährt er fort. „Selbst während der Entstehung von *The End Complete* hatten wir kein Problem damit, zu sagen: ‚Wisst ihr was? Falls wir heute etwas zustande bringen, ist das toll. Falls nicht, auch gut.' Wir haben uns nie zwei Stunden lang hingesetzt und versucht, etwas zu erreichen, wenn es augenscheinlich unmöglich war. Das lief nicht bewusst ab, sondern war eben so. Es half beim Abbauen von Druck, der bei der Arbeit an diesem Album von außen hätte entstehen können. Wir waren einfach scharf drauf, Musik zu schreiben. Dann sprudelte sie schlagartig aus uns heraus. Das Einzige, was uns fehlte, war mehr Zeit pro Tag, weil uns das Komponieren dieser Songs so viel Spaß machte."

Donald erinnert sich, dass die Band sich beim Schreiben der Platte fragte: „Wie werden wir heavier?" Zu einer Zeit, als sich andere Death-Metal-Bands bemühten, schneller und technischer zu werden, beriefen sich Obituary konsequenter denn je auf ihre Heaviness. *The End Complete* klingt weniger zermürbend und unvorhersehbar als *Cause of Death*, bewegt sich aber mit satten Midtempo-Abschnitten und vom Thrash inspirierten Tempoausbrüchen grundsätzlich im gleichen kompositorischen Rahmen. Bei der Aufteilung der Credits fallen Peres fünf Tracks zu ('I'm in Pain', 'In the End of Life', 'Sickness', 'Corrosive', 'The End Complete') und West vier

('Back to One', 'Dead Silence', 'Killing Time', 'Rotting Ways'). Wenngleich *The End Complete* keine so beliebten Songs wie 'Body Bag', 'Chopped in Half' oder 'Cause of Death' abwarf, sind Stücke wie 'I'm in Pain' (einer der letzten Executioner-Songs, den Obituary übernahmen), 'Back to One' und 'The End Complete' jahrzehntelang im Live-Set der Band geblieben. „'Back to One' zu singen hat mir Spaß gemacht", bemerkt John."Ich habe immer darauf gedrängt, die Nummer zu spielen, weil ich viele schnelle Gesangsparts darin hatte, bei denen ich im Takt bleiben musste. Er war eine Herausforderung für mich, vor allem der Anfang. So schnell im Takt zu singen klingt furchtbar einfach, ist aber schwierig."

Der Titelsong des Albums wurde auch das erste Musikvideo der Band. 'The End Complete' wurde am selben Ort gedreht, wo auch die Promo-Fotos entstanden, und enthält auch Videoausschnitte von einem Auftritt in Ybor City. Da MTVs *Headbangers Ball* nun Clips von Napalm Death, Death, Entombed und Morbid Angel zeigte, wurde dies ein weiteres Werbemittel für Obituary. Während des Drehs lernte die Band ziemlich schnell, dass sie es nicht besonders mochte, vor der Kamera zu stehen. „Wir hätten wahrscheinlich kein Video gedreht, wenn es nicht der Wunsch der Plattenfirma gewesen wäre", gesteht Donald. „Viele Musiker – auch wir – stehen ungern vor der Kamera. Es ist einfach ätzend, denn man kommt sich dumm und seltsam vor, aber es war der richtige Zeitpunkt für einen Clip. Er beruhte größtenteils auf unseren Ideen. Mein Bruder sagte dem Regisseur: ‚Ich kenne ein weites Feld in Florida mit einem riesigen, uralten toten Baum.' Es ist tatsächlich ganz cool geworden."

Das geschickt gefilmte und geschnittene Video zu 'The End Complete' zeigt die Band in schnell wechselnden Szenen beim Headbangen, neben dem besagten Baum gezündete Pyros, sich herumschubsende Obituary-Fans, Donald beim Einreißen eines Drum-Fells und Backstage-Aufnahmen während des langen Outros. Dem Schlagzeuger zufolge entpuppte sich die Aufnahme des einprägsamen Parts mit den abgestoppten Beckenschlägen im Morrisound als knifflig.

„Wenn man sich anhört, was Trevor tat, als es darum ging, dieses Riff zu schreiben, und wie viele dieser seltsam abgehackten Beckenschläge gegen Ende des Songs kommen, erkennt man, dass wir nicht wie Death sind", erklärt Donald. „Wir sind keine technische Band, die auf so verrücktes Zeug steht. Wir dachten uns: ‚Was zum Teufel tun wir da?' Diese Passagen sind verrückt, aber wir fanden sie klasse. Das Ende des Stücks ist ein perfektes Beispiel für unseren Fortschritt gegenüber den ersten Alben, auf denen wir links eingebogen waren, wo wir hätten rechts fahren sollen. Auf dieser Platte lief es immer noch ein bisschen so – zum Schluss der Nummer gibt's eine Menge Beckenschläge. Als die Aufnahme fertig war, sagten wir: ‚Jesus, was haben wir da bloß gemacht? Viel Spaß dabei, das live umzusetzen!'"

The End Complete war das erste Obituary-Album, das nach einer ordentlichen Tour geschrieben wurde. Die Band hatte nach *Slowly We Rot* nur sporadisch live gespielt und darum beim Komponieren von *Cause of Death* nicht berücksichtigt, wie sich die Songs auf der Bühne ausmachen würden. Die Musiker lernten im Zuge der Tournee fürs zweite Album, dass ihre tiefen, unnachgiebig schwerfälligen Groove-Parts oft diejenigen waren, die am besten beim Publikum ankamen. Die Shows trugen dazu bei, dass Obituary ein nunmehr feststehendes Element in ihren Sound integrierten: Groove, der im Verbund mit ihrem Hang zu schnelleren Segmenten ein Songwriting-Rezept ergab, das ihnen behagte.

„Zuvor, als wir nur in der Garage gejammt hatten – ob Trevor und ich oder Big Al und ich –, war das schön und gut", so Donald. „Doch jeden Abend aufzutreten und 15 Songs darzubieten erweiterte wirklich unsere Fähigkeiten. Es zeigte unsere Stärken und die Dinge, in denen wir besser wurden – etwa jene Pausen, Wiedereinstiege und einfach die Facetten von Obituary, die Teil unseres Repertoires wurden. Groove nahm sogar noch an Bedeutung zu, und ich glaube, auf der Bühne… man beobachtet die Fans und reagiert auf diese Parts. Du erlebst, wie es auf Tour zugeht, und hörst andere Bands. Das bringt dir zweifellos bei, ob du es in dem Alter und in dem Moment begreifst oder nicht, wie man Lieder schreibt."

Die Aufnahmen zu *The End Complete* begannen im November 1991 im Morrisound. Einmal mehr saß Scott Burns hinterm Mischpult, außerdem ein neues Gesicht: Assistenzingenieur Mark Prator, der in den folgenden Jahren wichtig für Obituarys Karriere werden sollte. Während der Produktion erledigte er das, was er „Routinearbeiten" nannte; das heißt, er kochte Kaffee, wickelte Instrumentenkabel auf und machte Notizen für Burns. Prator schloss bald Freundschaft mit der Band und lachte jedes Mal, wenn Donald seine Sony Handycam mitbrachte, um hinter den Kulissen zu filmen. Darüber hinaus bewunderte er die Abgeklärtheit der Band im Studio. „Obituary sind eine der wenigen Bands, bei denen selbst die Aufnahmen extrem heavy rüberkommen, was wirklich schwer zu bewerkstelligen ist", sagt er. „Das zu erreichen, es zu übertragen fällt nicht leicht, besonders im Death Metal. Einige Temposachen und Bassdrumparts – da die brutale Härte rauszukitzeln will definitiv gelernt sein bei so hohem Tempo, den Fingerfertigkeiten und Handbewegungen der Gitarristen. Das war etwas, worauf sich Scott, Jim und Tom [Morris] schon früh konzentrierten und das sie bekannt gemacht hat."

Burns und Obituary arbeiteten mit einem höheren Budget, das von den überraschend guten Verkaufszahlen von *Cause of Death* herrührte. Für manche Ohren, vor allem in denen von Conner, klang *The End Complete* etwas matschig, worauf er hinwies, wenn er von seinem Büro in Manhattan aus im Morrisound anrief. Prator fiel in der Regel die Aufgabe zu, das Telefon auf Lautsprecher zu stellen und den Hörer über seinen Kopf zu heben, damit Conner die Abmischungen hören konnte (dies war natürlich vor der Zeit per E-Mail versandter Sounddateien). Burns und Conner besprachen ihre Vorstellungen vom Mix dann mit den Tardys, die bei jedem Produktionsschritt zugegen waren.

Als Burns das fertig gemischte Material an Conners Büro bei Roadrunner schickte, war der A&R-Mann verwirrt: In vielen Stücken sang John nicht durchgehend – eine Eigenheit, die auf *Cause of Death* begonnen hatte und sich nun auf *The End Complete* fortsetzte. John growlte nur, wenn er es für nötig hielt, und scheute sich nicht davor, im Sinne des Songs zu schweigen. Conner ahnte, welche Folgen die Veröffentlichung eines Obituary-Albums mit nur halb gesungenen Songs haben könnte, und

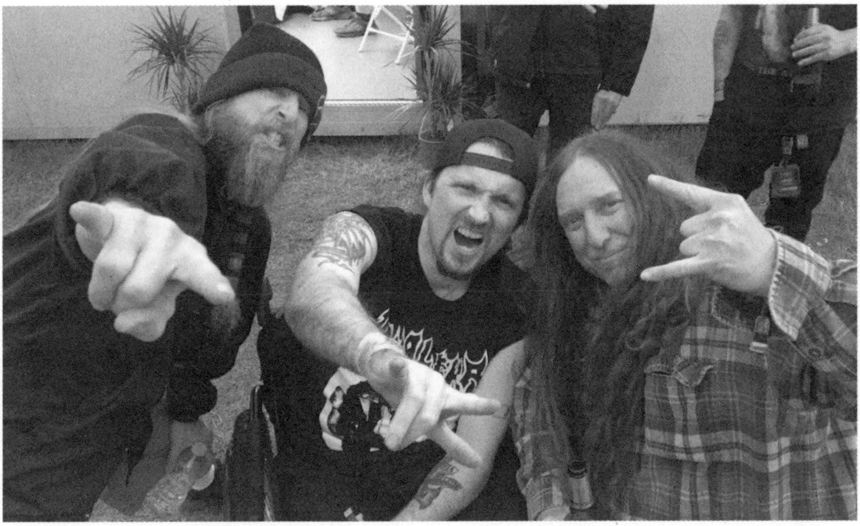

Donald Tardy, Jeff Becerra und John Tardy.
Foto aus Jeff Becerras Archiv.

rief Donald an, der seiner Meinung nach als Einziger imstande war, seinen Bruder zu überreden, mehr Vocals hinzuzufügen.

„Weite Songteile waren instrumental", sagt Monte. „Es gab Stücke, die mit einer Strophe begannen, und danach kam nichts mehr; der Gesang setzte nicht wieder ein. Es konnte eine dreiminütige Nummer sein, die mit einer Strophe anfing, und anschließend blieb der Rest instrumental. Als ich das hörte, flippte ich aus. Ich rief Donald an und sagte ihm: ‚Du musst John zurückholen, um mehr Gesang aufzunehmen.'"

Ein wochenlanges Hin und Her zwischen Conner und den Tardys folgte, wobei Burns zwischen den Stühlen saß. Er machte aus Prinzip keine Vorschläge zu Obituarys Songs und gibt keine eindeutige Antwort auf die Frage, ob Conners wiederholte Anrufe bei Morrisound John schließlich dazu veranlassten, ein paar weitere Gesangslinien hinzuzufügen. Die Tardys betonen, sie hätten nicht nachgegeben, egal wer anrief.

„Tatsache ist: Ich weiß, dass es lächerlich gewesen wäre, selbst wenn ich meinem Bruder die Nachricht von Monte überbracht und gesagt hätte: ‚Du solltest vielleicht ein paar Texte mehr schreiben', denn John hörte nie auf mich", stellt Donald klar. „Er nahm keinen Rat an, schon gar nicht von Außenstehenden. Vielleicht hätte er mir zugehört oder nicht. Bei anderen Bandmitgliedern würde er das aber fraglos nicht tun, auch nicht bei jemandem von einer Plattenfirma, wenn es darum ginge: ‚Kann zu diesem Riff gesungen werden?' Ich hätte gerne seinen Gesichtsausdruck gesehen, wenn ich versucht hätte, ihm zu erklären: ‚Hey, Monte meint, du solltest vielleicht zu diesem Part singen.'"

Dass John in 'In the End of Life', 'Sickness' und 'Corrosive' auffallend wenig sang, verärgerte zwar seine Plattenfirma, doch es trug dazu bei, dass Obituary vorhersehbare kompositorische Muster umgingen. Indem er sich zurückhielt und nicht zu viel sang, machte er seine Stimme unbewusst zum fesselndsten Aspekt von *The End Complete*.

„Ich will nicht sagen, dass viel von dem, was ich anfangs getan habe, Sinn und Verstand hatte“, gibt er zu. „Wir waren jung. Ich wusste nicht, was ich tat. Ich bin kein geborener Musiker; alles war neu für mich, aber genau das macht am Death Metal Spaß. Ich habe so viel Freiheit und kann an Stellen singen, wo man nicht singen sollte oder tatsächlich nicht singt. Das steht dir frei, es funktioniert bei der Art von Musik, die wir spielen.

„Es ist von Song zu Song unterschiedlich“, erläutert er weiter. „Es gab viele Momente, in denen ich den Jungs dabei zusah, wie sie beim Jammen auf einem Riff alles gaben. Ich sagte dann zu ihnen: ‚Mir gefallen diese beiden Riffs. Warum sollte ich dazwischenfunken, zu schreien anfangen und Tamtam machen? Lasst es laufen. Lasst es einfach laufen.‘ Ich liebe es, wenn sich Songs so entfalten, vor allem zu Beginn. Manchmal sagen Donald und Trevor: ‚Okay, jetzt geht´s los: Wir zählen erst auf Vier, dann noch einmal, und du musst mit dem Gesang einsteigen.‘ Ich mochte es aber schon immer, wenn etwas eine Weile beibehalten wird – und sich aufbaut.“

Die Diskussion um die Vocals nahm eine aufregende Kehrtwende, als Debbie Abono andeutete, sie könne den seinerzeit ehemaligen Possessed-Sänger Jeff Beccera überreden, nach Tampa zu kommen und als Gast auf *The End Complete* zu singen. Seine Karriere endete 1989 jäh, als er in einen bewaffneten Raubüberfall geriet. Ihm wurde durch die Rippen und die Lunge geschossen, wobei die Kugel in seiner Wirbelsäule steckenblieb, wo sie bis heute geblieben ist. Ein zweiter Angreifer richtete eine Waffe auf Becerras Kopf, der die Kugel jedoch aus einem flinken Selbstverteidigungsreflex heraus mit den Fingern ablenkte. Nach 45 Minuten wurde er von einem Polizeibeamten außer Dienst gefunden, der einen Krankenwagen rief. Jeff war gelähmt und ist für den Rest seines Lebens an einen Rollstuhl gefesselt.

Er verbrachte die folgenden Jahre abhängig von Morphium, missbrauchte Drogen und Alkohol, während seine früheren Possessed-Mitmusiker versuchten, mit einer neuen Besetzung Fuß zu fassen. Becerra versuchte, neue Musik zu schreiben, gibt jedoch an, seine Sucht habe ihn überwältigt. „Ich verkaufte Drogen, feierte Partys und versuchte, mich mit allen möglichen Substanzen und durch starkes Trinken umzubringen. Mir war einfach andauernd nach Feiern zumute. Ich behielt die ganze Zeit über meine Bässe, Gitarren, ein tragbares Acht-Spur-Studio von Yamaha und einen Sampler. Damit machte ich Musik und brüllte vor mich hin.“

Er hatte noch keinen Ton von Obituarys Musik gehört, als ihm Abono 100 Dollar für einen Flug nach Tampa gab. Sein einziger Bezugsrahmen war ein Freud, der ihm erzählte, John Tardy erzeuge Geräusche und Töne, statt richtige Texte zu singen, was Becerra spannend fand. Als sie ihn am Tampa International Airport abholten, beunruhigte sein Aussehen und Verhalten die Mitglieder der Band und den damaligen Massacre-Bassisten Terry Butler, der sie begleitete. Jeff wurde im Safari Inn untergebracht, das sich neben dem Vergnügungspark Busch Gardens befand. Wohingegen Obituary und Butler stets für Bier und Marihuana zu haben waren, hatte Beccera andere Vorstellungen, als er sich auf seinem Zimmer einfand.

„Ich war sowohl geistig als auch körperlich in schlechter Verfassung“, räumt er ein. „Hinter mir lagen sieben oder neun Monate auf Morphium. Ich nahm viele Drogen und trank eine Menge, um zu zeigen, wie dreckig es mir ging. Ich traf die Jungs von Obituary und war vermutlich arg grob. Ich habe ihnen Riesenschiss eingejagt. ‚Hey, wollt ihr koksen? Macht ihr Typen Party? Wenn ich eine Line ziehe, wollt ihr sie?‘ Sie antworteten so: ‚Nein, nein, wir brauchen nichts‘, also kokste ich für sie alle mit.“
Tags darauf holte Burns Becerra am Safari Inn ab und fuhr mit ihm zum Morrisound. Obwohl es ihm nichts ausmachte, dem Behinderten in seinem Rollstuhl zu helfen, erschrak der labile Zustand auch ihn. Geplant war, dass Jeff und John – zwei der größten Sänger in der Geschichte des extremen Metal – den Refrain von ′I′m in Pain′ gemeinsam aufnahmen, das erste Lied auf *The End Complete*. Becerra hatte nur wenige Zeilen zu singen und sogar Johns provisorische Vocals zur Orientierung für seinen Einsatz, doch Burns beschlichen prompt Zweifel daran, ob der ex-Possessed-Frontmann in der Lage sei, Gesang aufzunehmen, während er die Pegel und Platzierung der Mikros überprüfte. Man hörte, wie Becerra in der Gesangskabine an niemanden gerichtet murmelte und anfing, sich selbst „Jesus Christus“ zu nennen. Burns warf den Tardys einen besorgten Blick zu. Er wusste, die Session würde lange dauern.
Damit Jeffs Parts funktionierten, wandte Scott jeden Trick aus dem Produktionshandbuch an. Er ließ das Band absichtlich in der Hoffnung durchlaufen, genügend Takes zusammenkleben zu können, um den Eindruck zu erwecken, Becerra habe seinen Anteil geschafft. Der Mann hob an und brach sofort wieder ab. Er verpasste ständig seine Einsätze. In der Kabine wusste er die meiste Zeit über nicht, wo er seine Linien singen sollte. Nachdem Burns die Vocals gedoppelt hatte, um den Klang zu verbessern und den Halleffekt zu verstärken, bellte Becerra unvermittelt: „Tea kettle barbecue!“[4] Die Tardys versanken daraufhin in ihren Sesseln.
„Sie hatten kein Textblatt oder so“, erzählt Jeff. „Ich hatte keine Ahnung, was ich tat. Blind ging ich da rein. Sie gaben mir keinerlei Info darüber, ob ich Hintergrund- oder Leadgesang machen sollte. Ich dachte: ‚Was soll der Scheiß? Gebt mir wenigstens einen Text oder sagt, was ich tun soll, damit ich mich vorbereiten kann.‘ Das ärgerte mich natürlich, ich war zugedröhnt. Sie fürchteten sich davor, mit mir zu arbeiten, weil ich aufsässig war. Ich verlangte, dass sie unterbrachen und mir ein Fläschchen Schnaps besorgten. Ich weiß noch, dass ich langsam paranoid wurde. Mir kam es vor wie in einem Roman von Hunter S. Thompson – das Morrisound war unheimlich mit seinen Weidenbäumen. Außerdem sah ich Dämonen auf den Bäumen und so.“
„John wollte ihm erklären, was er in den Refrains singen sollte“, sagt Burns, „doch Jeff hatte kein Rhythmusgefühl. Wir versuchten zu Beginn mehrmals, ihn auf Trab zu bringen, und gingen dazu über, Entschuldigungen für ihn zu suchen. Ich nahm alles auf, was er von sich gab, um zu sehen, ob sich etwas davon verwenden ließ. Angesichts seiner Verfassung stand aber außer Frage, ihn so viele Zeilen singen zu lassen, dass wir sie benutzen konnten. Jeff war nicht in bester Form. Außerdem war

[4] „Teekanne Grillfeier!“

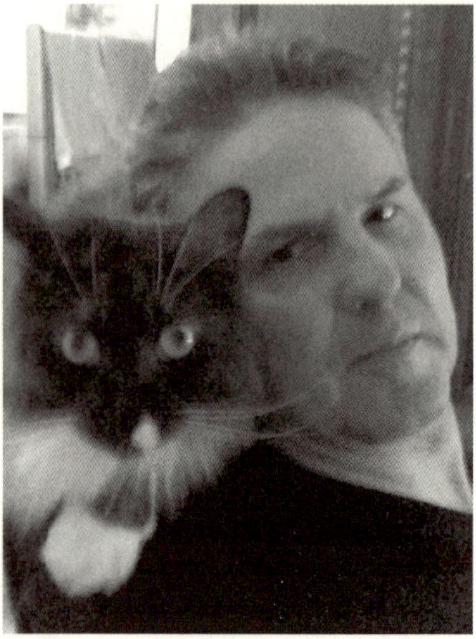

Andreas Marschall.
Foto aus Andreas Marschalls Archiv.

es nicht so, dass es sich um irgendjemanden handelte. Er war eine Größe – eine Legende für uns alle –, aber wir mussten ihn nach Hause schicken."

„Es klappte nicht", fasst Peres zusammen. „Vielleicht sollte es so sein, dass nichts daraus wurde. Wir haben es ihm nicht übelgenommen. Dumm gelaufen."

„Wir freuten uns wirklich darauf, Jeff dort zu haben", versichert Donald. „Es war eine Katastrophe. Er funktionierte nicht in dem Maße, dass er bemerkt hätte, wie er es vergeigte. Wir alle wussten schon, bevor er im Studio auftauchte, dass er sich in einem schlechten Zustand befand, wollten ihm aber einen Vertrauensvorschuss geben."

Becerra verließ das Morrisound nach vier Tagen enttäuscht und erschöpft, ohne eine einzige Zeile eingesungen zu haben. In der Metal-Presse sickerte schließlich durch, dass er mit Obituary im Studio gewesen war, was zu Diskussionen führte, weil die Aufnahmen nie verwendet wurden. In den folgenden Jahren äußerten sich die Bandmitglieder bestürzt und verärgert über diese Erfahrung, wobei sie Jeff schlecht dastehen ließen. Er bekam sein Leben jedoch schließlich in den Griff, reformierte Possessed 2007 und bemühte sich bei Obituary um eine Wiedergutmachung.

„Ich ging aufs College, wo ich glatte Einsen bekam, Klassensprecher und einer von 20 Goldtalaren war", sagt Becerra. „Ich habe Kinder bekommen, und mir geht es wirklich gut, ich arbeite als Vizegewerkschaftsvorsitzender. Später las ich einige Interviews mit den Jungs von Obituary und schickte ihnen eine E-Mail. Ich schrieb: ‚Mensch, ihr müsst aufhören, den Leuten zu sagen, ich sei verrückt.' Ich erzählte ihnen die Story: ‚Ich war einfach am Arsch, Mann. Ich bin nicht gut damit klargekommen.' Zudem entschuldigte ich mich. Danach waren wir wie Pech und Schwefel. Wir wurden richtig enge Freunde. Ich glaube, das hat uns noch näher zusammengebracht."

„Wir sind die Letzten, die einen Groll hegen", versichert Donald. „Mein Bruder, Trevor und ich sagten zu Jeff: ‚Das Leben ist für niemanden von uns einfach, aber du warst in einer besonders schwierigen Lage. Wir haben es verstanden. Das ist Schnee von gestern.' Das Leben ging für Jeff weiter. Er hat es überstanden, und sieh uns jetzt an – wir sind immer noch Freunde."

Obwohl Obituary nicht mit Becerra kollaborieren konnten, gelang es ihnen, eine langjährige Partnerschaft mit einem Künstler anderer Art einzugehen. Der Maler Andreas Marschall, der 1985 von Noise-Records-Besitzer Karl-Ulrich Walterbach in einem Berliner Comicladen entdeckt wurde, avancierte zu einem der gefragtesten Artwork-Designer im Metal. Er meidet Digitaltechnik, die das Entwerfen von Plattencovern einfacher und bequemer macht, und seine unheimlich detaillierten Zeichnungen fallen ins Spektrum des Einzigartigen. Zu seinen Kunden gehören neben vielen anderen Blind Guardian, Covenant, Dimmu Borgir, Hate Eternal, In Flames, Kreator und Sodom.

1992 war Marschall bereits ein beliebtes, aktives Mitglied der Berliner Gothic- und Metal-Szene. Er genoss das rasante und nicht enden wollende Nachtleben der Stadt, wobei er noch Zeit für neu Motive fand, darunter auch eines für Obituary, die zu seinen ersten amerikanischen Kunden wurden, auch wenn er bis in die Puppen arbeitete. Sie wurden von Roadrunner miteinander bekannt gemacht und tauschten sich per Fax über mögliche Cover-Designs aus. Als Marschall mit seinem Entwurf anfing, hatte die Band noch keinen Plattentitel.

„Ich weiß nicht mehr, wer die Idee vorschlug", sagt Andreas, „nur dass sie für das T ihres Namens einen Drachen wollten. Das war ihr wesentlicher Beitrag zum Thema des Covers. Nachdem sie mir den Titel gegeben hatten, malte ich den Hintergrund – das Album hieß *The End Complete*, was das Ende der Welt in Aussicht stellte. Ich dachte, es würde funktionieren, wenn ich das Logo sehr detailliert mit dem Drachen darin ausgestaltete. Es klappte, weil der Hintergrund einfarbig dunkel war, sodass das Logo hervorstach."

Marschall sagte, wegen des Motivs habe es kaum Meinungsverschiedenheiten gegeben. Nachdem er das Bandlogo zum Blickfänger gemacht hatte – was es auch zweifellos ist –, einigte man sich schnell auf alles weitere. „Als Andreas mit dem Logo, dem Farbmuster und dem Rest ankam, um die Kreatur in das Logo einzufügen, lockerte es das Ganze ein wenig auf", findet John. „Ich erinnere mich, dass wir die Form des Logos behalten, aber Andreas machen lassen wollten, was er für cool hielt. Als er uns den Entwurf schickte, waren wir uns alle mehr oder weniger einig."

Obituary hielten noch das Master von *The End Complete* in den Händen, als sie beschlossen, ihre Vertragssituation mit Roadrunner anzusprechen. Da sich *Cause of Death* so gut verkaufte, waren sie der Meinung, sie dürften sich das Recht herausnehmen, ihren Vertrag fürs dritte Album, das seinen Vorgänger höchstwahrscheinlich übertreffen würde (tat es auch) – neu zu verhandeln. Wohl wissend, dass *The End Complete* 1992 Priorität bei Roadrunner genoss, ließ die Band Inhaber Cees Wessels über Debbie Abono mitteilen, sie würden das Master fürs Album nicht einreichen, falls sie sich nicht auf eine Erhöhung der Lizenzzahlungen und Verlagsbeteiligung einigen konnten.

Doug Keogh sagt, ein Schritt wie dieser sei für Roadrunner-Bands nicht ungewöhnlich gewesen. Jeff Waters habe ihn für Annihilators 1990er Album *Never, Neverland* gemacht und Slipknot ebenfalls für *Iowa* von 2001. „Für uns wäre das keine große Sache gewesen", so der Leiter der nordamerikanischen Label-Dependance. „Das Zu-

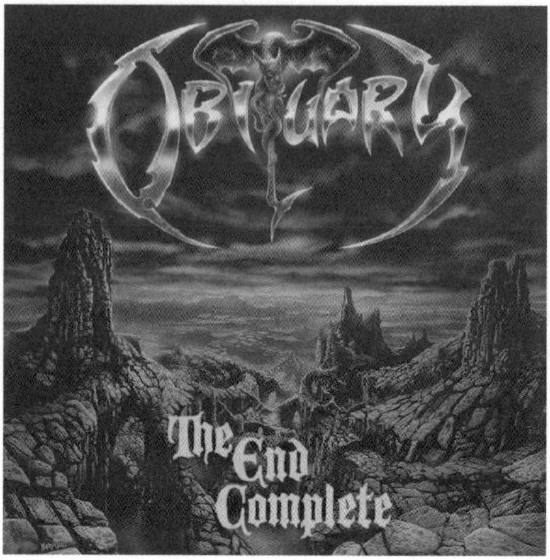

Obituarys *The End Complete*, 1992, Roadrunner Records.

rückhalten von Masterbändern war damals ein beliebtes Machtspiel unter Musikern. Es ist uns einige Male passiert. Obituary waren freundlich und hatten kein hart durchgreifendes Management, also wäre es für uns nicht sehr gefährlich geworden. Sie hätten es nötiger gehabt, das Album rechtzeitig zu veröffentlichen, als wir zu dem Zeitpunkt. Nichtsdestoweniger waren sie für uns ein gewinnbringender Name, hatten ihr Engagement bewiesen und gehörten zu den bodenständigen Acts, die wir zu Recht schätzten. Aufgrund ihrer Erfolgsbilanz war vermutlich eine Nachbesserung ihres Vertrags fällig, und da sie keine rigorosen Verhandlungspartner waren, hätten wir problemlos so viele Zugeständnisse machen können, dass sowohl sie als auch wir mit den Änderungen zufrieden gewesen wären."

Da Wessels Obituarys Wert erkannte und ihre Forderungen verstand, willigte er ein und versprach, ihren Vertrag rechtzeitig zu aktualisieren, woraus sich Ende 1992 die ersten Tantiemenzahlungen für *The End Complete* ergaben. Als die Band jedoch ihre Abrechnung für das Album erhielt, stellte sie fest, dass die Beträge immer noch die gleichen waren. Peres berichtet: „Ich zeigte John unsere Abrechnung und sagte: ‚Schau dir diesen Mist an.' Ich kreiste die Zahlen ein und fuhr fort: ‚Jetzt schau dir unsere älteren Alben an. Siehst du diese Beträge?' John entgegnete: ‚Ja, nichts hat sich geändert.' Diese Beträge hätten doppelt so hoch sein müssen."

Der Fehler wurde erst über ein Jahr später berichtigt, als Obituary auf Europatournee waren und Peres Wessels zum Abendessen einlud: „Ich rief ihn vorher an und meinte: ‚Wir müssen darüber sprechen.' Er erwiderte: ‚Nun ja, ich kann nachvollziehen, was du sagst, weiß aber nicht, was passiert ist.' Ich daraufhin: ‚Komm schon, Cees, das weißt du sehr wohl.'"

Peres erinnerte ihn daran, dass Obituary vor der Veröffentlichung von *The End Complete* um eine Neuverhandlung gebeten hatten. Wessels konterte: „Ihr habt den ursprünglichen Vertrag unterschrieben. Die Einzelheiten waren euch geläufig." Als

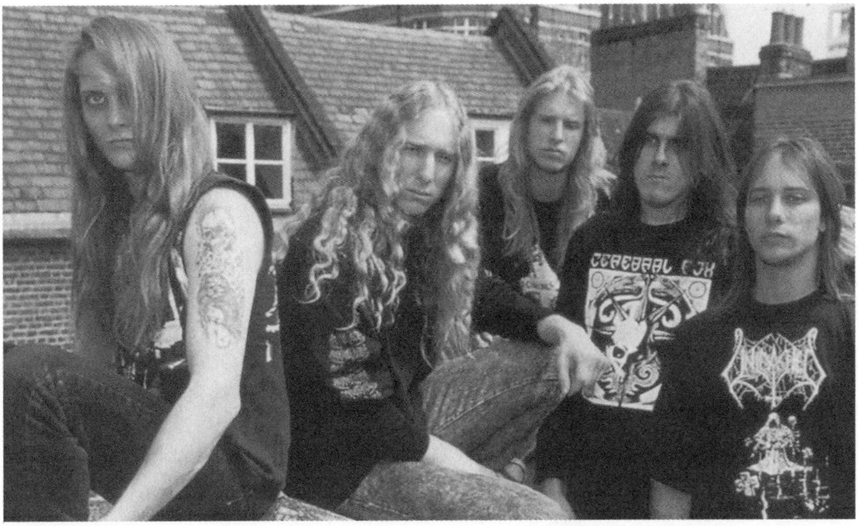

Obituary circa 1992.

sich die beiden in Amsterdam zum Dinner zusammensetzten, gab Cees an, sich immer noch nicht sicher zu sein, ob er sich einverstanden erklären könne, die Lizenzzahlungen und Verlagsbeteiligung zu erhöhen. Trevor schoss zurück: „So sieht´s aus, Cees: Wir werden nie wieder Musik schreiben. Wir sind fertig. Tut mir leid. Ich liebe dich, Kumpel, aber das ist Schwachsinn."

Vier Wochen später rief Wessels den Gitarristen an. Er versicherte ihm: „Wir korrigieren das. Auf dem Bandkonto liegt ein hoher Betrag, der die Differenz ausgleicht."

Obgleich Obituary nie richtig zufrieden mit ihrem Roadrunner-Vertrag waren, kann niemand bestreiten, wie viel Geld und Energie das Label in die Band steckte. Der Presseaufwand war für *The End Complete* doppelt, vielleicht sogar dreimal so hoch wie für *Cause of Death*. Trevor und Donald nahmen die Herkulesaufgabe auf sich, die gesamte Promo fürs Album zu übernehmen, darunter aberhundert Interviews, die Peres zu der Schätzung (wenn auch im Scherz) verleiteten, er habe „über 5.000" gegeben. Roadrunner bewirteten die beiden in ihrem Amsterdamer Hauptbüro, weil es günstiger war, sie nach Europa einzufliegen, statt Tausende Dollar für Überseetelefonate auszugeben.

Ihr Rückflug zum LaGuardia Airport New York am 22. März 1992 musste wegen eines heftigen Schneesturms nach Philadelphia umgelenkt werden. Roadrunners leitender Radiopromoter Mark Abramson sollte Trevor und Donald abholen. Während er auf ihre Landung wartete, sah er eine andere Maschine „in Flammen übers Rollfeld brausen" und dachte sofort, die zwei seien an Bord. In Wirklichkeit war es ein Flieger nach Cleveland, der von der Startbahn abkam und in die Flushing Bay stürzte. 19 Personen kamen ums Leben.

„Wir setzten zur Landung an und fragten uns: ‚Wie zum Henker können wir hier landen wollen?'", erzählt Peres. „Es schneite, wir kamen runter und waren 500 Fuß über dem Rollfeld, als plötzlich ein Flugzeug zum Start von der Bahn abfuhr. Wir

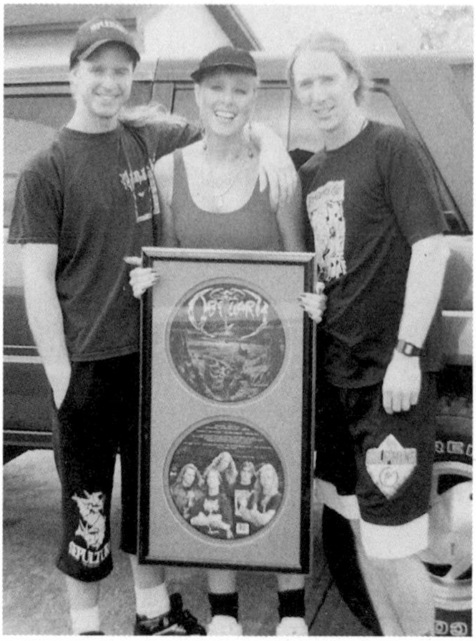

John Kristin und Donald Tardy feiern die Veröffentlichung von *The End Complete*. Foto von Kristin Campbell.

kreisten dann eine Zeitlang; dann wurden wir zur Landung nach Philadelphia verwiesen. Dort erfuhren wir, dass jenes Flugzeug auf der anderen Bahn in Flammen aufgegangen war. Wir landeten in dem Moment, als es passierte. Mark war dort, um uns mitzunehmen. Zu der Zeit konnte man noch zum Gate gehen und Freunde oder Verwandte abholen. Er beobachtete, wie das Flugzeug Feuer fing, während wir landen sollten. Er glaubte, es sei unseres."

Abgesehen von Nahtoderfahrungen erinnert sich Abramson daran, dass sich die Lage für Obituary in den drei Jahren seit ihrem Einstand drastisch verändert hatte. Als er damals begann, sie den College-Radiosendern schmackhaft zu machen, setzte er auf die Krassheit von Johns Stimme und ihre „geheimnisumwobene" Aura hinsichtlich des Schattenriss-Fotos auf dem Backcover von *Slowly We Rot*. Ein Großteil dieses Images war bei *Cause of Death* noch vorhanden, doch um ihm Rückhalt zu verleihen, verfügte die Gruppe nun über eine Reihe unschlagbarer Lieder. Vor *The End Complete* rechnete man damit, dass Obituary auf ihrem dritten Album mit etwas noch Beachtlicherem aufwarteten.

Wir versuchten nicht mehr, die Leute davon zu überzeugen, dass Death Metal ernsthaft war", sagt Mark. „Schau, wo wir momentan stehen: An Roadrunner kommt jetzt niemand in der Metal-Welt vorbei. Als *Slowly We Rot* erschien, standen bei uns Sepultura, immer noch King Diamond und Annihilator unter Vertrag. Wenige Jahre später zur Zeit von *The End Complete* waren es Sepultura, Deicide und Suffocation. Dem Radio sagte man so was wie: ‚Hört mal, ihr tut gut daran, dieses Zeug zu spielen.'"

Auf Roadrunners Marketingpläne reagierten Obituary mit kollektivem Achselzucken, vor allem John, dem direkte, persönliche Resonanzen von Fans stets lieber waren als Schaubilder, Hochrechnungen und Tabellen. Seine Erwartungen für Obituary unterschieden sich immer von jenen der Plattenfirma, was für Verwunderung sorgte, als *The End Complete* hohe Absatzzahlen generierte. Das Album erreichte Platz 16 der Top Heatseekers von *Billboard* und wurde bis heute knapp 102.000 Mal verkauft.

„Wir haben es nur ein paarmal in die *Billboard*-Charts geschafft", sagt John. „Für so extreme Musik war das etwas Besonderes. Ich glaube nicht, dass jemand von uns je damit rechnete, Unmengen von Platten zu verkaufen. Wie sich Roadrunner ihre

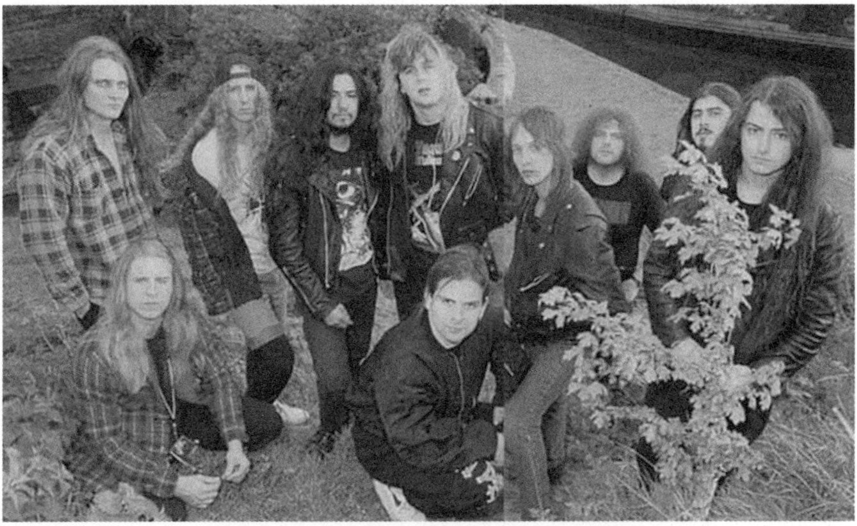

Obituary und Napalm Death in Europa.

Pläne für unsere Alben ausdachten, fand ich damals aber immer komisch. Alles kam darauf an, dass man versuchte, diese Zahlen in der ersten Woche zu erreichen. Bis zum heutigen Tag ist mir das einfach egal."

„Ich weiß nicht, warum sie sich so viel aus diesem Push machten", fährt er fort, „weil ich immer mehr Interesse daran hatte, was eine Platte nach drei Jahren reißt, wenn Einzel- und Großhandel gegessen sind und alles andere wie Werbung oder Touren vorbei ist. Wen juckt die erste Woche? Ich will erfahren, was danach geschieht. Kauft es echt noch jemand nach ein paar Jahren? Zumindest weiß ich, dass *The End Complete* recht ordentlich lief. Es war eine gute Platte für uns."

Nach der Veröffentlichung brachen Obituary zu ihrer bisher ambitioniertesten Tour auf, die im May 1992 in Europa begann. Die Campaign for Musical Destruction bot die Co-Headliner Obituary und Napalm Death sowie Dismember aus Schweden als Opener. Die Konzerte fanden zu einer Zeit statt, als Death Metal stark wie nie war. Viele waren fast oder gänzlich ausverkauft, allerorts kamen massenweise Langhaarige, die moshten, headbangten und ihre Körper herumwarfen. Die Tournee festigte auch die Beziehung zwischen Napalm und Obituary, wobei einige Mitglieder gegen Ende eine Ableger-Band gründeten.

Als es im Sommer mit Agnostic Front, Cannibal Corpse und Malevolent Creation unter dem Tour-Motto Complete Control in Nordamerika weiterging, waren die Fans genauso ausgelassen. Donald erinnert sich an die Show am 19. Juli 1992 im Todd´s in Detroit/Michigan, wo es besonders zügellos zuging. „Ich bin mir ziemlich sicher, dass dort Skinheads anwesend waren", sagt er. „Zwischen ihnen und den bekifften Metalheads wurde es zusehends ungemütlich. Sie brachen eine Schlägerei vom Zaun, die sich schließlich auf die Bühne ausweitete. Ehe ich mich versah, verprügelten sie unseren Gitarrentechniker, und alle stürzten in mein Schlagzeug. Es

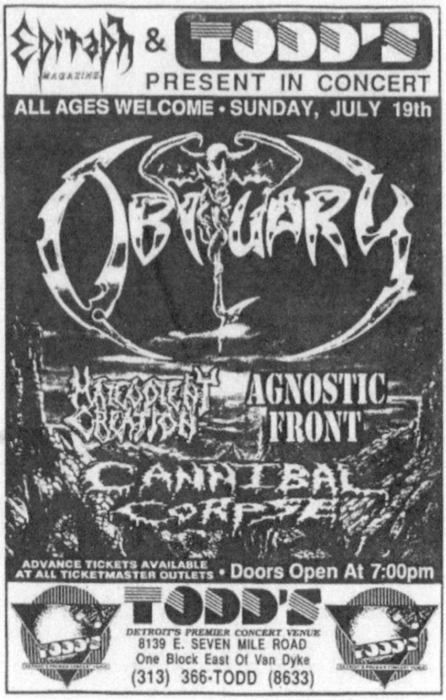

Flyer für ein Detroit-Konzert auf der Complete Control Tour von Obituary, Malevolent Creation, Agnostic Front und Cannibal Corpse.

war ein heilloses Chaos und wohl das einzige Konzert, bei dem Obituary nach vier Songs merkten: ‚Das ist viel zu gefährlich. Irgendjemand wird hier sterben.'"

Zehn Tage später berichtete die *New York Times* über die Complete Control Tour. Der von Jon Pareles verfasste Artikel verdeutlichte in Anbetracht der breiten Leserschaft der Zeitung, wie weit die extreme Metal-Szene gekommen war. Dennoch haftete ihm etwas Elitäres an, das für Massenmedien üblich war, die über Death Metal berichten. Pareles begann mit der Feststellung: „Obituary kennen keine Angst vor Selbstparodie". Dann räumt er den Haaren der Band, insbesondere Johns, viel Platz ein: „Und wann immer sie konnten, schüttelten die Musiker ihre langen Haare, meistens auf und ab, aber John Tardy, der Sänger, ließ seine kreisen wie eine Mischung aus Shampoo-Werbung im Schnellvorlauf und Zirkusnummer."

Die Band kam dem Mainstream nie mehr näher als mit der *Times*-Rezension und einem Obituary-Aufkleber im Film *Airheads* (mit Adam Sandler, Brendan Fraser und Steve Buscemi) von 1994. Morbid Angel wurde die erste Band, die bei einem Major-Label unter Vertrag kam, ehe sie 1993 *Covenant* veröffentlichten, und Cannibal Corpse tauchten im darauffolgenden Jahr in *Ace Ventura – Ein tierischer Detektiv* (mit Jim Carrey) auf. Allerdings bekümmerte nichts davon Obituary. Während sich *The End Complete* weiterhin sehr gut verkaufte, fuhr die Gruppe fort wie bisher.

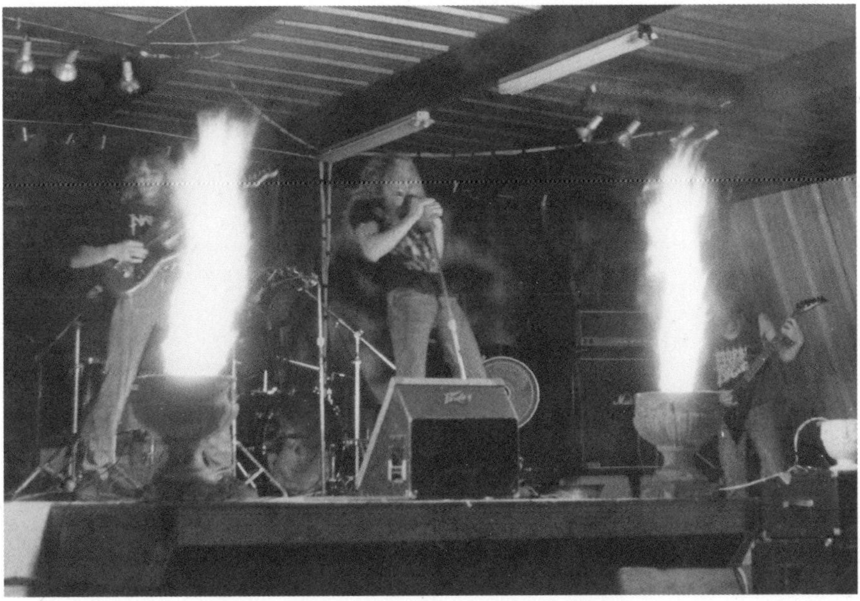

Obituary live. Foto von Mark Abramson.

„Wir waren immer noch ein paar Typen, die in einem Raum in Florida geprobt haben“, betont Peres. „Niemand fragte: ‚Also gut, wie soll es jetzt weitergehen?‘ Darüber dachten wir nicht nach, jedenfalls ich nicht. Meine Einstellung war, dass ich dachte: ‚Lasst uns geile Songs schreiben und ein neues Album aufnehmen.‘ Wir haben immer einfach unser Ding weitergemacht und nie gesagt: ‚Nun nach *The End Complete* erwarten die Leute etwas von uns.‘ Ich für meinen Teil hatte immer das Ziel, die heaviesten Songs zu schreiben, zu denen ich imstande war.“

KAPITEL 8

MEATHOOK SEED

Die **Campaign for Musical Destruction** von Napalm Death und Obituary war 1992 eine fast zweimonatige Europatour, die den Bands viel Zeit zum Kennenlernen gab. Sie reisten mit einem Doppeldeckerbus, in dem praktisch rund um die Uhr etwas los war. Im Laufe der Tour verbrachten Trevor Peres und Donald Tardy immer mehr Zeit mit den Napalm-Death-Mitgliedern Mitch Harris, Jesse Pintado und Shane Embury im hinteren Aufenthaltsbereich. Alle machten es sich zur Aufgabe, ihre Halbliter-Bierdosen aufzubewahren, um herauszufinden, wie hoch sie diese um den langen, rechteckigen Tisch stapeln konnten (Trevor schätzt, dass irgendwann „mindestens 400 Dosen" den Raum versperrten). Zudem konnte es vorkommen, dass Peres oder Harris betrunken auf den Tisch sprangen und so taten, als würden sie surfen, während der Bus über eine Schnellstraße brauste. Diese Erfahrung führte dazu, dass die beiden Bands in Peres´ Worten bald „dicke miteinander" waren.

Da bei Napalm Death mehrere Mitglieder Songs schrieben, hatte Harris überschüssiges Material, das er außerhalb des gerühmten Grindcore-Stils seiner Band verwenden konnte. Dies und seine Vorliebe für Industrial-Acts wie Ministry, Nine Inch Nails oder Skinny Puppy führte in den frühen 1990er zu der Idee für Meathook Seed. Während der Tournee sah sich Harris Obituary vom Bühnenrand aus an und bemerkte, dass die Gitarre oft den Vocals folgte. Obwohl Peres zugegebenermaßen wie jeder andere auch lediglich erahnte, was John Tardy von sich gab, ging Mitch dabei ein Licht auf.

Er unterbreitete Trevor die Idee einer neuen Band, in der „heavy as fuck"-Gitarren mit Drumcomputer und Samples verbunden werden sollten. Der Gitarrist, der ebenfalls auf Industrial stand, erklärte sich bereit, die Rolle des Frontmanns zu übernehmen, und Embury wurde als Bassist eingespannt. Donald, der weder eingehend mit diesem Stil vertraut noch ein großer Fan war, komplettierte die Meathook-Seed-Besetzung am akustischen Schlagzeug in Verbindung mit einem Drumcomputer. Das damalige Napalm-Death-Label Earache nahm die Band flugs unter Vertrag.

In einem Interview mit MTV erklärte Harris 1993, Peres und er seien sich einig darüber gewesen, wie der Gesang klingen sollte. Meathook Seed boten eine extreme Abart von Club- und Technomusik mit verzerrten Gitarren und Peres´ gequälten

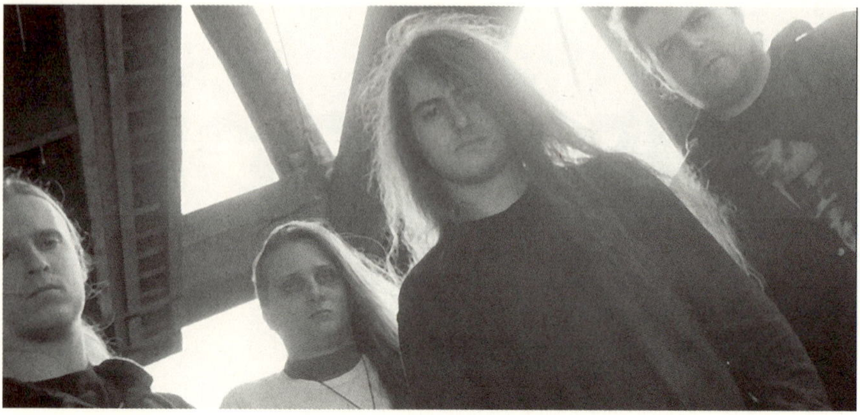

Meathook Seed von l. nach r.: Donald Tardy, Trevor Peres, Mitch Harris und Shane Embury.

Schreien. Die einzige klangliche Auflockerung auf ihrem Debütalbum *Embedded* bot das fast 14-minütige Schlussstück 'Sea of Tranquility' von Embury. Harris nahm sich der Lyrics an, die dunkle, schwermütige Gefühle ausdrückten, was zu der klaustrophobischen, nihilistischen Musik passte, die er komponierte.

„Ich schreibe keine Texte oder so für Napalm Death", erklärt er. „Shane und Barney [Greenway, Frontmann der Band] machen das alles. Aber ich hatte die Möglichkeit, zu tun, was ich wollte, und einfach darüber zu schreiben, was ich fühlte. Seinerzeit machte ich eine Phase durch, in der ich so deprimiert, unglücklich und einsam war, dass ich allen zeigen wollte, wie elend sich ein Mensch fühlen kann, also schrieb ich nur über meine Empfindungen, nichts weiter. Als ich Trevor die Texte zeigte, hatte ich sie schon auf die Songs zugeschnitten und wusste, dass sie passen würden. Mir war klar, dass wir noch manches ändern mussten. Ihm gefielen die Texte sehr, Donald und Shane auch. Sie konnten nachvollziehen, worüber ich schrieb, und wollten nichts ändern."

Harris flog nach Tampa, um mit Donald an seinen ersten sechs Meathook-Seed-Kompositionen zu arbeiten. Die Jamsessions liefen so gut, dass die beiden vier weitere Stücke schrieben, um die Tracklist für *Embedded* zu vervollständigen. „Donald war versessen darauf, den Drumcomputer zu programmieren, verschiedene Techno-Bassdrums, Samples und Geräusche einzubringen oder mit anderem Kram zu experimentieren", erzählt Mitch. „Es funktionierte. Wir hatten nur sieben Proben, ehe wir das Album aufnahmen. Es war echt überstürzt, weil jeder versuchte, es mit seinem Terminplan zu vereinbaren, aber wir sind zufrieden damit."

Die Produktion von *Embedded* fand in den Baby Monster Studios in New York City statt. Es war das erste Mal, dass Donald und Trevor nicht in Tampa beziehungsweise im Morrisound aufnahmen. „Ich war damals erst 22", sagt Donald, „und wir fuhren in den Big Apple, um ein Album in einem Studio aufzunehmen, das sich im 17. Stock irgendeines Gebäudes befand – verrückt, aber die Aufnahme des Meathook-

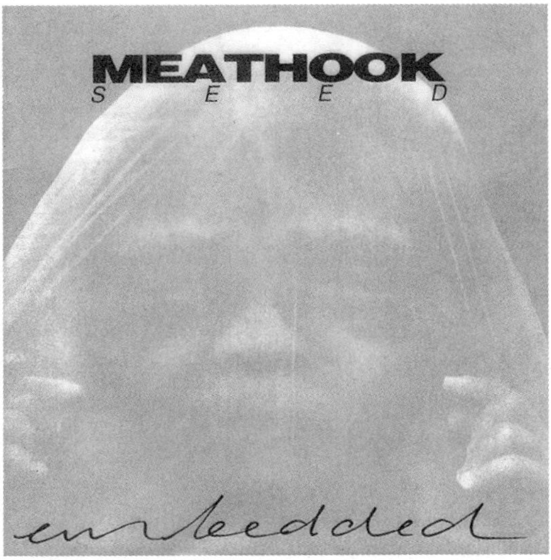

Meathook Seeds *Embedded*, 1993, Earache Records.

Seed-Albums war eine schöne, sehr coole Erfahrung. Mitch ist unglaublich. Er war so kreativ und ein toller Gitarrist. Ich liebe diese Platte."

Peres sagt, er habe Wert darauf gelegt, seine Vocals bei Meathook Seed möglichst abwechslungsreich zu gestalten. Auf *Embedded* probierte er verschiedene Stile aus, von schlichtem Gesang über Schreie bis zum Einsatz eines Verzerrers zur Verfremdung seiner Stimme. Singen war für Peres eine Selbstverständlichkeit, da er als Kind die Angewohnheit hatte, es zu Liedern zu tun, die er im Radio hörte. Bei Obituary hielt man einen Backgroundsänger aber wegen John Tardy für überflüssig. Trevors diesbezüglich einziger Versuch ist in dem frühen Executioner-Stück 'Hell's Dungeon' zu hören, das während ihrer frühen Thrash-Phase aufgenommen wurde.

Das Video zum *Embedded*-Opener 'Famine Sector' erhielt Airplay in MTVs *Headbangers Ball*. Es wurde im Ritz in Ybor City gedreht und ist ein harscher Anblick mit schnellen Schnitten inmitten ununterbrochener Blitzlichter. Der Clip war ein Angriff auf die Sinne, genauso wie Meathook Seeds Musik als solche.

Die Band kehrte Ende 1993 ohne Embury für ihren ersten Auftritt zu dritt ins Ritz zurück. Meathook Seeks Live-Ästhetik unterschied sich deutlich von Napalm Deaths und Obituarys schnörkellosen Aufbauten, die in der Regel aus einem Backdrop und Verstärkern bestanden. Das Trio bat darum, Schwarzlicht anstelle der Bühnenbeleuchtung verwenden zu dürfen, brachte weiße Bettlaken mit und bespritzte sie (ihre Körper auch) mit Leuchtfarbe, um bunte, dramatische Bilder zu erzeugen. „Es war affig und großartig zugleich", erinnert sich Donald lachend. „Nicht meinen Bruder vor mir zu sehen, sondern Trevor, fühlte sich merkwürdig an."

„Ich legte es definitiv nicht darauf an, die Leute zu verärgern", beteuert Peres. „Die Musik war sowieso ziemlich düster, und wir haben versucht, das Publikum zu beeindrucken wie irgendein Haufen komischer Käuze, die im Dunkeln spielten. Wir

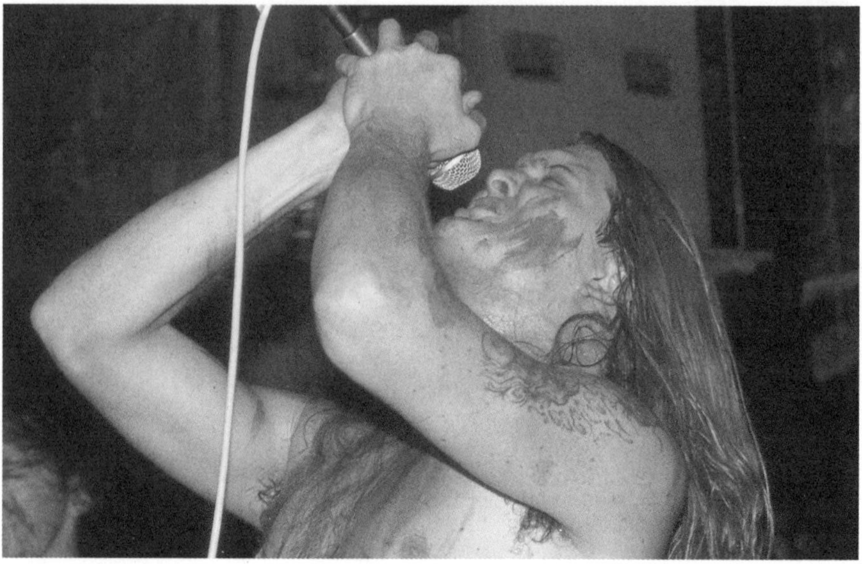

Trevor Peres live mit Meathook Seed in New York City circa 1994.
Foto von Frank White.

gaben quasi zu verstehen: ‚Ihr werdet nicht allzu viel Aufmerksamkeit von uns bekommen.' Das war wohl die Haltung, die wir vermitteln wollten."

Da *Embedded* gute Kritiken bekam und Begeisterung im Underground auslöste, erhielten Meathook Seed das Angebot, Anfang 1994 im Vorprogramm von Carcass' Europatour aufzutreten. Harris, Peres, Embury und Donald Tardy waren bereit, die dreiwöchige Reise anzutreten, bis Obituary-Managerin Debbie Abono und Roadrunner einlenkten und darauf pochten, dass Obituary diese Zeit bräuchten, um an dem Album zu arbeiten, das dann *World Demise* wurde.

Peres: „Ich meinte zu Debbie: ‚In diesen drei Wochen werde ich nichts tun. Ich verschwinde.' Sie machte es zunichte: ‚Du und Donald, ihr könnt nicht auf Tour gehen.' Mitch war am Boden zerstört. Ich kann nicht fassen, dass ich ihr nicht gesagt habe: ‚Leck mich, ich geh sehr wohl auf Tour.' Ich glaube, Mitch wollte verhindern, dass wir ein Drama daraus machten. Das war nicht gut. Ich bedaure, diese Tournee nicht durchgezogen zu haben. Debbie kündigte ich an: ‚Weißt du was? Während dieser drei Wochen wird nichts passieren.' Ich erzähl dir das jetzt, ich war so sauer, dass ich verdammt noch mal nach Wolkenkuckucksheim abhauen wollte. Ich musste mich ausklinken. In diesen drei Wochen ist kein Ton für Obituary geschrieben worden."

„Die Leute nennen solche Bands ‚Projekte', aber wenn ich mich für etwas einsetze, wird es zu meinem Leben", fügt Harris hinzu. „Ich war bereit, *Embedded* mit allem zu pushen, was wir geben konnten. Mit Musikern aus anderen Bands zu arbeiten, die aktiv sind, ist schwierig. Ich war zutiefst enttäuscht, als Obituarys Management und Roadrunner Records sagten, sie müssten für *World Demise* komponieren. Meathook Seed waren unser Baby. Diese Tour hätte uns wahrscheinlich in Europa als echte Band etabliert."

Obituary und Napalm Death taten sich im Spätsommer 1994 für eine Nordamerikatour zusammen. Harris schlug vor, Meathook Seed als Vorband auftreten zu lassen. Stattdessen setzten Roadrunner die schwer angesagten, aufstrebenden Machine Head ein, womit eine weitere Chance vertan war. Da die Kalifornier zu den Terminen der Shows in New York City und Atlanta andere Verpflichtungen hatten, konnten Meathook Seed in diesen Städten Auftritte dazwischenschieben, die ihre letzten als Band markierten.

Sie verschwanden allmählich von der Bildfläche, während Napalm Death und Obituary weiterhin Alben veröffentlichten. Embury griff viele Ideen, die Harris für Meathook Seed hatte, bei Napalm Death auf, als die Band ihren Sound in den späten 1990ern Jahren erweiterte. Diese Ereignisse durchkreuzten die Pläne von Meathook Seed, darunter die Aufnahme eines zweiten Live-Gitarristen und Schlagzeugers („The Terrorist" alias Six-Feet-Under-Drummer Greg Gall, der auch Donald Tardys Roadie war).

1999, als Trevor und Donald keinen Kontakt mehr hatten, besetzte Harris Meathook Seed für die Veröffentlichung des zweiten Albums *B.I.B.L.E. (Basic Instructions Before Leaving Earth)* um. Die beiden Obituary-Mitglieder wussten nichts von der Platte, die am 1. Januar 2000 erschien. Sie bleibt bis heute die letzte Studioproduktion der Gruppe.

„Als Musiker will man sich immer weiterentwickeln und neue Dinge ausprobieren", sagt Mitch, „aber dieses Album war zu weit von dem entfernt, was wir vorher gemacht hatten. Es handelte sich um eine völlig andere Band. Obwohl es sich noch wie mein Baby anfühlte, beruhte es auf mehr Samples, klang heller und melodischer. Die Leute fragten mich damals: ‚Was soll der Scheiß?' Wenn ich etwas ändern könnte, dann den Namen der Band auf dem Album. Hätten wir nach Embedded durchgehalten, eine Tour und ein weiteres Album gemacht, wäre es plausibler gewesen als nach einer sechsjährigen Auszeit. Das stieß die Leute vor den Kopf."

Trevor und Donald haben noch Interesse an einem weiteren Meathook-Seed-Album mit Harris. Unterdessen empfinden sie sowohl Dankbarkeit als auch Bedauern, was ihre Teilnahme an einem Projekt abseits der ausgetretenen Pfade ihrer Hauptbands betrifft.

„Vielleicht hätte eine größere Tour Meathook Seed etabliert", sinniert Peres. „Die Leute hätten davon erfahren. Wir wurden von den Medien gefördert, und live gesehen zu werden wäre hilfreich gewesen. Napalm- und Obituary-Fans hätten die Shows besucht und erkannt: ‚Das ist ziemlich harter Tobak.' Es ist seltsam, doch ich glaube, wenn man einem Death-Metal-Publikum eine solche Band vorsetzt, begreift es sie in musikalischer Hinsicht sofort.

„Mit Mitch zu komponieren gehörte zu den größten Vergnügen meiner Karriere", so Donald abschließend. „Ich habe einen Heidenrespekt vor ihm, zumal er ein toller, lieber Mensch ist. Und dass Trevor mitmachte, war das Sahnehäubchen."

KAPITEL 9

WORLD DEMISE

1993 lancierten Roadrunner Records eine Marketingkampagne, die eine neue Metal-Ära einläuten sollte. Mit den progressiv ausgerichteten Believer, Cynic und Pestilence sowie den Industrial-lastigen Fear Factory und Treponem Pal wirkte „The Breed Beyond" wie eine Warnung davor, dass brutaler, traditioneller Death Metal vielleicht nicht mehr tragfähig war und Roadrunner die Zukunft fest im Blick hatten. In gewisser Weise rief das Label die Kampagne ins Leben, um die Szene umzukrempeln, an deren Entstehung es beteiligt war. Zu dem Zeitpunkt war Death Metal im Begriff, sich langsam selbst aufzufressen, wobei sich Bands wie Plattenfirmen auf Zentralflorida einschossen, um den gleichen Zauber heraufzubeschwören, der die Karrieren von Atheist, Death, Deicide, Morbid Angel und Obituary beflügelt hatte. Was dem Thrash nur ein paar Jahre zuvor widerfahren war, zeichnete sich nun auch im Death Metal ab.

Monte Conner, der sich als Senior VP of A&R dafür verantwortlich zeichnete, Deicide und Obituary zu Roadrunner zu holen (außerdem Gorguts, Immolation, Malevolent Creation, Sorrow, Suffocation sowie die erwähnten Believer, Cynic und Pestilence), war der Meinung, die Death-Metal-Szene sei stagniert, und zwar schnell. „Sobald alle anderen Labels erkannten, dass sich damit Geld verdienen ließ, nachdem Earache und wir begonnen hatten, diese Bands aufzublasen, wollte jeder mitmachen", sagt er. „Dann bekamen all diese Bands Verträge, und so viele davon... Es war wie Massenfertigung. Etliche kamen nach Florida, um mit Scott Burns und Tim Hubbard zu arbeiten. Wir trugen Mitschuld daran, weil ich Bands signte und auf dieses Fließband warf."

Besorgt darüber, dass Roadrunner zu viele Death-Metal-Acts hatten, wohingegen sich die Metal-Szene langsam Groove-orientierten, wenn auch immer noch harten Bands wie Biohazard, Pantera oder Prong zuwandte, sprach Label-Besitzer Cees Wessels ein Machtwort und teilte Monte mit, er dürfe keine neuen Death-Metal-Combos unter Vertrag nehmen. Daraufhin wandte sich Conner zähneknirschend einer leichter verdaulichen Art von Metal zu.

„Ich hätte so weitergemacht", sagt er. „Obwohl ich das Gefühl hatte, dass es ein wenig stagnierte, waren wir immer noch gut im Geschäft mit Death Metal. Ich

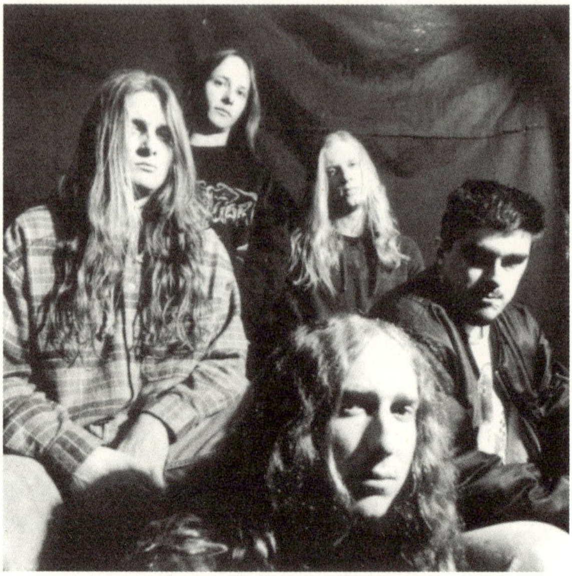

Obituary zur Zeit von *World Demise.*

bin Experte auf diesem Gebiet gewesen, es fiel leicht. Cees wandte sich dann an mich und meinte: ‚Nicht noch mehr.' Er wollte, dass wir aufhörten, solchen Kram zu signen. Wir ließen buchstäblich jede einzelne Band fallen, die nicht groß war. Suffocation waren weg, Malevolent Creation, Immolation, Gorguts, Pestilence… Wir ließen einfach alle gehen, weil Cees ganz andere Dinge vorschwebten. Das war ein bisschen knifflig für mich, weil ich mir bis dato einen Namen mit Death Metal gemacht hatte. Das war das, was Roadrunner ausmachte. Mir wurde schlagartig klar: ‚Also gut, ich muss Gruppen unter Vertrag nehmen, die keinen Death Metal spielen.' Allerdings hatten wir nun Type O Negative. Ich hatte Fear Factory gesignt, dann Machine Head, und das Label war in der Lage, sich erfolgreich vom Death Metal ab- und neuen Dingen zuzuwenden."

Nach Roadrunners Entschlackung Mitte der 1990er blieben nur zwei reine Death-Metal-Bands übrig: Deicide und Obituary. Der Grund dafür war offensichtlich: Beide gehörten zu den kräftigsten Zugpferden des Labels, vor allem Obituary, deren Gesamtverkäufe von *The End Complete* sich 1992 im sechsstelligen Bereich bewegten. Fortan wurde es zu einem simplen Abnutzungskampf, der sich für jeden prominenten Metal-Stil rächte, der rasch an Bedeutung gewann. Die bahnbrechenden Death-Metal-Bands hielten sich, derweil die zweit- und drittklassigen schnell verdrängt wurden.

„Sobald man innovativ ist, überschreitet man Genregrenzen", gibt Conner zu bedenken. „Wir wären verrückt gewesen, hätten wir Deicide und Obituary nicht behalten. Sie haben überstanden. Die anderen nicht."

1994 befanden sich Sepultura mit ihrem ersten mit Gold ausgezeichneten Album *Chaos A.D.* am Gipfelpunkt ihrer Karriere. Type O Negative holten 1995 mit *Bloody*

Kisses Platin und waren der erste Roadrunner-Act, dem dies gelang. Wenngleich Conner und Wessels stets darauf bedacht waren, mehr von der jeweils nächsten Platte ihrer Bands abzusetzen, kamen sie überein, Obituary weiterhin hohe Priorität zuzumessen, als es an die Aufnahme ihres vierten Studioalbums *World Demise* ging. Dies spiegelte sich in einem höheren Budget und Aufwand von Mitteln wider, um die Gruppe an der Spitze des harten Musikgeschehens zu halten.

Zum ersten Mal in ihrer Laufbahn begannen Obituary das Songwriting mit dem Ziel, ihrem Sound neue Elemente hinzuzufügen. Wiewohl keine umwälzenden Änderungen anstanden, wollten die Musiker den technischen Fortschritt nutzen, um ein zeitgemäßeres Album zu produzieren, das ihre wichtigsten Merkmals beibehielt. Dies gelang weitgehend mit *World Demise*. Es ist eine der soundtechnisch besten Platten der Band und ihr mit Abstand experimentellstes Werk. Der Groove-Faktor ist unleugbar, und die rhythmischen Elemente zeigen, wie gut Donald Tardy als Drummer geworden ist. Das Album könnte seine Sternstunde sein. Donalds Swing, die geschmackvollen Akzente, die kreativen Beckenwirbel und der bleiern fette Snare-Sound tragen zur dynamischen Anmutung von *World Demise* bei. Förderlich war auch die Tatsache, dass regelmäßige Songwriting-Schlenker unvorhersehbarer, ungeschlachter Art wie auf *Cause of Death* und *The End Complete* zugunsten straffer, solider Arrangements unterlassen wurden.

„Wir suchten einfach nach etwas Neuem", erklärt John Tardy. „Sogar das Gesamtkonzept des Albums ist anders gewesen. Dann die Musik – es war einfach einer dieser Fälle, in denen man beim Schreiben mancher Songs hörte, dass da was Neues passierte. Wir sind eben nie die Band gewesen, die herumhockte und zu viel plante. So läuft´s halt nicht bei uns. Alles geschieht ganz natürlich, und beim Komponieren fühlt man dies oder das, was zu entsprechenden Ergebnissen führt. Genau das ist bei *World Demise* passiert."

Die Band hörte während der Entstehung der Platte freilich weder Machine Head noch Pantera – sie respektierte beide, blickten aber selten bis gar nicht auf Bands jenseits ihrer langjährigen Konstanten Celtic Frost, Nasty Savage, Savatage und Slayer. Obwohl es unmöglich war, Pantera zu ignorieren, da sie in dem Jahr mit *Far Beyond Driven* Charts anführten, während sich Machine Head mit ihrem Debüt *Burn My Eyes* schnell zu einer von Roadrunners Prioritäten gemausert hatten, waren die Mitglieder von Obituary weniger willens, ihren Sound zu aktualisieren, als bereit, ihn weit genug zu verändern, um zeitgemäß zu bleiben.

„Uns beeinflusste nichts von außen, als wir *World Demise* komponierten", versichert Donald. „Wir wussten nur, dass wir nicht noch ein typisches Death-Metal-Album schreiben wollten. Wir hatten auch keine Lust auf einen typischen Death-Metal-Titel oder ein typisches Death-Metal-Cover. Nicht dass wir das Rad neu erfunden hätten – das wussten wir bei der Arbeit an *World Demise*. Es wirkte erfrischend, machte Spaß und gelang super. Es war aufregend. Es stand für Entschlossenheit, für Professionalität. Vermutlich haben wir uns aber nie so sehr vorgenommen: ‚Machen wir was Cooles, ein bisschen was Abgedrehtes."

„Musikalisch haben wir uns wohl weiter denn je aus dem Fenster gelehnt", ergänzt Trevor. „Trotzdem ist *World Demise* ein hartes, brutales Obituary-Album, mit ein paar anderen Ideen hier und dort. Wir versuchten, es mit etwas Salz und Pfeffer abzuschmecken… oder Kurkuma."

Tontechniker Dave „Big Shirt" Nicholls aus Birmingham verdingte sich erst seit zwei Jahren in der Konzertbranche, als Obituary-Managerin Debbie Abono ihn anheuerte, um den Live-Sound auf der 1992er Campaign for Musical Destruction von Napalm Death, Obituary und Dismember in Europa zu übernehmen. Der umgängliche, ausgelassene Engländer verstand sich auf Anhieb mit den Obituary-Musikern. Sie wurden Freunde, woraufhin sie bis tief in die Nacht zusammen im Bandbus saßen, Bier tranken und vor allem viel lachten. „Er gehörte zur Familie", sagt Peres. „Außerdem war Dave ein Spitzentoningenieur. Für die Beschallungsanlage wollten wir den besten, den man kriegen konnte. Unsere Fans sollten sagen: ‚Scheiße, sie klingen super.' Wir brauchten jemanden, der diesen Dreckhaufen aufmöbelte; darin war Dave ziemlich gut."

Obituarys Ruf, eine für Death Metal klanglich überragende Liveband zu sein, festigte sich zu dieser Zeit, was größtenteils Nicholls Verdienst war. Daher unterhielten sich die Musiker während der Tournee mit ihm darüber, nicht nur bei Konzerten zusammenzuarbeiten, sondern auch im Studio. Dies deckte sich zufälligerweise mit Monte Conners Ansicht – er fand den Sound von *The End Complete* im Vergleich zu anderen damaligen Death-Metal-Releases minderwertig. Seines Erachtens brauchte das vierte Obituary-Album ein weiteres Element zur Ergänzung oder gar Verbesserung von Scott Burns´ Fähigkeiten als Producer.

In jenen Tagen genossen Obituary den Vorteil, mit Burns vertraut zu sein. Sie hatten nie das Bedürfnis, mit jemand anderem zu arbeiten, geschweige denn Florida zu verlassen, wenn es erstklassige Aufnahmeräumlichkeiten und ein nettes Gesicht in ihrer Nähe gab. Scott verstand besser als jeder andere, wie die Band tickte. Für gewöhnlich blieben die meisten Songs beim Einspielen unbetitelt – oft hatten sie Arbeitstitel wie ´Big Al #1´ oder ´Trevor´s Song #3´. Burns wusste, wie er jedes Mitglied zu Bestleistungen anspornen konnte, etwa indem er John Zeit gab, sich nach einem langen Arbeitstag bei Product Safety Engineering in die Gesangssession einzufinden, oder den sorgfältigen und gelegentlich pingeligen West beim Einspielen von Solos anzuweisen.

Die Mitglieder von Obituary hatten aber auch das Gefühl, Burns sei überarbeitet. Donald weiß noch, dass er oft um elf Uhr morgens ins Morrisound kam, um eine Session zu beginnen, woraufhin dann 15 Stunden verstrichen, „ohne dass es jemand bemerkte". Burns saß immer noch im selben Sessel und arbeitete systematisch am Mischpult, während John und Donald dablieben, um bloß keinen Schritt der Abläufe zu verpassen. Der einzige Unterschied bestand darin, dass Obituary irgendwann zu Ende aufgenommen und ein fertiges Album hatten, wohingegen für Burns

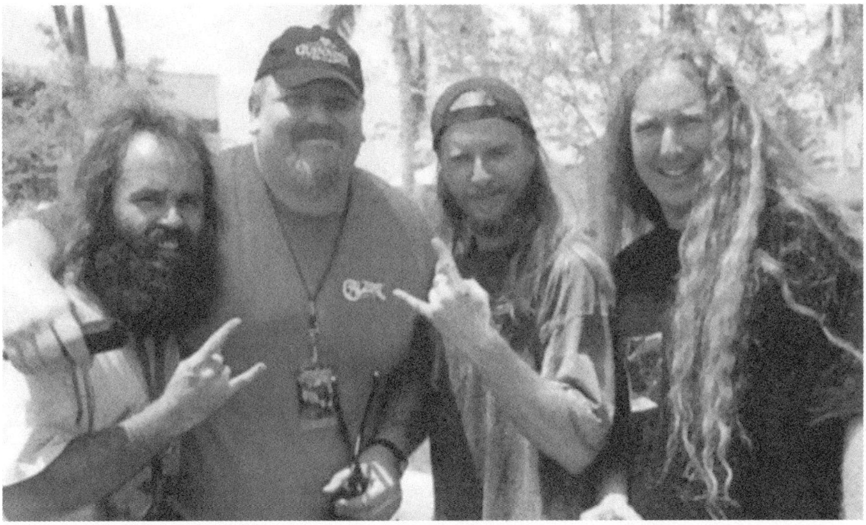

Von l. nach r.: Bryan „Big Daddy" Geisler, Dave „Big Shirt" Nicholls, Donald Tardy und John Tardy. Foto aus John Tardys Archiv.

wieder alles von vorn anfing, sobald die nächste Band eintraf. Die erdrückende Produktionsarbeit führte Conner und Obituary zu der Überzeugung, mit *World Demise* sei der richtige Moment gekommen, um Hilfe für Burns hinzuzuziehen. Als Nicholls in Tampa aufschlug, um zu assistieren, kam deshalb neue Energie und Begeisterung auf, wobei man es so auffasste, dass er da war, um Burns zu unterstützen – nicht zu stürzen.

„Es ist nicht so, dass wir Scott nicht gern genommen hätten", erläutert Conner. „Wir wollten bloß entweder einen der Morris-Brüder einbeziehen oder frisches Blut einbringen, um einen besseren Klang zu bekommen, daher rührte die Idee mit Big Shirt. Die Band dachte, sie würde mit Dave als Soundmann live gigantisch klingen. Ich war bei den *World Demise*-Sessions nicht vor Ort, aber soweit ich hörte, ging Dave engagiert zur Sache und brachte sich ein. Wir wussten also, dass er, da er involviert war, etwas bewegen würde, und das tat er auch."

„Dave war ein großer Fan von uns", bemerkt John. „Er hörte uns gerne jeden Abend spielen und war dann immer aufrichtig begeistert – hin und weg, weil es so gut klang. Man glaubte fast, jede Show sei wie ein Festival für ihn gewesen. Er sagte immer: ‚Wenn ich mir eine beliebige Band und Anlange aussuchen dürfte, würde ich Obituary nehmen.' Oder: ‚Lasst mich gegen irgendeine Band und irgendeinen Produzenten da draußen antreten, und ich verpasse Obituary einen besseren Sound, garantiert.'"

„*The End Complete* ist seltsam, wenn man auf frühere Produktionen zurückblickt beziehungsweise es mit den Alben davor und danach vergleicht", sagt Donald. „Wenn man den Mix hörte, dachte man so ein bisschen, eine Decke würde vor den Boxen hängen – es klang aus irgendeinem Grund leicht dumpf, aber *World Demise* war ein Schritt nach vorne. Das lag teils daran, dass wir als Band besser wurden, aber auch

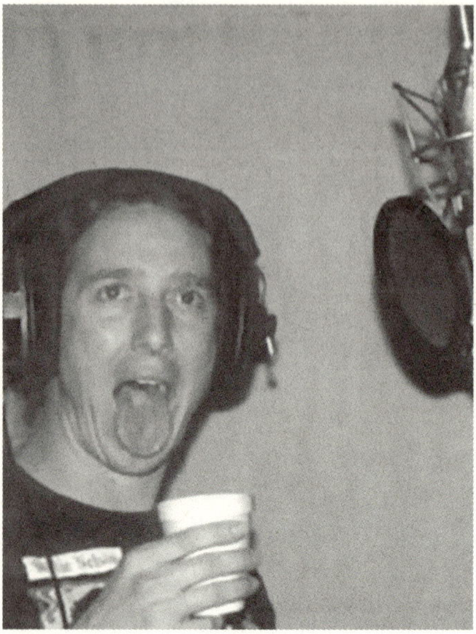

John Tardy bei den Aufnahmen zu *World Demise*. Foto aus John Tardys Archiv.

an Dave, als er im Studio hinzustieß. Er war ein meisterhafter Live-Tontechniker. Sobald er er anfing, für uns zu arbeiten, klangen unsere Konzerte unglaublich. Die Leute fragten uns immer: ‚Wie zum Teufel kriegt ihr das hin?' Wir ahnten, dass es cool sein würde, ihn aus England zu holen und mit Scott daran arbeiten zu lassen."

Zu jener Zeit war Burns wahrscheinlich der bekannteste und gefragteste Death-Metal-Produzent der Welt. Trotzdem stellte er sein Ego hinten an und verstand, warum die Band und Roadrunner Nicholls engagierten. Er bewertete die Beteiligung des Briten an *World Demise* rational, weil er wusste, dass es sich in erster Linie um einen Live-Engineer handelte, der keine Ahnung von Studioproduktionen hatte. Umgekehrt war Burns ein Studio-Engineer und kannte sich nicht mit Live-Produktionen aus. Ebendies machte ihre Partnerschaft letztendlich aus; davon abgesehen respektierten die beiden einander.

„Ich denke, es passte ins Gesamtbild: Obituary wurden größer, als sie es anfangs als einfache Death-Metal-Band gewesen waren", findet Scott. „Einige dieser Gruppen verkauften nun Hunderttausende Alben, also lag es im Interesse des Labels, das zu steigern und sie so groß wie möglich zu machen. Ich liebe Monte und wusste, was er sagen wollte, als er Dave einbrachte: ‚Diese Bands sind Scott über den Kopf gewachsen und brauchen jemanden, der unverbraucht ist.' Das mag damals bitter gewesen sein, doch sie erklärten damit auch: ‚Wir möchten der Band helfen, die nächsthöhere Stufe zu erreichen. Wir wissen, dass Scott gut ist, glauben aber, dass sie jemanden brauchen, der eher Mainstream, bekannter oder anders ist.' Sie alle wollten etwas anderes. Wenn schon nichts sonst… dann etwas anderes."

World Demise markiert eine der wenigen Gelegenheiten, vielleicht auch die einzige, zu denen Obituary im Studio experimentierten. Peres sagt, man habe schon vor diesem Album mit Samplern und Soundeffekte geliebäugelt, dies sei für *The End Complete* angedacht gewesen, aber verworfen worden. Diesmal setzten sich Trevor und Donald durch. Sie trieben die Auffrischung des Bandsounds federführend voran, indem sie sich mit Studiotechniker „Super" Brian Benscoter kurzschlossen, woraus sich viele der Industrial-Elemente auf der Platte ergaben. Das Radio-Intro von ′Redefine′ ergab sich aus der Idee der Band, das Stück mit einem Wecker einzuleiten. Ein kleiner stand in einem der Kontrollräume des Morrisound, also befestigte Benscoter ein Mikrofon davor und fing an, beliebig zwischen den Sendern hin und

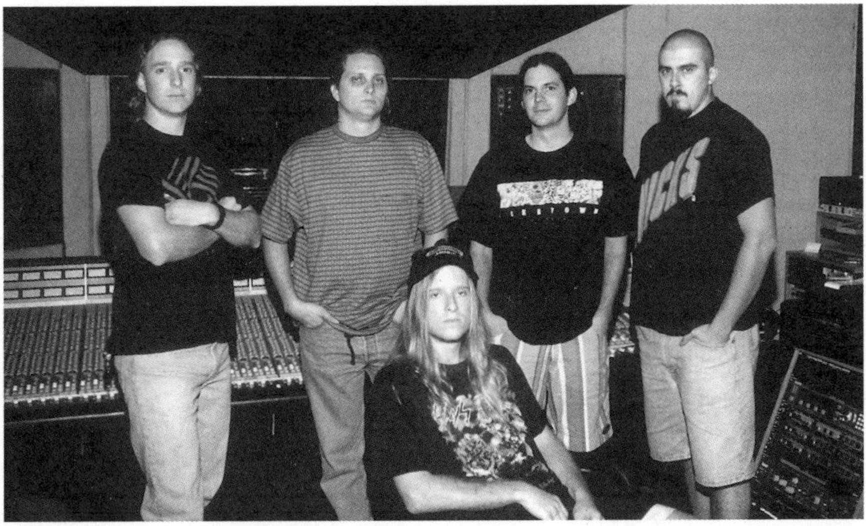

Scott Burns (zweiter von r.) mit Obituary im Studio.

her zu springen, wobei er das Ende eines Rap-Songs erwischte. Als Donald auffiel, dass die Nummer fast das gleiche Tempo wie 'Redefine' hatte, bat er Benscoter, Effekte hinzuzufügen und die Geräusche der Radiofrequenzsuche mit dem Rap zu verbinden – eine Premiere für Obituary.

„Es entstand im selben Moment, als ich es hörte", sagt Donald. „Ich dachte mir: ‚Warte mal! Wir haben gerade ein kleines Stück eines Rap-Stücks aufgenommen – es hat das gleiche Tempo.' Alle im Studio fragten: ‚Was meinst du?' Ich bat Dave und Scott, etwas Verrücktes mit meinem Schlagzeug anzustellen, also ließen sie es nach einem Radio klingen."

Der Titelsong wird von den rückwärts abgespielten Geräuschen einer Schallplatte überlagert, wodurch ein verzerrter, wabernder Effekt entsteht. Ferner tauschten Nicholls und Burns Donalds Bassdrum-Sound gegen Samples aus, um einem ausbremsenden Doublebass-Part mit kurzem Keyboard-Einsatz wuchtiger klingen zu lassen – ein flüchtiger Augenblick in Obituarys Geschichte. Ein lauter Pistolenschuss leitet 'Final Thoughts' ein, einer von Wests prägnanteren Beiträgen zum Album, wohingegen in 'Kill for Me' karibische Folk-Trommeln aus der Dokumentation *Repercussions, a Celebration of African-American Music* eingeflossen sind. Peres lieh sich den Soundtrack des Films in der Bibliothek der University of South Florida aus, sampelte vier Trommelschläge und loopte sie 16 Mal. Wie es der Zufall wollte, passten die gesampelten Beats genau zum Tempo des Songs. Die Band fand 'Kill for Me' so stark, dass die Konzerte der *World Demise*-Welttournee damit begann.

Der erwähnte Groove-Faktor kommt im Stampfen und Rollen von 'Burned In' und 'Lost' zur Geltung, während 'Solid State' ein späteres Grundelement des metallischen Hardcore enthält: ein synkopisches Gitarren-Schlagzeug-Break, das Hardcorebands und -Fans später als „Beatdown" bezeichneten. Zusätzliche Geräusch-

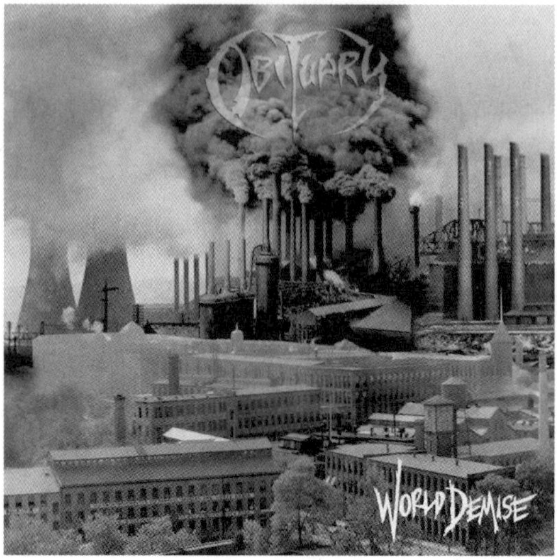

Obituarys *World Demise,* 1994, Roadrunner Records.

und Stimmsamples finden sich in 'Boiling Point', das West mit seinem womöglich besten Solo auf dem Album abrundet.

John, der zuvor von Conner getadelt worden war, weil er nicht oft genug gebrüllt hatte, sang nun an den richtigen Stellen. Die Songs auf *World Demise* verlangten geradezu danach. Man denke nur an den pointierten, fast bildhaften Refrain von 'Don't Care', die doomigen Momente von 'Paralyzing' (in beiden Tracks kommt die Artikulation des Shouters voll zur Geltung, was drei Alben zuvor noch undenkbar war) oder den sofort ins Ohr gehenden Anfang von 'Final Thoughts', wo er allein dadurch ungeheuer bedrohlich klingt, dass er die beiden kraftvollen Wörter des Titels in die Länge zieht.

John behauptet, Obituary hätten für *World Demise* erstmals nur brandneue Ideen verwendet. Es gab keine Executioner-Nummern mehr zum Überarbeiten, geschweige denn Überschüssiges von früheren Alben. „Bei unseren ersten drei LPs und den beiden ersten im Besonderen hatten wir so viele Lieder, an denen wir schon sehr lange arbeiteten", sagt er. „Sogar auf *The End Complete* gab es einzelne alte Rhythmen oder Teile, die eben seit Langem existierten. Als wir mit *World Demise* anfingen, war das alles Material, das wir zur selben Zeit für dieses Album geschrieben hatten. Inhaltlich konnte ich in den Songs mehr sagen. Ich habe versucht, Texte zu schreiben, die ein bisschen tiefer gingen."

World Demise zählte zu den ersten Alben, deren Cover und Lyrics jenseits dessen lagen, was im Death Metal gängig war. Das Artwork zeigt um sich greifende Umweltverschmutzung, während das Booklet unter anderem einen Obdachlosen, eine Ente während der Santa-Barbara-Ölpest 1969 und ein Mann, der sich darauf gefasst macht, eine arglose Robbe zu erschießen, abbildet. Die Fotos zeugen von einer Band, die tiefgreifendere Themen im Sinn hatte als Blut, Tod und Zombies.

Peres erklärte Conner seine Vorstellungen von einem Cover mit Fabriken, Rauchschloten und Verschmutzung – im Grunde Bilder, die darlegen, dass die Welt „vor die Hunde" geht. Der A&R-Mann wandte sich dann ans Bettmann Archive, seine erste Anlaufstelle für Nachrichtenfotos. Ihm und Trevor zufolge enthielt das Archiv mindestens 500 Motive, die infrage kamen. Die beiden wählten vier Stück und schickten sie Laura Michaels von Twelve Point Rule, die sie fürs Cover übereinanderlegte.

Eines der Booklet-Fotos machte John, als er zu Fuß in New York City unterwegs war und auf einen Obdachlosen traf. „Ich sagte: ‚Ich nehme meine Kamera ganz schnell raus.' Wir waren noch ein Haufen Hinterwälder aus Florida, die an der Straße entlanggingen, als das passierte. Ich weiß noch, dass ich dachte: ‚Der hat es bestimmt nicht leicht.' ich erledigte die Entwicklung und den Druck selbst in einer Dunkelkammer."

Das *World Demise*-Cover drückt die Empfindungen der Band bezüglich des Zustands der Welt aus, Johns insbesondere. Der Sänger fuhr an einer Düngemittelfabrik unweit seines Hauses vorbei und sah deren Müllhalde täglich größer werden, bis es schließlich Berge aus hochgiftigem Phosphat waren. Sein Frust nahm zu, als er erfuhr, dass das Abwasser der Anlage in die lokalen Flüsse geleitet wurde, die es verseuchte beziehungsweise deren Ökosystem es zerstörte.

Heute hält John seine Textideen mit dem Mobiltelefon fest. Während der Arbeit an *World Demise* schrieb er seine Gedanken regelmäßig auf einen Block und ergänzte sie, während er sich eingehender mit der Zerstörung der Umwelt in seinem Heimatstaat beschäftigte.

„In Florida gibt es viele Wasserwege und eine Menge Wildnis", sagt er. „Ich campe und bin gerne draußen. Ich liebe Tiere. Ich versuche, meinen Beitrag zu leisten. Alles, was bei mir zu Hause anfällt, recycle ich. Schon kleine Bemühungen können helfen. Man hört ständig: ‚Also, wenn jeder Müll trennen würde, gäbe es solche Probleme nicht.' Es scheint so einfach zu sein. Ich beobachte manche Leute und sage: ‚Kannst du dein Plastik und Aluminium nicht einfach in einen anderen Behälter werfen, damit es recycelt wird?' Einfach irre, dass das so schwierig für sie ist.

„Ich habe Freunde, wenn ich die zu Hause besuche und frage: ‚Alter, warum hast du deine Bierdose gerade in den Müll geschmissen?', scheint ihnen das gar nicht bewusst zu sein, als müsse man nachhaken: ‚Was machst du da?' Etwas in die Wertstofftonne zu werfen kann doch nicht so schwer sein. Sie kommen das Zeug jetzt vor deiner Haustür abholen. Man muss nicht sonderlich viel tun. Das ist einfach cool. *World Demise* lief so gut, weil 'Don't Care', nachdem wir ein gewisses Bewusstsein entwickelt hatten, ein Wink mit dem Zaunpfahl für die Fans war. Wir machen uns offensichtlich Sorgen. Außerdem gab uns das einen Aufhänger für ein Video."

Auch Peres, ein begeisterter Angler, konnte sich mit den realistischeren Themen und Bildern des Albums identifizieren. Er war der Meinung, Obituary seien bereit, etwas anderes zu machen, das besser mit der Welt um sie herum in Einklang steht. „Egal wo man lebt, Mutter Natur ist immer da", sagt er. „In Tampa haben wir viele Meereslebewesen und Vögel – hier gibt es eine Menge Wildtiere. Dann erfährt man von Unternehmen und Fabriken, die ihre Abfälle in Flüsse und Bäche leiten. Das ist

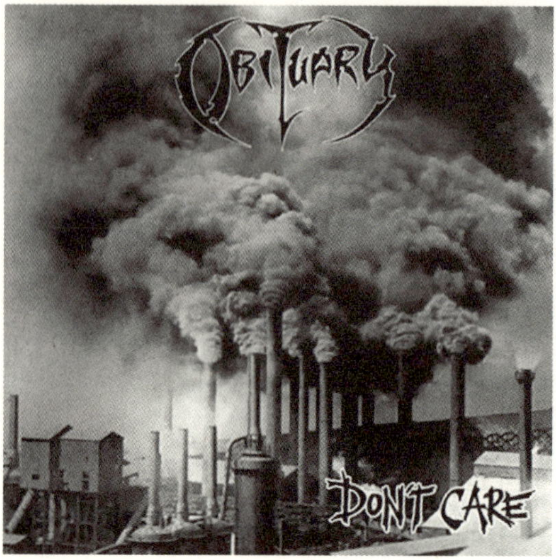

Obituarys ´Don´t Care´-Single, 1994, Roadrunner Records.

frustrierend. Ich angle schon mein ganzes Leben lang, versuche aber auch, die Natur zu schützen. Manchmal, wenn ich an einem Landesteg in Tampa angelte, sagte ich schon zu Leuten: ‚Hey, diese Fischart zu fangen ist gesetzeswidrig.'"

World Demise bleibt soweit das einzige Obituary-Album, dessen Texte Bezug auf die Wirklichkeit nehmen. Seitdem haben sich John und seine Bandkollegen an ihren Vorsatz gehalten, keine Meinung zu politischen oder gesellschaftlichen Ereignissen kundzutun. Für sie bedeutet ihre Musik Eskapismus; sie steht im Mittelpunkt, wohingegen Johns derbe Vocals nur Beiwerk sind. Die Aussagen auf *World Demise* über die Umwelt und den Zustand des Planeten waren nie als Moralpredigten gedacht, sondern sollten ein Publikum aufrütteln, das den Raubbau der Menschheit an der Erde vielleicht noch nicht bemerkt oder gleichgültig hingenommen hat.

„Wir haben allein durch das Cover, den ´Don´t Care´-Clip und einige Songtitel ein Statement abgegeben", sagt Donald. „Diese wenigen Faktoren vermittelten den Leuten womöglich den Eindruck: ‚Na, die Band versucht jetzt, etwas ganz anderes zu machen, und das ist toll.' Wir wussten aber, dass wir es mit den Ideen hinter *World Demise* nicht jedem recht machen würden. Uns war klar, wir konnten uns auf unsere Fans verlassen – sie brauchten bloß die Augen zu schließen, um den Titel oder das Cover auszublenden und sich auf die Musik zu konzentrieren. Wir haben unseren Spaß. Falls es euch gefällt, prima; sollten euch das Artwork oder die Konzepte nicht passen, geht auch das in Ordnung. Wir versprechen in jedem Fall, dass ihr die Platte lieben werdet, denn sie klingt nach Obituary."

´Don´t Care´ erschien am 26. Juli 1996 als Single, inklusive ´Solid State´ und dem Bonustrack ´Killing Victims Found´. Dieser nimmt eine Ausnahmestellung in der Geschichte der Gruppe ein, weil er zu den wenigen B-Seiten gehört, die sie herausgebracht hat. Das Stück hätte mit seinem von Celtic Frosts ´Procreation (of the

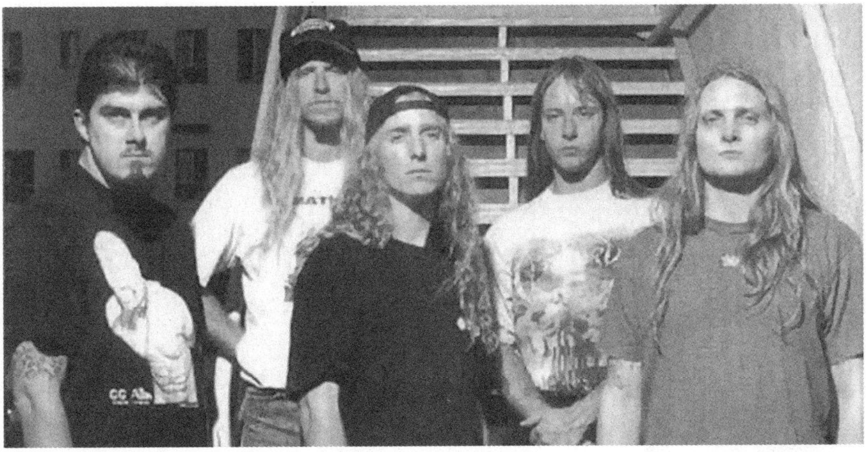

Obituary circa 1994.

Wicked)´ inspirierten Groove auch aufs Album gepasst, schaffte es aber nicht, weil viele andere für stärker befunden wurden.

Das dazugehörige Video untermauerte Johns Botschaft, Umweltverschmutzung und die Zerstörung der Erde würde aus Profitgier von Unternehmen, die sich nicht darum scheren („don´t care"), unter den Teppich gekehrt. Die Band – einschließlich ihres frisch kahlrasierten Bassisten Frank Watkins – spielt auf einem offenen Feld vor dem Kraftwerk Big Ben in Tampa, das genau die Art von Abfall erzeugt, die der Song Firmen zuschreibt, die ungerührt von der Tatsache bleiben, dass sie den Planeten zerstören. Eines der weiteren Kraftwerke, die man im Clip sieht, befindet sich in Crystal River/Florida. Als Obituary eine Dreherlaubnis beantragten, hielt die Stadtverwaltung sie für eine Umweltschutzgruppe. Die Genehmigung wurde verweigert. Unbeeindruckt davon stiegen die Mitglieder von Obituary ins Boot eines Freundes und filmten die Kühltürme, ohne einen Fuß an Land zu setzen. Die Bilder von in ölverseuchtem Wasser spielenden Kindern prägen sich genauso tief ein wie die Szenen von toten Tieren, Unmengen Abfall und schmutzig verqualmtem Himmel.

Als *World Demise* am 6. September 1994 erschien, sah die Metal-Welt im Vergleich zur Zeit des Vorgängers deutlich anders aus. Pantera hatte mit *Far Beyond Driven* Platz 1 der *Billboard* Top 100 erreicht, Machine Head preschten mit *Burn My Eyes* aus den Startlöchern, Prong befanden sich dank der Single ´Snap Your Fingers, Snap Your Neck´ auf ihrem kommerziellen Zenit, und viele von Obituarys Death-Metal-Kollegen kämpften mitten in ihrer Karriere mit einer Flaute.

Laut Conner wurden geschätzt 65.000 Exemplare von *World Demise* verkauft – beileibe nicht schlecht für eine Death-Metal-Band, doch Obituary schafften es nicht, die hohen Verkaufszahlen von *The End Complete* zu übertreffen. Er führt dies auf die Kreisläufe innerhalb der Musikindustrie zurück. Das Überraschungsmoment der Band – speziell Johns Gesang – nutzte sich langsam ab, und ein bedeutender Teil der Death-Metal-Anhänger war zu den neu auf den Plan getretenen Acts abgewandert. Aufgrund der veränderten Situation vermarkteten Roadrunner Obituary

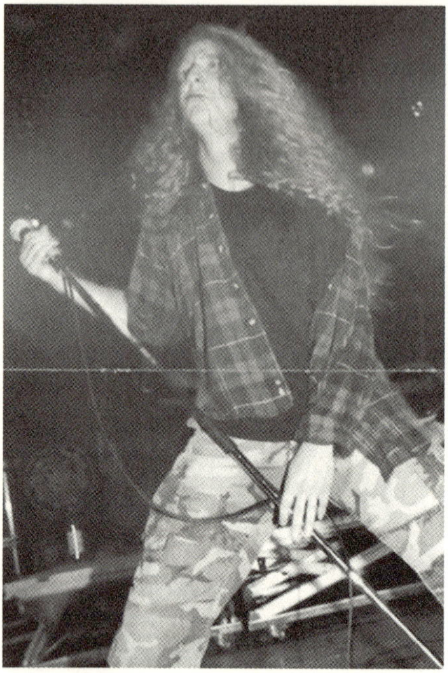

John Tardy live.

als Gruppe, die reifte, weiterwuchs und sich einiger ihrer grauslichen frühen Death-Metal-Elemente entledigte, um einen Stil zu spielen, der besser in die Mitt-1990er passte.

„Obwohl das Cover schick aussah und die Produktion großartig klang, fehlte für *World Demise* der Hype, den es bei *The End Complete* gegeben hatte", weiß Conner. „Mit dem Einsatz von Loops und ein bisschen mehr Elektronik äußerte die Band den Willen, ihren Sound zu erweitern und etwas experimenteller zu werden. Ich denke, das Beste an diesem Album ist, dass man merkt, dass sie versuchten, ihren Stil weiterzuentwickeln. Das woran die Platte für mich scheiterte, waren die Songs. Ich finde sie einfach nicht so toll, auch wenn sie ein paar klasse Nummern wie ´Don´t Care´, ´Final Thoughts´, ´Kill for Me´ enthält – das sind drei der besten Obituary-Tracks aller Zeiten."

Das Album liegt Donald und Peres besonders am Herzen. Den beiden gefiel die Herausforderung, sich stilistisch breiter aufzustellen, vor allem Donald, der *World Demise* als einen der größten Erfolge der Band betrachtet.

„Ich war sofort stolz darauf, als wir die Aufnahmen beendeten", sagt er. "Beim Anhören, nachdem wir Mix und Mastering abgeschlossen hatten, dachte ich, es sei das Album, das ich nennen würde, wenn jemand fragte: ‚Wer sind Obituary?' oder ‚Was ist Death Metal?' Ich würde antworten: ‚Hört her, das sind Obituary, das ist Death Metal. Es hat einen gewissen Groove und keinen unnützen Firlefanz wie Tausend-Meilen-die-Stunde-Drums. Hier gibt´s keine Blastbeats. Es ist einfach groovig und verdammt heavy.' Ich bin total stolz auf *World Demise*. Das Songwriting war erste Sahne und hat von der Produktion profitiert."

Das Album war bereits im Kasten, als Obituary anfingen, es auf Tour zu promoten. Die Konzerte begannen am 2. Juli 1994 im finnischen Hämeenlinna, wobei die Band auch schnell ein paar europäische Festivals mitnahm, ehe sie im August als Support von Napalm Death in die USA zurückkehrte. Nicholls begleitete sie als Live-Mischer, da Obituary überzeugt waren, er sei der Richtige für die Samples, Loops und Effekte, die notwendig waren, um *World Demise*-Songs wie ´Kill for Me´ oder „Redefine´ richtig umzusetzen. Er programmierte die Sounds in einen Kurzweil-Sampler und rief sie während der Shows manuell ab, was Donald die Mühe ersparte, zusätzliche Drum-Pads zu verwenden. Das war Neuland für eine Band, die bisher nur dezente Effekte für ihre Auftritte benötigt hatte.

„Big Shirt war derjenige, der sagte: ‚Ich kenne die Songs. Ich habe mir sowieso die Hälfte der Sounds dazu ausgedacht'", erzählt Donald. „Er hat das auf dieser Tour alles live für uns getan. Ohne Big Shirt wären wir nie dazu gekommen, das bei Konzerten zu probieren, gerade 1994 – für eine Death-Metal-Band war das unerhört."

Das letzte Konzert zu *World Demise* fand Ende November 1994 in London statt. Obituary traten 1995 nur ein einziges Mal auf und stellten sich auf eine längere Pause ein – die erste in ihrer Laufbahn. Nun waren sie Death-Metal-Aushängeschilder und hatten vier Alben bei Roadrunner veröffentlicht, fingen aber gerade erst an, ein wenig Gewinn zu machen. Das änderte aber kaum etwas an ihren Karriereaussichten.

„Kaum dass das Touren in diesem Jahr aufhörte, wurde uns bewusst, dass wir sechs Monate lang zu Hause sein würden", sagt Donald. „Wir waren nicht so drauf, dass wir herumsaßen und Däumchen drehten, sondern kehrten sofort in die Jobs zurück, die wir hatten. Ich arbeitete wieder in einer Lagerhalle, wo ich Gabelstapler fuhr. Wir standen aber nie so knapp davor, die Band zum Beruf zu machen und Geld mit dem Verkauf von Alben und Merchandise zu verdienen."

Peres schrieb sich an der Mid-Florida Tech in Orlando ein, um Grafikdesign zu studieren. Er war Vollzeitstudent mit einem Zweijahresplan, was bedeutete, dass er fünf Tage die Woche für drei Stunden zur Schule musste. Er verdoppelte sein Pensum aber auf sechs Stunden täglich und schloss das Studium innerhalb eines Jahres ab. Schon seit Executioner-Zeiten, als er Tampa mit Flyern übersät hatte, erwärmte er sich für Kunst und Design. Da Obituarys Artworks immer vielfältiger wurden, wollte er sich dahingehend stärker einbringen. Außerdem war Peres nie aufs College gegangen, denn Obituary wurden wenige Jahre nach seinem High-School-Abschluss erfolgreich. Es war auch eine Alternative, auf die er zurückgreifen konnte.

„Es war eine verantwortungsvolle Entscheidung", bemerkt er lachend. „Mir gefiel das. Es war spannend und etwas, das ich unternehmen konnte. Nicht dass ich gezwungen gewesen wäre, den Unterricht zu besuchen und eine Abschlussarbeit zu schreiben. Ich konzentrierte mich auf das, was ich tun wollte – die alte Schule, den Umgang mit Feder, Bleistift und Tinte. Mir ging es nur darum, zu lernen, wie man Dinge von Hand macht. Ich erfuhr auch etwas über kommerzielle Kunst und wie man Drucke von eigenen Werken herstellt. Das war das erste Jahr; im zweiten drehte es sich nur noch um digitale Kunst."

Für John bedeutete Obituarys Pause nach der Tour zu *World Demise*, dass er sich auf seine Arbeit als Tester bei Product Safety Engineering konzentrieren konnte. Obwohl er keinen technischen Hintergrund, geschweige denn einen Hochschulabschluss hat, stieg John in dem Unternehmen auf, wo er mit dem Sortieren der Post angefangen hatte. Dank seiner schnellen Fassungsgabe und Neigung, dem leitenden Ingenieur Löcher in den Bauch zu fragen, bekam er mehr Verantwortung – und musste zunehmend komplexere Produkte testen.

„Ich war bestimmt kein Ingenieur, vertiefte mich in den Testteil der Arbeit", erklärt er. „Ich lernte einfach Stück für Stück dazu. Schließlich bekamen wir alle möglichen verrückten Produkte von größeren Unternehmen. Eine meiner Aufgaben bestand darin, diese Produkte an einen Computer anzuschließen, um festzustellen, ob sie funktionierten. Wenn sie aus irgendeinem Grund nicht mehr funktionierten, musste man herausfinden, wie man sie wieder in Gang brachte. Es war praxisorientiertes Lernen, stellte sich aber als super Job heraus."

Die Aufteilung des Songwritings blieb bei Obituary während der Entstehung von *World Demise* ausgewogen. Allen Wests stumpfe und konventionelle, aber höchst effektiven Stücke waren das perfekte Gegenstück zu Trevor Peres' dynamischeren und stärker Riff-orientierten Offerten. Da die Band nach dem Demokratieprinzip funktionierte, erhielten alle fünf Mitglieder den gleichen Anteil an Lizenz- und Verlagseinnahmen, Zank beim Komponieren – oder wegen des Geldes – kam selten auf. Dass sich die beiden Gitarristen gesondert zum Schreiben mit Donald Tardy zusammensetzten und die Band genug Material für ein Album hatte, war Formsache. Ungeachtet der Frage, wem was angerechnet wurde, teilten Obituary alles brüderlich.

Nichtsdestoweniger waren die Nebenprojekte im vollen Gang, nachdem Trevor und Donald 1993 gemeinsam mit Mitch Harris und Shane Harris von Napalm Death Meathook Seed gegründet hatten. Frank Watkins spielte immer noch nebenbei in seiner ursprünglichen Band Hellwitch. John Tardy lehnte nach wie vor routinemäßig Gastauftritte ab, nachdem er 1990 und '91 bei Cancer, Epitaph, Master und Napalm Death mitgesungen hatte. Und als Obituary 1992 für eine Nordamerikatournee mit Cannibal Corpse zusammenschlossen, legte West den Grundstein für ein Projekt mit Sänger Chris Barnes unter dem Banner Six Feet Under.

Er nahm die ersten Demos dafür mit einem Drumcomputer auf. Aus seinem riesigen Fundus an Ideen, die nicht für Obituary geeignet waren , strickte Allen schließlich vier Songs. Diese zeigte er Bassist Terry Butler und Drummer Bill Andrews, die nach der 1992 erschienenen *Inhuman Condition*-EP bei Massacre ausgestiegen waren. Ersterer war sofort von den Stücken beeindruckt, vergewisserte sich aber noch einmal, dass West keinen Ärger mit den Tardy-Brüdern oder Peres bekommen würde, weil er eine weitere Death-Metal-Band aufzog. Nachdem ihm der Gitarrist versichert hatte, niemand bei Obituary habe ein Problem mit Six Feet Under, erklärte sich Butler zum Mitmachen bereit. Andrews schied jedoch aus, sodass sich West nach einem anderen Schlagzeuger umsehen musste. Er wollte an seiner ursprünglichen Idee festhalten und den Drumcomputer im Studio einsetzen, bis Scott Burns einlenkte, indem er Donald Tardys Roadie Greg Gall empfahl, der auch Butlers Schwager war und ebenfalls aus Tampa stammte.

Gall und West kannten sich bereits seit Mitte der 1980er. Sie hatten sich über gemeinsame Freunde kennengelernt und begannen bald, Coverversionen von Anthrax und Exciter zu spielen, wobei sie planten, irgendwann eine Band zu gründen. Als West Massacre und anschließend Executioner beitrat, wurde dieser Plan auf Eis gelegt, aber Gall spielte weiterhin bei verschiedenen Bands in Tampa, um seine Fähigkeiten zu verbessern. Dennoch: Nachdem er Donald allabendlich beim Trommeln erlebt

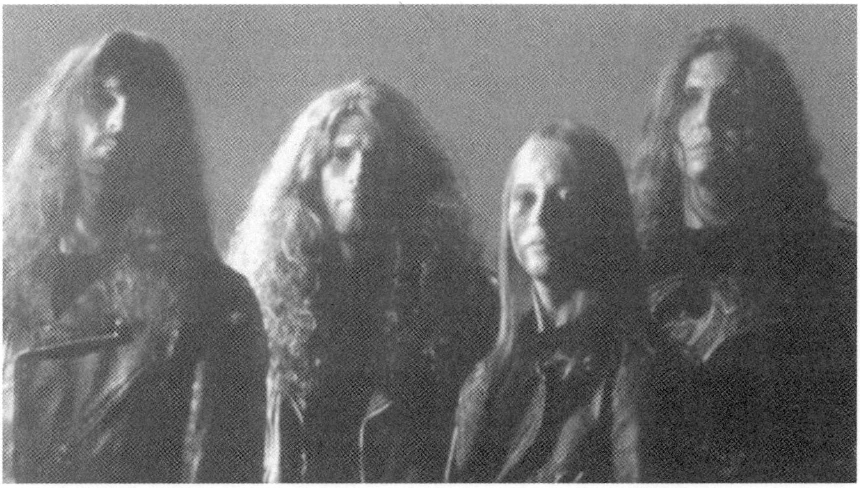

Six Feet Under (von l. nach r.): Greg Gall, Chris Barnes, Allen West und Terry Butler. Foto von Chris Coxwell.

hatte, gelangte Gall zu dem Schluss, dass er sich durch simples, zuverlässiges Spiel auszeichnen wollte.

„Ich habe Allens Songs nicht großartig aufgepeppt", sagt er. „Ich spielte, was er mit dem Drumcomputer geschrieben hatte. In anderen Bands, denen ich angehörte, machten wir Indie Rock – Musik, die etwas hektischer und komplexer war. Six Feet Under klangen von Anfang an simpel."

Butler, Gall und West probten immer dann, wenn Obituary nicht tourten. Barnes stieß während der Auszeiten von Cannibal Corpse hinzu und half bei der Ausarbeitung der Songs, die schließlich ihr Debütalbum *Haunted* bildeten.

Es gibt verschiedene Überlegungen zu Wests Entscheidung, eine ähnliche Band zu gründen, als Obituary noch aktiv und populär waren. Butler vermutet, der Gitarrist sei unruhig geworden, da die Konzerte zu *World Demise* nicht mehr so gut besucht waren wie frühere Tourneen, und dass Obituary ein paar Jahre bis zu ihrem nächsten Album verstreichen lassen wollten. John Tardy hätte West nicht aufgehalten, stellte aber auch die Motive dafür infrage, dass Riffs für Six Feet Under verbraten wurden, die auch für Obituary geeignet gewesen wären. Peres machte das nichts aus – er war mit seinem Studium beschäftigt, unterstützte seinen Gitarrenkollegen aber weitgehend. Auch Donald stand hinter Wests Vorhaben, da er der Meinung war, Six Feet Under seien ein hervorragendes kreatives Ventil für ihn. Den Drummer überzeugte das neue Unterfangen dergestalt, dass er bei der Vorproduktion des zweiten Albums *Warpath* (1997) half

„Ich bin nicht so wettbewerbsorientiert, dass ich sagen würde: ‚Ach, das wird auf keinen Fall so gut wie Obituary'", betont er. „Die Wahrheit ist, dass ich Big Als Songwriting liebe und dachte, er und Chris würden ein tolles Duo abgeben. Greg ist einer meiner besten Freunde, und mit Butler waren wir schon eng befreundet. Ich hielt Six Feet Under für eine großartige Idee."

Ungeachtet der Position seiner Obituary-Mitmusiker schlug West im Sommer 1995 mit Barnes, Butler und Gall im Morrisound auf, um *Haunted* für Metal Blade Records aufzunehmen. Als Tontechniker und Produzent fungierte natürlich Scott Burns. Da er in diesen Funktionen auch jahrelang für Cannibal Corpse gearbeitet hatte, kannte er deren Innenleben genau und wusste um die breiter werdende Kluft zwischen Barnes und seinen Gefährten. Wie schon lange bekannt war, wollten Bassist Alex Webster und Schlagzeuger Paul Mazurkiewicz Cannibal Corpse in eine technischere Richtung lotsen. Im Gegensatz dazu hätte Barnes gerne die geradlinige, aber dennoch brutale Marschroute ihrer ersten vier Studioalben beibehalten. Der Zwist kam zu einem ungünstigen Zeitpunkt: Mitte der 1990er waren Cannibal Corpse sehr beliebt.

Burns verfolgte mit, wie Barnes von seinen Bandkollegen ausgegrenzt wurde, verstand aber auch Mazurkiewiczs und Websters Haltung. Der Frontmann offenbarte diese Gefühle über zwei Jahrzehnte später gegenüber der Presse und erklärte, sein Ausstieg sei auf den „Spott" der übrigen Bandmitglieder zurückzuführen. Wests Riffs und Arrangements auf *Haunted* waren jedoch das Gegenmittel für alles, was Barnes seinerzeit empfand. Das Album zu hören und sich nicht vorzustellen, einige Stücke hätten Obituary-Songs werden können, fällt trotzdem schwer. 'The Enemy Inside', 'Human Target' und 'Silent Violence' wären offensichtliche Kandidaten, wobei West sein Händchen für eingängiges, nahezu primitiv schnörkelloses Songwriting innerhalb der Grenzen des Death Metal beweist. Die Platte markierte vielleicht Barnes' letzte Großtat als Sänger. Mit Butler und Gall als solider Rhythmusgruppe, die alles zusammenhielt, war *Haunted* das Album, auf das die Szene wartete.

Allen hatte all diese Songs schon fertig", erzählt Burns. „Obituary nahmen nicht auf, und er musste etwas mit ihnen machen. Terry und Greg – sie passten von Natur aus zusammen. Und Chris sang gerne zu diesen langsamen, schwerfälligen Riffs. Daher rührte das Problem, das Cannibal Corpse hatten – er sang ungern zu technischen Riffs. Greg war indes einer der besten Schlagzeuger, die ich je in Tampa aufgenommen habe. Ich liebe ihn abgöttisch. Terry auch. Ich halte große Stücke auf beide."

Six Feet Unders Live-Premiere fand am 28. Juli 1995 auf dem Milwaukee Metalfest statt. Dem kundigen Betrachter mag es zunächst befremdlich vorgekommen sein, Barnes, Butler und West in einer neuen Gruppe zu sehen, aber diese klang schon wie ein Haufen Veteranen, bei denen Barnes (noch ohne Dreadlocks) und ein noch agilerer, selbstbewusster West über die Bühne tigerten. Für Gall war das Metalfest ein denkwürdiges Erlebnis – sein erster Auftritt in dieser Größenordnung.

„Ich bin als Kind in Wisconsin aufgewachsen", sagt er. „Es ist mein Lieblingsstaat, ich liebe Wisconsin und die Menschen dort. Sie sind großartig, sie sind aufrichtig. Mein Dad reiste mit meinem Onkel per Flugzeug an und überraschte mich bei der Show. Er war völlig aus dem Häuschen, weil er nicht mit 5.000 bis 7.000 Zuschauern im Eagles Ballroom rechnete, die uns sehen wollten. Als er jung war, besuchte er dort Konzerte großer Bands."

Gall erinnert sich an seine und Wests Begeisterung nach ihrem Auftritt in Milwaukee. Die beiden kehrten gleich im Anschluss nach Tampa zurück und sahen sich tags darauf eine Aufzeichnung des Gigs an. Sie fanden ihn sehr „cool" und blickten auf eine glänzende Zukunft mit Six Feet Under.

Die Tour zu *Haunted* ging im Frühling 1996 zu Ende, sodass sich West wieder Obituary widmen konnte. Barnes trennte sich hingegen während der ersten Aufnahmesessions zum Album *Created to Kill*, das schließlich zu *Vile* wurde, offiziell von Cannibal Corpse.

Auf Obituarys *Back From the Dead*-Tour sollte sich das Blatt für West wenden. Gall war wieder als Donalds Drum-Roadie dabei und beobachtete, dass der Leadgitarrist immer stärker von verschiedenen illegalen Substanzen abhängig wurde. Bei diesen Konzerten litt Wests Leistung nicht darunter, doch Gall und die anderen Bandmitglieder waren nicht gerade begeistert von der Gesellschaft, die backstage oder im Bus aufzukreuzen begann. Die Tardys, Peres und Frank Watkins duldeten Wests Verhalten und Drogenkonsum, weil sie der Ansicht waren, er sei erwachsen und könne tun, was er wollte. Für Barnes war dies jedoch der Anfang vom Ende von Wests Zeit bei Six Feet Under. Nach der Veröffentlichung der *Alive and Dead*-EP (1996) erschien im September ′97 ihr Zweitwerk *Warpath*. Damit wagte sich die Band auf Death′n′Roll′-Terrain, das die Schweden Entombed 1993 mit ihrem legendären Album *Wolverine Blues* abgesteckt hatten. *Warpath* zeichnete sich durch Wests noch schlichtere Arrangements und Riffs sowie Barnes′ transparenteren, dominanteren Gesang aus, der nun anders als auf *Butchered at Birth* und *Tomb of the Mutilated* von Cannibal Corpse gut verständlich war. Metal Blade räumte der Band daraufhin Priorität ein.

„Allen hatte den Großteil der ersten beiden Alben geschrieben, als wir alle zusammenfanden, erzählt Butler. „Das hätte man aber nie geahnt, weil wir live so gut klangen. Ich fand, dass wir ziemlich gut aufeinander eingespielt waren, wenn es darum ging, Konzerte zu geben. Wir haben etwas ganz anderes geboten, weil die Leute dachten: ‚Das sind Mitglieder von Death, Cannibal Corpse und Obituary, also muss es der geilste, krasseste Scheiß sein, den man sich vorstellen kann.' Wir wollten ein bisschen anders sein. Das erste Album und *Warpath* entsprechen exakt dem, worum es bei Six Feet Under ging: heavy Grooves, eingängige Rhythmen und satte Vocals. Genau das war der Punkt. Wir haben uns super verstanden."

Während die Band in Galls Haus für die *Warpath*-Konzerte probte, konfrontierte Barnes West mit dessen Verhalten und angeblichem Drogenmissbrauch auf Obituarys *Back From the Dead*-Tour. Der Sänger – ein bekannter Befürworter von Marihuana, der so weit ging, einen Six Feet Under-Song ′4:20′[5] zu nennen – war es leid, dass West im Beisein der Band harte Drogen nahm und fragwürdige Gestalten in den Bus holte. Barnes verwarnte West eindringlich, dies würde nicht toleriert, und Butler stand hinter dem Frontmann. „Ich wollte so etwas auch nicht in unserem Bus haben" sagt der Bassist. „Wir erklärten ihm: ‚Wenn du das alles tun willst, kein Problem, aber nimm dir ein Hotelzimmer.' Allen flippte daraufhin aus. Er entgegnete Chris, Greg und mir: ‚Das ist meine Band, mein Bus. Ich tue, was ich will.'"

[5] In Amerika gängiges Codewort für den Cannabis-Konsum.

Barnes und Butler verließen Galls Haus in der Annahme, der Gitarrist brauche ein wenig Zeit, um über das Gesagte nachzudenken. Stattdessen ließ sich West weiter bei Gall aus und bestand darauf, er könne als Erwachsener selbst entscheiden. Das war der Tropfen, der das Fass zum Überlaufen brachte: Er packte sein ganzes Equipment mitsamt den Gitarrenkabeln und trug es aus dem Haus. Der Schlagzeuger versuchte sein Bestes, um West zur Räson zu bringen, doch es war zu spät.

„Ich wollte ihn aufbauen und sagte: ‚Mensch, du musst das nicht tun.' Damals dachte ich, es sei nur eine Drohung. Wenn ich jetzt zurückblicke, glaube ich, es war diese Masche: ‚So, ich steige aus', und dann sollten wir betteln: ‚Oh, Al, bitte nicht. Komm zurück, komm zurück.' Ich mag Al sehr und sehe ihn als meinen Bruder, wollte mir diesen Scheiß aber nicht bieten lassen. Die Band soll die Hauptsache sein."

Die Mitglieder von Six Feet Under besprachen, ob sie West anrufen und zur Rückkehr bewegen sollten. Stattdessen entschieden sie, dass seine Probleme ein zu hohes Risiko darstellten. Die Band trennte sich 1998 endgültig von ihm. Der ehemalige Massacre-Gitarrist Steve Swanson wurde sein Nachfolger.

West gründete noch im selben Jahr Lowbrow mit den ehemaligen Nasty Savage-Mitgliedern Ben Meyer und Curtis Beeson. In Gedanken ware er jedoch nicht weit von Six Feet Under weg, als er mehrere Jahre später zufällig bei Gall auftauchte, während sie probten. Er wollte sich mit Barnes versöhnen und herausfinden, ob er der Band wieder beitreten könnte.

Gall erzählt: „Ich meinte zu Al: ‚Ich weiß, wie Chris ist. Ich für meinen Teil würde die Vergangenheit ruhenlassen, aber er ist nicht so drauf.' Schließlich sagte ich: ‚Na, komm schon rein.' Allen schüttelte Steves Hand, aber er hatte schwarze Fingernägel, wie angeklebt. Ich bin mir nicht sicher, was das bedeutete. Dann streckte er Chris eine Hand zum Schütteln hin, doch der sah ihn bloß an. Er nahm Als Hand nicht. Das war´s dann. Sehr unangenehm."

Six Feet Under kamen in den Jahren nach Wests Ausstieg nicht aus dem Tritt. Die Alben *Maximum Violence* (1999), *True Carnage* (2001) und *Bringer of Blood* (2003) liefen gut, wodurch die Gruppe in Nordamerika und Europa regelmäßig als Headliner auftreten konnte. Die ersten beiden LPs bleiben allerdings ihre beliebtesten. Leider überschatten Wests vielen unüberlegten, öffentlich bekannten Konfrontationen mit dem Gesetz seine wichtigen Beiträge zu drei bedeutenden und beständigen Death-Metal-Bands aus Florida.

„Allen half bei der Verfeinerung von Obituarys Sound", weiß Butler. „Sie hatten diesen schon vor seinem Einstieg gefunden, aber man hört seinen. Er hatte auf jeden Fall ein Gespür fürs Schreiben mordsgeiler Songs. Man muss sich das vorstellen: Er war bei Massacre, Obituary und Six Feet Under. Er hat eine Menge losgetreten."

KAPITEL 10

BACK FROM THE DEAD

Scott Burns kann den genauen Zeitpunkt nicht bestimmen, doch 1996 erreichte der Tontechniker und Produzent des Morrisound die Grenze seiner Belastbarkeit, was Aufnahmen von Death-Metal-Bands anging. Seine Freude an diesem Stil hatte deutlich nachgelassen. Wenn er von Jim und Tom Morris, den Eigentümern des Studios, jetzt einen Auftrag erhielt, sah er nun eher eine Verpflichtung als eine Herausforderung darin. Er wollte unbedingt Musik außerhalb des Metal-Spektrums produzieren. Den Anfang machten Remixe für die deutsche Industrial-Combo KMFDM und die Alternative-Rocker Gravity Kills aus St. Louis, aber der Stempel „Death-Metal-Produzent“ haftete ihm auf Schritt und Tritt an. Er hatte einen Agenten in Los Angeles, der nach Arbeit für ihn suchte, und einen Anwalt in New York City, der ihm bei Verhandlungen mit den großen Plattenfirmen half, falls ihn einer von deren Acts kontaktierte. Zu Burns' Leidwesen fand sein Scout keine Jobs für ihn, und die Anrufe der Major-Labels blieben aus. Er saß dauerhaft fest und war ausgebrannt.

Mit der Begründung für seinen Burnout machte er es sich leicht: Er war der Meinung, die meisten Death-Metal-Bands hätten ihren Höhepunkt nach dem zweiten oder dritten Album erreicht, woraufhin sie anfangen würden, Ideen wiederzukäuen, statt etwas Neues zu schaffen. Seit seiner Beförderung zum Haustechniker und -produzenten des Morrisound für die Aufnahmen von *Slowly We Rot* hatte Burns den steilen Aufstieg des Genres mitverfolgt, erstaunlich viele klassische Alben in diesem Stil produziert, dafür den Zorn der norwegischen Black-Metal-Szene auf sich gezogen (was so weit ging, dass Mayhem-Kopf Øystein „Euronymous“ Aarseth Scotts Konterfei auf der Rückseite verschiedener Veröffentlichungen seiner Firma Deathlike Silence durchstrich) und eine lange Warteliste von Kunden angelegt – begann dann aber, sich zu überfordern.

„Ich arbeitete drei, vier Jahre lang sieben Tage die Woche zwölf Stunden täglich, und ob richtig oder falsch, gut oder schlecht: alles im Morrisound einschließlich mir selbst begann, gleich zu klingen“, verdeutlicht er. „Alle Bands kamen zu uns. Obwohl ich das Extreme an ihnen mochte, hörten sie sich irgendwann alle gleich an. Es gab immer weniger Bands, die so stark beziehungsweise einzigartig waren wie die erste

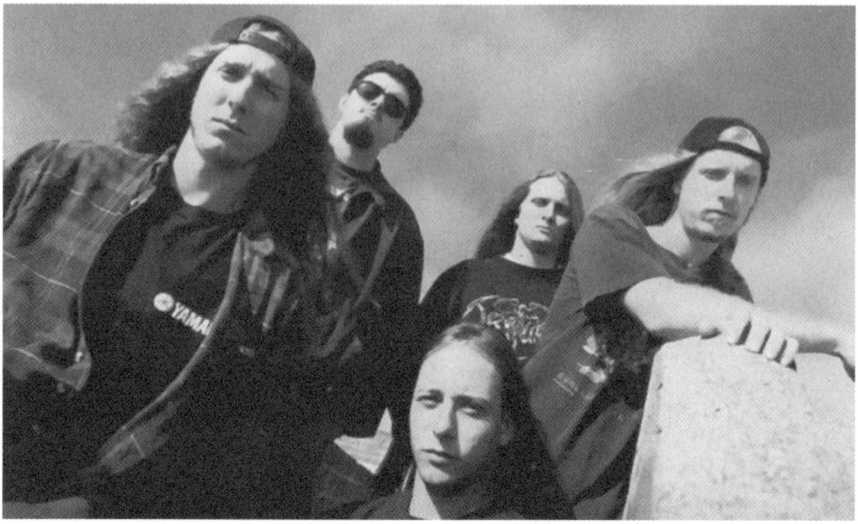

Obituary circa 1997.

Welle, und sie zu finden wurde zunehmend schwieriger. Viele waren Nachahmer; ich meine das nicht böse, doch gute Aufträge zu bekommen fiel mir immer schwerer. Ich versuchte, Arbeit außerhalb des Death Metal zu finden. Er war zwar nicht am Ende, hatte seine Blütezeit aber hinter sich. Eigentlich gefiel Death Metal niemandem, außer man stand sowieso schon darauf. Heute meinen die Leute zu mir: ‚Dass du diese Art von Musik produziert hast, ist cool.' Damals hat das niemand gesagt. Es hieß immer: ‚Oh, du bist der Typ, der den ganzen Death Metal aufnimmt…'"

Während der Aufnahmen zu *World Demise* schenkte John Tardy Burns einen 486er-DX-Desktop-PC. Fasziniert von seinem neuen Spielzeug stürzte sich der Producer Hals über Kopf in die Welt der Software und Computertechnik. Er begann ein Teilzeitstudium der technischen Informatik an der University of South Florida, das er mit seinen Verpflichtungen im Morrisound vereinbaren musste. Obwohl seine Anstellung dort fest war, entsprach sein Stundenlohn selten bis gar nicht der Zeit, die er hineinsteckte – die Budgets wurden immer niedriger, als die Verkaufszahlen von Death-Metal-Alben Mitte der 1990er sanken. Außerdem plante Burns, mit seiner Frau eine Familie zu gründen. Ein einträglicherer Zweitjob außerhalb des extremen Metal wurde eine greifbare Möglichkeit.

„Ich produzierte Platten für kleinere Bands und solche aus Übersee", erzählt er weiter, „hatte es aber satt und sah keinen Sinn mehr darin, falls ich keine Aufträge außerhalb des Death Metal erhielt. Meine Rechnungen zu bezahlen war schwierig. Ich bekam ein gutes Gehalt von Tom und Jim, beklage mich also nicht darüber; allerdings wurde ich nie an den Gewinnen aus dem Verkauf von Alben beteiligt. Viel Geld verlangt habe ich auch nicht. Ich sagte einfach: ‚Stimmt so, ich hatte meinen Spaß.' Mal ein Beispiel: Bands wie Machine Head wurden immer größer. Ich würde nicht behaupten, dass ich ihren Stil mag, auch wenn sie großartig sind, doch ich war nicht darauf aus, mich dem Trend anzubiedern. Ich mochte es, Death Metal zu produzieren, weil ich die Musiker alle kannte. Die meisten von ihnen stammten sowieso von hier. Schließlich sagte ich: ‚Ich hatte meine 15 Minuten Ruhm, das genügt mir. Ich werde immer mit dem, was ich gemacht habe, im Reinen sein.' Ich wollte nie mit Death Metal reich oder berühmt werden."

Burns' Entscheidung, sich schrittweise aus der Produktion von Alben zurückzuziehen, hatte eine unmittelbare Auswirkung auf Obituary. Nach ihrer bis dato längsten Pause zwischen zwei Alben plante die Band, Ende 1996 ins Studio zu gehen, um mit der Arbeit an ihrer fünften LP *Back From the Dead* anzufangen. Sie erfuhren jedoch bald, dass Scott nicht verfügbar war. Die Morris-Brüder – selbst versierte Tontechniker und Produzenten – kamen nicht infrage, also mussten Obituary zum allerersten Mal woanders als im Morrisound aufnehmen.

Damit begann der turbulenteste Album-Zyklus in der Karriere der Gruppe. Die Metal-Szene betrachtete Death Metal wie Burns als überkommen, lahm und altbacken, beigelegt zugunsten von Bands wie Fear Factory, Machine Head oder Pantera als Speerspitze des nun angesagten Groove-Sounds, der schließlich dem noch populäreren Nu Metal weichen sollte. Und die norwegische Black-Metal-Szene, die in fast jeder Hinsicht weit entfernt zu sein schien, steuerte im Sog von Bands wie Darkthrone, Dimmu Borgir, Emperor oder Satyricon auf ihren kommerziellen Höhepunkt zu. Der Aufstieg dieses Stils aus den Tiefen des Underground ging mit waghalsigen Gitarrenmotiven, vordergründig tonangebenden Keyboards und einem Tempo einher, das die Grenzen der möglichen Schläge pro Minute auslotete. Eine Zeitlang ließ er den Death Metal wie aus dem Tritt gekommen dastehen.

Obituary befanden sich in einer gewohnten Position: Sie schauten von außen zu, wieder einmal im Bilde über das, was im Heavy Metal vor sich ging, aber scheinbar unberührt davon. Da die Band nicht so ausgiebig für *World Demise* tourte wie zuvor, wurden Obituary ausnahmsweise auf die lange Bank geschoben. John vertiefte sich weiter in seinen Job bei Product Safety Engineering, Allen West hob Six Feet Under aus der Taufe, Trevor Peres zog nach West Palm Beach und Frank Watkins blieb in Fort Lauderdale, wo er sich in lokalen Bands austobte und einen geregelten Job unabhängig von Obituary in Erwägung zog.

Dennoch trafen sich die Mitglieder im Sommer 1996 wieder, um mit der Arbeit an *Back From the Dead* zu beginnen. Nicht lange, und sie vertrieben sich die Zeit nach dem Proben wie üblich, indem sie Football schauten, Frisbee warfen, Bier tranken, einfach nur miteinander abhingen und jene Kameradschaft genossen, die Obituary immer noch zu einer Freude machte. Im Gegensatz zum teils experimentellen Vorgänger *World Demise* ist *Back From the Dead* ein bodenständiges Album ohne Schnörkel, das Burns' Behauptung widerlegt, Death-Metal-Bands würden ihren Zenit im Allgemeinen nach ihrem zweiten oder dritten Album erreichen. In mancher Hinsicht wurde die Platte zu einer Blaupause, auf die sich das Quintett im weiteren Verlauf ihrer Karriere immer wieder berufen sollte. Die Tatsache, dass sie mit 'Threatening Skies', 'By the Light' und 'Download' drei Live-Standards hervorbrachte, lässt darauf schließen, dass sie nur aufgrund des damaligen Zeitgeist unbemerkt blieb.

Donald: „Ich weiß noch, wie Big Al und Trevor *Back From the Dead* komponierten und sofort dachte: ‚*Dieser* Song wird sich von selbst schreiben. *Jener* wird aufmunternd klingen und nicht sehr lang sein.‘ Uns war klar, wie sie sich entwickeln würden: ‚Der hier bekommt wahrscheinlich einen Mittelteil, aber wir haben schon eine Hook, also los.‘ Genau so lief es mit *Back From the Dead*. Wir fühlten uns beim Schreiben des Albums sehr zwanglos und entspannt. Mit *World Demise* im Rücken, waren wir selbstbewusst uns zufrieden damit, wo wir als Band standen.“

Obituarys neue Aufnahmestätte waren die historisch bedeutenden Criteria Studios in Miami. Mack Emerman eröffnete sie 1958 im Lagerhauskomplex. In den 1970ern wurden sie bekannt, als Megastars wie die Bee Gees, Bob Seger and the Silver Bullet Band oder Eric Clapton ihre bahnbrechenden Alben dort aufnahmen. Außerdem entstanden im Criteria Black Sabbaths Geratewohl-Werk *Technical Ecstasy* (1976) und Manowars *Battle Hymns* (1982). Das Morrisound war an sich bereits legendär; aber kein Vergleich dazu, was den Mitgliedern von Obituary bewusst wurde, als sie die heiligen Hallen des Studios betraten.

„Das Morrisound hatte ein winziges Gebäude, wenige große Bands und ein paar goldenen Schallplatten an der Wand“, sagt Donald. „Als wir aber ins Criteria kamen, reihten sich dort buchstäblich in jedem Flur Bilderrahmen mit Gold- und Platinplatten. Ich wüsste gar nicht, wo ich beim Aufzählen der Bands anfangen sollte, jedenfalls ging man an den Wänden entlang und fragte sich: ‚Diese Leute haben hier aufgenommen?‘ Wir sprechen von Jimi Hendrix, den Doobie Brothers, Elton John und Eric Clapton. Darüber hinaus hat mir die Arbeit im Criteria nicht viel gegeben – unsere Motivation, eine tolle Platte zu machen, wurde nicht gesteigert, weil schon die Beatles oder jene anderen Bands dort gewesen waren. Es kratzte uns nicht. Wir wussten bereits, dass wir gute Songs hatten.“

Back From the Dead wurde von Jamie Locke produziert. Er hatte einen Abschluss des Berklee College of Music in Boston und brachte sich in der produktiven Hardcore-Szene der frühen 1990er ein, wo er unter anderem mit Agnostic Front, Leeway und Madball arbeitete, letztere ebenfalls ein Roadrunner-Act, Lockes Beitrag zu ihren Alben *Set It Off* und *Demonstrating My Style* machte Donald Tardy hellhörig, er verliebte sich in den knackig klaren Drum-Sound. Im Gegensatz zu Burns hatte Locke jedoch keine gemeinsame Vergangenheit mit Obituary. Der Kontakt kam durch Roadrunners A&R-Mann Howie Abrams zustande, der mit Senior VP of A&R Monte Conner zusammenarbeitete und sich normalerweise um die Hardcorebands des Labels kümmerte.

„Ich wusste, dass Obituary bei Roadrunner waren, doch ihre Musik war mir nicht geläufig“, erzählt Locke. „Ich fing gerade erst an, mich mit dem Genre zu beschäftigen. Sie fragten mich, ob ich auf Bands wie Celtic Frost, Hellhammer und sogar Jane´s Addiction stand. Obwohl ich keinen einzigen Song von Obituary kannte, wusste ich, wie man einen wuchtigen Sound erzeugte, und das gefiel ihnen. Außerdem war es Winter 1996, also ist es in der Region Boston eiskalt gewesen und viel Schnee gefallen. In Miami waren es 27 Grad! Ich wohnte im Miami Beach Radisson Hotel, das einen Pool hatte. Für gewöhnlich ging ich runter zum Strand und danach ins Studio. Es war einfach wunderbar."

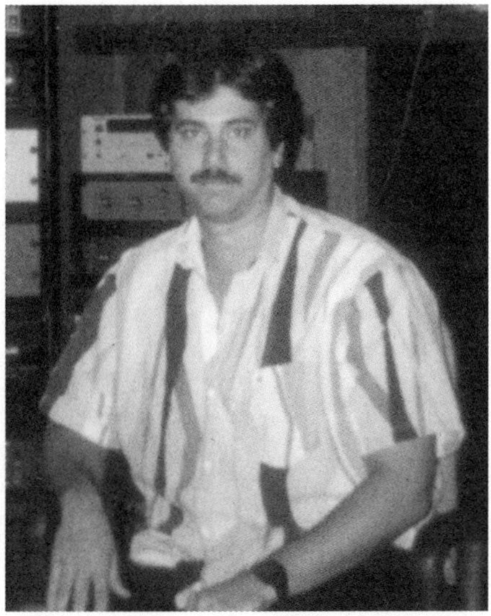

Jamie Locke in den Criteria Studios.
Foto aus Jamie Lockes Archiv.

Die Band hegte kaum Zweifel daran, dass Locke der Richtige für den Job sei. Sie sah Scott Burns nie als traditionellen Produzenten an, der sich intensiv mit den Songarrangements auseinandersetzte. Da Obituary in puncto Songwriting und Performance wenig Weisung brauchten, schrieb sich Locke die Aufgabe zu, den bestmöglichen Sound einzufangen. Die Musiker fanden ihn sofort sympathisch, wohingegen er, obwohl er die Band erst im Criteria kennenlernte, in seiner gleichermaßen akribischen wie entspannten Arbeitsweise aufgehen konnte.

„Jamie hat perfekt reingepasst", betont Donald. „Niemand hatte uns einander vorgestellt. Auf diese Weise ein Verhältnis zu einem neuen Produzenten und Tontechniker aufzubauen machte Spaß. Man spürte, dass er eine Menge auf dem Kasten hatte. Er gehörte nicht zu denjenigen, die versuchten, dich aufzuputschen, und nach einem Take ins Mikro brüllten: ‚Ja, du hast es geschafft, Mann!' Vielmehr war er einfach unser Produzent. Jamie wollte nicht seinen Senf dazugeben. Mehr Melodien aus Gitarristen herauszukitzeln oder so lag ihm fern. Jamie machte bloß seine Arbeit und sorgte dafür, dass der Kram gut klang. Das funktionierte, weil er schlicht da war. Es gab kein Theater oder irgendwas super-Schräges. Er machte kein Drama, nichts dergleichen, und versuchte nicht, das Ruder an sich zu reißen. Es lief prima, denn wir waren total darauf fokussiert, dass wir wussten, was wir von diesem Album erwarteten. Jamie war lediglich da, um sicherzustellen, dass sich das erfüllte."

Locke ließ die Band live (die Vocals ausgenommen) im Hauptraum des Criteria aufnehmen. Eines seiner ersten Ziele bestand darin, Donald einen guten Snare-Sound zu verpassen. Im Gegensatz zu anderen Zeitgenossen wollte der Drummer immer noch keine vorgefertigten Computersamples verwenden, die sich im Death Metal durchgesetzt hatten. Locke schickte seinen Assistenten auf die Suche nach einem Neumann-U87-Mikrofon, das Grundausstattung bei zahllosen berühmten Aufnahmesessions war. Der Assistent teilte mit, das Criteria habe 13 Exemplare, darunter ein modifiziertes, das der bekannte spanische Sänger Julio Iglesias benutzt hatte. Logischerweise wählte Locke dieses Modell aus. Er hängte es in niedriger Höhe über Donalds Snare, um eine Probeaufnahme zu machen. Diesen Schlag

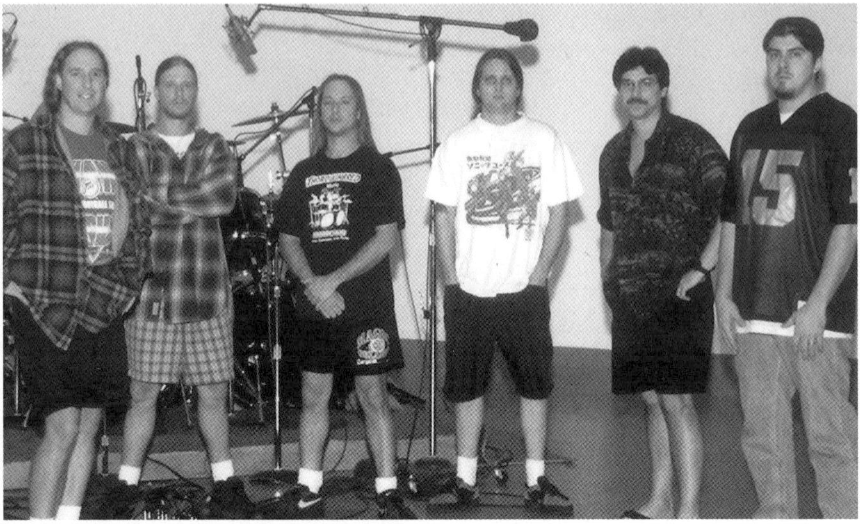

Obituary mit Jamie Locke (zweiter von r.) im Studio.

legte er dann über Donalds Live-Snare beim Einspielen mit der gesamten Band. Das machte sich augenblicklich bemerkbar: Locke erzeugte einen Drum-Sound, der seinen Aufnahmen mit Madball ebenbürtig, falls nicht sogar besser war.

Obituary benötigten nur wenige Tage für den Live-Part von *Back From the Dead.* Für den Gesang und weitere Gitarrenspuren zogen sie mit Locke in einen kleineren Raum um. Dieser befand sich neben Studio A, wo der spanische Opernsänger Placido Domingo aufnahm, der nicht sonderlich begeistert davon war, dass Obituarys Klampfen durch die Wand dröhnten. Er bat Locke und die Band höflich, die Lautstärke herunterzuregeln, was sie auch taten. Abgesehen von ihrer zuvorkommenden, freundlichen Art staunte Locke oft über Obituarys Gründlichkeit beim Aufnehmen. Er erinnert sich, sie seien stets vorbereitet gewesen, um ihre Parts einzuspielen, und hätten genau gewusst, in welche Richtung die Songs gehen sollten.

„Sie alle haben mich zutiefst mit ihren Fertigkeiten und ihrer Einstellung im Studio beeindruckt", sagt er. „Wenn man eine Band wie Obituary auf der Bühne erlebt, macht man sich ein bestimmtes Bild von ihnen, fast wie Comicfiguren. Ich hielt sie bloß für einen Haufen Headbanger, doch sie waren sehr unaufgeregt, sehr relaxt und professionell. Was sie auf dem Kasten hatten, imponierte mir. Allen hat mich mehrmals umgehauen – ich konnte nicht fassen, welche Solos er spielte. Es ging Schlag auf Schlag. Welchen Song wir gerade aufnahmen oder wie ihm ein Take gelang, war egal. Immer hieß es: ‚Das war ziemlich gut, aber lass mich noch einmal probieren.' Er fiedelte sich die Griffel ab und blieb dabei ganz gelassen. Wir arbeiteten die Songs nacheinander ab, wobei Allen das Solo heraushaute und dann genau erklären konnte, was ihm gefiel und was nicht."

Back From the Dead markierte eine weitere Wende, was Johns Songtitel anging. Obwohl die Benennung und das Cover der Platte darauf hindeuteten, dass wieder traditionelle Death-Metal-Themen an der Tagesordnung standen, entfernte sich der Sänger noch weiter von den inhaltlichen Grundsätzen der Stilistik. Besonders Titel wie 'Download' und 'Rewind' standen bezeichnend für eine Welt, die sich rasant auf vollkommene Technikabhängigkeit zubewegte, womit sich John in seinem „anderen" Job bei Product Safety Engineering beschäftigte. Das ausgezeichnete, nicht einmal dreiminütige 'By the Light' aus Wests Feder verfügt über ein vergleichsweise schlichtes, aber höchst wirkungsvolles Hauptriff und schneidet die großen Fragen eines Lebens voller Leid ohne Sinn an. Und sowohl 'Platonic Disease' als auch 'Lockdown' gewannen während der Corona-Pandemie an Aktualität, da sie eine Welt beschreiben, die in die falschen Hände gerät.

Back From the Dead ist auch das Album, auf dem Johns Stimme an Charakter gewinnt. Sein einst unergründlich derber, entgeisterter Vortrag wirkt jetzt klarer, was sich im Publikumsdauerbrenner und Opener 'Threatening Skies', in 'By the Light' und 'Pressure Point' bezahlt macht. Das Album endet mit dem Titeltrack, einem langsamen, beklemmende Midtempo-Brecher, der quälend heavy auf den Punkt kommt. Er war ein Überbleibsel von *World Demise* – Obituary schrieben nun einprägsame Refrains im Rahmen kompakter Arrangements.

„Ich brauchte eine Weile, um solche Refrains hinzubekommen", gesteht John. „Zuvor bestanden viele Songs aus mehreren Strophen oder Ein-Wort-Refrains, die zu schreiben ebenfalls eine Zeitlang dauern kann. Manchmal machen die einfacheren Songs genauso viel Spaß wie jene mit verrückten Pattern und Strukturen. Bei den Liedern von *Back From the Dead* hatte ich das Gefühl, dass es einfach so lief: ‚Wir haben eine Strophe. Wir haben einen Refrain. Hier ist das Solo, dann die Strophe und der Refrain. So ist die Nummer aufgebaut.' Wir ließen es einfach geschehen und schraubten nicht zu lange an den Arrangements."

Die Aufnahmen zu *Back From the Dead* waren fast abgeschlossen, als Frank Watkins eine Idee aussprach, die Obituary schon lange hegten: eine Zusammenarbeit mit Rappern. Was Aerosmith und Run-D.M.C. 1986 mit 'Walk This Way' losgetreten hatten, führten Anthrax ein Jahr später mit 'I'm the Man' und 1991 bei ihrem populären Schulterschluss mit Public Enemy für 'Bring the Noise' fort. Gegen Ende des Jahres 1996 war die Kombination von Metal und Rap allgegenwärtig. Acts wie Biohazard, Downset, Mordred oder Skindred gehörten zu den ersten, die ausschließlich vom Rap durchdrungenen Rock oder Metal spielten, womit sie die Schablone für Nu Metal schufen.

Die Mitglieder von Obituary waren Fans von Rappern wie den Geto Boys, Ice Cube, Ice-T und Mobb Deep. Der Textvortrag und die Realitätsnähe dieser Musik reizten die Band und führten sie schließlich zu dem Rap-Duo Bully Boys aus Miami, das mit Watkins befreundet war und wie er der Hardcoreband Murder Machine angehörte. Die beiden Rapper waren Derek „Diablo" Alvarez und Skinner T, der 2015 verstarb. Alvarez begeisterte sich als Zehnjähriger für Metal und trug auf einem Schulfoto in der fünften Klasse sogar ein Iron-Maiden-Shirt. Dann verlagerte er sich auf Punk und später auch Hardcorebands wie Agnostic Front oder Madball, vor allem weil sie wie er kubanischer Herkunft waren. Alvarez' Eltern leiteten ein Karate-Dojo,

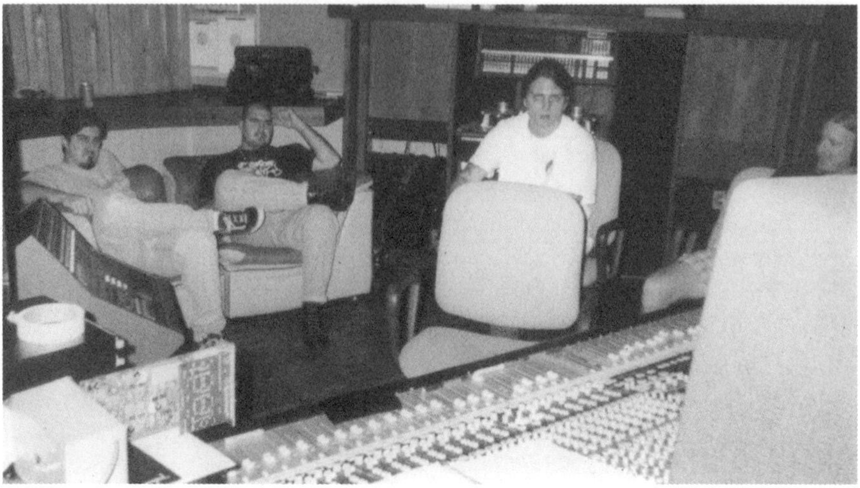

Watkins, Skinner T, Peres und Donal Tardy im Criteria.
Foto von Jamie Locke.

wo Madball-Sänger Freddy Cricien trainierte und von Agnostic-Front-Frontmann Roger Miret, der sein Halbbruder war, abgeholt wurde.

„1987 hörte ich Punk, Hardcore und Thrash, außerdem fing ich mit Oi!-Punk an“, erzählt Derek. „Südflorida war die Gegend, wo Death Metal richtig aufblühte. Die antirassistische Skinhead-Szene, die gegen Nazis kämpfte, traf sich dort bei Punk-, Hardcore- und Death-Metal-Shows. Irgendwann begannen Hardcore-Acts, mit Death-Metal-Bands zu spielen. Ich sah Destruction ′89 live mit Cro-Mags und Obituary mit Agnostic Front. Dann ging ich zu Deicide und Cannibal Corpse; da war ich schon voll im Death Metal drin.“

Laut Alvarez wollte Watkins einen völlig neuen Song schreiben, über den die Bully Boys rappen sollten. Da es sich nicht ergab, lud der Bassist das Duo ins Criteria ein, als Locke gerade dabei war, *Back From the Dead* zu mischen, und ließ sie das Album hören, um einen Song für ihren Part auszusuchen. Die Wahl fiel wegen seines Grooves und seiner Schlichtheit auf ′By the Light′. Als der Song im Kontrollraum lief, setzten die Bully Boys zu ihrem Freestyle an und wechselten sich ab, während die Mitglieder von Obituary zusahen. Dann nahmen die zwei Stift und Papier zur Hand, um ihre Lyrics aufzuschreiben. Nach 40 Minuten war ′Bullituary′ fertig und konnte aufgenommen werden.

Der Track wurde um zwei Strophen erweitert, damit beide Rapper zum Zug kamen. Johns Refrains blieben unberührt. „Das Stück hatte das gleiche Tempo und Rhythmusschema“, erklärt Alvarez. „Ich hatte eine Strophe im Kopf und Skinner eine weitere, die noch aufgenommen werden mussten. Den wechselseitigen späteren Part haben wir noch im Studio geschrieben. Wir dachten uns eine neue Strophe aus, die nirgendwo anders verwendet wurde, und lernten sie auswendig. Die zweite Strophe entstand aus dem Stegreif und wurde spontan aufgeteilt.“

Als 'Bullituary' fertig war, überlegten Obituary, was sie damit tun sollten. Ihre Meinung über den Song stand außer Frage – alle einschließlich Locke mochten ihn, aber in Anbetracht der Tücken und Vorurteile der Death-Metal-Szene kamen erhebliche Bedenken auf, die Band könne einen Teil ihrer Fans verprellen, weil sie auf den Rap-Metal-Trend aufsprang. Derweil die Bullet Boys hofften, dass Roadrunner das Stück als Single und ersten Death-Metal-Rap überhaupt vermarkteten (diese Auszeichnung gebührt möglicherweise 'Return of the Living Beat' vom 1992er Disharmonic-Orchestra-Album *Not to Be Undimensional Conscious*), beschlossen Obituary mit ihrem Label, *Back From the Dead* mit 'Bullituary' ausklingen zu lassen.

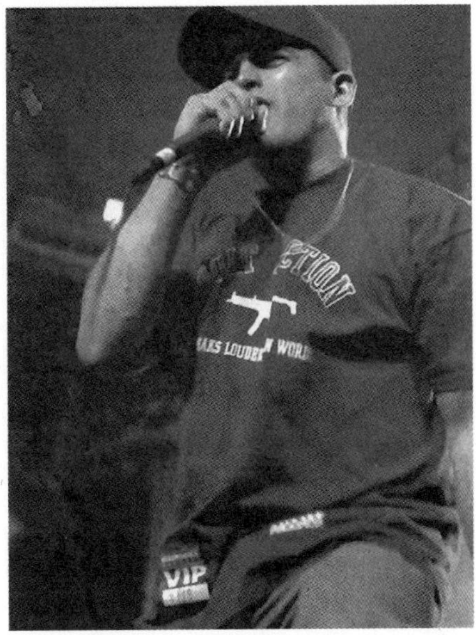

Derek „Diablo" Alvarez.
Foto aus Derek Alvarez' Archiv.

„Zunächst war ich mit dem Vorschlag einverstanden", sagt Peres. „Dann wollte ich den Song eine kurze Zeitlang nicht auf dem Album haben. Er gefiel mir, doch ich hätte ihn gerne als Bonustrack aufgeführt und dachte, manche Fans könnten sich daran stoßen. Während ich glaubte, die Europäer würden es hassen, geschah das Gegenteil: Unsere amerikanischen Hörer mochten es weniger als die europäischen."

„Ich fand die Bully Boys stark", bemerkt Donald. „Jeder Death-Metal-Fan, der 'Bullituary' hörte und kein Freund von Rap war, hasste den Song. Engstirnige Death-Metaller, die nichts anderes hörten, entsetzten sich darüber, dass Obituary, eine ihrer Lieblingsbands, solches Zeug mochten. Aber hey: So waren wir eben. Wir scheuten uns nicht davor, diese Art von Musik zu hören."

„Wir haben das Stück mit Absicht ans Ende gesetzt", fährt er fort. „Wegen der Death-Metal-Fans, die sich aufregten: ‚Warum macht ihr so etwas?' Das war unsere Erklärung: ‚Es ist das letzte Stück auf dem Album, hört euch die anderen an, wenn ihr wollt, und schaltet aus, bevor 'Bullituary' beginnt. Dann entgeht euch sonst kein Song.' So waren wir drauf, und für uns ging das völlig okay."

„Ich kann zweifellos verstehen, warum 'Bullituary' den Leuten nicht gefiel", ergänzt John. „Ich habe keine Schwierigkeiten damit. Wenn man es nicht mag, mag man es halt nicht. Ich kapiere das total, aber manche sagten: ‚Oh, so etwas könnt ihr nicht machen.' Da denkt man: ‚Entspannt euch. Hört den Song nicht. Davon geht doch die Welt nicht unter.' Ich fand die Jungs so ulkig, weil es für einen Obituary-Song sehr ungewöhnlich war. Als Derek und Skinner T ins Criteria kamen, waren sie bloß zwei Typen. Dann fingen sie zu rappen an und gaben alles… Einige ihrer Ideen

waren irre. Sie schienen zu improvisieren, ohne darüber nachzudenken. Das zu beobachten war ziemlich witzig. Mir hat es gefallen."
Hier ein kleiner Auszug aus 'Bullituary':

On the wheel of the women apocalypse
I'll split this shit or I'll take your life
Either way you shoot it you know it's all child's play
Hey, I'll make you say
Leave that guy alone
Bring him along and bring him to a new home
In the darkest depths of hell.
I call your bluff, so you'll bounce like breasts
I got a back like a tree and arms are like a fuckin' chests
So who the fuck would have guessed
I call the bug. I'm a Jonny Quest
I'm obsessed with a bitch in your nest
So gamble the rent[6]

Selbst mit der Aussicht, eine seiner dienstältesten Bands in den Rock-Mainstream zu führen, hätte Monte Conner nie daran gedacht, 'Bullituary' als Single zu veröffentlichen. „Also, ich bin der König des Nu Metal", behauptet er. „Ich habe Rap-Rock-Bands gesignt. Ich habe versucht, Limp Bizkit zu signen, und Coal Chamber unter Vertrag genommen. Ich hatte nichts gegen die Verschmelzung von Rap und Metal, sondern fand bloß den Song nicht gut. Wenn wir uns gefragt hätten, wie wir auf diese Platte aufmerksam machen sollten, wäre 'Bullituary' natürlich ein Aufhänger gewesen, um den Leuten zu sagen: ‚Hört euch das an!' Ich war dagegen, weil mir die Umsetzung nicht gefiel."
Bis heute ist Alvarez fest davon überzeugt, dass 'Bullituary' ein Hit hätte werden können, und gibt an, laut Watkins habe man ein Video dazu drehen wollen (für *Back From the Dead* wurden keine Promo-Clips produziert). Leider nimmt der Song einen umstrittenen Platz in Obituarys geschichtsträchtiger Diskografie ein. So stark – nicht einmal ansatzweise – polarisiert definitiv kein anderes Stück der Band. Alvarez blieb in der Rap- und Hardcore-Szene von Miami aktiv. In jüngerer Zeit erregte er durch einen *Vice*-Artikel Aufsehen, in dem er den Wunsch äußerte, englischen Fußball-Hooliganismus über seinen Heimatverein Inter Miami CF nach Amerika zu bringen. Darüber hinaus und abgesehen von den verschiedenen musikalischen Projekten, die ihn auf Trab halten, freut er sich auf den Tag, an dem er wieder mit Obituary kollaborieren kann.

[6] Ungefähr: Auf dem Rad der Frauen-Apokalypse / Teil ich diesen Scheiß oder nehme dein Leben / Wie du's auch drehst, weißt du: Alles ist Pappenstiel / Hey, ich zwing dich, zu sagen / Lass den Kerl in Ruhe / Nimm ihn mit und in ein neues Zuhause / Am dunkelsten Tiefpunkt der Hölle. / Ich bring dich zum Wackeln wie Brüste / Ich habe ein Kreuz wie ein Baum und verdammt dicke Arme / Also wer hätte gedacht / Ich finde die Wanze. Ich bin ein Jonny Quest / Besessen von einer Bitch in deinem Nest / Also verzock die Miete

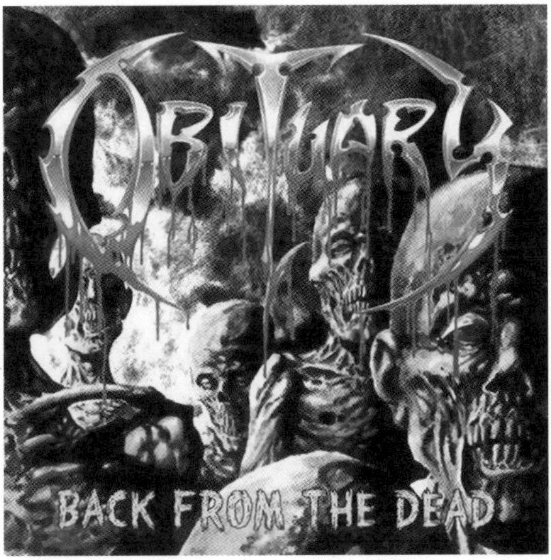

Obituarys *Back from the Dead,* 1997, Roadrunner Records.

„Das ist der größte Mainstream-Song, an dem ich mitgewirkt habe", sagt er. „Alles andere, was ich gemacht habe, ist eher Underground gewesen. Es war eine tolle Erfahrung. Leider sind Skinner und Frank Watkins nicht mehr bei uns, um darüber zu sprechen. 'Bullituary' ist zu ihrem Gedenken. Es gibt nichts Vergleichbares. Tatsache ist, dass es sich um den ersten Schulterschluss von Death Metal und Hip Hop handelt. Ich würde gerne darauf aufbauen, denn ich kenne mich mit Death Metal aus. Ich liebe den Sound und weiß, dass Obituary die Heaviesten sind."

Das Cover von *Back From the Dead* wurde von dem Comiczeichner Bernie Wrightson entworfen und zeigt fünf Zombies, die sich dem Betrachter nähern. Das Motiv und der Titel sind aufeinander abgestimmt, um auf die dreijährige Pause seit dem vorigen Studioalbum und die (vermutlich) fünf Bandmitglieder hinzuweisen, die als Zombies „von den Toten zurückkehren". Für die Booklet-Innenseiten übernahm jedoch Peres zum ersten Mal das Grafikdesign bei Obituary. Er hatte sein Studium an der Mid-Florida Tech in Orlando abgeschlossen und wollte das Gelernte nun auf seine Band anwenden. Dazu ließ er sich von einem Freund einen Computer mit 17-Zoll-Monitor sowie der jüngsten Adobe- und Corel-Software zusammenstellen. Regelmäßig kamen Enhanced-CDs auf den Markt, von denen man am PC Videos, Bildschirmschoner und weitere Illustrationen abrufen konnte. Peres ließ sich die Erstellung von Enhanced-CDs von dem Freund beibringen, der ihm den Rechner gegeben hatte, und machte Obituary zu einer der ersten Death-Metal-Bands, die ihren Fans Zusatzinhalte anboten.

Die Extras auf *Back From the Dead* belaufen sich auf eine Fotocollage, die Clips zu 'Don't Care' und 'The End Complete' sowie verschiedene kurze Schnipsel von den Tourneen der Band. Da Musikvideos seit der Einstellung von MTVs *Headbangers Ball* 1995 praktisch nicht mehr existierten und Internetstreaming in ordentlicher

Qualität noch mehrere Jahre auf sich warten ließ, waren Obituarys Multimedia-Boni ihrer Zeit voraus.

„Die Enhanced-CD zu produzieren, hat großen Spaß gemacht", sagt Peres. „Ich dachte: ‚Das könnte in digital cool werden.' Damals hofften wir, andere würden uns anheuern, um auch so etwas für ihre Alben zu erstellen. Wir haben es nicht ernsthaft durchgezogen, aber immerhin mit Nuclear Blast Records über Marketingideen gesprochen – zum Beispiel über den Versand von Enhanced-CDs an Werbeträger, die die Dinger in ihren CD- oder DVD-Player werfen und sich Produktwerbung ansehen konnten. Daraus wurde nichts."

Back From the Dead erschien am 22. März 1997. Roadrunner hatten niedrige Verkaufserwartungen, da der Markt im Begriff war, endgültig auf Nu Metal umzuschwenken. Die Death-Metal-Szene verzweigte sich mit dem Aufkommen einer melodischen Abart aus Göteborg in Schweden weiter, wo At the Gates, Dark Tranquillity und In Flames Iron-Maiden-Gitarren in aggressive Musik einbauten. Unverfälscht reine Genre-Acts wie Obituary standen nun am Rand. Fünf Jahre zuvor waren sie das Szenegespräch schlechthin gewesen, jetzt kämpften sie unter widrigen Umständen um Anerkennung.

Das Album verkaufte sich schlechter als *World Demise*, laut kürzlicher Erhebungen etwas mehr als 45.000 Mal. Das überrascht nicht. Das Publikum für reinen Death Metal vergrößerte sich zu dem Zeitpunkt einfach nicht mehr, also herrschte keine so starke Nachfrage nach einer Obituary-Platte. „Sie hätten damals etwas Besseres als *Cause of Death* bringen können, und es wäre trotzdem schlechter gelaufen", argwöhnt Conner. „So verläuft eben die Entwicklung einer Band. Es ist das Gesetz vom abnehmenden Ertrag – was man tut, sobald man diesen Punkt erreicht hat, spielt fast keine Rolle. Es ist einfach so."

Obituarys Vertrag mit Roadrunner wirkte nach der Veröffentlichung von *Back From the Dead* noch abschreckender. Hin und wider konsultierte die Band einen Anwalt bezüglich des Kleingedruckten, das ihnen die Rechte an ihren Releases verwehrte. Obwohl sie immer noch eine achtbare, falls nicht sogar stattliche Zahl von Tonträgern verkaufte, musste sie erst noch eine Schwelle überschreiten, um Gewinne zu erzielen. Donald sagt, dies habe ihr Verhältnis zu Conner, mit dem sie gut standen, nicht beeinträchtigt. Dennoch gab es ihnen bezüglich ihrer Zukunft zu denken.

„Wir wurden noch beachtet", betont der Drummer. „Es war die geschäftliche Seite – die Erkenntnis, dass wir einen beschissenen Vertrag unterschrieben hatten und kaum Geld verdienten. Egal wie viele Alben verkauft wurden, blieb es Fakt, dass der Vertrag einfach grässlich war. Ich glaube, unsere Unzufriedenheit mit Roadrunner rührte größtenteils daher. Es hatte nichts damit zu tun, welche Menschentypen wir waren, vor allem was Monte anging. Als wir Back From the Dead herausbrachten, drang der Umstand, dass eine Plattenfirma Teenager zu einem so ätzenden Vertrag breitschlagen konnte, richtig tief ins Bewusstsein und machte uns wütend. Wir waren nicht so drauf, dass wir einen Flug nach New York City genommen und das Roadrunner-Büro wegen unseres Vertrags mit Baseballschlägern betreten hätten.

Das entsprach nicht unserem Wesen. Wir schluckten es runter und waren froh, die Fans immer noch zum Ausrasten bringen zu können."

Die Konzerte zu *Back From the Dead* begannen im März 1997 auf einer Europatour mit Entombed, Samael und Crowbar. In Amerika ging es am 25. Juli beim Milwaukee Metalfest los, wo auch Broken Hope, Cradle of Filth, Cryptopsy, Hypocrisy, Napalm Death, Malevolent Creation, die wiedervereinigten Stormtroopers of Death und die ebenfalls reformierten Venom spielten. Auf dem Programm standen nicht weniger als sechs neue Songs und die übliche Auswahl nunmehriger Klassiker wie 'Chopped in Half' oder 'Slowly We Rot'.
Frank Watkins koordinierte die Reisewege mit dem Booking-Agenten der Band. Als mehr Termine für die zweite Jahreshälfte anberaumt wurden, gab John Tardy zu bedenken, er müsse mindestens zwei bis drei Wochen vor der Bestätigung der Gigs informiert werden. Ehe sich der Sänger jedoch versah, standen Konzerte für Ende November, Anfang Dezember fest – die er aufgrund von Jobverpflichtungen bei Product Safety Engineering versäumen würde. Seine Enttäuschung wegen dieses Buchungsfehlers bleibt bis heute offenkundig.
„Sie wussten, dass ich arbeitete", sagt er. „Ich konnte Urlaub nehmen – das war kein Problem, doch anzurufen und zu sagen: ‚Hey, ich bin für drei Wochen weg', das ging nicht. Ich musste ihnen etwas Zeit geben, um eine Vertretung für mich zu finden. Das war alles, was ich brauchte. Frank legte die Termine fest und erwähnte mir gegenüber nichts davon, bis diese Tour begann. Ich erklärte ihm: ‚Ich kann das meinem Arbeitgeber nicht an tun. Das kommt einfach nicht infrage.'"
John teilte seinen Bandkollegen mit, er müsse sich am 1. Dezember 1997, wenn sie in Las Vegas auftraten, von der Tournee ausklinken und nach Hause zurückkehren. Da Trevor, Fank und Donald die restlichen Shows nicht absagen wollten, gaben sie ihren Freunden in der Death-Metal-Szene Bescheid, dass sie einen Ersatzsänger suchten. Der ehemalige Suffocation-Bassist Josh Barohn bekam Wind davon und rief Pyrexia-Frontmann Keith DeVito auf Long Island an.
Dadurch, dass DeVito zuvor Frank Mullen bei Suffocation vertreten hatte, genoss der den Vorteil, bereits zu wissen, wie es war, für einen legendären Death-Metal-Shouter einzuspringen. Außerdem erwarb er den Ruf, Mullen, Chuck Schuldiner von Death und John Tardy perfekt nachahmen zu können, was ihm einen Vorsprung gab, als er bei seiner Anhörung gebeten wurde, zu einer Instrumentalversion von *Cause of Death* zu singen. DeVito bearbeitete seine Parts in Barohns Wohnzimmer auf Long Island, wobei er eigene Texte schrieb, um nachzuvollziehen, was John seines Erachtens sang.
„Ich konnte nicht einfach *keine* Wörter verwenden", erläutert er. „Mit Wörtern war es leichter für mich. Ich hatte einen Block, auf dem ich die Texte eigens notierte, weiß aber nicht mehr, was damit passierte. Als ich im Bus zu den Jungs von Obituary stieß, sagte ich ihnen: ‚Das zu tun ist am einfachsten für mich, wenn ich Wörter

singe. Tut mir leid, aber diese Passage hört sich so an, als würde John „Volleyball" sagen, also tu ich das auch.'"

DeVito verschickte seine Aufnahmen in den seligen Tagen der Einwahlinternetverbindungen und erinnert sich noch genau daran, wie beschwerlich lange er beim Upload wartete. Doch als seine Dateien in Peres Postfach ankamen, hörten die Bandmitglieder sie an und riefen DeVito mit der guten Nachricht an, dass er den Zuschlag erhalten habe. Prompt wurden ihm weitere 22 Stücke vorgesetzt, die er vor der Tournee lernen musste. Obituary ließen ihn wissen, es gebe keinen formellen Testlauf. Stattdessen sollte er ein paar Tage vor dem Konzert in Las Vegas hinzustoßen, um sich an seine neue (wenn auch vorübergehenden) Bandkollegen zu gewöhnen und ein paar Tipps von John geben zu lassen.

Insgesamt hatte DeVito drei Monate Zeit, sich auf seinen Posten vorzubereiten. Er war 28 und als Sänger in der Form seines Lebens. Wohingegen er bei Pyrexia und Suffocation rhythmisch präzise shouten musste, war die Nachahmung von John Tardy fraglos ein gutes Stück schwieriger. DeVito machte sich seine Rolle zu Eigen und sah das Singen für Obituary als einmalige Gelegenheit an.

„Ich verstand es als größte Herausforderung meines Lebens", sagt er. „Wenn es etwas gibt, wobei man in große Fußstapfen tritt, dann John Tardys Gesang, denn viele Leute sagten mir: ‚Du spinnst, das wird ein Reinfall. Es ist eine große Sache. Du stehst jeden Abend vor einer Riesenmenge.' Ich wusste nicht, ob mich das Publikum akzeptieren würde, vielleicht wanderten sie ja ab, wenn sie herausfanden, dass John Tardy nicht sang. Er ist schließlich ein Aushängeschild für die Band. Ich schreckte aber nicht davor zurück. Ich rackerte mir den Arsch ab, bis ich mir sicher war, dass ich seine Parts singen konnte. Ich hatte gewaltiges Selbstvertrauen, um es zu schaffen."

Trevor sah Keith als „Reservequarterback", die häufig aus dem Grund die zweitwichtigsten Spieler im American Football sind, weil sie sich reibungslos eingliedern müssen, falls der Hauptquarterback ausgewechselt werden muss. Die beiden fanden rasch Zugang zueinander, woraufhin der Gitarrist dem Sänger oft Rat gab und Mut zusprach, bevor seine Zeit als Obituary-Frontmann anfing. Zum Aufwärmen wurde DeVito bei mehreren Shows auf die Bühne gebeten, um als Gast neben John zu singen. Er übernahm wie vorgesehen am 1. Dezember in Las Vegas, und John flog nach Tampa zurück.

Berichte deuten an, dass Keith eine bewundernswerte Leistung hinlegte, als er für John einsprang. Natürlich hatte er ein anderes Erscheinungsbild (eine rasierte Glatze im Gegensatz zu Tardys markanter blonder Mähne), doch Stimmfarbe und Ungestüm waren größtenteils identisch. Er erfüllte sein ursprüngliches Versprechen, sich eigene Texte auszudenken, um die Songs besser zu verstehen, und bewältigte letztlich auch das schwierige 'Don't Care', einen fast nicht zu bestehenden Lungenkapazitätstest für Sänger. Allerdings war dieses Stück das einzige, mit dem er sich schwertat. Pyrexias Musik ist komplexer und schneller als Obituarys, also muss DeVito so viele Wörter wie möglich in jede Sektion quetschen. In vielen Obituary-Tracks kostete er die langen Pausen zwischen den Gesangsparts aus. Währenddessen konnte er bedrohlich über die Bühne tigern, und anders als befürchtet kam kaum

Kritik von Fans auf. Keith wurde während der Shows nicht beschimpft, was ein Beleg dafür war, dass er etwas richtig machte.

„Ich las Berichte über die Konzerte, und alle begannen mit Enttäuschung [darüber, dass John nicht sang]", sagt er. „Wenn aber jemand herausfand, wer der Gastsänger war – im Publikum standen viele Pyrexia-Fans und Leute, die mich von Suffocation her kannten –, merkte er an: ‚Wow, das muss man sehen: ein Death-Metal-Sänger als Frontmann einer langsameren Band.' Allzu viel negatives Feedback gab´s nicht auf die Tour. Ich hatte mit mehr gerechnet, Trevor und Donald bestimmt auch. Sie waren deshalb nervös gewesen, doch die Fans sprangen darauf an."

Derjenige, der sich anders fühlte, war tatsächlich Donald, der im Nachhinein der Ansicht ist, Obituary hätten die Shows absagen sollen. Man muss dabei bedenken, dass er und DeVito eine freundschaftliche Beziehung pflegen, die bis heute andauert, aber aufzuschauen und jemand anderen als seinen Bruder als Spitze der Band zu sehen ist trotzdem schwerverdaulich.

„Es war kacke, völliger Mist und ein Fehler", klagt er. „Es hätte nie geschehen dürfen. Unter finanziellen Gesichtspunkten darf man keine Konzerte ausschlagen, weil sie der letzte Teil einer Tour sind, wo es sich zu rechnen anfängt. Das dürfte der einzige Grund dafür gewesen sein, dass wir diese Auftritte abgerissen haben. Es war peinlich schlecht im Vergleich zu meinem Bruder auf der Bühne. Keith hat uns ausgeholfen. Er bemühte sich redlich und gab alles, was in seiner Macht stand, um möglichst nahe heranzukommen, doch es war einfach nicht dasselbe. Man kann John Tardy nicht ersetzen. Man sagt die Shows ab. Rückblickend hätten wir nicht einmal daran denken dürfen."

DeVitos kurze Zeit bei Obituary war für manchen Lacher gut. Vor dem Auftritt in San José am 3. Dezember mieteten Band und Crew ein Tageszimmer, damit alle duschen konnten. Da DeVito seinen Platz als „der Neue" kannte, wollte er warten und wenige Stunden vor dem Auftritt duschen. Nachdem er den Nachmittag in der Stadt verbracht hatte, nahm er ein Taxi zurück zum Hotel, wo man ihn jedoch nicht auf Obituarys Zimmer ließ. Der Hoteldirektor begründete dies damit, dass sich zu viele Leute darin aufhielten. Keith fand das lächerlich und versuchte, den Direktor hinterm Empfang zu packen, um ein ernstes Wörtchen mit ihm zu reden. Logischerweise wurde die Polizei verständigt. Der Vorfall ließ sich zwar schnell klären, doch DeVito brauchte trotzdem eine Mitfahrgelegenheit zum Veranstaltungsort. Die Gesetzeshüter kamen ihm gerne entgegen.

„Trevor stand mit ein paar andere Leuten vor dem Club", rekapituliert der Frontmann, „und dann kam das Polizeiauto mit mir auf der Rückbank. Fans warteten schon in einer Schlange, und ich stieg aus, um hineinzugehen. Das war ein ziemlich bemerkenswerter Einzug."

Der letzte Gig der *Back From the Dead*-Tour 1997 ging am 20. Dezember in Atlanta über die Bühne. Zu diesem Zeitpunkt hatte sich DeVito gut als Johns Ersatz eingelebt. Er wollte nicht, dass die Reise zu Ende ging, aber ihm war klar, dass nur ein Mann bei Obituary singen konnte.

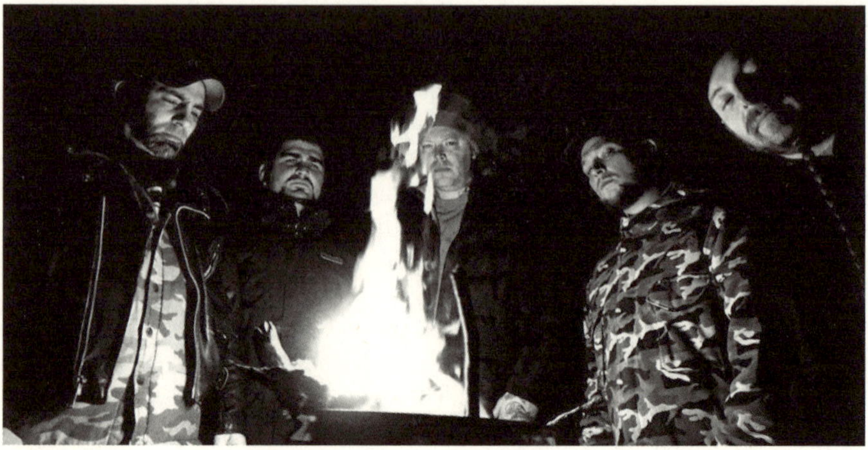

Pyrexia gegen Ende der 1990er.

„Sie ließen nicht zu, dass ich nervös wurde“, erzählt er weiter. „Die Obituary-Jungs nahmen mich von dem Moment an unter ihre Fittiche, als ich in den Tourbus stieg, und behandelten mich mit größtem Respekt. Sie sind die Besten, die es gibt. Selbst später, als ich sie in Europa sah, wo ich mit Internal Bleeding auftrat, waren sie immer noch ungeheuer nett. Man könnte meinen, sie wären als Superstars und Paten des Death Metal anmaßend oder egoistisch, doch davon habe ich nie etwas bemerkt.“

Obituary begannen das Jahr 1998 mit ein paar US-Shows im Januar und einer Reihe von Europakonzerten im April. Nebenbei veröffentlichte die Band ihr erstes Livealbum, das passenderweise den Titel *Dead* trug. Die Aufnahmen von ihrem Auftritt am 10. September 1997 im Axis in Boston bilden eine frühe Best-of der Band, bloß eben aus Bühnenversionen der Songs. Als Plus wurde *Dead* auf ihren Plattenvertrag mit Roadrunner angerechnet. Nun schuldete sie dem Label ein weiteres Album.

Laut Conner wurden in den Vereinigten Staaten etwa 15.000 und weltweit fast 30.000 Exemplare von *Dead* abgesetzt - Zahlen, die sich sehen lassen können. Außerdem mixte der britische Tontechniker Andy Sneap *Dead*, der sich gerade hocharbeitete und wenige Jahre später zu den wichtigsten Produzenten im Metal gehören sollte. Zu einer weiteren Zusammenarbeit kam es aus offensichtlichen Gründen nie: Sneaps präzise, geschliffene Produktionen waren Obituary mit ihrem rauen, natürlichen Sound ein Gräuel (zufälligerweise ist Conner der Meinung, Dead *habe* den „besten Sound all ihrer Platten“).

Für Ende Juni wurden zwei Festivals in den Niederlanden und Belgien gebucht, womit die Konzerte für *Back From the Dead* beendet waren. Als Obituary nach Hause zurückkehrten, stand nichts weiter auf ihrem Plan. Ihr Booking-Agent hatte keine Termine gelistet, und neue Songs waren auch nicht in Arbeit. Roadrunner

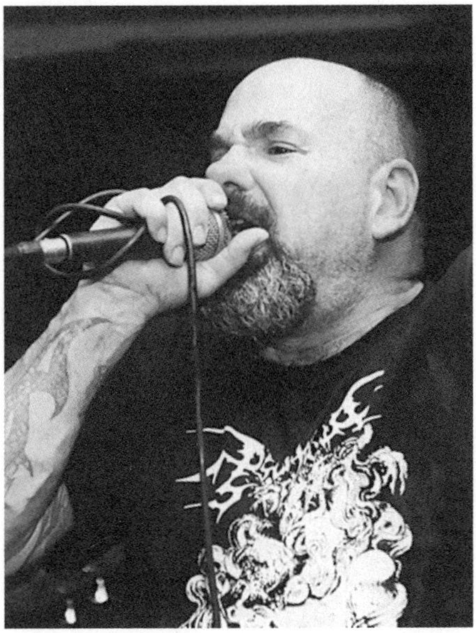

Keith DeVito.

riefen nicht mehr an. Die Band legte daraufhin eine fünfjährige Pause ein, die sehr ruhig verlief.

„Es ist nicht so, dass wir uns an den Tisch gesetzt und gesagt hätten: ‚Lasst uns ein paar Jahre pausieren. Ich möchte Kinder haben'", stellt Donald klar. „Solche Gespräche haben wir nie geführt. Einige Touren waren ziemlich strapaziös. Fünf, sechs Wochen und 38 Shows bei wenig Schlaf und andauernden Flugreisen. Wie platt meine Band sein kann, wenn sie von einer Tour kommt, ist ziemlich verblüffend. Man tut sich schwer damit, dass ein halbes Jahr im Handumdrehen vergehen kann, ohne dass man einen neuen Song geschrieben oder überhaupt viel gejammt hat. Ich weiß ehrlich gesagt nicht, warum sich die Pause so lange hinzog, wie es letztlich der Fall war. Ich bin mir ziemlich sicher, dass wir das nicht gemeinsam beschlossen haben."

Oft ist gemunkelt worden, vor allem John habe sich für die Pause ausgesprochen. Wenngleich er erst ein paar Jahre später eine Familie gründen sollte, vertrat er die Ansicht, Obituary sollten lieber in Wartestellung gehen, als sie im Sommer 1998 nach Hause zurückkehrten. Für die Gruppe tat sich nichts. Es dauerte nicht lange, bis das normale Leben und andere Prioritäten in den Vordergrund traten.

„Ich finde, sich mal so zurückzunehmen ist für jede Band gut", sagt John. „Man kann nicht einfach Jahr für Jahr auf Tour gehen und denken: ‚Hey, wir werden alle zwei Jahre ein Album herausbringen und nonstop Konzerte geben.' Du wirst dich irgendwann selbst auslaugen oder verlierst deine Zugkraft. Du trittst zu oft auf und erzeugst keine Nachfrage mehr. Ich weiß, Donald und ich denken viel darüber nach. Wir erzeugen gerne Nachfrage. Wir mögen es, uns rar zu machen. „Selbst jetzt, selbst wenn es nur ein paar Monate hier oder da sind, verschwindet man einfach irgendwie, hält sich von Social Media fern, tritt einen Schritt zurück und taucht irgendwann wieder auf. Man tut ein paar Dinge, um die Nachfrage wiederaufzubauen und es anders zu machen, auf eine neue Art, sodass die Leute kommen und dich sehen wollen."

Die Band setzte Roadrunner nicht über ihre Pläne in Kenntnis. Conner erfuhr über Mittelsleute von der bevorstehenden Pause. Er bemüßigte sich nie, zum Telefon zu greifen und die Information zu bestätigen – für ihn waren Obituary „erledigt".

14 Jahre nach Executioners Schritt aus der Garage der Tardys in die Metal-Szene Floridas waren Obituary nicht mehr aktiv. Die Brüder und West blieben in Tampa,

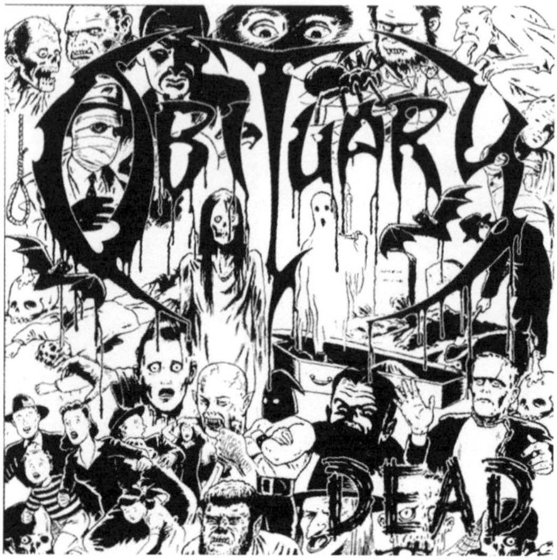

Obituarys *Dead*, 1998, Roadrunner Records.

Peres zog bald nach Nashville, und Watkins lebte weiterhin in Fort Lauderdale. Eines änderte sich jedoch nicht: Die Mitglieder hielten Kontakt zueinander und trafen sich regelmäßig. Im Herbst 1998 waren sie bloß keine Band mehr. „Wir haben uns immer noch oft gesehen", bestätigt John. „Wir verbrachten nach wie vor viel Zeit miteinander und schauten Football - all die normalen Dinge, die wir gerne taten. Es hieß nie: ‚Oh, warum machen wir keine Musik?' Es ging echt ungezwungen zu, weil wir alle mit anderen Dingen beschäftigt waren. Genauso ungezwungen haben wir auch beschlossen, Obituary zu reaktivieren."

KAPITEL 11

AUF EIS: 1998-2003

2001 veröffentlichten Roadrunner *Anthology*, eine Zusammenstellung der bekanntesten Obituary-Songs. Zu den 20 Tracks gehörten auch das Originaldemo 'Find the Arise' von 1986, das Venom-Cover 'Buried Alive' und ein Alternativmix von 'Boiling Point' von *World Demise*. Es war eine Idee von Monte Conner, der den Namen der Band am Leben erhalten und ihren Katalog weiter auswerten wollte. Trotz ihres kühlen Verhältnisses zum Label beteiligte sich die Band an *Anthology* – Donald Tardy half Monte bei der Songauswahl und -reihenfolge. Die Compilation markierte auch die Rückkehr von Andreas Marschall, der das Cover von *The End Complete* angefertigt hatte und ein weiteres detaillreiches Meisterwerk ablieferte.

Anthology war das erste Lebenszeichen von Obituary seit drei Jahren. Weder sie noch die Plattenfirma hatten 1998 eine offizielle Presseerklärung herausgegeben, um die Pause anzukündigen. Tatsächlich gab keine der beiden Parteien bei der Veröffentlichung der Sammlung etwas über Obituarys Status preis. Dieser blieb vage – wie es die Band bevorzugte. Bis heute kennt man keinen bestimmten Grund für die fünfjährige Pause von 1998 bis 2003. Jedes der verbliebenen Mitglieder hielt sie für notwendig, doch ihre Ansichten darüber, wie es dazu kam, unterscheiden sich. „Alle hatten jetzt ein normales Leben und suchten sich normale Jobs", sagt Donald. „Aber ich wusste es immer noch nicht besser. Mir fiel nichts anderes ein, als weiter an meinem Schlagzeug zu üben, denn das war eigentlich das Einzige, was ich tun wollte; es ist meine Lieblingsbeschäftigung – meine Leidenschaft, also übte ich einfach weiter. Monate schienen zu vergehen, dann Jahre, und wir wussten im Grunde nie genau, warum wir eine Pause einlegten. Nicht dass wir uns eine Frist gesetzt, ein Datum festgelegt und gesagt hätten: ‚Wir nehmen uns eine Auszeit.' Es ist schlicht passiert."

„In meinen Augen handelte es sich um eine Situation, in der alle erleichtert waren, die Biege machen zu können, doch niemand wollte es laut aussprechen", behauptet John. „Ich empfand nicht so. Wenn etwas aufgekommen wäre, hätte ich es getan, doch unsere Telefone klingelten damals nicht unbedingt im Akkord. Bis zu unserer Pause erhielten wir üblicherweise Konzertangebote, die wir annahmen. Ich dachte immer: ‚Okay, nach dieser Tour bleibe ich daheim und gehe wieder arbeiten.' In diesen Jahren saß ich nie da und überlegte: ‚Wir könnten uns treffen. Wir müssen was tun, was schreiben.' Es war eher so: ‚Einfach zurücklehnen und schauen, was

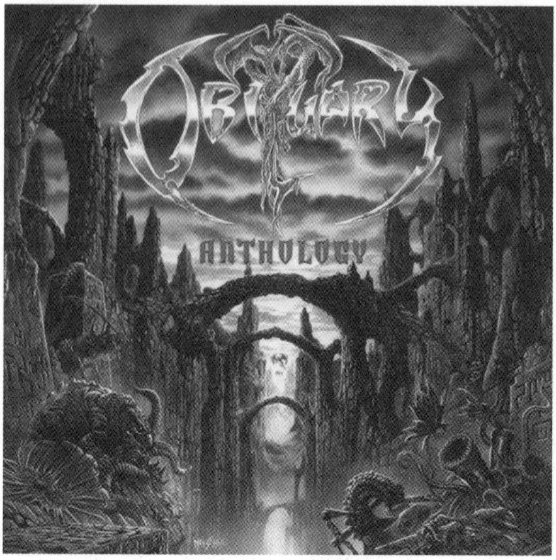

Obituarys *Anthology*, 2001, Roadrunner Records.

passiert.' Ich weiß nicht, ob es daran lag, dass die Metal-Szene schrumpfte, oder die Einstellung der Leute zu Obituary der Grund war, doch jeder in der Band schien froh zu sein, ein wenig Zeit zu bekommen, um etwas Gewöhnliches zu tun."

„Ich kann's nicht hundertprozentig an einer Sache festmachen", gibt Trevor Peres zu. „Jedenfalls bekam man Nachwuchs und fing schließlich verschiedene Dinge mit seinem Leben an. Mein erstes Kind wurde 2003 geboren. Ich klinkte mich aus, weil ständiges Touren mit Kids in dem Alter schwierig ist. Davor hätte ich einfach weitergemacht – kein Zweifel daran."

Obwohl Obituary gerne wenigstens für den Rest des Jahres 1998 und darüber hinaus weiter mit *Back From the Dead* getourt wären, räumt John ein, es sei der richtige Zeitpunkt gewesen, um mit der Band „eine Zeitlang Ferien zu machen", damit die Fans ihrer nicht überdrüssig wurden, aber auch zum Umgehen der Tücken, denen Gruppen aufsitzen, die ihren Lebensunterhalt mit der Musik verdienen. Bis dahin war ihre Karriere noch nicht so bemerkenswert gewesen, dass man eine Folge von VH1s *Behind the Music* darüber hätte drehen müssen (falls man sich das überhaupt vorstellen kann), doch den ersten Abschnitt hatte sie sicherlich nicht unversehrt überstanden. Obituary schlugen sich mit Plattenvertragsstreitigkeiten, Allen Wests Drogenmissbrauchsproblemen und allgemeiner Enttäuschung über eine Branche herum, die einen sehr niedrigen Lohn für ihre Leistung gezahlt hatte. Die Enttäuschung rührte hauptsächlich von ihrem Vertrag mit Roadrunner her. Obwohl ein Ende in Sicht war – die Band schuldete der Firma nur noch ein weiteres Album -, stand außer Frage, dass man in aller Eile eine letzte LP komponierte und aufnahm, um den Vertrag zu erfüllen und einen neuen, weitaus lukrativeren an Land zu ziehen (ihre Label-Kollegen Deicide taten 2001 das genaue Gegenteil mit dem Album *In Torment In Hell*, das überhastet eingespielt wurde, um aus dem Roadrunner-Vertrag herauszukommen, wie Frontmann Glen Benton freimütig zugegeben hat). Sowohl

Peres als auch West schrieben weiter an neuem Material, aber keine ihrer Ideen war für die Band gedacht. Ohne dass John und Donald bewusst Probezeiten festlegten, gab es auch keinen Antrieb, neues Obituary-Material zu komponieren.

Außerdem waren die Mitglieder inzwischen erwachsen geworden. Sie hatten ihren Vertrag mit Roadrunner knapp ein Jahrzehnt zuvor als Teenager unterzeichnet, als sie nur froh gewesen waren, bei einem Label zu sein und die Möglichkeit zu erhalten, um die Welt zu touren. Jetzt als bewährte, führende Band in ihrem Genre verlangten Obituary zu Recht mehr vom Musikgeschäft. In den späten 1990ern steckten sie jedoch in der Klemme, da sie ihre Tantiemen und Einnahmen von Konzerten mit Nebenjobs aufbessern mussten. Nach so langer Zeit war die Band es leid, sich nach der Rückkehr von einer Tournee um ihre Finanzen zu sorgen.

Im Herbst 1998 machte man sich aber keine Sorgen mehr um die Aufteilung ihrer mageren Tour- und Merchandise-Einnahmen. John wurde Vollzeitangestellter bei Product Safety Engineering und beschloss, sich vom Musikgeschäft fernzuhalten. West gründete noch im selben Jahr die neue Band Lowbrow, Peres zwei Jahre später Catastrophic, während er in Nashville lebte. Frank Watkins spielte weiterhin in Bands in Fort Lauderdale und erhielt seine Zulassung zum Wertpapiermakler. Und Donald pflegte seine Death-Metal-Fertigkeiten mit der lokalen Band Intoxicated, bevor er sich 1999 mit einem damals noch unbekannten Party-Rocker namens Andrew W.K. zusammentat.

Je länger Obituarys Pause andauerte, desto höher wurden sie angesehen. Da die Musikindustrie Kreisläufen unterlag, war es nur eine Frage der Zeit, bis sich die Fans wieder auf den Output der Band aus den 1990ern berufen würden. Allerdings rechneten die Musiker nicht damit, dass sie in den Jahren ihrer Abwesenheit so häufig erwähnt und gelobt werden würden. Sie ahnten nicht, wie ihre Musik die Hardcore-Szene unterwandert hatte – ein metallischer Ableger aus Metal und Punk, der Attitüde vor Technik, Muskelschmalz über Feingefühl und rhythmische Heaviness über Tempo stellte. Und die Nachwuchsbands, die Death Metal nach der Jahrtausendwende am Leben hielten, nannten Obituary öffentlich als Einfluss. Im Gegenzug begannen diese Gruppen, Obituarys Prinzip der überbordenden Härte für ihre eigenen Zwecke zu nutzen – vielleicht das größte Kompliment, das man machen kann. Jegliche Befürchtung, zu versanden und in Vergessenheit zu geraten, wurde schnell zerstreut.

„Was auch immer wir getan hatten, gefiel den Leuten besser, als uns je bewusst war“, sagt Peres. „Als wir weg waren, herrschte Leere. Ich dachte anfangs, ich würde verarscht, doch jemand wie Keith DeVito meinte: ‚Nein, ganz bestimmt nicht. Die Leute lieben euch, verdammt.‘“

„Im Grunde wussten wir nicht, wie sich die Fans nach Obituary sehnten“, fügt Donald hinzu. „Abstand zu nehmen, sich von diesem Leben und dem Musikgeschäft loszureißen, war leicht. Als wir weitermachten und merkten, wie sehr man uns vermisst hatte, war das echt schön. Obituary sind größer als die einzelnen Mitglieder. Unser Name ist in den Köpfen, im Blut und in den Herzen der Leute.“

Kurz nach seinem Ausstieg bei Six Feet Under Anfang 1998 unterbreitete Allen West Obituary-Roadie Rich Hornberger die Idee, ein neues Projekt zu gründen, eine waschechte Supergroup aus Veteranen der Szene in Tampa. Die beiden sahen sich außerhalb der Death-Metal-Szene um und rekrutierten daraufhin die ehemaligen Nasty-Savage-Mitglieder Ben Meyer (Gitarre), Curtis Beeson (Drums) und Richard Bateman (Bass) unter dem Namen Lowbrow.

1999 produzierte die neue Band ein Demo mit fünf simplen, durchschnittlich schnellen, Groove-orientierten Death-Metal-Songs. Es war im Wesentlichen das Gleiche, was West bereits bei Obituary und Six Feet Under gespielt hatte, wenn auch mit leicht verändertem Gitarrensound. Lowbrow kamen nach kurzer Zeit bei dem in North Carolina ansässigen Label Crook'd Records unter, das noch im selben Jahr ihr Debüt *Victims at Play* veröffentlichte. Obwohl das Album keine hohen Wellen im Underground schlug, hatten die Musiker einen hohen Bekanntheitsgrad und hofften, die Band in Vollzeit betreiben zu können.

Meyer war West bei Nasty-Savage- und Obituary-Shows begegnet, doch die zwei hatten nie mehr als flüchtigen Kontakt. Als Meyer jedoch während eines Nasty-Savage-Sets technische Probleme bekam, half Allen, indem er ihm eine seiner Gitarren lieh. Meyer sagt, sein Kollege habe „den Tag gerettet.“ So machte sich West bei ihm beliebt, woraus sich eine Freundschaft und schließlich eine Zusammenarbeit entwickelten.

„Ich schaute mich damals nicht nach einer neuen Band um, hielt Lowbrow aber für eine tolle Gelegenheit“, erzählt Ben. „Die habe ich ergriffen. Außerdem war es immer geil, mit Curtis und Richard zu jammen – zusammen zu spielen machte uns immer Spaß. Rich schrieb die Texte, Allen und ich komponierten die Musik. Meistens kam ich mit kompletten Lied an, Allen auch. Das Songwriting teilte sich ungefähr in 40 Prozent von mir und 60 von ihm auf. Er dürfte der verlässlichste Rhythmusgitarrist sein, mit dem ich je gejammt habe. Er war in der Lage, den optimalen Gitarrensound aus seinem Equipment rauszuholen. Wir wollten den Durchbruch schaffen und Stars werden, touren und regelmäßig Platten veröffentlichen.“

Lowbrow brachten 2001 das Album *Sex. Violence. Death.* heraus und brachen dann zu einer Tournee auf. Jedoch begannen Wests persönliche Probleme 2002, die Band zu beeinträchtigen. In Mexiko verschwand er und blieb für seine Mitmusiker unauffindbar, sodass sie Konzerte absagen mussten und sich noch im selben Jahr erstmals auflösten. 2008 reformierten sie sich, doch West gefährdete die Zukunft der Gruppe mit noch mehr von seinen Problemen.

„Al weigerte sich, Regeln zu befolgen, und war im Arsch, als wir in Europa tourten“, berichtet Meyer. „Meistens war er zu besoffen zum Spielen. Wir hatten so viel Potenzial, doch es wurde Zeit, die Segel zu streichen. Ich habe ihn schon gegen Kaution aus dem Knast geholt. Wir alle legten uns ins Zeug, um ihm zu helfen, doch er hörte nicht. Irgendwann hat man alles getan.“

Anfang 2009 machte Hornberger ein Statement publik, das Lowbrows endgültiges Aus ankündigte:

„In Lowbrow steckte großes Potenzial, doch durch den Fluch der Abhängigkeit konnten wir es nie ausschöpfen. Ich persönlich möchte allen danken, die uns im Lauf der Jahre

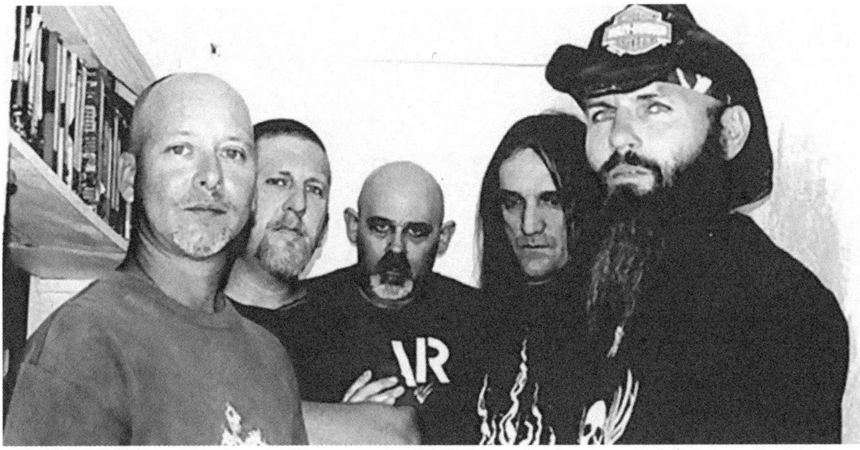

Lowbrow.

unterstützten, und entschuldige mich aufrichtig für jedwede Enttäuschung, dir wir womöglich verursacht haben. Wir haben mit der Zeit viele tolle Freundschaften geschlossen und natürlich auch schöne Momente erlebt. Danke an alle, die unsere Konzerte besucht und unsere Alben gekauft haben. Ich wünschte, wir könnten euch mehr Lowbrow-Metal geben. Die Band ist also zu diesem Zeitpunkt Geschichte. Für immer begraben in Europa. Ich kann nicht sagen, inwieweit die anderen Mitglieder weiterhin Musik machen wollen, hoffe aber, dass sie es tun werden. Ich werde abwarten, was sich hieraus ergibt, ehe ich etwas von den anderen beteiligten Musikern ankündige.“

Wests Gitarrenpendant Trevor Peres erging es in seiner Karriere außerhalb von Obituary wesentlich besser. Er legte großen Wert darauf, mit John Tardys Vertreter Keith DeVito von Pyrexia in Kontakt zu bleiben, nachdem die Live-Aktivitäten für *Back From the Dead* 1998 beendet waren. Während DeVitos Zeit mit der Band entstand schnell eine Verbindung zwischen den beiden; sie gingen oft gemeinsam auf die Piste oder saßen bis spät zu zweit im Bus, wo sie zusammen tranken, lachten, einander Geschichten erzählten – und mögliche Zukunftspläne besprachen. Als die *Back From the Dead*-Tour zu Ende ging, ahnte Trevor, dass John mehr Zeit daheim verbringen wollte und Obituary eine längere Pause einlegen würden.

„Kurz gesagt: Ich habe aus Liebe zur Musik weitergemacht“, sagt der Gitarrist. „Wenn ich sie nicht hätte, wüsste ich nicht, was ich tun sollte. Zu dem Zeitpunkt zeichnete sich ab, dass Obituary für eine Weile ruhen würden. Weiterhin Musik zu machen war ganz natürlich. Keine Ahnung, ob ich rastlos war, aber weiter Songs zu schreiben und dranzubleiben kam mir von Anfang an sinnvoll vor.“

Peres, der nun in Nashville lebte, arbeitete zunächst als Grafiker für eine Beschilderungsfirma und erhielt schließlich freiberufliche Aufträge als Grafikdesigner. Die Tätigkeit machte ihm Spaß, und selbst bei gelegentlichem Termindruck konnte er seine gestalterische Seite bei der Arbeit für größere Unternehmen ausleben. Er wurde angemessen entlohnt, begann zu sparen und genoss den kurzen, bequemen Arbeits-

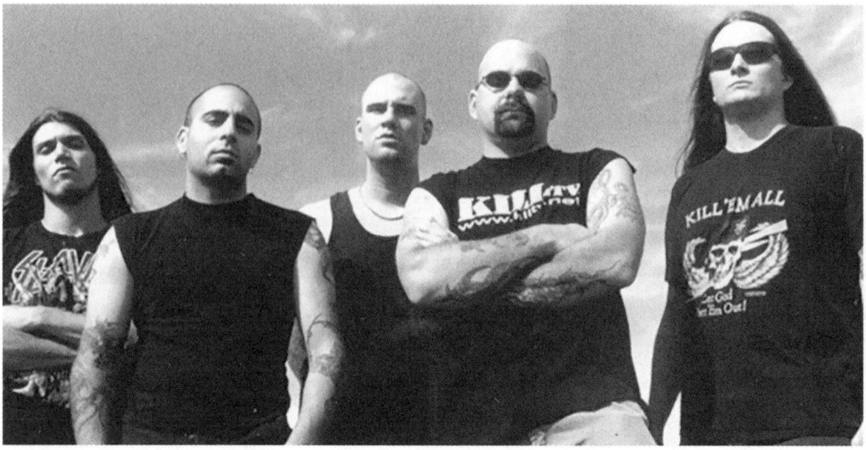

Catastrophic.

weg zu seinem Büro. Der Stress, sich um sein Einkommen zu sorgen, ließ nach, doch der Wunsch, eine neue Band zu gründen, ließ Trevor nicht mehr los.

Sein neues Projekt mit DeVito nahm 1999 allmählich Gestalt an. Dem Sänger zufolge war von vornherein an klar, dass sich die neue Band an Obituary orientieren, aber in eine extremere Richtung gehen würde. „Trevor war ein echter Death-Metal-Fan, wusste aber, dass er Sachen wie Blastbeats nicht bei Obituary bringen konnte", erklärt Keith. „Als wir uns darüber unterhielten, Catastrophic zu gründen, waren wir uns beide einig, dass die Band ein Mittel sein würde, um seine härtere Seite zu zeigen. Nach der Obituary-Tour, auf der ich sang, stand für uns beide fest, dass wir uns nicht für immer voneinander verabschieden wollten – es hieß: ‚Bis zum nächsten Mal.' Ich nahm Trevor beim Wort und wusste, dass seine Aussage, etwas Neues machen zu wollen, kein leeres Geschwätz war."

Peres begann, regelmäßig nach Long Island zu fliegen, um sich mit DeVito und dessen Pyrexia-Kollegen zu treffen: Gitarrist Chris Basile, Bassist Brian Hobbie und Schlagzeuger Rob Maresca. Die Abstecher waren fast immer produktiv, und er genoss die Gesellschaft seines neuen Teams. Trevor stürzte sich gleich nach Beginn von Obituarys selbstauferlegter Auszeit ins Komponieren, wobei ausgereifte Lieder mit seinem charakteristischen Riff-Stil und Songwriting-Stempel entstanden. Die Band arbeitete das Material in der zweiten Hälfte des Jahres 2000 aus, indem DeVito und Peres abwechselnd zum jeweils anderen flogen.

„Das erste Catastrophic-Album ergab sich aufgrund unserer räumlichen Trennung aus etlichen MP3-Dateien", erklärt Keith. „Trevor kam nach Long Island und wohnte bei meiner Familie, solange wir an dem Album arbeiteten. Meine Eltern mochten ihn sehr, besonders mein mittlerweile verstorbener Vater. Trevor stand jeden Sonntag mit meiner italienischen Sippe auf und aß Bagels mit ihr zu Abend. Ihm gefiel das, und ihn bei uns zu haben gefiel uns."

Weder Executioner noch später Obituary hatten je einen festen Leader, obwohl Peres und die Tardy-Brüder oft die wichtigsten Entscheidungen trafen. Catastrop-

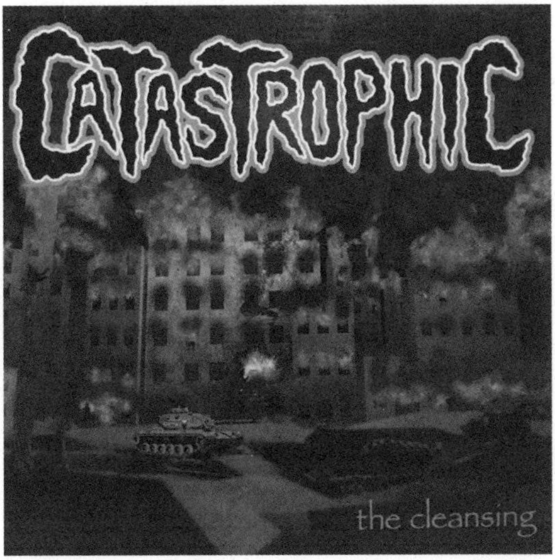

Catastrophics *The Cleansing*, 2001, Metal Blade Records.

hic war hingegen Peres' Band. Er stellte die Besetzung zusammen, bestimmte den Namen, schrieb die Songs und besorgte einen Plattenvertrag. Wiewohl er aus seinen Erfahrungen mit Obituary schöpfen konnte, waren seine Catastrophic-Mitmusiker ebenfalls keine Anfänger – Pyrexia hatten bereits zwei Alben und eine EP veröffentlicht, bevor sie 1999 eine Pause einlegten. In kürzester Zeit hatten Catastrophic ein ganzes Album im Kasten und einen Deal mit Metal Blade, die das Quintett unter Vertrag nahmen, nachdem Peres den Label-Besitzer Brian Slagel angerufen hatte.

Ende 2000 ging die Band mit dem Produzenten und Tontechniker Jamie Locke ins Studio. Dieser hatte schon für *Back From the Dead* am Mischpult gesessen und knüpfte dort an wo er mit Obituary stehengeblieben war. Dass *The Cleansing*, das 2001 erschienene Catastrophic-Debüt, stark von Peres' Handschrift geprägt wird, verwundert nicht. „Wenn ich heavy Songs schreibe, ist das einfach mein Sound", sagt er. „Für die erste Catastrophic wollten wir Stücke komponieren, die so heavy wie möglich sein sollten. Das war immer meine Absicht, wenn ich harten Kram zockte. Außerdem fand ich es cool, Blastbeats einzubauen, weil Obituary nie einen einzigen verwendet hatten, Catastrophic hingegen schon."

Der betreffende Part ist in 'Lab Rats' enthalten und kennzeichnet ein Album, das mehr oder weniger als Erweiterung von Peres' Songwriting auf *Back From the Dead* oder auch *World Demise* verstanden werden kann. Sein typisch sumpfiger Gitarrenton erhält eine andere Note, wenn der begleitende Drummer nicht Donald Tardy ist, obwohl er immer noch das gesamte Bassfrequenzspektrum abdeckt und eine fette, raue Klangwand erzeugt. Schlagzeuger Maresca hatte einen traditionelleren Death-Metal-Stil als Donald, der groovig hinter dem Beat spielte. DeVito musste nicht mehr wie John Tardy klingen und verpasste den Songs einen fast Hardcore-artigen Anstrich. Alles in allem schaffte es Trevor, den Obituary-Sound am Leben zu erhalten, doch Catastrophic lassen sich schwerlich als totalen Obituary-Abklatsch bezeichnen.

Unabhängig davon gefiel *The Cleansing* der Death-Metal-Basis so gut, dass Metal Blade der Band Tour-Support gaben. Catastrophic flogen im Sommer für mehrere Konzerte nach Europa, wo sie sich am 11. September 2001 auf eine Show in Berlin vorbereiteten, als sie von den Terroranschlägen in den USA erfuhren. Entsetzt verfolgten die Musiker im deutschen Fernsehen, wie die beiden Türme des World Trade Center einstürzten, nachdem Terroristen Flugzeuge hineingesteuert hatten. Peres erzählt, die Anschläge seien ihm und seinen Bandkollegen so nahe gegangen, dass sie sich in den schlimmsten Fall hineinversetzten und allegorische Überlegungen anstellten: „Wir dachten alle: ,Tja, wir könnten hier festsitzen.' Ich erinnere mich, dass ich zu mir selbst sagte: ,Falls das ein Angriff auf Amerika ist, sollte ich meinen Pass nehmen und im Schwarzwald untertauchen.' An diesem Punkt fängt man an, über die eigene Überlebensfähigkeit nachzudenken."

Catastrophic kamen rechtzeitig nach Hause, um mit Witchery als Support auf der US-Herbsttour 2001 von The Haunted aufzutreten. Bei den Konzerten befand sich Peres in einer ungewohnten Lage – als Opener, der nicht länger als 30 Minuten spielte. Catastrophics Position auf dem Programm dämpfte seine Begeisterung aber kein bisschen. Er nahm die Gelegenheit wahr, die Band von Grund auf hochzupäppeln, und tat sich nie schwer damit, für Acts einzuheizen, deren Lebensläufe nicht ganz mit seinem mithalten konnten.

„Manchmal wurden wir auf Tournee wie das schwarze Schaf behandelt, aber so ist das, wenn man von klein auf neu anfängt", sagt DeVito gleichmütig. „Du musst dich live bewähren, ehe du in der Szene aufsteigst. Da wir Trevor Peres Catastrophics Sprachrohr war, wurden wir besser behandelt als eine andere Band in unserer Situation ohne ihn."

2002 erhielt die Band einen erstklassigen Platz im Vorprogramm der Manowar/Immortal-US-Tour, der sich weitere Shows in Europa anschlossen. Als Catastrophic dazu übergingen, mit jüngeren Death-Metal-Bands zu spielen, die während Obituarys Blütezeit entstanden waren, erkannte Peres nach und nach, welchen Einfluss sie hatten. Jene Gruppen traten an ihn heran und erzählten ihre Geschichten als Obituary-Fans – was den Gitarristen oft überraschte, da er geglaubt hatte, seine Hauptband würde im Laufe ihrer Pause zusehends in Vergessenheit geraten.

„Ich dachte nur: ,Okay, wow!'", begeistert er sich noch heute. „Auf diesen Tourneen wurde mir das zum ersten Mal in meiner Karriere bewusst, denn wenn man mit Obituary unterwegs ist, steckt man mittendrin, und so ist es dann eben – man jammt einfach und macht sein Ding. Jetzt war ich ständig von all den verschiedenen Kollegen von uns umgeben, hing bei ihnen ab und trank Bier mit ihnen. Die ganze Erfahrung hat mich völlig verblüfft."

Catastrophic begannen mit der Planung für ein zweites Studioalbum, als Peres und seine Frau 2003 ihr erstes Kind bekamen. Kurz darauf wurden die Weichen für die Wiedervereinigung von Obituary gestellt, wobei sich abzeichnete, dass er sich Catastrophic nicht mehr uneingeschränkt widmen konnte. Die Band veröffentlichte im Mai 2005 die *Born Into Bondage*-EP, ihre letzte Veröffentlichung mit Trevor. Ihre

Auflösung erfolgte kurz nach der Veröffentlichung des 2008 erschienenen Albums *Pathology of Murder*.
„Catastrophic war einfach nur heavy Zeug", resümiert Peres. „Eine solche Band aufzuziehen war krass. Mir gefiel es. Ich finde unser erstes Album großartig, die EP auch. Ich würde sofort wieder eine Platte mit diesen Jungs machen."

1995 arbeitete Intoxicated-Gitarrist/Sänger Erik Payne in einem Apartmentkomplex in Altamonte Springs/Florida, als er und sein Arbeits-/Bandkollege Bone einen Mietlastwagen bemerkten, der drauf und dran war, beim Zurücksetzen gegen ein Schild zu stoßen. Die beiden fuhren ihr Golfmobil zur Seite, um das bevorstehende Malheur zu beobachten, und scherzten: „Was für ein Depp!" Natürlich rammte der Fahrer das Schild, sodass es umfiel. Payne frotzelte: „Ich schätze, der Typ zieht hier ein." Der Fahrer war Trevor Peres und verkatert. Er stieg schnell aus dem Laster, um den Schaden zu besehen.
Logischerweise ärgerte sich der Obituary-Gitarrist über sein Missgeschick, doch Payne erkannte ihn sofort und lockerte die Stimmung auf. Er beschwichtigte Peres, sich keine Sorgen wegen des beschädigten Schildes zu machen – sie legten es auf Paynes Golfmobil und fuhren es in den Wald, woraufhin es nicht mehr gesehen oder angesprochen wurde. Erleichtert und beeindruckt von dem zufälligen Akt der Nächstenliebe schaute Trevor in dem Haus vorbei, wo Payne und Bone an dem Abend unterkamen, woraus sich eine Freundschaft entwickelte, in deren Zug Payne in die Welt von Obituary trat.
Intoxicated waren 1998 Stammgäste in den Clubs in Florida, hatten aber schon lange Probleme mit ihrem Schlagzeuger. Zuvor war Payne Fellgerber Donald Tardy auf der alle zwei Jahre stattfindenden Surf Expo in Orlando begegnet, wo dessen damalige Freundin als Bademodell arbeitete. Paynes Bruder baute die Skateparks, was Erik zu dem Besuch veranlasste, wohingegen Donald für gewöhnlich dort vorbeischaute, um die Action zu erleben und mit den Payne-Brüdern zu reden. Als er später im selben Jahr bei einer Intoxicated-Show auftauchte, nutzte Payne die Gelegenheit, um über das Drummer-Problem der Band zu sprechen. Er fragte rundheraus, ob Donald Interesse hätte, Intoxicated beizutreten; der Schlagzeuger erklärte sich einverstanden, allerdings unter einer Bedingung: nur vorübergehend. Er sagte, Obituary würden „eines Tages wieder etwas machen." Bei einem von Paynes Besuchen in Tampa im Jahr 2000 spielte Donald Aufnahmen ab, die ihm auf Kassette zugeschickt worden waren. Er erklärte, er sei per Briefpost von einem Musiker mit einem Major-Künstlerentwicklungsvertrag kontaktiert worden; es handle sich um einen Obituary-Fan, der um Hilfe beim Zusammenstellen einer Band bat. Die Musik war anders als alles, was Payne und Donald je gehört hatten, also fragte der Gitarrist: „Was ist das?"
Es waren Demos von Andrew W.K.
Andrew Fetterly Wilkes-Krier machte sich 1998 auf den Weg von Michigan nach New York City, wo er bei einem Major-Label unterkommen wollte, ursprünglich

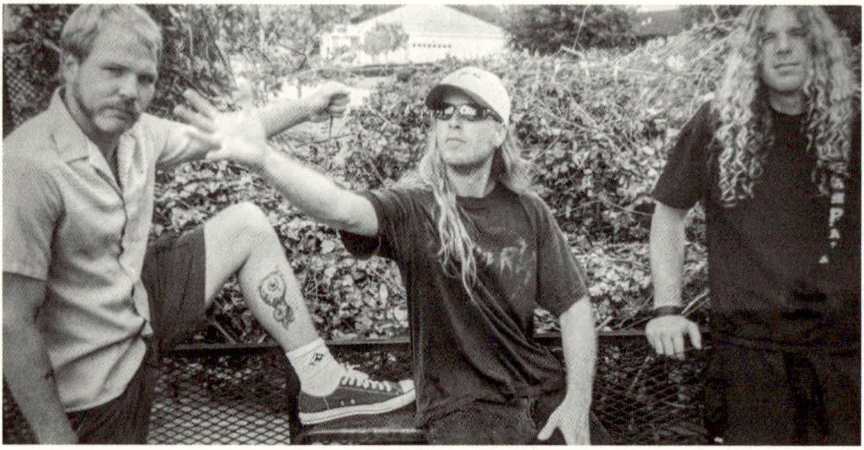

Intoxicated von l. nach r.: Gregg Roberts, Donald Tardy und Erik Payne.
Foto aus Erik Paynes Archiv.

unter dem Namen Ancient Art of Boar, den er oft mit AAB abkürzte. W.K., der alle Instrument selbst spielen konnte, entwickelte eine energiegeladene Musik, die gerne als Party-Rock bezeichnet wurde, und zur härteren Gangart neigte. Er war auch ein großer Obituary- und Napalm Death-Fan, weshalb er davon träumte, seine erste Band mit Obituary-Musikern zu vervollständigen. 1999 wies W.K. seinen damaligen Manager Trevor Silmser an, Peres zu kontaktieren, um herauszufinden, ob der Gitarrist an einer Mitgliedschaft interessiert sei. Trevor, der sich in Nashville auf die Aufnahmen zu Catastrophics Debütalbum vorbereitete, erteilte Silmser eine Absage, verwies ihn aber an Donald. Andrew schickte dem Drummer einen handgeschriebenen (mit Zeichenstift) Brief, in dem er von Obituary schwärmte. Er wies darauf hin, dass sich ein Label für sein Demo erwärmte, und fragte, ob ihm Donald beim Aufbau einer Band helfen wolle. Das Schreiben enthielt Demoaufnahmen von Stücken, die später auf seinem Major-Debüt *I Get Wet* erschienen.

„Wir klemmten uns einfach ans Telefon", erzählt Donald. „Ich sagte ihm, ich hätte Lust. Mir gefielen die paar Songs, die er geschickt hatte, und so fing alles an. Ich fand es aufregend, weil er noch nichts vorweisen konnte. Er war einfach ein Typ, der alles von der Gitarre über Keyboards bis zum Schlagzeug selbst spielte, und bereit, eine Band zusammenzustellen, um sein Album aufzunehmen. Da kam ich ins Spiel, denn ich kannte viele Leute, hatte Bekannte in der Branche und tolle Gitarristen als Freunde. Andrew hatte nur eine Vision, und ich half ihm, alles in Gang zu setzen."

W.K. begegnete dem Drummer zum ersten Mal bei der Produktion von *I Get Wet* in Hollywood. Donald wohnte im Hyatt Hotel am Sunset Boulevard, und sein Zimmer hatte einen Balkon mit Blick auf den hinteren Parkplatz. Andrew kam in einem von seiner Plattenfirma gemieteten Cabrio an, aus dem *World Demise* dröhnte, sein Obituary-Lieblingsalbum. Als Tardy die vertrauten Klänge seiner Band hörte, kam er breit grinsend von oben hinunter.

„In dem Moment ging ein Traum in Erfüllung", sagt W.K. „Ich konnte einfach nicht fassen, dass er da war, dass ich Obituary mit Donald Tardy hörte, der nach Los Angeles geflogen war, um auf meinem Album zu spielen. Es war auf sehr vielen Ebenen unglaublich, das wusste ich schon damals, und auch heute ist es noch so. Mein erstes Obituary-Album war *World Demise*, und natürlich war der erste Song, den ich hörte, der Opener der Platte, 'Don't Care'. Von der ersten Sekunde an, sobald das Schlagzeug einsetzte, war ich hin und weg. Dann die Triolen, die Donald auf dem Ride-Becken spielt, und der Gesang, wo es sich überschneidet... alles einschließlich des Gitarrentons sorgt für einen überwältigenden Einstieg in eine unbeschreibliche Klangwelt."

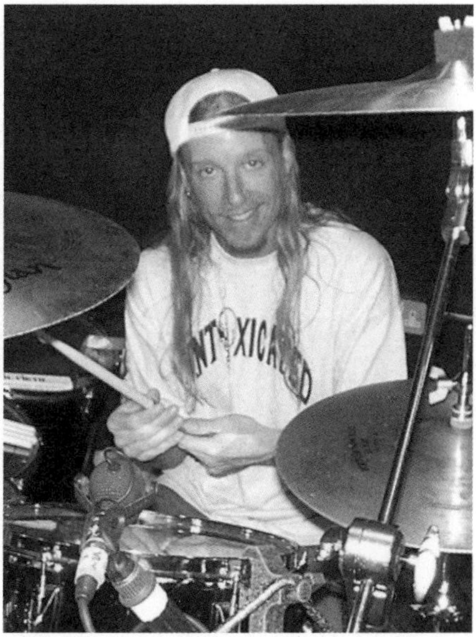

Donald Tardy gegen Ende der 1990er. Foto von Erik Payne.

Donald wusste, wo er Musiker für Andrews Band finden konnte – gleich vor seiner Haustür in Tampa. Er wollte mit Leuten spielen, die nicht nur Freunde waren, sondern auch Angehörige der lokalen Szene in Florida, die sonst nie die Gelegenheit bekommen hätten, durch die USA oder Europa zu touren. Der Schlagzeuger durfte auf der Suche völlig frei walten. Laut eigener Aussage brauchte er einen Tag, um alle seine Musikerfreunde anzurufen und an Bord zu holen. Er begann mit Payne und dessen Kollege Gregg Roberts, der bei Intoxicated Bass spielte. Donalds Kindheitsfreund Frank Werner folgte als Gitarrist. Er war eine Geheimwaffe und bis dahin so gut wie nie aus Florida hinausgekommen. Einen Reisepass habe er nicht, sagte Werner, doch er sei „einmal in South Carolina" gewesen. Unabhängig davon, dass er ein Stubenhocker war, spielte er begnadet Gitarre und passte laut Donald trotz seines etwas höheren Alters problemlos zum Rest der Band. Der auserlesene dritte Gitarrist Jimmy Coup vervollständigte die erste Inkarnation der Gruppe, die sich schließlich in Tampa zum Proben traf – wo sie W.K. kennenlernte.

Donalds bunt zusammengewürfelter Haufen Musiker aus Florida zog in seine Einzimmerwohnung in Seffner, wo sie in Schlafsäcken auf dem Fußboden schliefen. Donald, Payne, Werner und Roberts probten acht Monate lang fast jeden Tag, bevor sie mit W.K. spielten. Ihnen kam es vor wie *Und täglich grüßt das Murmeltier*, der beliebte Film von 1993 mit Bill Murray als Hauptfigur, die denselben Tag immer wieder durchlebt. Ihre tägliche Routine bestand darin, nach dem Aufstehen Gras zu rauchen, von Donald zubereitete Protein-Shakes zu trinken und zu Obituarys Proberaum in der Nähe von Brandon zu fahren. Es war das erste Mal, dass sich

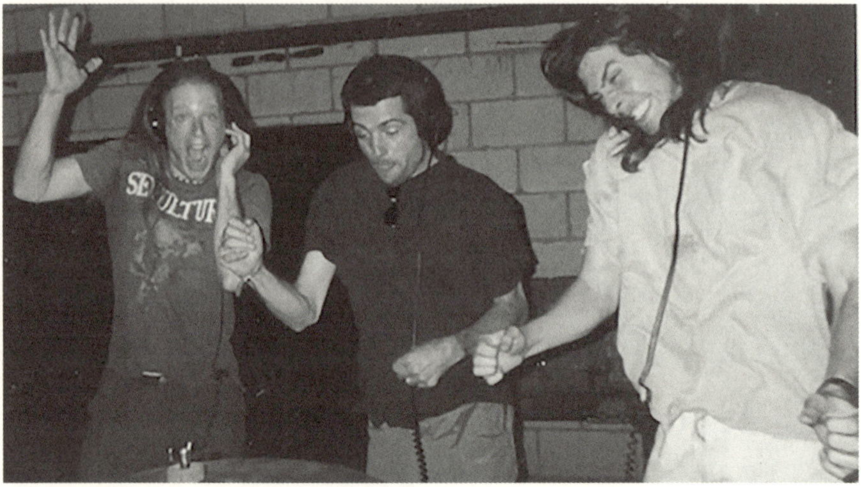

Donald mit Andrew W.K bei den Aufnahmen zu *I Get Wet*.

Donalds Freunde Vorschriften machen lassen mussten, eine turbulente Erfahrung für sie. Payne zufolge gab es kaum Diskussionen darüber, wer das Sagen hatte.
„Donald ist ein fantastischer Anführer", betont er. „Ich schätze, dass Sänger oft als Bandleader angesehen werden, aber Donalds Händchen dafür war zutiefst beeindruckend. Ich weiß nicht einmal, ob er es bewusst tat. Er hatte die Angewohnheit, dich vor einer Probe oder Show anzuschnauzen, aber auf so witzige Art. Er wusste, wie man Anweisungen gibt. Das war etwas, das ich immer bewundert habe."
Andrews Songs zu lernen stellte eine besondere Herausforderung dar. Seine im Alleingang komponierten und eingespielten Demos wirkten vordergründig simpel, waren aber in Wirklichkeit sehr vertrackt und vielschichtig. Zudem wurden die Kompositionen von mehreren Keyboard-Spuren abgerundet, die jeden aus dem Konzept bringen, der nicht an Musik mit diesem Instrument gewöhnt ist. Vor der ersten Probe mit W.K. half Donalds Zuversicht gegen das ungewohnte Gefühl und die Nervosität der Begleitband.
„Ich glaube, Andrew hat mir vertraut", sagt er. „Wir hatten einen Übungsraum hier in Tampa gemietet, weil er sich zuerst vergewissern musste, ob die Jungs, die ich ausgesucht hatte, Menschen aus Fleisch und Blut waren. Dann fing er mit seiner Zauberei an. Es war, als würde man Figuren auf einem Schachbrett verrücken, denn es handelte sich um eine große Band und kein gewöhnliches Quintett. Wir hatten drei Gitarristen, außerdem spielte Andrew hin und wieder selbst Gitarre, dazu der Bass und ich. Hinzu kam, dass sich Andrew eine Menge Gedanken über seine Lieder gemacht hat."
Donald führt aus, dass in einem typischen Andrew-W.K.-Song durchaus bis zu 70 Backing-Tracks gleichzeitig ablaufen konnten. Das stellte ihn vor eine weitere Hürde: Er musste zum ersten Mal in seiner Karriere auf Click spielen. Andrew sagt jedoch, die Erfahrung des Drummers bei Obituary sei nützlich gewesen, um seine Kompositionen zu analysieren. „Wahrscheinlich verstand er, worauf ich abzielte, weil er

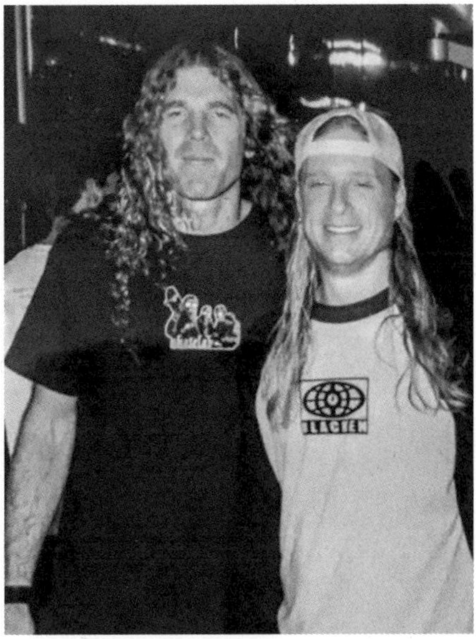

Erik Payne und Donald Tardy.
Foto aus Erik Paynes Archiv.

meine frühen Aufnahmen kannte. Wir versuchten, besser klingende Versionen der Demos einzuspielen. Donald ist so musikalisch, intelligent und intuitiv, dass er mich nicht nur verstand, sondern natürlich auch Ideen und Vorschläge für Songs oder Songteile hatte, die mir nie eingefallen wären."

Als die sechsköpfige Band in Tampa zusammenkam, um mit W.K. zu proben, war es an der Zeit, sie nach ihren Fähigkeiten und Stärken zu bewerten. Payne wurde als Rhythmusgitarrist bestimmt; Werner und Coup teilten sich die Lead-Parts. Die ersten Proben glichen Lärmorgien – man spielte los, wurde aber jäh von Andrew unterbrochen, der hektisch und ungehalten mit den Armen ruderte. Er überprüfte die Mitglieder auf Herz und Nieren, verwies auf die Feinheiten in seinen Songs und brachte ihnen seine musikalische Sprache bei. Allmählich stellte sich ein harmonisches Miteinander ein.

Die Songs waren ruppig und hymnisch, quasi gleichbedeutend mit einem auditiven Wirrwarr. Donald fungierte als Fixpunkt – der Einzige, der alle im Takt halten konnte. „Sie wussten: ‚Hört zu, orientiert euch einfach an Donald'", verdeutlicht der Schlagzeuger lachend. „‚Er ist derjenige, der auf die Cowbell hört, das muss euch einfach klar sein, egal wie chaotisch es zugeht.' Ich erinnere mich an diese frühen Tage mit Andrew. Es war echt ein Riesendurcheinander. Ich musste dasitzen und über Kopfhörer auf die Cowbell achten, um den Faden der Songs nicht zu verlieren, während die Leute bei den wildesten Konzerte, die ich je gegeben habe, auf der Bühne herumsprangen. Das mitzuerleben war sehr anstrengend, unterhaltsam und ziemlich genial."

Donald nahm sein Drumming in der Band genauso ernst wie bei Obituary. Er wusste, dass W.K. als Leadsänger, Songwriter, Multi-Instrumentalist und künftige Medienpersönlichkeit eine große Last zu tragen hatte. Souverän zu spielen, die Songs tief zu verinnerlichen und seine Mitmusiker anzuleiten gab ihm das Gefühl, dem Frontmann etwas von dieser Last abzunehmen.

„Ich habe mich nur darauf konzentriert, die Songs so gut zu lernen, dass ich mich wohl in meiner Haut fühlte, wenn ich sie spielte", erklärt er. „Aus Erfahrung wusste ich: Übung ist alles. Wenn man sich mit einem Song wohlfühlt, wird er zum Kinderspiel. In den nervenaufreibenden Momenten stehst du wie ein Trottel da, falls du nicht vorbereitet bist. Ich habe das ernst genommen und mir seine Songs immer wieder angehört. Die Demos waren großartig, zumal er alle Drum-Parts selbst einge-

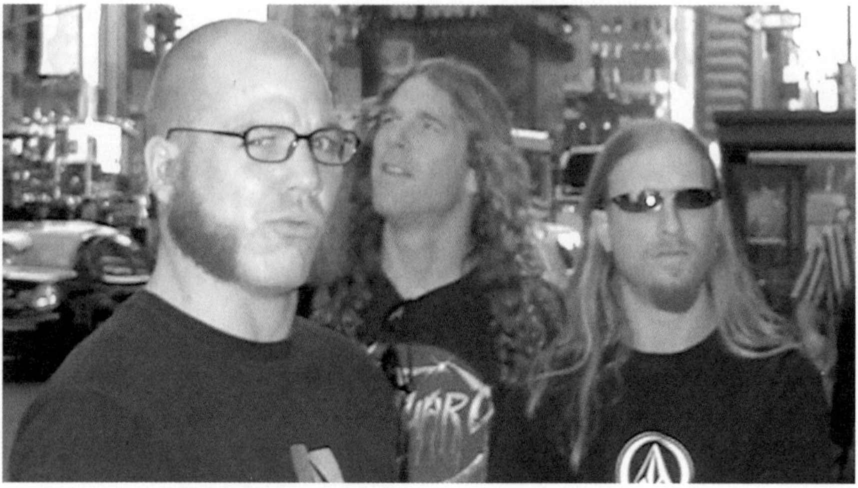

Roberts, Payne und Donald in New York City.
Foto aus Erik Paynes Archiv.

spielt hatte. Ich wollte viel davon übernehmen, weil ich wusste, dass er bei gewissen Fragen ein sehr eigener Mensch war."

I Get Wet wurde am 13. November 2001 veröffentlicht. Das Video zur ersten Single 'Party Hard' lief im folgenden Frühjahr auf MTV. Donald an seinem Yamaha-Kit zu Musik trommeln zu sehen, die weit von Obituary entfernt war, verstörte Death-Metal-Fans anfangs zweifellos. Die Menge Geld, die das Label in den 'Party Hard'-Clip steckte, verstörte wiederum den Drummer, der bislang nur die Minimalbudgets für die Obituary-Videos 'The End Complete' und 'Don't Care' gekannt hatte. Dennoch genoss er die Erfahrung, an einem Musikvideo mitzuwirken, das inklusive Produktionsteam und Drehset viel Geld kostete. Auch die Anrufe von Familie und Freunden, die sich darüber freuten, ihn Anfang 2002 fast täglich im Fernsehen zu sehen, ließ er sich gefallen.

Am 13. April des Jahres trat Andrew W.K. vor einem noch größeren US-Publikum in *Saturday Night Live* auf. Die Sendung wurde von dem Profi-Wrestler und Schauspieler Dwayne „The Rock" Johnson moderiert, der mitten in der Promo-Kampagne seines Films *The Scorpion King* steckte. Donald erinnert sich daran, dass es relativ ruhig in ihrer Garderobe war, wo jedes Mal Spannung aufkam, wenn ein Produktionsassistent die Band darüber informierte, wie viele Minuten bis zu ihrem Auftritt blieben. Während sich der Drummer in einer Ecke aufwärmte, schaute er zu Werner hinüber, der sich gerade ein Sandwich machte. Als er ihn darauf hinwies, dass sie bald auf die Bühne mussten, antwortete der Gitarrist verlegen: „Na ja, ich hab Hunger!"

„Ich kann nicht beschreiben, wie nervös ich vor *Saturday Night Live* war", gesteht Donald. „Wenn es Obituary gewesen wäre und ich unsere Songs gespielt hätte, kein Problem, aber In-Ear-Monitore zu tragen, zu einer Cowbell zu spielen und zu wissen, dass an dem Wochenende elf Millionen Menschen zuschauten – das war schon ziemlich heftig. Frank half mir allerdings, indem er das Sandwich machte.

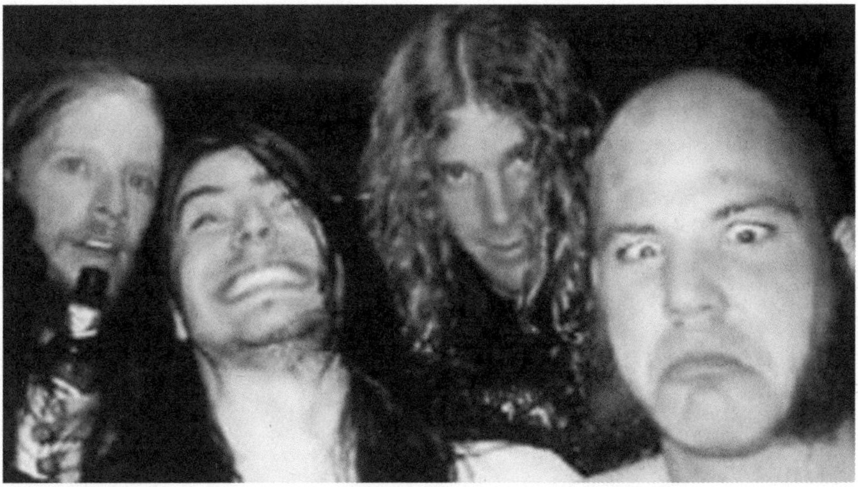

Von l. nach r.: Donald, Andrew W.K., Payne und Roberts.
Foto aus Erik Paynes Archiv.

Das beruhigte mich, denn ich musste laut lachen. Ich dachte mir: ‚Okay, weißt du was? Wir kriegen das schon hin. Wir haben es jeden Abend hingekriegt und sind momentan eine ziemlich geile Truppe.'"

Andrew W.K. und seine Combo spielten an dem Abend zwei Songs, 'Party Hard' und 'I Get Wet'. Der Abspann der Sendung – mit einer Verbeugung und einem Winken des Moderators, der Hausband und musikalischen Gästen – gab Donald die Gelegenheit, seinen Obituary-Kapuzenpulli anzuziehen und für die Kamera zu posieren. Der Schlagzeuger hüpfte aufgeregt im Hintergrund, weil er sichergehen wollte, dass man das Logo sah, eine angemessene Würdigung seiner geliebten Band.

I Get Wet nahm im Sog von 'Party Hard' Fahrt auf. Die Gruppe gab ausverkaufte Konzerte in Amerika und Europa, wobei ihr beinahe täglich neue Möglichkeiten in den Schoß fielen. Falls die Musiker einander anfangs fremd gewesen waren, spürte man davon nichts mehr, während sie unermüdlich voranschritten.

„Ich glaube, wir waren im ersten Jahr nur zwölf Tage zu Hause", schätzt Payne. „Wir tourten einfach in einem fort. Ich war damals Single und wollte, dass es nie aufhörte. Für die ersten drei, vier Monate hatten wir Shows geplant, aber ständig kamen neue Angebote rein. Wenn man dachte, die letzten drei Wochen einer Konzertreihe hätten begonen, fragte jemand: ‚Hey, wollt ihr weitermachen?' Wir antworteten: ‚Klar doch.' Es war Reizüberflutung im positivsten Sinn, weil ich all dies zum ersten Mal erlebte, ob Auftritte im Fernsehen oder bei Riesenfestivals."

Die Achterbahnfahrt für die Andrew-W.K.-Band ging weiter, als sie für die zweite Bühne des 2002er Ozzfest ausgesucht wurden. Ozzy und Sharon Osbournes weitere Auswahl dafür bestand aus damals aktiven Nu-Metal-Bands (3rd Strike, Flaw, Ill Niño, Pulse Ultra und Switched) sowie Down, Hatebreed und Meshuggah, die dem Programm ein wenig Underground-Glaubhaftigkeit verliehen. Allerdings machte das Billig Andrew W.K. zum Außenseiter des Festivals, und die Band lernte

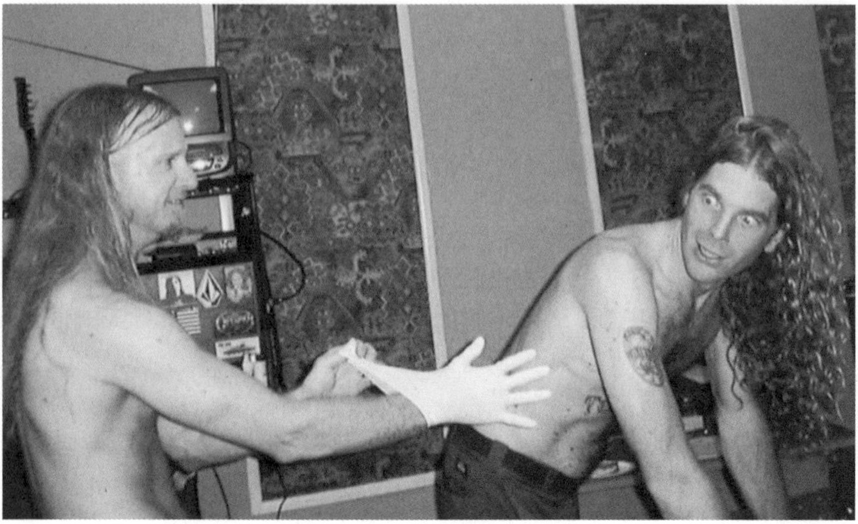

Donald und Payne. Foto aus Erik Paynes Archiv.

bald, dass oft reines Glück darüber entschied, ob man beim Ozzfest bleibenden Eindruck hinterließ.

Es lief nach dem Rotationsprinzip, was bedeutete, dass die Bands auf der zweiten Bühne jeden Tag zu einer anderen Uhrzeit auftraten. Wer zuerst dran war, stieg um zehn Uhr morgens auf die Bretter und beschallte wahrscheinlich einen leeren Platz – oder die Sicherheitskräfte vor Ort. Umgekehrt garantierte Auftrittszeit am Nachmittag ein Publikum von 10.000 schweißgebadeten, moshenden Fans. Donald fand diese Organisation lächerlich, sah aber ein, dass sich Andrew W.K. freiwillig darauf eingelassen hatte (die Plattenfirma Island zahlte zudem eine stattliche Summe für die Teilnahme, genauso wie die Labels aller anderen Acts). Wenn die Gruppe in den frühen Morgenstunden auf die Bretter stieg, glich es einer 20-minütigen Probe vor einer Staubwolke.

„Bei einer Show schien der Einlass eine Viertelmeile weit entfernt zu sein", erzählt Donald. „Bei Andrew reichte die Zeit für vier fünfminütige Songs. Als wir loslegten, waren keine Zuschauer da – null. In den letzten fünf Minuten kamen endlich sechs Typen gerannt und schafften es bis zur Bühne. Sie strengten sich nach Kräften an, um uns spielen zu sehen. Andrew schnappte sich sein Mikro, dessen Kabel buchstäblich 50 Fuß lang war, sprang runter und stellte sich zu diesen sechs Mann mitten in den Sand vor der Bühne. Sie steigerten sich mit ihm in einen Moshpit hinein."

Andrew W.K. fiel Ozzys jüngster Tochter Kelly ins Auge. Um das Jahr 2002 waren die Osbournes dank der nach ihnen benannten Realityshow auf MTV Medienlieblinge. Obwohl *The Osbournes* den Zorn der Metal-Szene auf sich zog, weil Ozzy darin als tollpatschig, nuschelnd und unfähig dargestellt wurde, wirkte die Serie Wunder für seine Karriere – und die seiner Kinder. Im Sommer versuchte Kelly, als Popsängerin bekannt zu werden, und bat persönlich darum, dass Andrew W.K. am

19. Juli in Holmdel/New Jersey auf der Hauptbühne des Ozzfest auftrat, um ein Duett mit ihr zu singen.

Die Bitte verärgerte zwar die anderen Bands auf dem Programm, gab Andrew aber die Chance, vor größerem Publikum zu spielen. Wie jedoch die meisten Acts auf Sommerfestivaltourneen durch Rundarenen feststellen, bedeuten Auftritte unter einem Pavillon auf der Hauptbühne nicht immer die besten Shows. „Wir traten ungefähr um 18 Uhr auf", schildert Donald. „Man merkte sofort, dass die Absperrung zwischen Bühne und Publikum viel weiter weg war, obwohl wir auf der Hauptbühne standen. Es machte Spaß, doch die ganze Performance fühlte sich distanziert an. Gleich danach sagten wir uns: ‚Wir ziehen jederzeit die zweite Bühne vor.'"

Zwischen den Ozzfest-Bands auf der zweiten Bühne entwickelte sich im Laufe der Tour ein kameradschaftliches Verhältnis. Da das Programm auf der zweiten Bühne in der Regel um 16 Uhr beendet war, konnten sich die Musiker verbrüdern und gemeinsam Dampf ablassen. Die Andrew W.K.-Band war zwar keinem bestimmten Genre zugehörig, hatte aber Donald als altgedienten Death-Metaller in ihren Reihen. Dies äußerte sich meistens darin, dass er sein Übungskit vor ihrem Bus aufstellte und die Metal-Kenntnisse der anderen Bands überprüfte.

Payne: „Sie kamen mit ihren Golfkarts zu unserem Bus. ‚Die ersten beiden Slayer-Platten', sagten wir zu ihnen. ‚Falls ihr sie nicht kennt, setzt euch nicht hin.' Machte jemand einen Fehler, sagten wir: ‚Weg vom Schlagzeug, und verschwinde!' Dank Donald erhielt Andrews Band ein gewisses Maß an Respekt und Einfluss. Die Leute erkannten schließlich, dass auf der Tour ein paar ernstzunehmende Death-Metal-Musiker am Start waren."

John Tardy tauchte während Obituarys Pause unter. Der entspannte Frontmann mit der unmenschlichen Stimme dachte nie daran, ein neues Projekt zu starten – er hielt Obituary für die ultimative Death-Metal-Band. Außerdem wollte er mit keinem anderen Schlagzeuger außer seinem Bruder spielen oder mit Gitarristen arbeiten, die nicht so klangen wie Trevor Peres. Er erhielt mehrere Angebote für Gastauftritte, lehnte aber immer höflich ab. Tatsächlich war John außerhalb der Musikszene vollkommen zufrieden und lebte als Vollzeitangestellter bei Product Safety Engineering weiter.

Während Obituary auf Eis lagen, heiratete der Sänger seine langjährige Freundin Amy und kaufte ein neues Haus in Gibsonton/Florida. Zugegebenermaßen ist John ein Mann, der sich vor Veränderungen fürchtet und die schlichten Freuden des Lebens genießt, etwa kaltes Bud-Light-Bier oder Sonntagnachmittags-Football. Das oft trügerische Musikbusiness hatte wenig zu bieten, wenn es um Beständigkeit und Regelmäßigkeit ging. John fehlten zwar die Liveauftritte, doch die Unberechenbarkeit von Obituarys Laufbahn vermisste er nicht.

„Das Leben kann so schon kompliziert sein", bemerkt er. „Da braucht man keine weiteren Faktoren, die es noch komplizierter machen, so viel steht fest. Es

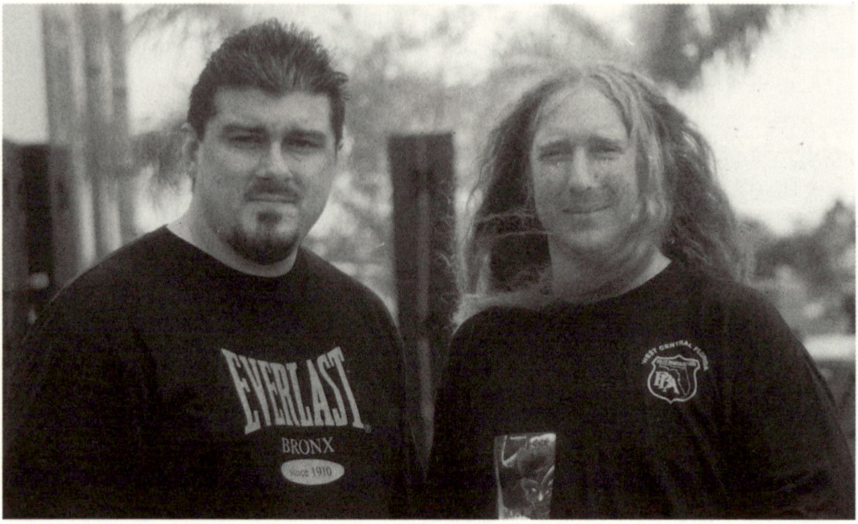

Watkins und John Tardy beim Ozzfest 2002.
Foto aus John Tardys Archiv.

läuft nicht immer für alle nach Plan, und man begreift, dass es unmöglich immer einfach sein kann. Für viele Menschen ist das Leben hart, aber ich versuche nicht, dagegen anzukämpfen."

Zwischen seiner Arbeit bei PSE sowie den Studios und Konzertbühnen, die Obituary in den 1990ern in Beschlag nahmen, lagen Welten. John stieg wie von selbst ohne Hochschulabschluss oder technische Ausbildung innerhalb der Firma auf. Er hatte in der Versand- und Annahmestelle begonnen und dann sein zunehmendes Interesse an Fotografie genutzt, um dem Unternehmen beim Einrichten einer Dunkelkammer zu helfen. Später wurde er zum leitenden Prüftechniker befördert und blieb in dieser Position, bis er PSE 2004 verließ.

John war in einem Labor tätig, wo er verschiedene Geräte und Haushaltsgegenstände mit Testequipment prüfte. Seine Hauptaufgabe bestand darin, Produkte unter ungünstigen Bedingungen zu verwenden, etwa mit festgeklemmtem Lüfter oder falscher Spannungszufuhr, und herauszufinden, ob dadurch entstehende Fehlfunktionen Gefahren – beispielsweise durch Feuer – nach sich zogen. Die Produkte wurden an Ämter geschickt, die Sicherheitszertifikate ausstellten, damit sie in großen Kaufhäusern angeboten werden konnten.

PSE hatten einen so hohen Ausstoß, dass internationale Behörden den Hauptsitz in Florida besuchten, um die Tests aus der Nähe zu sehen und die Produkte vor Ort zu zertifizieren. John, der dabei oft zugegen war, versteckte seine langen Haare entweder unter eine Mütze oder band sie ordentlich zu einem Pferdeschwanz zusammen, wenn er Chefs und leitenden Angestellten von Firmen die Abläufe zeigte. Falls überhaupt, wussten nur Wenige von Johns früherer Tätigkeit als Frontmann von Obituary. John spielte seine Zeit in der Band immer schnell herunter, wenn Kollegen oder Außenstehende davon erfuhren, und wechselte das Thema.

In den frühen 2000ern reiste John mit einem Mitarbeiter nach Taiwan, um PSE beim Aufbau eines neuen Labors zu helfen. Obituary waren nie dort aufgetreten, und er freute sich darüber, zu einem Anlass, der nichts mit der Band zu tun hatte, in ein fremdes Land zu kommen. Sein Besuch in Taiwan verdeutlichte, wie sehr PSE seine Arbeit schätzten. Das Unternehmen übertrug John viel Verantwortung – wofür er sich mit fast 15 Jahren Betriebszugehörigkeit bedankte.

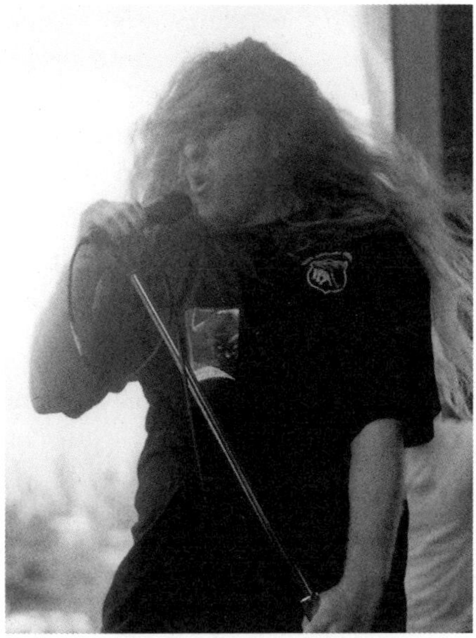

John Tardy live beim Ozzfest 2002. Foto aus John Tardys Archiv.

Er hätte seinen Job beliebig lange behalten können. Er hatte ein festes Einkommen, mochte seine Kollegen und wurde von seiner Arbeit gefordert. Sobald sein Bruder Donald aber mit Andrew W.K. um die Welt reiste, konnte John dem Drang, auf die Bühne zurückzukehren, nicht mehr widerstehen. Während Obituarys Pause rührte er kein Mikrofon an und versuchte auch nicht, zu singen, doch dazu kam es bald wieder, denn Donald lud ihn und Bassist Frank Watkins zum Ozzfest am 26. Juli 2002 in West Palm Beach ein. Als Andrew W.K. davon von erfuhr, kam ihm die Idee zu einer spontanen Obituary-Reunion (Peres war in Arizona, Allen West nirgends zu finden). Dass ein paar Obituary-Songs seine ohnehin schon knappen 20 Minuten Spielzeit verkürzten, spielte keine Rolle; er wollte die drei einfach wieder gemeinsam auf der Bühne sehen.

Die Andrew W.K.-Band sollte an diesem Tage einen der ersten Auftritte übernehmen. Vor ihrem Bus herrschte an diesem Morgen reges Treiben, da Erik Payne und Donald dem Frontmann Gitarrenparts zu einigen Songs der Band beibrachten. John und Frank hielten sich an der zweiten Bühne auf, wo sie nervös auf und ab gingen, weil sie nicht wussten, wie sie beim Publikum ankommen würden. Die Information, größere Menschenmengen würden sich normalerweise erst später am Tag versammeln, beruhigte sie kaum.

Gegen 10:25 Uhr betrat die Gruppe die Bühne und haute ′It′s Time to Party′, ′I Get Wet′ und ′She Is Beautiful′ heraus. W.K. stellte John und Watkins vor, wobei er dem Publikum erklärte, wie viel ihm Obituary bedeuteten, woraufhin die Band in ein Medley aus ′By the Light′, ′Chopped in Half′, ′Kill for Me′ und ′Back From the Dead′ einstieg. Zum ersten Mal seit über vier Jahren umklammerte John Tardy einen Mikrofonständer und stieß seine bewährten, ohrenbetäubenden Urschreie aus. Watkins legte einen soliden Bassteppich aus, während sich Donald darüber freute, Songs zu spielen, die er immer noch wie seine Westentasche kannte. Vor lauter

Aufregung drehte Andrew seine Gitarre leise und fing an, auf der Bühne herumzuwirbeln. Er wusste, dass er einen historischen Moment erlebte.

„John und Frank mit Donald da oben zu haben war toll", sagt er. „Da ich die Show versaute, hörte ich zu spielen auf. Ich versuchte, Gitarre zu spielen, war aber so schlecht, dass ich nicht einmal so tun konnte, als würde ich die Parts übernehmen."

Das Medley war vorbei, ehe sich John, Donald und Watkins und der Rest der Andrew W.K.-Band versahen. Sänger und Bassist verließen die Bühne zufrieden, indem sie kurz winkten, und feierten ihre Rückkehr an die Live-Front anschließend backstage bei einem Bier.

Am nächsten Tag rief John Peres an und erzählte ihm, dass es beim Ozzfest zu einer teilweisen Obituary-Reuinion gekommen war. Der Gitarrist wurde hellhörig und entgegnete, Promoter würden ihn mit Anfragen überhäufen, seitdem Catastrophic 2001 mit dem Touren angefangen hatten. Die beiden unterhielten sich weiter darüber, was die Zukunft bringen mochte und dass Trevor vielleicht nach Tampa zurückkehrte, um mit dem Rest der Band zu jammen. Damit waren die Voraussetzungen für das Ende von Obituarys Pause gegeben.

Ein Blabbermouth-Post über die Wiedervereinigung sorgte dann für Aufregung:

Drei Mitglieder der klassischen Obituary-Besetzung traten am Freitag, 26. Juli, beim Ozzfest 2002 in West Palm Beach/Florida während des Auftritts von Andrew W.K. gemeinsam auf die Bühne. W.K.-Schlagzeuger Donald „D.T." Tardy, sein Bruder/Sänger John Tardy und Bassist Frank Watkins wurden von den Gitarristen Andrews, Roberts und Payne begleitet, während sie ein Medley aus Klassikern der Death-Metal-Vorreiter vom Stapel ließen, die fast alle fünf Studioalben der Band abdeckten. Steht uns bald eine vollumfängliche Reunion ins Haus? Die Zeit wird es zeigen.

„Die Ozzfest-Show war so was wie eine Wiedergeburt", findet John. „Sie brachte unser Blut in Wallung, und danach wurden wir wieder Obituary. Ein ziemlich cooler Augenblick."

KAPITEL 12

FROZEN IN TIME

Ein hochmoderner Fernsehprojektor gehörte zu den wenigen Annehmlichkeiten in John Tardys zum Proberaum umgebauter Garage. John Tardy hatte ihn nur gekauft, um seine Lieblingsbeschäftigung am Sonntagvormittag noch angenehmer zu machen: das Schauen der Spiele seiner geliebten Miami Dolphins. Während der Saison 2003 gesellte sich meistens sein Bruder Donald hinzu. Beide sind einem Team treu geblieben, das seit 1974 keinen Super Bowl mehr gewonnen hat; wer sich mit den Tardys über Football unterhält, kann ihr nahezu umfassendes Wissen und vor allem ihren unerschütterlichen Optimismus bezüglich der Dolphins bestätigen. Während der ständigen Werbepausen, mit denen die National Football League ihre Zuschauer überrollte, redeten die Brüder über eine mögliche Zukunft mit Obituary. Ihr Stegreif-Auftritt mit Andrew W.K. beim Ozzfest 2002 in West Palm Beach war der Auslöser gewesen, doch dass alle fünf Bandmitglieder Kontakt hielten – und zwar im Guten, worauf die zwei während der Unterhaltung immer wieder zu sprechen kamen –, trug ebenfalls dazu bei.

Die Brüder beklagten, wie sehr sie die Band und ihre Fans vermissten, und nannten Dinge, die sie bei einem zweiten Anlauf als Band anders machen wollten. Beide waren der Ansicht, sie hätten sich nie Zeit genommen, um wertzuschätzen, was sie in der ersten aktiven Zeit mit Obituary gehabt hatten. Sie waren zu jung gewesen, um zu erkennen, welche Karriere ihnen beschieden war, aber auch zu beschäftigt und ausgelastet durch die regelmäßigen Aufnahmen und darauffolgenden Tourneen, in deren Anschluss sie trotzdem noch geregelten Jobs hatten nachgehen müssen. Die beiden glaubten, Obituary hätten ihnen eine Identität verliehen, obwohl sie auch in anderen Bereichen erfolgreich waren – John als Prüftechniker für Product Safety Engineering und Donald mit Andrew W.K. Die Band lag ihnen zu sehr am Herzen, um fortdauernden Winterschlaf zu halten.

Dass sich der Rest von Obituary spieltechnisch fit gehalten hatte, war ein weiteres positives Zeichen, ob Peres mit der Gründung von Catastrophic, Frank Watkins in unterschiedlichen Hardcorebands in Miami und Fort Lauderdale oder Allen West ab 1998 mit Lowbrow. Vor diesem Hintergrund dachten die Brüder, es gebe keinen besseren Zeitpunkt als die Gegenwart, um Obituary zurück ins Leben zu rufen. Sie waren lange genug ohne die Band ausgekommen, um zu spüren, wie viel sie ihnen bedeutete. Die Tatsache, dass die Fans einen Reboot verlangten, sprach ebenfalls dafür.

Die Brüder horchten bei Peres nach, der nun in Phoenix lebte. Obwohl Catastrophic umtriebig waren und weitere Konzerte zur Bewerbung ihres 2001er Debüts *The Cleansing* gaben, wollte der Gitarrist gerne mitmachen. Er war derjenige, der sich am vehementesten gegen die Pause gewehrt hatte. Für ihn war Obituarys Reaktivierung ein Selbstläufer. Frank Watkins hatte zwar eine Familie gegründet und neue unternehmerische Vorhaben umgesetzt, musste sich aber nicht breitschlagen lassen. Und Allen West kehrte nach Lowbrows kurzentschlossener Auflösung ebenfalls gerne zurück.

Bei Andrew W.K. standen für Dezember 2003 mehrere Konzerte in Asien an. Der Auftritt am 17. des Monats im Zepp Fukuoka in Japan sollte Donalds letzter mit dem Party-Rocker sein. Wohl wissend, dass Obituary ihre umfassende Reformierung wahrscheinlich Anfang 2004 vollziehen würden, bereitete Donald seinen Drum-Techniker Rich Russ darauf vor, seinen Posten zu übernehmen. Russo war wie jeder gute Roadie äußerst verlässlich und eingehend mit Andrews Songs vertraut, da er sie jeden Abend hörte, während er Donalds In-Ear-Monitore überwachte. Um ihn schneller einzuarbeiten, spielten die beiden bei mehreren Shows gemeinsam, wobei sie den Geist der Schlagzeug-Duos klassischer Southern-Rocker wie .38 Special oder der Allman Brothers Band heraufbeschworen. Die Konzerte in Asien waren ausverkauft, jedes mit Zehntausenden Zuschauern, doch laut Donald hatte Russo keine Schwierigkeiten damit, ihn abzulösen, womit ein reibungsloser Wechsel gesichert war.

Donald hatte wegen seines Ausstiegs gemischte Gefühle, obwohl ihm einige einmalige Erlebnisse blieben, vor allem die Auftritte bei *Saturday Night Live* und *Late Night With Conan O'Brien*. „Während meiner Zeit in der Band hatten wir so viel zu tun", resümiert er. „Natürlich war ich traurig, weil es Spaß gemacht hat. Ich liebe Andrew; er ist ein toller Kerl, wir sind richtig gute Freunde. Das Gleiche gilt für den Rest der Band. Sie waren meine Jungs. Ich fand's scheiße, einfach so aussteigen zu müssen, obwohl ich keine Zeit hatte, um mich deswegen hängenzulassen – ich freute mich schon darauf, jene Songs zu schreiben, die dann auf *Frozen in Time* landeten."

„Ich war sehr dankbar dafür, dass er so lange blieb", fügt W.K. hinzu. „Man durfte nicht davon ausgehen, dass Donald je wieder dauerhaft oder für längere Zeit in einer Liveband spielen würde. Ich schätze, jede Reihe von Konzerten, zu denen er sich bereiterklärte, wurde eigentlich als weiteres Geschenk angesehen."

Innerhalb der Band gab es keine Diskussion darüber – dass Obituarys Wiedervereinigung mit neuer Musik einhergehen würde, war Formsache. Ansonsten hätte man sie rasch in die gefürchtete Nostalgie-Schublade gesteckt. In kreativer Hinsicht hatten die Mitglieder ihrem Dafürhalten nach noch viel zu sagen. Nach so langer Zeit seit dem letzten Studioalbum (*Back From the Dead* war 1997 erschienen) sollte die Aussicht auf neues Material nicht nur sie, sondern auch ihre Fans begeistern.

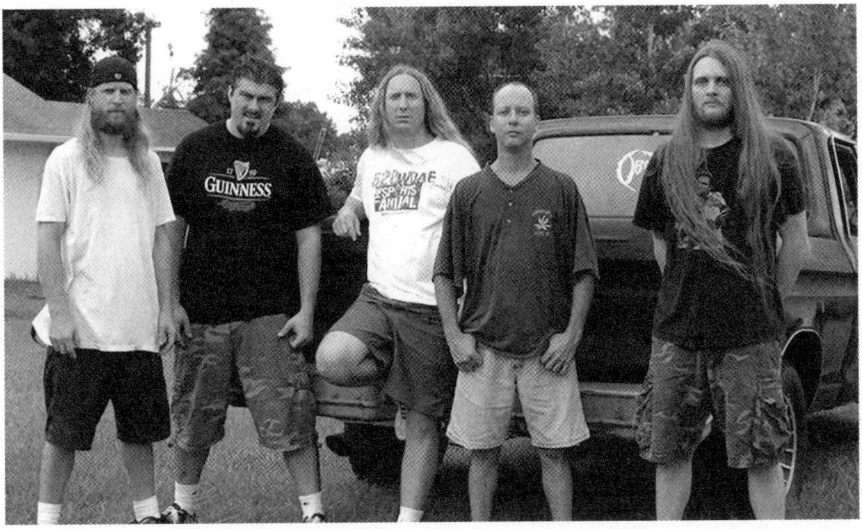

Die reformierten Obituary circa 2004. Foto aus John Tardys Archiv.

Und in einem nächsten Schritt bedeutete die Reunion außerdem, dass die Band ihre Geschicke noch bewusster selbst lenken würde. Dies begann mit der Einstellung des deutschen Managers Carsten Otterbach, der bei der Wiederaufnahme ihrer internationalen Geschäfte half, während Watkins zum Hauptansprechpartner für Konzertagenten im In- und Ausland wurde. Als Otterbach die Höhe einiger Gagen nannte, die Veranstalter europäischer Festivals Obituary zahlen wollten, fing John an, sich eine Situation auszumalen, in der er seine Arbeit bei Product Safety Engineering aufgeben und sich ausschließlich auf die Band konzentrieren konnte.

„Es war das erste Mal in unserer Karriere, dass wir dachten: ‚Wisst ihr was? Vielleicht können wir die Band, falls wir sie fortführen wollen, zu unserer Vollzeitbeschäftigung machen, so merkwürdig es vielleicht klingt'", sagt er. „Als es uns zuvor gegeben hatte, war ich nach Tourneen immer nach Hause gekommen und weiter arbeiten gegangen. Wir gelangten an den Punkt, wo einige Angebote und Festival-Programme darauf hindeuteten, dass es immer weiter bergauf ging. Zu erfahren, dass uns die Leute vermissten, gab uns auch ein gutes Gefühl."

„Mein Bruder und ich sahen, dass es ein Segen war, jahrelang weg gewesen zu sein", fügt Donald hinzu. „Hätten wir nur anderthalb Jahre Pause gemacht, wäre es uns nicht so vorgekommen. Selbst zwei Jahre hätten sich nicht wie eine Unterbrechung angefühlt, doch dass wir so lange ausgesetzt hatten, war in jeder Hinsicht nützlich. Es half uns, neue Energie zu tanken und wieder Lust darauf zu bekommen, Musik zu schreiben und uns mit den Fans auszutauschen. Da es sechs Jahre her war, denke ich, unsere Hörer waren begeistert darüber, dass die Florida-Boys wieder zusammen waren und ihnen neuen Stoff liefern konnten."

Die Tardys und Peres dachten das Gleiche, als Obituary ihre Live-Aktivitäten wiederaufnahmen: Sie wollten das, was sie nun auf Tour erlebten, mit allen Sinnen auskosten und es genießen, vor ihren Fans aufzutreten. Und sie nahmen sich vor, dankbar dafür zu sein, sich in dieser beneidenswerten Position zu befinden, nachdem sie so lange weg gewesen waren. Die Mitglieder taten sich nicht wieder zusammen, um schnelles Geld zu verdienen; sie kehrten zurück, weil sie es wirklich vermissten, gemeinsam zu spielen und Teil der lebendigen Einheit Obituary zu sein.

„Als wir weitermachten, wurde mir klar, dass es genial ist, in einer Band zu spielen", räumt Donald ein. „Ich habe auch eingesehen, dass es ein Privileg ist, einer Band anzugehören, die den Leuten etwas bedeutet. Beim Schreiben der Songs im Studio spürte ich das. Nicht unbedingt als Druck im Sinne von: ‚Oh Gott, das muss ein tolles Album werden', sondern einfach die Aufregung: ‚Mann, diese Lieder sind der Hammer, und unsere Fans werden sich beim Hören in die Hose machen, denn wenn ich sie schon geil finde, flippen sie erst recht aus.' Das hat sich auch auf unsere Shows übertragen, denn als ich in meinen Zwanzigern war, kam es im Eifer des Gefechts in Echtzeit nur selten vor, das ich Konzerte genossen habe. Ich konnte währenddessen nie Abstand nehmen und sagen: ‚Das ist cool!'"

Einen Haken hatte die Sache allerdings: Roadrunner besaßen nach wie vor das Recht auf ein weiteres Obituary-Album, zu dessen Veröffentlichung und Promotion sie verpflichtet waren. In den Jahren seit Beginn von Obituarys Pause war das Label um ein Vielfaches größer geworden. Es betreute jetzt zwei mehrfach mit Platin ausgezeichnete Acts, das maskierte Nonett Slipknot aus Iowa und die kanadischen Kommerz-Rocker Nickelback. Dahinter folgten die Metalcore-Band Killswitch Engage aus Massachusetts, die schwer im Kommen war, die Modern-Metaller Machine Head aus der Bay Area und das junge Quartett Trivium aus Florida - alles Prioritäten der Firma. Sie hatte etwas länger als ein Jahrzehnt gebraucht, um sich vollständig von ihrer Death-Metal-Hochphase in den frühen 1990ern zu lösen. Deicide wechselten 2001 zu Earache, also waren Obituary Roadrunners letzte echte Death-Metal-Band. Sie hofften, man würde sie angesichts dieser Entwicklungen als verzichtbar ansehen und ihren Vertrag vorzeitig auflösen. Davon abgesehen hatten Label und Band während der Auszeit kaum miteinander kommuniziert.

Als John Roadrunner-Besitzer Cees Wessels über Obituarys Pläne informierte, sich aufzuraffen und ein neues Album zu veröffentlichen, fragte er, ob Interesse an einer weiteren Zusammenarbeit bestehe. Wessels versicherte überschwänglich, man sei immer noch darauf bedacht, Obituary trotz ihrer Pause und des radikal veränderten Marktes für harte Musik zu halten.

Anfang 2004 probten Obituary zum ersten Mal seit fast sechs Jahren. John Tardy renovierte seine 46 Quadratmeter große Garage zu einem Proberaum mit Billardtisch, Kühlschrank und Aufenthaltsbereich. Der Raum hatte auch eine bemerkenswert gute Akustik, was der Band nach Ansicht der Brüder dabei helfen mochte, ihr Ziel zu verwirklichen, selbst Alben zu produzieren. Während bis dahin noch ein paar Jahre vergehen sollten, nahmen nur Allen und Donald an den ersten Proben teil. Trevor wohnte noch in Arizona, Frank in Fort Lauderdale. John war

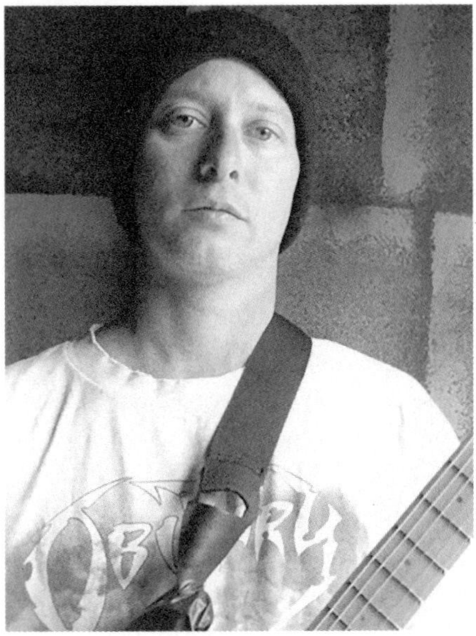

Allen West.
Foto von John Tardy.

bei den Jamsessions anwesend und ließ seine Stimme gelegentlich versuchsweise ertönen. Der Frontmann hatte während der Auszeit kaum einen Ton seiner legendären Death-Metal-Röhre herausgebracht. Anfangs bekümmerten ihn die möglichen Auswirkungen seiner Untätigkeit, doch nach einigen spontanen Durchgängen älterer Songs war er angenehm überrascht, weil seine Stimme noch kräftig klang.

Bei den Proben konnte West etwas von dem Material zeigen, über dem er nach seinem Rauswurf bei Lowbrow gebrütet hatte. Einmal stimmte er eines seiner altbekannten, äußerst schlichten wie effektiven Powerchord-Riffs an, das mit abruptem Dämpfen der Saiten endete. Er wurde zum Weiterspielen angehalten, wobei Donald unvermittelt mit einem Trommellauf einstieg. Von da an entfaltete sich der klassische Obituary-„Swing" in seiner vollen Pracht, während John im Raum hin und her ging, verliebt in ein Riff, bei dem er... keine Ahnung hatte, wo er Gesang einfügen sollte. 2004 hatte er seine Zurückhaltung in Sachen Death-Metal-Vocals zwar überwunden, wollte aber auf keinen Fall zu diesem Gitarrenmotiv singen, obwohl West und sein Bruder weiter darauf warteten, dass er loslegte.

'Redneck Stomp' wurde der erste Song seit über sieben Jahren, den Obituary fertigstellten. Der spätere Opener von *Frozen in Time* entwickelte sich zu einem Favoriten sowohl der Band als auch ihrer Fans und eröffnete ihre Konzerte regelmäßig.

„Ich behaupte gerne, dass ich 'Redneck Stomp' geschrieben habe, denn nicht zu singen war meine Entscheidung", erzählt John und lacht. „Mein Bruder und Allen spielten es immer wieder, während ich sie nur ausdruckslos anglotzte. Schließlich sagte ich: ‚Wisst ihr was? Ich werde bei diesem Song nichts singen.' Und sie so: ‚In Ordnung.' Wir haben einfach weitergemacht. Lustiger wurde es, als wir Scott Burns erklärten: ‚Doch, wir werden das Album mit diesem Song beginnen', woraufhin er meinte: ‚Das könnt ihr nicht mit einer solchen Nummer!' Ich erwiderte: ‚Wo sollen wir sie sonst unterbringen?'"

„Heute spielen wir Pat Travers' Stück 'Snortin' Whiskey', das etwas länger als drei Minuten dauert, und dann 'Redneck Stomp'. Das gibt mir Zeit, um mich am Bühnenrand aufzuputschen und ein bisschen zu brüllen, damit ich startklar bin. Ich liebe den Song. Normalerweise bestehe ich darauf, dass wir ihn spielen. Manchmal fragt [der derzeitige Leadgitarrist] Kenny [Andrews]: ‚Fangen wir schon wieder damit an?'

Ich antworte ihm: ‚Alter, weißt du was? Willie Nelson hat in den letzten 100 Jahren jede Show mit 'Whiskey River' eingeleitet. Wir können 'Redneck Stomp' genauso oft spielen. Reg dich ab.'"

Nach ein paar Monaten begann Peres, regelmäßig aus Phoenix einzufliegen, und Watkins fuhr aus Fort Lauderdale hoch, um mit der Band zu proben. Trevor hatte wie Allen überschüssige Ideen, die er einbringen konnte. Bald waren die *Frozen in Time*-Songs 'Back Inside' und 'Stand Alone' fertig, dazu grobe Strukturen für ein weiteres halbes Dutzend Lieder.

Unterdessen meldeten sich massenhaft amerikanische und europäische Promoter, um Auftritte zu vereinbaren, allen voran Jack Koshick aus Milwaukee. Dieser hatte in den 1990ern einen umstrittenen, ja anrüchigen Ruf durch kostensparende Maßnahmen erlangt, beispielsweise die Abtrennung von Bühnen im selben Saal durch einen Vorhang oder routinemäßiges Prellen von Bands um ihre Vorschüsse. Koshick wollte Obituary als Headliner für zwei seiner Festivals haben: Sun N' Steel in Florida (wo auch Deicide auftraten) und March Metal Meltdown in New Jersey, die beide an aufeinanderfolgenden Wochenenden stattfinden sollten.

Niemand bei Obituary wunderte sich darüber, dass die Verständigung mit Koshick – beziehungsweise mangelnde Verständigung – einiges zu wünschen übrigließ. Nachdem die Band einer Gage für die zwei Auftritte zugestimmt hatte, fiel sie seiner schlechten Organisation zum Opfer: Das Sun N' Steel Festival war überbucht und verzögerte sich stark, was die Band als „typisches Koshick-Debakel" bezeichnete. Im Rahmen ihrer Vereinbarungen war abgemacht, dass sie vor ihrem Auftritt bezahlt wurden. 15 Minuten vor ihrer ersten Show stellte Koshick ihnen widerwillig einen Scheck für beide Konzerte aus. Als sie fürs March Metal Meltdown in New Jersey eintrafen, meldete sich ihre Bank bei Obituary und ließ wissen, der Scheck sei ungedeckt. Die Band spielte mit dem Gedanken, ihren Auftritt abzusagen, entschied sich aber dagegen, weil die Fans sieben Jahre gewartet hatten, um sie live zu sehen. Die beiden Gigs kosteten sie einen Haufen Geld. Koshick versprach, es zurückzuzahlen, reagierte aber irgendwann nicht mehr auf ihre Anrufe. Er veranstaltete bis 2007 weitere Festivals verschiedener Art, arbeitete jedoch nie wieder mit Obituary.

Backstage beim Metal Meltdown im März machte Watkins Peres auf einen neuen „Horrorcore"-Rapper namens Necro (bürgerlich: Ron Raphael Braunstein) aus Brooklyn aufmerksam, der auf seinem kommenden Album *The Pre-Fix for Death* Hip Hop und Death Metal verschmelzen wollte. Obwohl Obituary diesen Weg bereits sieben Jahre zuvor mit 'Bullituary' von *Back From the Dead* beschritten hatten, faszinierte Trevor die Idee. Zwei Wochen später meldete sich Necro und fragte, ob der Gitarrist einen Song schreiben wolle, an dem sich auch Slipknot-DJ Sid Wilson, Brutal-Truth/Nuclear-Assault-Bassist Dan Lilker und Voivod-Schlagzeuger Michel „Away" Langevin beteiligen würden. Ein weiterer Pluspunkt: John Tardy erklärte sich bereit, als Gast mitzuwirken.

'Empowered' beruht auf Peres-typischem Riffing und Gitarrensound, unterlegt mit monotonem Drumcomputer-Beat und gelegentlichem Scratching von Wilson (ob Langevin wirklich in den Stück zu hören ist, bleibt unklar). John kommt im Refrain

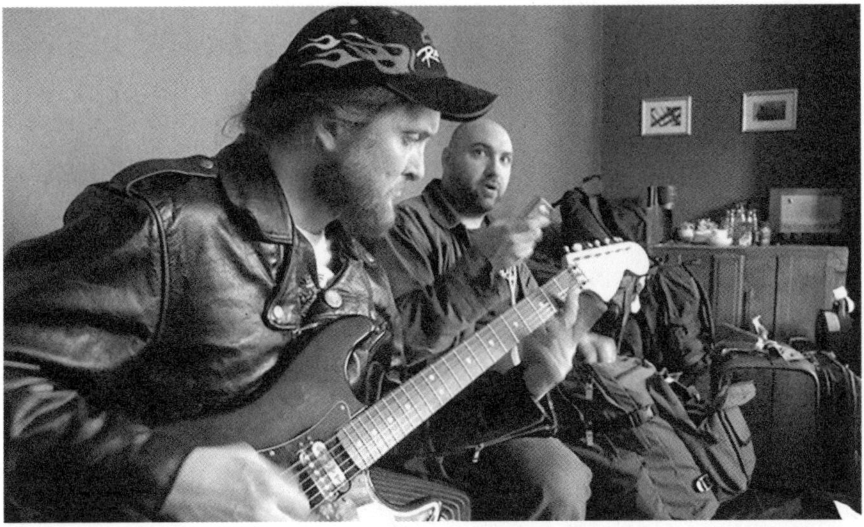

Trevor Peres backstage in Europa. Foto von John Tardy.

zum Zug: „Empowered / Lights gone / Willpower / Yeah, yeah / I am the living / the dead!“

Das dazugehörige Musikvideo zeigt Peres und Lilker beim Headbangen, während Necro im Vordergrund rappt. Zum Refrain taucht plötzlich John im Bild auf und macht sich lautstark bemerkbar. Am bizarrsten ist vielleicht der Anblick mehrerer Groupies/Mitläuferinnen, die John während seines Parts umschwärmten, ganz zu schweigen von den Sequenzen, in denen die Damen einzeln von einer Toilette kommen – vermutlich nach einem sexuellen Akt –, gefolgt von Dan, John und Trevor. Der Clip wurde nie bei *Headbangers Ball* gezeigt. John betrachtet den Song und das Video als Erfahrungen, die er „gerne vergessen“ würde. Trevor bewertet sie deutlich besser.

„Ich habe mir die Riffs innerhalb von 14 Tagen in meiner Wohnung ausgedacht“, erzählt er. „Necro schickte mir kurze, einfache Beats. Anfangs dachte ich: ‚Was soll das? Ich kann doch zu solchen Rhythmen keine Riffs schreiben. Komm schon!‘ Irgendwann fing er an, mich immer wieder zu bedrängen, also schickte ich ihm schließlich ein paar Ideen. Ich sagte: ‚Kumpel, hier ist der Deal: Du kannst diese Riffs verwenden, was übrigbleibt, wird in neuen Obituary-Songs zu hören sein.‘ Er sagte: ‚Okay, mach ich.‘ Die ganze Sache war geil. Es hat mir Riesenspaß gemacht.“

Johns Laune wurde besser, als Obituary im Oktober für die *Legends Are Back*-Tour mit Master und Visceral Bleeding als Support nach Europa zurückkehrten. Die dreiwöchige Rundreise zeigte, dass die Band nicht nur einen erheblichen Teil ihrer europäischen Anhängerschaft behalten hatte, sondern auch anfing, jüngeren Semestern zu gefallen, die sie wahrscheinlich von ihren Eltern her kannten. Für Peres bestätigte sich darin das, was er auf Tour mit Catastrophic gehört hatte: Obituary waren zu einer Legende geworden, und nun galt es, eine solche Anerkennung ernst zu nehmen. Die Fans scharten sich gewohnheitsmäßig um ihren Merch-Stand und Bus,

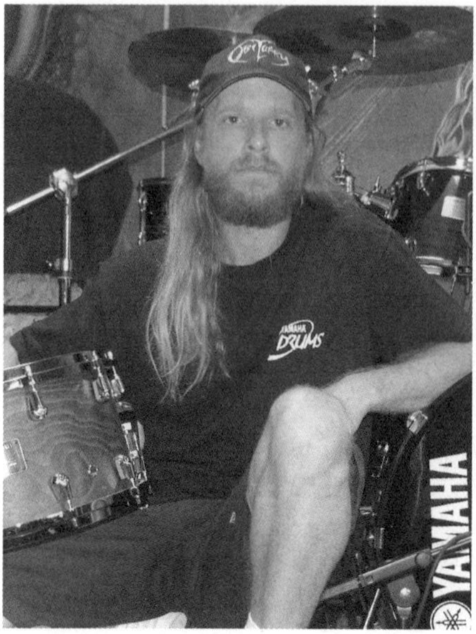

Donald Tardy.
Foto von John Tardy.

um sich massenweise Obituary-Artikel signieren zu lassen oder Zeugnis davon abzulegen, wie die Band ihre Leben prägte. An vielen Abenden konnten die Musiker nicht fassen, was ihnen zu Ohren kam.

Dieser Schwung trug sie bis in die ersten Monate des Jahres 2005, als sie den verbleibenden Songs für *Frozen in Time* den letzten Schliff verliehen. Es war eine fruchtbare, kreative Zeit – das neue Material vermittelte viel von dem Schwung und der Dynamik von *Cause of Death*, enthielt aber auch den Groove, der auf *World Demise* und *Back From the Dead* aufgefallen war. Mit dem Alter und der Erfahrung hatten sich Johns Vocals von einer wutschäumenden Darbietung zu einem erbittert drastischen Knurren verändert, das nicht vermuten ließ, dass er in seinen wegweisenden frühen Tagen keine Texte gebraucht hatte. Auf *Frozen in Time* passte sich John Trevors und Allens Riffs mit verschiedenen Stimmfarben an, während er seine Methode von *Back From the Dead* beibehielt, einprägsame Refrains ins Schlaglicht zu rücken

„Wenn wir nichts tun, tue ich auch nichts", sagt er. „Ich treibe mich nicht herum und versuche, mich aufzudrängen oder bei anderen Bands zu singen. Normalerweise schalte ich einfach ab und gehe meiner Arbeit nach. Ich fing an, mich zu fragen: ‚Wird es anders klingen, wenn ich nach all den Jahren wieder singe?' Das Songwriting für *Frozen in Time* schien relativ reibungslos zu laufen. Ich weiß noch, dass es einfach eine schöne Zeit war. Es gab wirklich kaum Stress. Wir fühlten uns nicht unbedingt unter Druck gesetzt, irgendetwas machen zu müssen. Die Songs klangen am Ende so klassisch nach Obituary, dass wir einfach dachten: ‚Mensch, das ist super.'"

Als Obituary Anfang 2005 bereit waren, ins Studio zu gehen, hatten sie ein Album mit sechs Beiträgen von West: 'Redneck Stomp', 'On the Floor', 'Insane', 'Blindsided', 'Mindset' und 'Slow Death', wohingegen Peres vier Stücke beisteuerte: 'Back Inside', 'Stand Alone', 'Denied' und 'Lockjaw'.

Frozen in Time ist ein ordentliches Comeback-Album, das sich prima in den Katalog der Band einfügt. Mit einer Spielzeit von knapp 34 Minuten ist es auch die kürzeste Obituary-LP. Die unbeabsichtigte Kürze offenbart jedoch Songs, die ihren Zweck schnell und dreckig erfüllen, seien es der Opener 'Redneck Stomp' oder die thrashigen Nummern 'On the Floor' und 'Back Inside', die auf die frühen Possessed- und Slayer-Einflüsse der Gruppe zurückgreifen. Tribal-Drums unterfüttern den Beginn

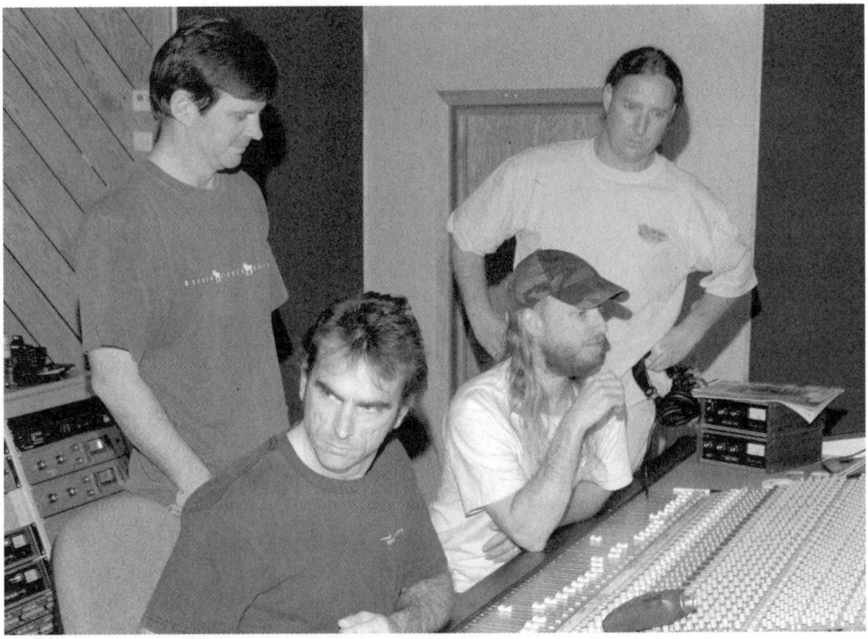

Von l. nach r.: Scott Burns, Mark Prator, Donald Tardy und John Tardy beim Mixen von *Frozen in Time*. Foto von Tim Hubbard.

von 'Slow Death', das dadurch zu einem der härtesten Stücke der Band wird, und der Obituary-Groove entfaltet sich sowohl in 'Mindset' als auch 'Lockjaw' mit voller Wucht.

Laut Donald haben sich die vielen Hundert Shows, die er mit Andrew W.K. spielte, positiv auf sein Drumming bei Obituary ausgewirkt. „Ich glaube, ich trommelte zu dem Zeitpunkt besser", sagt er. „Auch meine Fähigkeiten als Songwriter hatten sich wohl verbessert. Das liegt daran, dass man versierter wird und genauer analysieren kann, wie Songs sein sollten oder könnten, je mehr man spielt und je älter man wird. Vermutlich war dieser Aspekt viel stärker und feiner ausgeprägt. Wenn Allen oder Trevor ein Riff vorschlugen, habe ich es gleich weitergesponnen und sie in eine bestimmte Richtung gelenkt, so wie ich es bei dem Song, an dem wir gerade arbeiteten, für richtig hielt. Andrew mit seinen Liedern oder im Studio zu helfen und dann all die Konzerte mit ihm zu geben, während Obituary Pause machten, hat meinem Körper und Geist, was das Schlagzeugspielen angeht, nur gutgetan."

Für *Frozen in Time* war Mark Prator in seinem eigenen Studio Red Room Recorders in Tampa Produzent und Tontechniker. Mit einer feierlichen Geste spannte man Scott Burns als ausführenden Produzenten ein, der Prator bei der endgültigen Abmischung mit seiner Meinung und Ermutigungen unterstützte. Mark hatte erstmals als zweiter Tontechniker für *The End Complete* mit der Band gearbeitet und war seitdem ein enger Vertrauter geworden. Nach der Auszeit gehörte er zu den ersten Personen, die John fragten, ob ein neues Obituary-Album auf den Markt passte.

„Wir besprachen Sachen wie: ‚Was könnt ihr verlieren, wenn ihr als Band zurückkehrt?', sagt Prator. „‚Nichts. Ihr könnt damit nur ein Einkommen generieren. Oder werden die Leute es hassen, sodass ihr mit dem, was ihr vorher getan habt, weitermachen könnt?' Darüber unterhielten sie sich mit vielen Leuten ‚Sollen wir es tun?'"

„Sie machten sich zweifellos Sorgen darüber, wie sich die Sache entwickeln und ob es den Leuten gefallen würde, neue Musik von ihnen zu hören", fährt er fort. „Die Jungs waren irgendwie darauf festgelegt, wie sie ihr Leben gestalteten, etwa indem sie Familien gründeten. Hinzu kam, dass sie mit jemandem wie mir arbeiteten, der noch kein Album von Anfang bis Ende mit ihnen aufgenommen hatte. Es gab eine Menge Bedenken, doch sobald wir anfingen, war davon keine Rede mehr."

Seit den Tagen, in denen er im Morrisound Kaffee geholt und Botengänge gemacht hatte, war Prator zu einem imposanten Portfolio als Toningenieur und Schlagzeuger gelangt. In den 1990ern wurde er einer der festen Techniker des Studios. Aufgrund seines Dienstalters setzte man ihm allerdings häufig Tejano-, Gospel- oder Hip-Hop-Acts vor. Er nahm solche Projekte trotz seines Backgrounds in harter Musik sehr gerne an – er wollte lernen, wie man mit einer breiten Vielfalt von Musikschaffenden arbeitete, egal aus welchem Genre.

Mark spielte als Session-Drummer auf zwei Iced-Earth-Alben und auf dem selbstbetitelten Debüt von Demons & Wizards, wollte sich aber eine Identität abseits der behaglichen Umgebung des Morrisound aufbauen, weshalb er sich ein eigenes Studio einrichtete. Obwohl es nicht die Größe und Ausstattung des Morrisound oder anderer bekannterer Studios hatte (er spricht selbst von „praktisch zwei miteinander verbundenen Räumen mit zwei Doppelglasschiebetüren als Trennwänden"), verfügte es über eine großartige Akustik und war übersichtlich. Zudem konnten Obituary dort ohne Ablenkung arbeiten.

Jegliche Sorgen wegen Prator oder der Frage, wie die Lieder von *Frozen in Time* letztlich ausfallen würden, waren vergessen, sobald die Aufnahmen des Schlagzeugs begannen. Prator staunte über Donalds ausführliche Notizen, die er sich vor und nach jedem Take durchlas, nicht zu vergessen sein präzises Spiel. Fast immer, wenn sich der Produzent eine der Spuren des Drummers auf Pro Tools anhörte, bemerkte er, wie sauber sie waren. Während der Abmischung saßen Donald und John auch die ganze Zeit bei ihm und gingen ihre Notizen gründlich durch. Außerdem überprüften sie die Rohmixe in ihren Autos, auf verschiedenen Stereoanlagen und im Studio.

„Donald steckt ganz, ganz tief drin in dem, was er tut", betont Prator. „Die beiden Brüder sind in so ziemlich alle Abläufe einer Produktion eingebunden. Das war eine tolle Erfahrung für mich. Bis dahin hatte ich mir eine Vorgehensweise bei der Arbeit und im Umgang mit Kunden oder Künstlern zurechtgelegt. Man muss schnell begreifen, was sie wollen, aber auch verstehen, ob sie deinen Input möchten oder nicht. Von der Warte des Toningenieurs war es Pro Tools für mich, also drehte sich alles um Dateimanagement. Bei *Frozen in Time* kam es eigentlich nicht darauf an, gemeinsam mit den Jungs kreativ zu sein; ich musste bloß darauf achten, dass ihre Performances dort landeten, wo sie hingehörten."

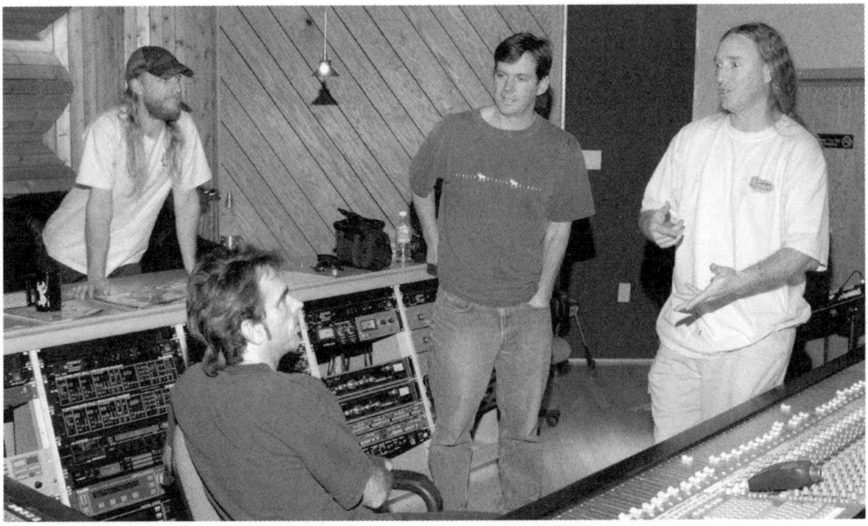

Beim Besprechen des Mix von *Frozen in Time.* Foto von Tim Hubbard.

Der Band zufolge war Allen Wests Verhalten das einzige Problem während der Aufnahmen. Mark sagt, dass eine tägliche Plackerei darin bestand, den Gitarristen ins Studio zu bekommen und fügt hinzu: „Es kriselte ständig irgendwie." Er war sich nie sicher, ob West überhaupt zu Sessions erscheinen würde, geschweige denn, ob er in seinem Zustand Gitarren aufnehmen konnte. An manchen Tagen wurde es zu einer Qual für den Produzenten: „Kommt er oder kommt er nicht?"

„In einer Situation wie bei *Frozen in Time* hofft man einfach das Beste", fährt Prator fort. „Es ist schwer zu sehen. Al hat alles durchgemacht. Der Punkt ist allerdings, dass er, egal was er außerhalb des Studios trieb, wenn er hier gewesen ist, immer der Hammer war. Es gab keinen Moment, in dem ich dachte: ‚Das ist scheiße.' Al spielte immer starke Riffs, seine Leads waren durchweg klasse, und er wusste stets, wo er war und was er tat. Das war nie ein Thema."

Die anderen Bandmitglieder wussten bei ihrer Wiedervereinigung durchaus von Wests Problemen. Obgleich sein Verhalten im Rahmen einiger Konzerte der *Back From the Dead*-Tour infrage gestellt wurde, beschlossen sie, sich nicht an seinen unersprießlichen Aktivitäten zu stoßen, solange er fit genug zum Aufnehmen und Auftreten blieb. Deshalb erteilten sie ihm keine Auflagen, als sie ihre Auszeit beendeten. Sie hofften einfach das Beste.

„Es war immer da – von Anfang an", sagt Donald. „Man will ja kein Heuchler sein, denn das Wort ‚Problem' berührte auch niemanden von uns, doch wir hatten Spaß daran, auf Tour zu sein, zu trinken und zu kiffen. Wir wussten genau, wie viel es bedeutet, in einer Band zu sein, dass die Fans auf dich warten und du kein Idiot sein darfst, der betrunken auftritt und die Show ruiniert, nur weil du verantwortungslos bist. Der Rest von uns hat das verstanden, Big Al manchmal nicht."

Beim Schreiben von *Frozen in Time* hatte West durchaus seine Momente. Donald erinnert sich an ein paar Gelegenheiten, zu denen er oder sein Bruder bei West

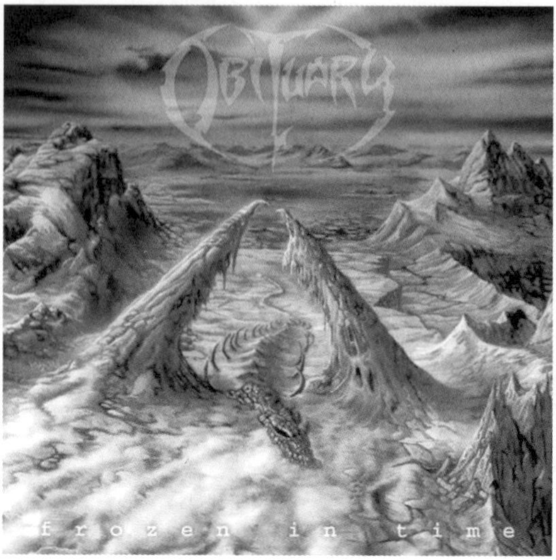

Obituarys *Frozen in Time,* 2005, Roadrunner Records.

vorfuhren, um ihn zum Proben abzuholen, und ihn in einem Zustand vorfanden, der zum Musikmachen unangebracht war. In solchen Fällen ließen die Tardys ihn zu Hause und sparten sich die Probe. „Allen wurde nicht grundlos ins Studio oder in den Übungsraum geschleppt“, bemerkt Donald. „Normalerweise war es früher am Tag, wenn wir uns während des Songwritings fürs Album trafen. Wir sind keine Band, die um acht oder neun Uhr abends jammt, sondern kommen eher um 11 Uhr morgens beziehungsweise am frühen Vormittag zusammen. Meistens versuchten wir, Allen zu einem Zeitpunkt zu erwischen, an dem er seinen Rausch ausgeschlafen und wieder Lust auf ein kaltes Bier hatte. Das ist das beste Gegenmittel, wenn man Spaß haben, gute Riffs schreiben, sich amüsieren und locker werden will.“

Im Frühjahr 2005 war *Frozen in Time* aufgenommen, gemixt und gemastert. Fürs Artwork griff die Band auf den deutschen Künstler Andreas Marschall zurück, der die Cover von *The End Complete* und *Anthology* gestaltet hatte. Der Titel *Frozen in Time* war gewissermaßen symbolhaft – die Worte wurden in ´On the Floor´ geäußert, standen aber in vielerlei Hinsicht für Obituarys Situation. Während sich John nie ausgiebig in Metaphern erging, suggerierte *Frozen in Time* quasi, dass vom Beginn der Pause der Band bis Entstehung des Albums nichts geschehen war. Teils deutete der Titel auch die Vorstellung an, dass Obituary, während sich die Welt weiterdrehte, unerschütterlich an ihrem Vorsatz festhielten, sie selbst zu bleiben.

Marschall hatte sofort eine Ahnung davon, wie das Cover aussehen sollte, als John den Titel nannte. Die grünen und eisblauen Farbtöne vermitteln kein Death-Metal-Feeling, und wie immer bei Marschall steckte der Teufel im Detail. „Das Cover von *Frozen in Time* ist interessant, weil es vom John Carpenters *Das Ding aus einer anderen Welt* inspiriert wurde“, sagt er. „Die ursprüngliche Zeichnung zeigte Autos und Menschen in Winterkleidung wie im Film, wenn sie diese riesige Kreatur entdeckten. Die Band sagte mir: ‚Das ist zu viel Science-Fiction. Kannst du die Karren und die Typen rausnehmen?' Also habe ich das getan."

Roadrunner legten den 18. Juli 2005 als Veröffentlichungstermin für *Frozen in Time* fest. Band und Label hatten während der gesamten Entstehungsphase wenig miteinander kommuniziert, ganz anders als bei *The End Complete* oder *World Demise*, als Senior VP of A&R Monte Conner regelmäßig im Morrisound angerufen hatte, um die Lage zu checken und Mixe im Voraus zu hören. Obituary wurden bei der Arbeit an ihrer neuen Platte weitgehend sich selbst überlassen, was sie anstandslos zur Kenntnis nahmen, indem sie die logistischen Fragen größtenteils selbst klärte."

Traditionsgemäß betreiben Plattenfirmen minimalen Werbeaufwand für das letzte Album einer Band mit einem langjährigen Deal; warum sollte sie auch erforderliche Mittel aufbringen, wenn sich der Künstler wahrscheinlich sowieso verzieht, sobald sein Vertrag ausläuft? Conner versichert, so hätten Roadrunner bei *Frozen in Time* nicht gedacht – das Label habe die Platte nach Kräften gepusht, aber auch berücksichtigt, dass 2005 ein ganz anderes Klima für erfahrene Death-Metal-Bands herrschte als 1992. Von Wessels über Roadrunners Promo-Abteilung bis zu Conner nahmen alle das Album ernst… obwohl sie sein begrenztes Potenzial erkannten.

„Wir hatten uns offensichtlich weiterentwickelt", sagt Conner über die fünfjährige Pause von Obituary. „Die Band war weg gewesen, und ihre Rückkehr war nur eine erfreuliche Überraschung. Wir hatten die Option, die Platte aufzugreifen, also dachten wir: ‚Warum nicht?' Wir wussten, dass es das letzte Vertragsalbum sein würde und wir die Band nicht weiterbehalten wollten, weil sie damals in kommerzieller Hinsicht schlicht nicht genug abwarf. Wir rechneten sowieso nicht damit, dass sie den Vertrag verlängern wollte. Es war einfach so: ‚Lasst uns diese Platte rausbringen und unser Möglichstes dafür tun.' Die Entscheidung fiel uns relativ leicht. Ich kann mich nicht an Schwierigkeiten in der Zusammenarbeit erinnern und denke, wir haben einen guten Job gemacht. Die Band war wohl zufrieden – sie wusste, dass sie gehen würde, und wir wussten das auch."

Obituary und Roadrunner waren sich über ihr Verhältnis zueinander einig. Das Label hatte eine Handvoll Platin-Acts, um die es sich kümmern musste, und aufstrebende Bands wie Killswitch Engage oder Trivium, die das Spektrum im Metalcore-Bereich abdeckten. Kürzlich waren auch die schwedischen Progressive-Death-Metaller Opeth aufgenommen worden, die sich trotz ihrer extremen Neigungen klanglich sehr stark von Obituary unterschieden.

Mitte 2005 hatten Conner und Roadrunner das Gefühl, sie könnten sich nur im beschränkten Umfang für *Frozen in Time* einsetzen. Die Band bekam ganzseitige Werbeanzeigen in bekannteren Metal-Zeitschriften; Videos für ′Insane′ und ′On the Floor′ wurden produziert und auf *Headbangers Ball* ausgestrahlt, außerdem drehten die Tardy-Brüder und Peres die üblichen Interview-Runden. Conner behauptet, das Label habe kaum mehr für die Platte leisten können, was für Donald ein Streitpunkt ist, weil es seines Erachtens *viel* mehr hätte tun können.

„Ich glaube nicht, dass sie das Album beworben haben", klagt er. „Sie haben wahrscheinlich darauf gepfiffen, Geld in Promo für dieses Albums zu stecken. Vermutlich

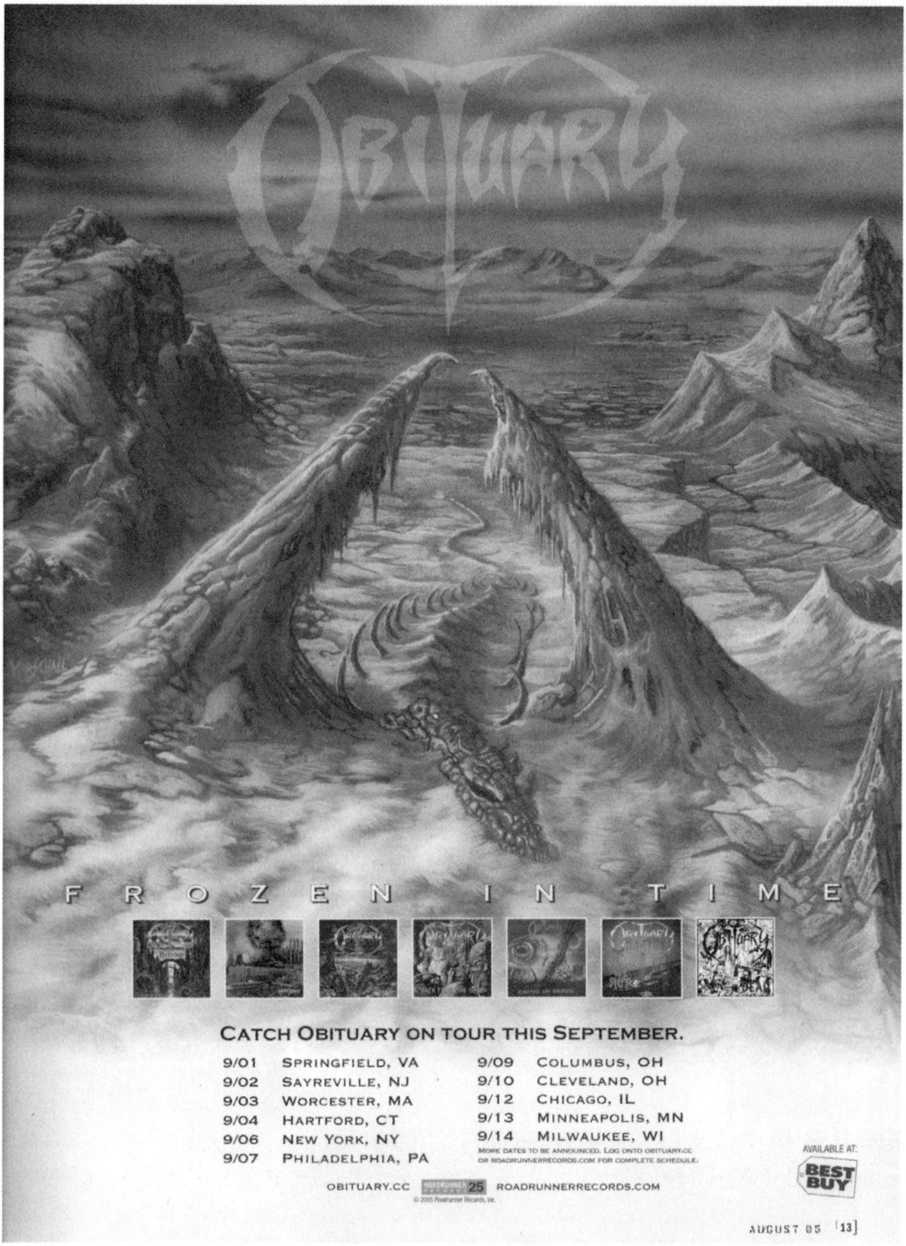

Ganzseitige Anzeige für *Frozen in Time*
in der Decibel-Ausgabe vom August 2005.

beschränkten sie sich aufs Allernotwendigste, weil sie wussten, dass die Leute sagen würden: ‚Wie geil, ein neues Obituary-Album! Mensch, das letzte kam vor Ewigkeiten raus!‘ Roadrunner war klar, dass sich die Platte allein deshalb entsprechend verkaufen würde. Sie hatten keine Verpflichtung nach *Frozen in Time*. „Sie wussten, wir würden gehen“, fährt er fort, „und dass wir ihnen im Leben keine Sekunde eines weiteren Songs mehr gegeben hätten, weil wir von Anfang an unzufriedene Kids gewesen und nun unzufriedene Erwachsene waren, die einfach weiterkommen wollten. Weil wir im Rahmen dieses beschissenen Vertrags noch ein Album liefern mussten, war uns klar, dass sie nicht mehr als das Mindeste dafür tun würden. Ich denke, sie haben gerade so dafür gesorgt, dass die Magazine und so weiter wussten, dass wir da draußen waren. Anzeigen wurden geschaltet, um so viel wie möglich mit dieser letzten Platte zu verdienen, doch Fakt ist, dass es keine ganzseitige Werbung oder Titelstorys waren und es nicht in dem Maß gepusht wurde wie unter einem neuen Vertrag über drei Alben oder dergleichen.“

„Falls eine Band ihren Vertrag nicht verlängert“, ergänzt Conner, „kommt immer die unterschwellige Drohung auf, man könne nichts für das letzte Album leisten. Das haben wir bei Roadrunner meines Wissens nie getan, denn damit schneidet man sich ins eigene Fleisch. Man möchte weiterhin Platten absetzen; man zielt bei jeder Veröffentlichung auf maximale Verkäufe ab, egal ob danach noch ein Album kommt oder nicht. Sich nicht für einen Titel einzusetzen… Das ist der Inbegriff von Sich-ins-eigene-Fleisch-schneiden.“

„Ich wüsste nicht, dass wir das je getan haben“, beharrt er. „Keine Frage, falls Obituary glaubten, wir hätten mehr tun können, lag das nicht etwa daran, dass wir es als Flop einschätzten, sondern an der Situation. Was hätte man an diesem Punkt sonst tun können? Death Metal war durch. Die Band war fünf Jahre weg gewesen. Sie machte keine innovative, wegweisende Musik mehr, auf die die Welt wartete. Wie hätten wir vorgehen sollen? Am Ende hatte das Album Hand und Fuß, finde ich. Die Leute freuten sich darüber, dass sie zurück waren und dass *Frozen in Time* eine ordentliche Platte war.“

Mit der Veröffentlichung der Scheibe endete die Beziehung zwischen Obituary und Roadrunner. Weil die Firma die Rechte am Backkatalog der Gruppe für immer behält, haben die beiden Parteien weiterhin geschäftlich miteinander zu tun. 2008 erschien die Compilation *The Best of Obituary* mit einem der oft verpönten Sarg-Fotos aus der Zeit von *Cause of Death* als Cover. Eine Box mit dem Titel *The Complete Roadrunner Collection 1989-2005* folgte 2013, wobei es sich lediglich um die ersten sechs Studioalben in einem Set ohne Extras oder den 1998er Mitschnitt *Dead* handelte. Obituarys Weggang markierte für Roadrunner den Abschluss einer Ära. Ihre bahnbrechenden Death-Metal-Bands – darunter dem Stil nahe Acts wie Fear Factory oder Sepultura – waren nun verschwunden. Conner, der Mann hinter Obituary und vielen anderen Gruppen, die das Genre definiert hatten, sollte 2013 zu Nuclear Blast wechseln, erinnert sich aber gerne an seine Zeit mit ihnen.

„Ich bin unheimlich stolz darauf, Obituary gesignt zu haben“, sagt er. „Genaugenommen zähle ich sie zu den besten Bands, ich jemals gesignt habe. Absolute

Legenden. Ich empfinde nichts als Stolz darauf, derjenige gewesen zu sein, der sie entdeckte. Sie haben eine tolle Karriere hingelegt, viele klasse Alben veröffentlicht. Für mich ist es schön zu sehen, dass sie stärker denn je und glücklich sind. Sie arbeiten jetzt mit einem großartigen Label. Anscheinend sind sie super-happy mit dem Job, den Relapse machen. Dass es ihnen gutgeht und sie das Gefühl haben, noch einmal ohne faden Beigeschmack, was das Geschäftliche angeht, zum Zug zu kommen, freut mich einfach. Ich würde jedem von ihnen vorschwärmen. Wenn mich jemand fragt, welche Bands ich unter Vertrag genommen habe, sind Obituary eine der ersten, die ich nenne."

Für *Frozen in Time* wurde eine vollwertige, mehrjährige Tournee geplant. Die Nachfrage war höher denn je – Obituary traten bei nahezu allen wesentlichen europäischen Festivals auf und reisten mit ihren alten Freunden Napalm Death durch die USA. Der Feldzug begann mit einem Höhepunkt, als die Label-Kollegen Slipknot die Band einluden, ihre Show am 9. April 2005 im Forum in Inglewood/Kalifornien gemeinsam mit Shadows Fall zu eröffnen. Slipknot waren mit ihrer abseitigen Art von extremem Metal zu einem ausgewiesenen Arena-Act geworden. Obituary fühlten sich durch die Einladung ermutigt und dann verdutzt, als Mitglieder des Nonetts aus Iowa in ihren Umkleideraum kamen, um ihre Wertschätzung auszudrücken.

„Es gibt Bands wie Slipknot, die einfach riesig sind", bemerkt John. „Dann hört man so was und denkt sich: ‚Wow, echt? Sie haben uns vermisst? Voll krass.' Eine Handvoll Bands hat die gleichen Dinge gesagt, und das tat wirklich gut, weil wir nicht wussten, was passieren würde, als wir uns wieder zusammenrauften. Es hätte uns aber so oder so kaltgelassen; wir hätten weitergemacht und Freude an unserer Musik gehabt wie immer, doch dass uns Acts wie Slipknot sagten, was ihnen Obituary bedeutete, war cool."

Wests Betragen war auf Tour in den USA und im Herbst in Europa kein Thema. Seine Haltung und Verhaltensweise auf der Bühne ließ die anderen Mitglieder glauben, er könne sich künftig angemessen benehmen. Als die Band jedoch nach Tampa zurückkehrte, kamen wieder einige von Wests früheren Gewohnheiten auf.

Die Fotos für *Frozen in Time* machte der Brite Daragh McDonagh. Der erfahrene Fotograf, auf dessen langer Kundenliste neben einer Vielzahl von Namen aus dem Metal-Bereich David Bowie und Wu-Tang Clan stehen, erinnert sich an eine zweijährige Periode, in der er keine Metal-Zeitschrift aufschlagen konnte, ohne seine Schnappschüsse zu sehen. Er wusste nicht viel über Obituary, bevor er den Auftrag bekam, nach Tampa zu fliegen, doch ihr legendärer Ruf war ihm bewusst. McDonagh sagt, er habe New York mit leerem Bankkonto verlassen und die gesamte Reise mit seiner Kreditkarte finanziert. Diese Fotosession brauchte er zum Überleben.

Als er mit seiner Assistentin auf einem unbestimmten Parkplatz in Tampa eintraf, um zum Ort des Shootings zu fahren, spürten sie, dass etwas nicht stimmte. Nur vier Obituary-Mitglieder waren zugegen. John, der wie gewohnt als Anführer auftrat,

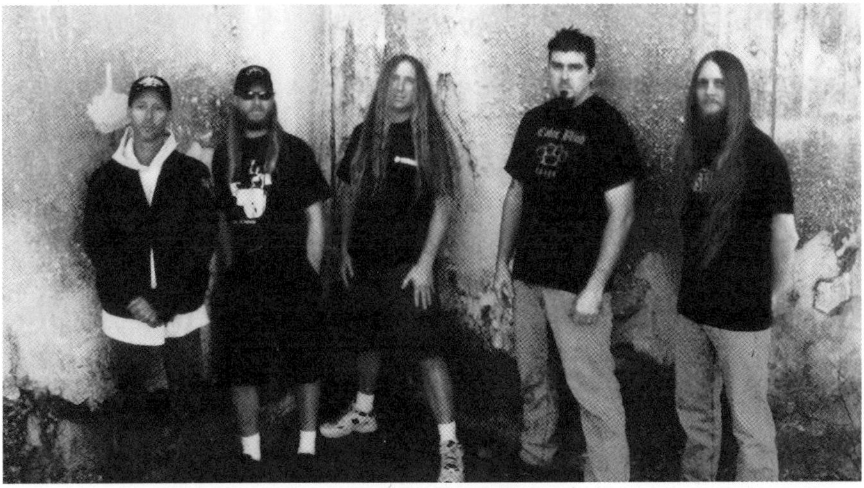

Daragh McDonagh konnte den schwer zu fassenden Allen West circa 2005 fotografieren.

wirkte verärgert, weil sich West verspätete, entschuldigte sich bei McDonagh dafür und versicherte, man setze alle Hebel in Bewegung, damit der Gitarrist kam. Schließlich fuhr ein Wagen auf den Parkplatz, und Allen stieg aus, der zerrauft und mitgenommen wirkte. Die anderen waren verständlicherweise bestürzt. Wegen seiner Verspätung und seines Aussehens fielen keine strengen Worte. Stattdessen beschlossen McDonagh und die Band, das Beste aus der schwierigen Situation zu machen. „John ging sehr taktvoll mit den Umständen um", so der Fotograf. „Er sagte nichts Schlechtes über Allen, obwohl jeder dessen üblen Zustand erkannte. Er war verkatert vom vorangegangen Abend. Alle wussten, dass ich nicht ohne gute Fotos nach New York zurückkehren konnte; das ist mein Job. Ich brauchte viele und genug für drei Singles, das Album und Poster. Sie sollten für mindestens zwei Jahre ausreichen, damit das Label eine Auswahl unterschiedlicher Motive zum Veröffentlichen hat. Das geht für mich mit viel Arbeit einher und ist deshalb das, worauf ich mich konzentriere. Damit, dass ab und an jemand wie Allen aufkreuzte, musste ich einfach rechnen. Es war nicht ganz normal. Meine Aufgabe bestand darin, zu gewährleisten, dass die Session nicht entgleiste."

Laut McDonagh wurden einige Fotos für die Promotion des Albums verwendet, auf denen West tatsächlich an einer Wand lehnt, um aufgerichtet zu bleiben – eines sogar fürs Backcover. Nach ungefähr zwei Dritteln der Session begann Allen, wiederholt aus McDonaghs Bild zu wanken. Er und seine Assistentin mussten den Gitarristen packen und an seinen Platz zurückbringen, dann zum Apparat eilen und innerhalb der begrenzten Zeit so viele Fotos wie möglich machen.

„Ich arbeitete noch nicht mit Digitalkameras und musste in meinen Sucher schauen", führt Daragh weiter aus. „Allen verschwand komplett aus dem Bild. Ich weiß noch, wie ich meine Assistentin bat, während ich nach unten in den Sucher schaute: ‚Gib

Bescheid, falls er weg ist.‘ Sie sagte: ‚Okay, er ist weg.‘ Ich konnte keine Fotos ohne ihn machen.“

Der Auftritt der Gruppe am 26. Juni 2005 beim Fury Fest im französischen Le Mans deutete an, dass ein holpriger Weg mit West vor ihr lag. Obituary, die im Programm eine angenehme Position zwischen Slayer, Mastodon, Motörhead, In Flames und Behemoth besetzten, warteten im Aufenthaltsbereich auf ihren Auftritt. Als sich die Band auf den Weg zur Bühne machte, drehte sich West unvermittelt um und ging in die entgegengesetzte Richtung. Peres fragte seinen Gitarrenpartner verwirrt: „Kumpel, warte, was tust du?“ West entgegnete: „Alles gut, ich hol mir noch ein Bier im Backstage.“ Da rief Peres: „Wir spielen in sieben Minuten!“, woraufhin West antwortete: „Dann bis in sieben Minuten!“

Obituary verzögerten ihren Gig um fünf Minuten, konnten aber nicht länger warten. Sie bestiegen die Bühne ohne ihren Leadgitarristen, begleitet vom Jubel der knapp 20.000 Festivalbesucher. Während von West jede Spur fehlte, stürzte sich Trevor ins Anfangsriff von ′Redneck Stomp′. Zum ersten und gewiss nicht letzten Mal in ihrer Laufbahn spielten Obituary als Quartett. Gegen Ende des Songs schlenderte Allen auf die Bühne, aber er hatte eine der wenigen Bandregeln missachtet: *Die Show ist heilig. Du kannst in den anderen 23 Stunden des Tages tun, was du willst, doch das darf deiner Pflicht gegenüber den Fans nicht zuwiderlaufen.*

„Ich weiß noch, es war das erste Mal, dass so etwas passierte“, sagt Peres.

Die Lage spitzte sich weiter zu, als die Band im August in Deutschland beim prestigeträchtigen Wacken Open Air auftrat. Zum Auftakt mit ′Redneck Stomp′ fing es zu regnen an. Die Begeisterung der Menge wuchs sich zu lautem Gegröle aus, als John während der letzten Takte hinter den Boxen hervortrat. ′On the Floor′ folgte, doch West spielte das Hauptriff von ′Redneck Stomp′ weiter. Die Musiker spielten eine längere Version der Nummer und schafften es irgendwie, sie alle gleichzeitig zu beenden, um mit ′On the Floor′ weiterzumachen. Die Tardy-Brüder, Peres und Watkins schauten ständig hinüber, um West zu überwachen, der eindeutig betrunken war. Sie kämpften sich durch ihre Performance, schämten sich aber und verzogen die Gesichter, wenn West Solos spielte, die oft schief und unsauber klangen.

Während der weiteren Sommerfestivals gab es immer wieder ähnliche Probleme mit dem Gitarristen. Wenngleich manche Shows besser als andere waren, hatten alle eines gemein, nämlich dass Allen mehr oder weniger stark angeheitert war. Bei Flügen verspätete er sich regelmäßig, was so weit ging, dass seine Bandkollegen in ihren Sitzen versanken, wenn ihn das Personal zum dritten oder vierten Mal aufrief, um an Bord zu gehen. Irgendwie gelang es Allen immer, vorm Start in die Maschine zu torkeln.

Als sie nach ihrem Auftritt beim Metalway Festival in Spanien am 12. August nach Hause zurückkehrten, fuhren die vier anderen Mitglieder zu West, um über seine Probleme zu sprechen. Sie baten ihn, nicht mehr betrunken zu Shows aufzutauchen, und erinnerten ihn daran, dass er sich „eine Stunde täglich professionell verhalten“ musste. Der Gitarrist nickte zustimmend, doch seine Mitmusiker waren nicht davon überzeugt, dass er sich in den Griff bekommen würde.

„So wie es sich unter guten Freunden gehört, mussten wir mit Big Al reden, um ihm wieder bewusst zu machen, was für ein Glück wir hatten und wie wichtig die Sache war.“, sagt Donald. „Klar, es ist Rock'n'Roll, und Feiern gehört dazu, doch es ist auch ein Gewerbe, mit dem wir Verantwortung tragen – gegenüber unseren Fans und dafür, wie wir uns selbst darstellen oder auf Tour benehmen. Wir hatten viele Gespräche. Unabhängig davon, inwieweit es zum einen Ohr rein- und zum anderen wieder rausging, schätze ich, dass er es nicht tief genug verinnerlicht hat.“

Obituarys nächster Auftritt fand am 27. August beim Hole in the Sky im norwegischen Bergen statt. Der Band zufolge traf West so stark angetrunken ein, dass er kaum mehr stehen konnte. Die Roadies mussten ihn zu seinem Platz auf der Bühne bringen, den er während des Konzerts nicht verließ. Es sollte eines der schlechtesten in der Geschichte von Obituary werden – vor überwiegend skandinavischer Menge, die mehr als elf Jahre auf die Rückkehr der Gruppe in ihre Gefilde gewartet hatte.

Wests anschließende Unterhaltung mit dem Rest der Band fiel nicht so angenehm aus. Ihm wurde geraten, eine mehrmonatige Pause einzulegen, um sein Leben in Ordnung zu bringen. Das gefiel ihm nicht sonderlich, also drohte er mit seinem Ausstieg. Nach ihrer Rückkehr in die Staaten kündigte er einen Tag vor Beginn der Nordamerika-Tour mit Napalm Death an, ohne seine Kollegen zu informieren, er werde Obituary verlassen. Die Sache nahm ihren Lauf im Internetforum der Gruppe.

Auf eine Beschwerde eines Fans über Wests Leistung in Norwegen antwortete John: *„Zunächst einmal möchte ich mich für Allen entschuldigen, und das ist alles, was ich tun kann. Wir haben uns nach Kräften bemüht, konnten ihn aber an diesem Tag einfach nicht kontrollieren… Er stand neben sich! Du warst im Publikum und hast gesehen, dass wir unser Bestes versucht haben, und Allen war eben zu betrunken, um eine gute Show zu spielen. Solche Storys hörst du ständig und musst dich genauso wie ich mich fragen, warum jemand bei dem, was er tut, einfach nicht professionell sein kann! Wir haben nach Konzerten alle Zeit der Welt, um so viel zu feiern, wie wir wollen, und man sollte meinen, dass jemand in der Lage ist, zum Spielen bereit anzutreten, um den Fans 100 Prozent zu geben! In diesem Fall hat uns Allen hängenlassen! Wir sind unzufrieden und haben mit ihm darüber gesprochen, doch ich bin nicht sicher, was wir tun werden! Er muss sich entscheiden, was er tun will. Ich kann mich nur noch einmal entschuldigen und versprechen, dass der Rest der Band bei jeder Show alles gibt – komme was wolle… Ein Schwachpunkt kann das alles zunichtemachen! Mir ist auch klar, dass seine Performance auf die ganze Band abfärbt, und das ärgert mich am meisten, wenn ich bedenke, wie hart wir anderen arbeiten, um so gut wie möglich zu sein! Wir können nur hoffen, dass Allen seine Prioritäten richtig setzt!“*

Obituary waren auf diesen Moment vorbereitet, ohne dass West davon wusste. Watkins hatte mit Gitarrist J.P. Soars von Divine Empire und Malevolent Creation gejammt, um ihm das gesamte Live-Set einschließlich der Gitarrensolos beizubringen. Soars war bereit, mit der Band auf Tour zu gehen, doch am 1. September 2005 kündigte West an, er kehre rechtzeitig für die Konzerte mit Napalm Death zurück.

Die Bedingungen für ihn blieben unverändert: Er musste in dem Maß nüchtern bleiben, dass er die Shows durchstand. Als er zum ersten Gig in Springfield/Virginia kam, war er in besserer Form und bereute sein Verhalten. Die dreiwöchige Rundreise endete am 18. September, und West blieb über den Jahreswechsel hinaus Mitglied der Band.

Die *Frozen in Time*-Tour wurde auf der *Frozen Alive*-DVD verewigt. Der im Warschauer Stodoła Club mitgeschnittene Auftritt war einer der letzten für Carsten Otterbach, der sich noch im selben Jahr von der Band trennte. Das 23 Lieder umfassende Programm kam Obituary in Bestform denkbar nahe, was die Songauswahl und Performance anging. West wirkt gepflegt, gesund und vor allem trocken, während die Tardys, Peres und Watkins so erstklassig und eindrucksvoll wie ehedem erscheinen. Leider war es der letzte Rest dessen, was viele als klassische Besetzung der Band ansehen.

Am 16. Mail 2007 wurde Allen West nach seiner fünften Trunkenheit am Steuer festgenommen und inhaftiert. Da ihm mehrere Monate im Gefängnis blühten, wohingegen Obituary mit dem Schreiben eines neuen Albums anfingen und sich um einen neuen Plattenvertrag bemühten, überbrachte John Tardy dem Leadgitarristen die Nachricht, dass er nicht mehr zur Band gehörte.

Die Konzertreisen zu *Frozen in Time* dürften die anstrengendsten in Obituarys Karriere gewesen sein, aber die Entscheidung, sich von West zu trennen, fiel ihnen trotzdem nicht leicht. Er erhielt viele Möglichkeiten, sich wegen seines Alkoholismus helfen zu lassen. Donald sagt, es sei „zu oft zum Nachzählen" gewesen, dass sie sich zusammen hinsetzten und ihn baten, falls nicht anflehten, etwas zu unternehmen. Jedes Mal redete West ihnen nach dem Mund, und jedes Mal griff er wieder zur Flasche.

Mitanzusehen, dass er nicht imstande war, sich seinen Dämonen zu entziehen, fiel den anderen Mitgliedern schwer. Als er 1986 zu Executioner stieß, nahm ihn die Gruppe schnell in ihren engen Vertrautenkreis auf, der Freundschaft und Loyalität schätzte, wobei Professionalität und Leidenschaft für die Sache Vorrang hatten. Fast die ganze Zeit über gehörte Allen bei Obituary zur Bruderschaft. Die Band mochte aber ein noch so gutes Umfeld sein: Er neigte immer dazu, seinem eigenen Kopf zu folgen – manchmal zu seinem Nachteil.

„Big Al lebte einfach in seiner eigenen Welt", sagt John. „Er ließ sich von niemandem etwas vorschreiben, ob richtig, falsch oder egal. So war er einfach drauf. Er ging seiner Wege und eben immer ein bisschen abseits vom Rest von uns. Mit anderen Worten: Möglicherweise fuhren wir gemeinsam essen, und Big Al trieb schon etwas anderes. Er war ständig auf eigene Faust unterwegs. So ist er von jeher gewesen."

„Solche Verhältnisse und Schwierigkeiten sind in Rockbands nichts Ungewöhnliches", so John weiter. „Wir mögen keine großen Veränderungen. Ich glaube, wir hätten noch die gleiche Besetzung, wenn noch jeder leben und auf sich achten würde. Früher oder später kann man nicht mehr auf die Bühne gehen und die ganze Zeit auf diesem Niveau performen. Das ist unfair gegenüber unseren Fans, gegenüber unserer Marke und jedem von uns, der hart dafür arbeitet, damit das alles klappt."

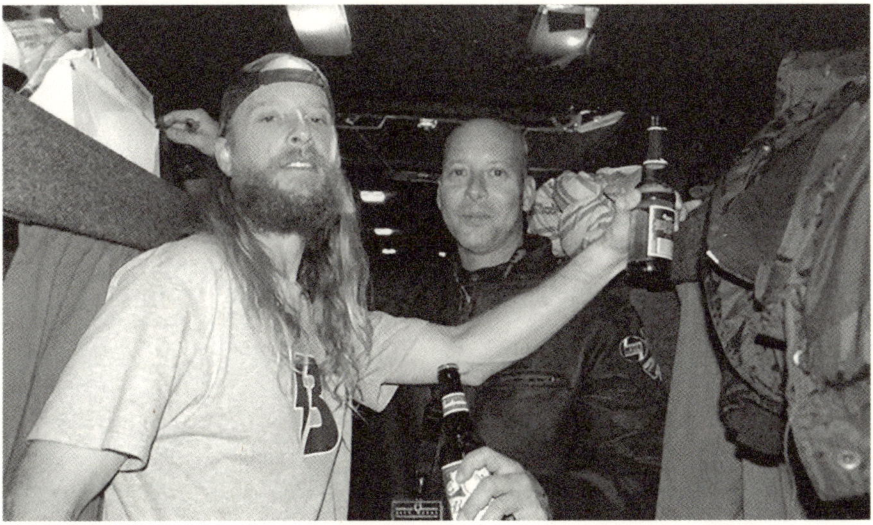

Donald Tardy und Allen West circa 2005. Foto von John Tardy.

„Es war kacke", fügt Donald hinzu. „Den Kontakt zu einem Freund wie Big Al abzubrechen war extrem schwierig. Es war aber wie bei allen, die sich überwerfen, nicht so, dass es über Nacht geschah. Zu dem Zeitpunkt steckte der Karren aber schon im Dreck. Unsere Beziehung war so eng, vor allem Als und meine. Ich scheute mich nicht davor – mein Bruder auch nicht –, ihn zur Rede zu stellen und zu fragen: ‚Was zum Teufel tust du? Schau, was wir hier haben – hör auf, uns dumm dastehen zu lassen. Es ist für eine Stunde auf der Bühne. Reiß dich zusammen und schieß dich nicht ab, bis die Show zu Ende ist.' Irgendwann muss man aber tun, was man tun muss. Trevor, mein Bruder und ich schauten einander an und sagten: ‚Was nun? Sollen wir so weitermachen oder dafür sorgen, dass wir wieder eine verantwortungsvolle, mordsmäßig geile Band werden, statt uns bei jedem zweiten Konzert zu Deppen zu machen?'"

Nach der 2009 erfolgten Auflösung von Lowbrow, seiner ersten Band nach Obituary, gründete West 2011 mit mehreren belgischen Musikern, die er ein paar Jahre zuvor auf Tour kennengelernt hatte, die Gruppe Southwick. Diese veröffentlichte 2012 ihr einziges Album *Death's Crown*. Ihm blühte allerdings ein weiterer Konflikt mit dem Gesetz: Im May 2013 wurde er in seinem Haus in Florida festgenommen, weil er Methamphetamin herstellte, zwei Jahre später wegen Gelegenheitsdiebstahls. Er kam 2018 frei, landete aber im darauffolgenden Jahr abermals hinter Gittern.

Während der Entstehung dieses Buchs war nichts über seinen Verbleib bekannt. Mehrere Versuche, West oder seine Adresse über Strafanstalten in Florida für ein Interview ausfindig zu machen, schlugen fehl.

Dass Obituary und ihre zahlreichen früheren wie gegenwärtigen Kollegen und Zeitgenossen das Beste für Allen hoffen, steht außer Frage. Obwohl es höchst unwahrscheinlich ist, dass er je wieder mit der Band spielen wird, hegen seine ehemaligen Mitmusiker keinen Groll gegen den Mann, den sie „Big Al" nennen.

„Wir sind ihm ein paarmal über den Weg gelaufen, als er mit Southwicked tourte", erzählt John. „Mit ihm zu sprechen war ein bisschen merkwürdig, doch ich konnte nichts an der Situation ändern. Er hat sich all diese Dinge angetan – das weiß er besser als irgendjemand sonst. Trotzdem würde ich mich ohne weiteres zu ihm setzen und reden, wenn ich ihn in einer Kneipe träfe."

KAPITEL 13

XECUTIONER'S RETURN

Jeder, der Morrisound Recording in den 1990ern besuchte, musste Ralph Santolla begegnen. Als sympathischer, charmanter Kerl mit überlebensgroßer Persönlichkeit und einem Lachen, das Freunden zufolge „auch alle anderen im Raum zum Lachen brachte", war er im Begriff, sich als Leadgitarrist der Melodic-Rocker Eyewitness einen Namen in der Musikszene von Tampa zu machen. Die Band nahm wie die meisten in der Stadt in diesem Studio auf.

Die Besitzer Jim und Tom Morris bewunderten Santollas spielerische Fähigkeiten, eine jenseitige Kombination aus Michael Schenker bei UFO und Randy Rhoads bei Ozzy Osbourne. Er beherrschte rasante Läufe auf dem Griffbrett, die immer ein gewisses Maß an Melodie aufwiesen. Die Morris-Brüder zogen Santolla häufig hinzu, wenn eine Band im Studio Probleme hatte. Er besaß die natürliche Gabe, Ideen aus dem Stegreif zu entwickeln – nachdem er unterschiedliche Demoversionen davon aufgenommen hatte, ließ er die Band auswählen, was ihr am besten gefiel. Danach brachte Ralph dem Leadgitarristen stundenlang geduldig bei, wie man die von ihm geschriebenen Parts spielte. Er liebte Herausforderungen und gefiel sich in der Rolle desjenigen, der eine Session rasch retten konnte.

„Ich bin in Morrisound aufgewachsen", sagte er in einem Interview mit *The Goat Tavern*. „Jim Morris fing an, mein Spiel aufzunehmen, als ich zwölf war. Deshalb wurde ich Mitglied all dieser Bands: weil mich jeder kannte. Ich war ständig im Studio. Ich arbeitete dort, ich nahm Anrufe entgegen und machte auch anderen Kram. Die ganze Zeit über hing ich dort rum. Als Death *Individual Thought Patterns* aufnahmen, arbeitete ich mit meiner Band Millenium im Nebenstudio, und Scott Burns produzierte jenes Album. Er und ich, wir hatten es zu der Zeit richtig dicke miteinander. Wir fingen an, uns regelmäßig zu treffen, und ich ging abends mit ihnen aus."

Santollas Karriere erhielt 1993 einen Schub, als Chuck Schuldiner ihn für Deaths Tour zu *Individual Thought Patterns* anheuerte. Er nahm nie an Aufnahmen der Band teil, ist aber im Video zu ′The Philosopher′ zu sehen, das in der Heavy Rotation von MTVs *Headbangers Ball* lief. Ralphs einjährige Mitgliedschaft bei Death erwies

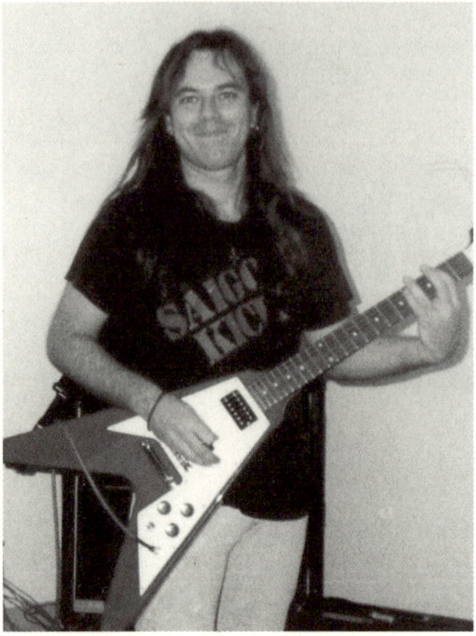

Ralph Santolla.
Foto von Rick Maccani.

sich als zweischneidiges Schwert. Weil er den Posten des Leadgitarristen einer hochkarätigen Death-Metal-Band souverän ausfüllte, ließ ihn wie einen Heuerling dastehen – ein Ruf, der ihm für den Rest seiner Laufbahn nachhing. In Wirklichkeit sehnte er sich nach Stabilität und Kontrolle in seiner eigenen Band.

Mit Millenium, die im Grunde die Fortführung von Eyewitness waren, bekam er beides bis zu einem gewissen Grad. Obgleich sie ein Dasein am Rand der Prog-Rock und -Metal-Szene fristeten, nahmen sie kurzfristig Fahrt auf, als der norwegische Sänger Jørn Lande für das Album *Hourglass* (2000) zu ihnen stieß, das als ihre Sternstunde gilt. Ihre letzte Platte *Jericho* erschien 2004.

Dazwischen spielte Santolla Gitarren für ′American Made′ ein, den neuen Einzugserkennungssong von Profi-Wrestler Hulk Hogan. Jimmy Hart, Hogans Manager im Verband World Championship Wrestling, schrieb das Stück, und Eyewitness- beziehungsweise Millenium-Sänger Todd Plant übernahm die Vocals. Das Highlight war allerdings Ralphs ausgedehntes Solo gegen Ende, das Hart (dem „Mouth of the South")[7] am meisten imponierte.

„Der Song war schon fertig komponiert", sagt Santollas bester Freund Rick Maccani. „Dann kam Ralph, hörte ihn und fragte: ‚Also gut, wollt ihr hier Gitarren?' Daraufhin nahm er die Spuren auf und dachte sich spontan das Solo aus. Was Outro-Solos ging, war es eines seiner besten." Wenn das Stück ausklingt, dreht er richtig auf. Als er das spielte, schauten sich alle gegenseitig an und dachten wohl: ‚Das ist es.' In der Arena, wenn es für Hulk Hogan an der Zeit war, reinzukommen und zum Ring zu gehen… Das Licht ging aus, und man hörte Ralphs Gitarre, ehe Todd zu singen anfing: ‚He′s American made!' Es hat dir Schauer über den Rücken gejagt."

2003 stieg Santolla als Tour-Musiker bei Iced Earth ein, zu deren Besetzung neben Bandleader und Rhythmusgitarrist Jon Schaffer der ehemalige Judas-Priest-Sänger Tim „Ripper" Owens und ex-Death-Drummer Richard Christy gehörten. Ein Jahr später stieß Ralph auch zur Liveband des früheren Skid-Row-Frontmanns Sebastian Bach. Dieser schätzte ihn so hoch, dass er bei Konzerten regelmäßig Ralphs Nummer ′You Bring Me Down′ einbaute, und ging so weit, dem Gitarristen die vollständige kreative Leitung nebst einem festen Posten in der Gruppe zu versprechen. Allerdings hielt er sich nicht an sein Wort, woraufhin ein Machtkampf ausbrach. Bald danach

[7] „Mundwerk des Südens"

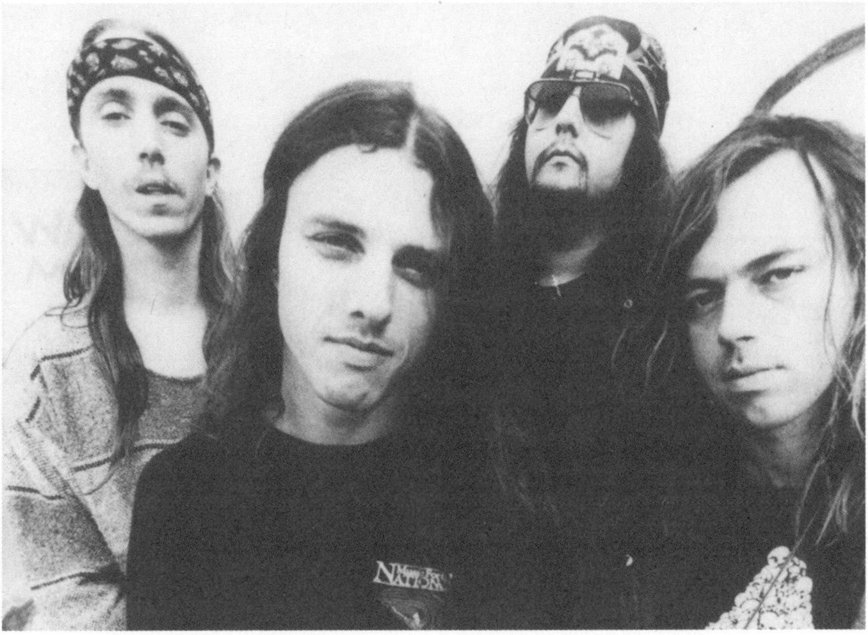

Santolla (r.) bei Death circa 1993.

wurde Santolla den ständig überdrehten Sänger leid, sodass er nach weniger als zwölf Monaten ausstieg.

Erst als er 2005 bei Deicide einstieg, erhielt seine Leadgitarrenarbeit die verdiente Aufmerksamkeit. *The Stench of Redemption*, das 2006 erschienene Studioalbum der Band, dürfte ihr bestes seit *Legion* von 1992 gewesen sein. Santollas Solos entpuppten sich oft als Höhepunkte innerhalb der Songs, indem sie über mehrere unkonventionelle Tonleiterverbindungen heulten, das melodische Gegengewicht zu einigen der brutalsten Tracks, die Deicide je aufgenommen haben (Maccani nennt die Notenwahl seines Freundes liebevoll den „Ralpholeonischen Modus"). Durch ihn und den ehemaligen Cannibal-Corpse-Gitarristen Jack Owen im Line-up kamen Deicide nach mehreren nicht sonderlich beseelten Alben schlagartig zurück auf Kurs. „Steve [Asheim, Drums] und Glen [Benton, Bass/Gesang] fühlen sich ohne Zweifel wiedererstarkt", sagte Santolla im erwähnten Interview mit *The Goat Tavern*. „Steve komponiert viel; er schreibt ständig Sachen und ist ein sträflich unterbewerteter Musiker, finde ich. Nun da Jack und ich in der Band sind, denkt er wohl, dass er schreiben kann, was er will, und wir könnten es umsetzen. Ich kenne mich bestens mit Musiktheorie, Harmonielehre und so weiter aus, was unser beider Zusammenarbeit sicherlich erleichtert. Ich kann mir nämlich viel leichter erschließen, was er meint und sich vorstellt."

Santollas Mitgliedschaft bei Deicide wurde gelegentlich von der Tatsache überschattet, dass er als praktizierender Katholik in einer dezidiert satanischen Metal-Band spielte. Laut Maccani drängte er seinen Glauben anderen nie auf, obwohl man ihn selten ohne Halskette mit Kreuzanhänger sah. Ralph selbst erklärte 2006 in einem

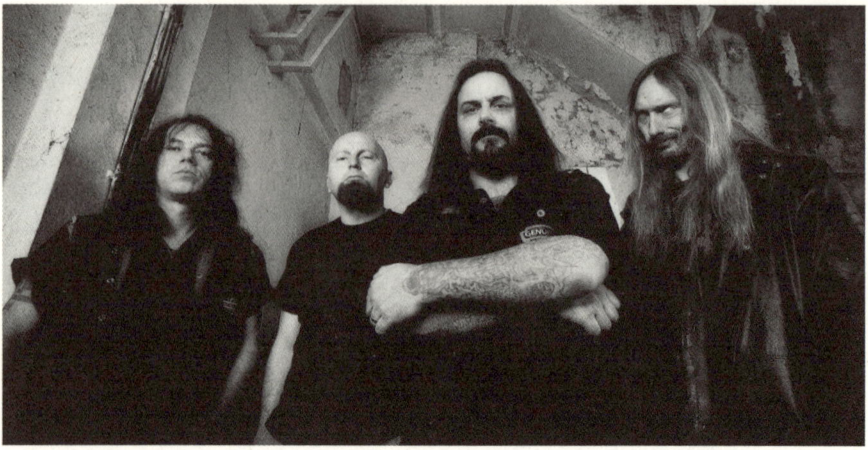

Deicide circa 2007.

Gespräch mit *Chronicles of Chaos*, er halte zwar an seinem Glauben fest, sei aber der Meinung, Menschen könnten auch trotz gegensätzlicher Meinungen miteinander leben. Dies mag erklären, dass er mit dem heißblütigen Benton an drei Studioalben arbeiten konnte.

„Ich erzähle den Leuten auf keinen Fall, was sie glauben sei falsch", betonte Santolla. „Ich trinke und feiere heftiger als zehn verdammte Black-Metal-Bands zusammen. Ein Chorknabe bin ich definitiv nicht. Ich habe meine eigene Auffassung von Religion, will aber am Ende des Tages bloß meine Gitarre spielen, Metal machen und eine gute Zeit verleben. Das restliche Zeug geht niemanden etwas an. Was ich aber nie tun werde – ich arbeite lieber bei McDonald's, ehe ich so tue, als ob ich irgendein düsterer, wütender Bösewicht wäre, damit die Leute mich für Metal halten. All das steckt in mir, doch das Wichtigste ist, dass ich meine Gitarre spiele, das gefällt dir oder eben nicht. Es juckt mich aber so oder so nicht."

Während seiner Zeit bei Deicide legte sich Santolla auch mit dem Gesetz an. Beim Konzert der Band am 14. Juli 2006 im Hustlers in Laredo/Texas äußerte Benton Unzufriedenheit mit der Beschallungsanlage und behauptete, die Veranstalter würden ihn abzocken. Man drehte der Band nach vier Songs den Saft ab. Es kam zu Handgreiflichkeiten, wobei Santolla eine Red-Bull-Dose auf einen Polizisten geworfen haben soll. Er wurde verfolgt und mit Pfefferspray angegriffen, woraufhin man ihn infolge des Angriffs auf einen Beamten einer Straftat bezichtigte. Die Anklage wurde letztlich fallengelassen, doch der Vorfall kursierte im Sommer des Jahres auf Metal-Nachrichtenportalen und Forenseiten.

Zudem erhielt Santolla Morddrohungen von chilenischen Metalheads, weil er sich von einem Plakat distanzierte, das Jesus Christus mit einem Einschussloch im Kopf zeigte, und den Mord eines Priesters durch einen Deicide-Fan ein paar Jahre zuvor verurteilte. Er ließ sich jedoch nicht einschüchtern, obwohl der tragische Bühnenmord von Damageplan/ex-Pantera-Gitarrist „Dimebag" Darrel Abbott" erst zwei Jahre zurücklag.

„Ich persönlich fürchte mich nicht und lasse mich nicht beirren, diese Leute sollen sich verpissen", schimpfte er auf *Chronicles of Chaos*. „Eines sage ich dir aber: Vor ein paar Monaten spielten wir mit Vital Remains, und Dave Suzuki [Drums/Gitarre] kam auf der Bühne zu mir gelaufen und packte mich, einfach zum Scherz. Ich erkannte ihn zuerst nicht und dachte, es sei irgendein Typ, der mich erstechen wollte. Es war zwar witzig, erschreckte mich aber. Als mich dann die Bullen in Texas mit Pfefferspray einnebelten, sah ich zunächst nur, dass mir jemand etwas vors Gesicht hielt, und rechnete damit, erschossen zu werden. Das machte mir ein bisschen Angst. Aber weißt du, ich mache mir keine Sorgen wegen solcher Leute. Falls mich jemand abknallen will, soll er es tun."

Weil er regelmäßig im Morrisound zugegen war und schon so lange zur Szene in Tampa gehörte, wurde Santolla ein guter Bekannter von Obituary. Nun da Allen West gänzlich von der Bildfläche verschwunden war und die Gruppe ihr siebtes Album schrieb, brauchte sie zufälligerweise einen neuen Leadgitarristen, als sie letzte Hand an die Songs anlegte.

Xecutioner's Return stellte ein Novum für Obituary dar: Alle Tracks wurden von Trevor Peres und Donald Tardy komponiert. Weil sie begeistert von dem neuen Material und darauf gefasst waren, mit Labels zu verhandeln, nachdem sie ihren Vertrag mit Roadrunner erfüllt hatten, wollten sie auf keinen Fall ein Mitglied, das noch unbeleckt war. Als Ersatz für West zogen sie niemand anderen außer Santolla in Erwägung.

Wir hielten keine Anhörungen oder Ähnliches ab", rekapituliert Peres. „Donald und John kamen mit dem Vorschlag an: ‚Hey, was haltet ihr davon, mit Ralph zu sprechen, vielleicht hat er Lust zum Jammen?' Ich kannte ihn selbstverständlich aus dem Morrisound und fand ihn cool. Außerdem war er ein Shredder. Ich lud ihn ein, und schon war er dabei. So ist das gelaufen. Ganz natürlich. Wir machten deswegen keinen großen Rummel."

„In dem Moment, als wir ihn in der Band aufnahmen und er sein erstes Solo zu einem Obituary-Song spielte, bin ich fast gestorben", erzählt Donald. „Solche Begabung ist mir nie zuvor untergekommen. Ich habe viele starke Gitarristen und ausgemachte Shredder gesehen, doch keiner kratzte ansatzweise an dem Talent, das aus Ralphs Händen kam."

„Anfangs hatte ich einfach nur Respekt, während ich dasaß und ihm bei seiner Spielweise zuschaute", fügt John hinzu. „Eigentlich hatten wir alle Riesenrespekt davor, wie gut er war. Ralph ist ein super-begnadeter Leadgitarrist gewesen. James Murphy war echt gut, doch ich sah ihn nicht im Studio, während er aufnahm, als wir *Cause of Death* produzierten, also achtete ich nicht sonderlich auf ihn. Wenn jemand vor dir steht, ist es anders. Ralphs Gedankengänge nachzuvollziehen und zu sehen, wie er seine Ideen durchging – dabei zu sein und ihm beim Spielen zuzuschauen war toll. Er war eine Klasse für sich."

Als Santolla Obituary beitrat, war er noch Mitglied bei Deicide. Wegen persönlicher Konflikte mit Benton und der ungeklärten Frage, wie ausgiebig die Band touren würde, stieg er jedoch im Sommer 2007 aus, wiewohl er aufgrund seiner vertraglichen Bindung an Earache Solos für das im Folgejahr veröffentlichte Album *Till Death Do Us Part* einspielte. Um Klarheit zu schaffen, ging er so weit, am 30. Oktober 2007 ein Bekanntmachung herauszugeben.

„Ich gehe nicht zu Deicide zurück und wollte das auch nie. Ich habe keine Ahnung, warum diese Information [von Earache] verbreitet wird. Auf der neuen CD spiele ich aus zwei Gründen: Erstens bin ich ihnen kraft des Vertrags, den ich unterschrieben habe, noch ein Album schuldig und will so schnell wie möglich völlig frei von Earache sein. Zweitens ist Steve Asheim mein guter Freund und ein großartiger Musiker. Ich liebe seine Musik. Im Studio habe ich mein Bestes gegeben, weil seine Musik es verdient und dies meiner Arbeitsweise entspricht. Als es mit Deicide und mir den Bach runterging, hatte ich das Glück, bei Obituary zu landen. Ich bin rundum zufrieden damit, dieser Band anzugehören, und bedaure nur eines, nämlich dass dieses Glück auf Kosten von Big Al geht, der ziemlich ernste Probleme hat.“

Seine neuen Mitmusiker bereiteten Santolla sofort einen herzlichen Empfang. Peres sagt, sie hätten sich verbündet, weil sie beide gerne „Schindluder mit unseren Kräften treiben“ und „durchgeknallte Motherfucker“ seien, „die es gerne krachen lassen“, womit er auf ihre geteilte Vorliebe für Alkohol und Partys anspielt. Laut Donald war Ralph erleichtert darüber, dass er endlich einer gefestigten Band ohne Dramen mit einem positiven Klima angehörte, deren Musiker einander unterstützten. Die Kernmitglieder markierten für den Leadgitarristen ebenfalls eine Veränderung: Sie waren allergisch gegen Streit, stellten ihre Egos zurück und widmeten sich ausschließlich der Musik.

Donald: „Als er einstieg, sagte er zu so vielen Gelegenheiten sinngemäß: ‚Mensch, vielen Dank. Ihr seid meine Brüder, in einer Band aus Freunden zu sein, die tatsächlich gern zusammen sind und es genießen, Spaß zu haben, ist toll.‘ In seiner Karriere war er nämlich phasenweise mit erfolgreichen Bands auf Tour gewesen, die schufteten, aber einschließlich Ralph selbst nicht unbedingt Spaß hatten. Ich glaube, er wusste einfach zu schätzen, dass wir ihn akzeptierten und in der Familie aufnahmen. Es gab nichts mehr, was ihn zurückhielt.“

Weil es Ende der 1980er so wenige unabhängige Metal-Labels gab, kamen Obituary nie in den Genuss, Gegenstand einer Bieterschlacht zu sein, geschweige denn selbst zu verhandeln, weil Roadrunner so schnell auf sie ansprangen, nachdem sie *Slowly We Rot* gehört hatten. Die Band wurde zu einem begehrten Posten, als sie 2006 auf den freien Markt trat. Sie hatte eine nachgewiesene Erfolgsbilanz, weshalb sie garantiert physische Produkte verkauften – etwas, das zu dem Zeitpunkt schon länger auf dem absteigenden Ast war.

Obituary beauftragten einen Berater, um ihnen bei der Suche zu helfen, was damit einherging, eine umfassende Liste aus Kriterien für einen neuen Plattenvertrag zu erstellen. Alle Mitglieder wussten genau, was sie von einem neuen Deal erwarteten, nahmen sich aber stets vor Warnsignalen in Acht. John Tardy beschreibt den

Prozess als „unangenehm“ – er hatte bald keine Lust mehr, von Geschäftsdetails und Versprechungen zu hören, von denen er überzeugt war, dass die meisten Labels sie nicht einhalten konnten. Bis zum Frühjahr 2007 wurden ihre Optionen auf einige wenige Firmen reduziert, wobei sich Candlelight Records aus Großbritannien als Favorit herausstellten.

Das 1993 vom ehemaligen Extreme-Noise-Terror-Bassisten Lee Barrett gegründete Unternehmen stürzte sich im selben Jahr mit der Veröffentlichung der legendären Emperor/Enslaved-Split kopfüber in die skandinavische Black-Metal-Szene. Das nächste bedeutende Signing war die damals unbekannte schwedische Progressive-Death-Metal-Band Opeth; mehreren Berichten zufolge beschloss Barrett beim Hören ihres Demos innerhalb der ersten zehn Sekunden, sie unter Vertrag zu nehmen.

Candlelight gewannen in den 1990ern dank wegweisender, einflussreicher Veröffentlichungen von Emperor und Opeth stetig an Bedeutung. Durch den Aufbau der norwegischen Black-Metal-Instanz 1349 und der finnischen Melodic-Death-Combo Insomnium war das Label gut aufgestellt, während es durch die 2000er voranschritt. Edward Christie und Steve Beatty leiteten das Hauptbüro in Großbritannien und lizenzierten später die 1987er Compilation *Raging Death* mit Xecutioner für europäische Länder.

„Unser Vertrieb und Markenprofil waren groß genug, also wurden unsere Veröffentlichungen beachtet“, sagt Beatty. „Wir hatten etwas Besonderes am Laufen – Candlelight besaßen Wiedererkennungswert. Die Leute sahen uns als seriöse Firma und dachten, was wir herausbrachten, sei qualitativ hochwertig. Schließlich wurde jeder auf uns aufmerksam, und von da an haben wir die zweite Phase des Labels eingeläutet. Diese war, glaube ich, großteils von einigen Kontakten geprägt, die wir knüpften. Wir liefen zum Beispiel Alex [Hellid, Gitarre] von Entombed über den Weg und fragten: ‚Was tut ihr mit eurer neuen Platte?‘ Er antwortete: ‚Also, wir haben kein Label.‘ Ich erwiderte: ‚Wollt ihr es über Candlelight veröffentlichen?‘ Ich glaube, 15 Jahre früher hätten wir gedacht: ‚Wahnsinn, damit würde sich ein Traum erfüllen.’ Nun geschah es durch ein Gespräch mit Alex. Wir haben Entombed unter Vertrag genommen und 2007 ihr Album *Serpent Saints (The Ten Amendments)* veröffentlicht.“

Im Jahr 2000 eröffneten Candlelight im Osten Pennsylvanias eine nordamerikanische Zweigstelle, die von der ehemaligen Nuclear-Blast-Angestellten Paula Hogan geleitet wurde. „Als wir den Betrieb in den USA aufnahmen, hatten wir nur europäische Acts“, erzählt sie. „Eines der Ziele des Labels bei der Eröffnung dieses Büros bestand darin, selbst über den Katalog und die Bands zu bestimmen, statt Lizenzen an andere Firmen zu vergeben, wie wir es mit Emperor und Century Media taten. Wir wussten, dass amerikanische Signings insgesamt entscheidend sein würden, um ernsthaft zu expandieren. Zunächst ging es langsam voran, indem wir mit kleinen Vertrieben arbeiteten und ein ganzheitliches Wachstum anstrebten. Dann begannen wir, uns zu steigern, einheimische Künstler zu suchen und unsere Acts in den Staaten touren zu lassen. Der gemeinsame Fokus trug dazu bei, dass unsere damaligen Entwicklungsthemen – insbesondere 1349 und Insomnium – und das Profil des Labels mehr Aufmerksamkeit bekamen.“

Letztendlich hatten Obituary auf ihrer Suche nach einer neuen Plattenfirma schlichte Anforderungen: Erstens wollten sie Partner mit einem guten Ruf, zweitens mit einem Label arbeiten, das sie als Priorität betrachtete, und drittens die Verlagsrechte an ihren Studioalben. Candlelight versprachen, der Band zu geben, was sie verlangte, und erklärten sie sofort zur wichtigsten Band in ihrem Kader. Zum ersten Mal in ihrer Karriere waren Obituary der sprichwörtlich dickste Fisch in einem kleinen Teich. Sie mussten nicht neben Killswitch Engage, Slipknot und Type O Negative Aufmerksamkeit heischen. Obituary waren ohne Frage Candlelights Vorzeigeband.

„Wir suchten schlicht nach für uns optimalen Voraussetzungen", erklärt John. „Wir wollten nicht beim größten Label der Welt unterschreiben und mit massenweise anderen Bands, die viel mehr Platten als wir verkauften, in einen Topf geschmissen werden. Es sollte jemand sein, der in der Lage war, unsere Alben zu veröffentlichen und alles zu tun bereit war, was wir wollten. Wir beschlossen, diesmal Lizenzen zu vergeben, damit wir die Aufnahmen behielten und darüber verfügen konnten. Bei einer Firma wie Candlelight hat man bei allem die Entscheidungsgewalt. Wir möchten ein Label nicht großartig unter Druck setzen, damit es etwas unternimmt. Wir haben viele Ideen und Pläne von Dingen, die wir gern tun würden. Die wollen wir auf bestimmte Art durchziehen."

Im Rahmen der Verhandlungen entstand Gibtown Records, die bandeigene Marke zum Lizenzieren ihrer Aufnahmen. Dazu imstande zu sein war ein Muss – die Band hat die Rechte an ihre Candlelight-Diskografie bereits zurückerhalten und darf frei damit walten. Es war eine Lehre, die sie aus der Tatsache zogen, dass sie die Rechte an ihrem Katalog 1989 an Roadrunner abgetreten hatten. Ihre Abmachung mit dem neuen Label war relativ simpel: Sie umfasste nur ein Album mit zusätzlicher Option, falls beide Seiten übereinkamen, ihre Partnerschaft forzusetzen.

Mit der Inbetriebnahme von Gibtown begannen Obituary, ihre Geschicke selbst zu lenken. Die Band war nun ein gemeinschaftliches Wirtschaftsunternehmen. Mit Ausnahme des noch sehr neuen Santolla nahm jedes Mitglied aktiv an der Entscheidungsfindung und dem Tagesgeschäft teil. Daraus entstand der Gedanke, Wege zur Straffung der Abläufe und Verringerung der Fixkosten zu finden. Die Musikbranche sah 2007 ganz anders aus als 1997 oder gar '92, als Roadrunner im Vorfeld von *The End Complete* mit Absatzzahlen im sechsstelligen Bereich gerechnet hatten. Candlelight blieben etwas zurückhaltend, was ihre Erwartungen und vor allem die finanziellen Vorschüsse betraft, also sahen sich Obituary zu dem Wagnis genötigt, ihre Studioalben selbst aufzunehmen und zu produzieren.

Wie mehrmals in diesem Buch beschrieben teilen die Tardys eine Abneigung gegenüber der traditionellen Studio-Umgebung, wo „Pünktlichkeit" zu hohen Mietkosten und dem Gefühl führte, sich abzuhetzen, um eine Frist einzuhalten. Donald hasste das erbarmungslose Leuchten der roten Lampe im Morrisound; John fühlte sich unwohl, wenn er bei Gesangsaufnahmen durchs Fenster des Kontrollraums beobachtet wurde (Peres machte es umgekehrt nie etwas aus, in einem Studio zu sein). Während die Gruppe über Möglichkeiten diskutierte, effizienter zu arbeiten, schlug Produzent Mark Prator spontan vor, dass John ihnen eigene Aufnahmeräumlich-

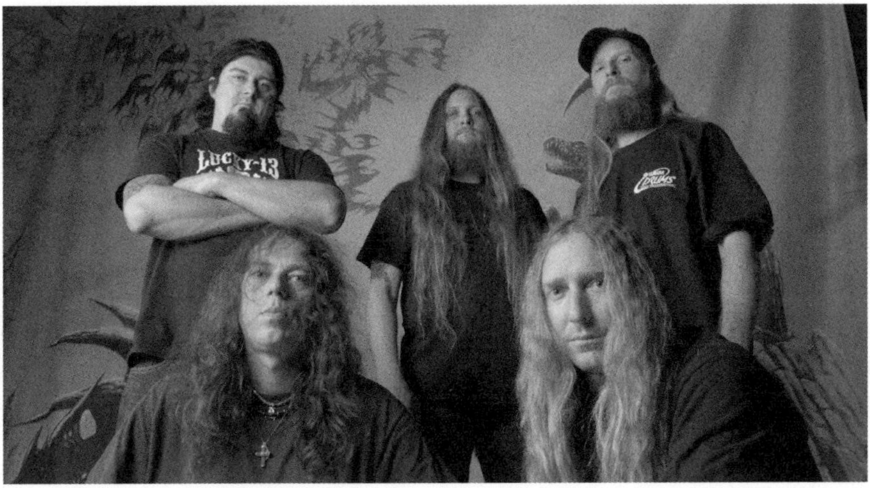

Von l. nach r.: Frank Watkins, Ralph Santolla, Trevor Peres, John Tardy und Donald Tardy. Foto von Tim Hubbard.

keiten einrichtete. Daraufhin investierten Obituary in ihr erstes Pro-Tools-HD-System, das ihr Vorgehen beim Aufnehmen von Demos und schließlich auch Alben für immer veränderte.

„Als wir zu recherchieren anfingen, mit Leuten sprachen, Fragen stellten und uns dann hineinstürzten, machte es Spaß", sagt der Frontmann. Seine Arbeit bei Product Safety Engineering und seine Softwarekenntnisse waren entscheidend. „Ein Dutzend Kisten voller Kram wurden mir nach Hause geliefert. Ich packte aus, schloss alles an und legte los. Es war eine völlig neue Welt. Ich liebte es. Pro Tools machte sofort einen Unterschied aus, weil wir mit der Freiheit aufnehmen konnten, die wir heute haben. Wir müssen keinen Termin fürs Studio buchen und zu bestimmten Tageszeiten dort auflaufen. Jetzt können wir morgens um zehn hier bei mir Schicht machen, und wenn mir nach Singen zumute ist, singe ich. Falls ich um 22 Uhr singen will, tu ich´s; falls ich fünf Minuten lang singen will, geht das auch; und sollte ich keine Lust aufs Singen haben, kann ich die Aufnahme anhalten, den Computer ausschalten und rausgehen."

Die Brüder wohnten als Erwachsene immer entweder zur Miete oder in Eigentumswohnungen. Als Obituary wieder aktiv wurden, fanden beide, es sei an der Zeit für ein Haus. Im Mittelpunkt stand bei dieser Idee der Wunsch nach einem eigenen Proberaum. Donald wandte sich an einen Händler, der genaue Anweisungen erhielt: *Setzen Sie uns nicht zu nahe neben irgendwelche Nachbarn, wir spielen in einer Band und machen eine Menge Lärm.* Die Suche erzielte nur wenige Ergebnisse, bis die Brüder ein Haus auf einem Morgen Land fanden – mit einer gut 49 Quadratmeter großen, freistehenden Garage. Die Band beschloss, sie vollständig zu einem Tonstudio umzubauen, das auch als ihr Proberaum dienen sollte. Ursprünglich hatte sie Betonwände und ein Metalltor, aber keinen Strom. Mithilfe eines Freundes legte John die Leitungen, setzte Steckdosen ein, verkleidete die Wände mit Gipskarton und

isolierte alles. Abgerundet wurde der Raum von einem Geschenk seines Vaters Jim – einem Billardtisch. So wurde eine nichtssagende Garage zum Zentrum aller Bandaktivitäten – Proben, Plattenaufnahmen, Live-Streams und Geschäftsangelegenheiten. Vor den Aufnahmen zu *Frozen in Time* 2005 hatten Obituary eine Eigenproduktion in Erwägung gezogen, aber letztlich davon abgesehen, weil Roadrunner ihnen einen Vorschuss gaben. Ferner war es ihre erste LP seit acht Jahren – Obituary wollten sich nicht den Druck beziehungsweise die Verantwortung auferlegen, ihr Comeback auf eigene Faust aufzunehmen. Obwohl sie mit den Ergebnissen auf *Frozen in Time* zufrieden waren, hielten sie an der Vorstellung fest, ungeachtet des Aufnahmeortes würden Peres′ Gitarre immer gleich klingen, Johns Vocals stets die gleiche Wildheit vermitteln und Donalds Drums die gleiche Wucht erzeugen. Darüber hinaus verließen sich die Musiker selten auf den Input eines Produzenten, weshalb sie im Grunde keinen in ihrem eigenen Studio brauchten.
Prator ging zunächst davon aus, das Pro-Tools-System der Gruppe würde nur beim Songwriting verwendet, weshalb sie immer noch in einem traditionellen Studio aufnehmen müsse, doch sobald Obituary mit dem Festhalten von Klängen in Johns Garage (die nun Redneck Studios hieß) angefangen hatten, war klar, dass sie professionelle Aufnahmen in ihrem eigenen Hinterhof machen konnten. Das Geld, das sie im Vorfeld für das System zahlten, glich etwaige Label-Vorschüsse quasi aus. Die Version, die sie 2007 kauften, kam für vier Studioalben und eine EP zum Einsatz, bevor sie Anfang 2021 ersetzt wurde.
„Die Zeiten änderten sich", sagt Donald. „Wir waren bis zu dem Zeitpunkt in so vielen Studios gewesen. Einige wechselten auf die digitale Schiene und fingen mit Pro Tools an. Wir hatten mit den Verfahren zu tun, aber keine Ahnung davon, wie die Software betrieben wurde. Ihre Funktionsweise kannten wir ungefähr; wir wussten, wie man editierte, Punch-ins machte, Fehler korrigierte, das Grundprinzip anwandte. Studios waren aber nicht mehr absolut zwingend. Wir sind die Ersten gewesen, die einsahen: ‚Also, das ist Death Metal. Wir brauchen kein richtiges Studio mit meterhohen Decken und korrekt gedämmten Wänden, die den Schall nicht komplett schlucken.' Wir wussten, dass Trevors Marshall-Verstärker sehr laut ist; wenn man ein Mikro davorstellt, spielt die Decke wirklich eine Rolle dabei, dass der Gitarrensound die Membran zerfetzt?
„Bei meinen Drums war es der gleiche Gedanke", fährt er fort. „Ich hatte die Theorie, dass John Bonham [Led Zeppelin] seine Musik perfekt spielte, weshalb die Position der Mikros für die Snare oder überhaupt das ganze Kit egal war. Man hätte die sechs Mikros für John Bonhams Schlagzeug einfach auf den Boden im Raum werfen können – er spielte so sauber und sicher, dass sie das sowieso eingefangen hätten. Durch unser neues Studio-Setup verbesserte ich mich als Drummer, da ich wusste: ‚Es mag kein professionelles Studio sein, vielleicht beeinträchtigt das den Beckenklang, den die Mikrofone abnehmen.' Wenn ich aber spiele, wie ich weiß, dass ich meine Parts spielen kann – sauber und selbstsicher –, schnappen die Mikros das auf, und es wird in Ordnung sein."

Die Aufnahmen zu *Xecutioner's Return* waren lehrreich für die Bandmitglieder. Mark Prator fungierte als Produzent, Tontechniker und Mixer, war aber vor allem derjenige, der den Tardy-Brüdern Mittel zur Hand gab, mit denen sie unabhängig aufnehmen konnten. Er gab ihnen Ratschläge zu allem, von der richtigen Software über Mikrofone bis zu Kabeln. Da er erkannte, dass sie noch Anfänger waren und sich wohl von der Erfahrung überwältigt sahen, ihre Musik selbst aufzunehmen, zeigte Prator ihnen die Grundlagen und ließ sie den Rest alleine herausfinden.

„Wir wollten nichts weiter, als Songs aufnehmen", verdeutlicht Donald. „Es ging nicht darum, all die verrückten Sampling-Techniken zu lernen; das Gleiche gilt für Reverse-Reverb-Effekte. Wir wollten einfach nur die Songs aufnehmen, wobei Mark eine Schlüsselrolle einnahm. Er brachte es uns bei und war dann auch für die kleinen Nuancen zur Stelle. Irgendwie lag sein Telefon immer griffbereit, wenn wir ihn zigmal anriefen: ‚Mark! Hier ist was passiert, dieses Licht blinkt.' Er antwortete dann: ‚Macht einfach dort einen Rechtsklick. Seht ihr, da oben? Nur anklicken, dann geht's wieder.'"

Prator erwies sich bei der Entstehung von *Xecutioner's Return* als unverzichtbar. Obgleich er als Produzent aufgeführt ist, wurde das Album strenggenommen von den Tardy-Brüdern produziert. Schon bei ihren Aufenthalten im Morrisound waren Obituary eine Band gewesen, die selten einen Produzenten im herkömmlichen Sinn brauchte – also jemanden, der mit an den Songs feilte, Passagen und Arrangements änderte. 2007 hatte die Band oft genug im Studio gearbeitet, um genau das zu produzieren, was ihnen vorschwebte.

„Ich glaube, wir hatten nie jemanden, der vorschlug, wie eine Strophe oder ein Refrain gesungen werden sollte", sagt John. „Dass uns jemand bat, etwas anders zu machen, kam sehr selten vor. Wir wissen, was wir wollen. Wir gehen da rein, tun es, und dann kommt es lediglich auf die Ausführung an. Aufnahmen bei mir wurden unheimlich bequem."

„Es war eine Veränderung, doch sie gefiel mir", fügt Peres hinzu. „In einem richtigen Studio steht man unter Druck. Du sagst dir: ‚Gut, am Donnerstag, Freitag und Samstag muss ich alle Riffs fürs ganze Album einspielen, ich sollte pünktlich sein.' Nun da wir älter und erfahrener sind, läuft es natürlicher ab. Donald und ich jammen die Songs, bis er seine Parts zusammenhat. Dann gehe ich für zwei Tage ins Studio und nehme meine Riffs auf. Wenn wir selbst produzieren, sind wir nicht übermäßig penibel und versuchen, es perfekt hinzukriegen. Niemand bemerkt die kleinen Fehler, die wir machen."

Da Peres noch in Arizona lebte und nicht regelmäßig zum Proben kommen konnte, installierte er Aufnahmesoftware auf seinem Laptop. Er benutzte das gebräuchliche Programm Drumkit From Hell, das vorgefertigte Schlagzeug-Samples bietet, womit man Rhythmen programmieren und editieren kann. Auf diese Weise nahm er fast das ganze Album als Demo auf und schickte es den Tardys, ehe er nach Tampa reiste. Zudem gaben die Sessions John die Flexibilität, seine Parts einzusingen, wann immer er wollte. Darüber, dies nicht zu können, hatte sich der sanftmütige Sänger bei früheren Produktionen oft beklagt.

„Man muss in die richtige Stimmung kommen", erklärt er. „Es ist nicht so, als würde man auf einem Hocker sitzen und zu ruhiger Musik singen, wo man es ruhig und lässig angeht. Eher grenzt es an Vorbereitungen auf einen Kampf, wenn man so will. Die Anforderungen sind viel höher. Sich in diese Stimmung zu versetzen kostet eine Menge Energie. Ich habe gelernt, dass ich mich ein bisschen aufputschen muss, um darauf gefasst zu sein, vor allem bei Aufnahmen. Heute gehe ich gerne alleine ins Studio. Früher war mein Bruder dabei, um auf mein Timing zu achten und Bescheid zu geben, wenn ich etwas verbessern musste, doch jetzt ziehe ich das Alleinsein vor.

„Jeden Tag bei mir hier draußen zu proben ist eine Sache", erzählt er weiter. „Mein Bruder ist nach jeder Probe schweißgebadet. Trevor kann auch hier sein in seinen Badelatschen und ein Bier trinken… ach was – er könnte auf dem Sterbebett liegen und mit seinem letzten Atemzug die Saiten anschlagen, es würde nach ihm klingen. Ich muss mich hingegen vorbereiten. Konzerte sind was anderes; da wartet ein Publikum, und der Adrenalinpegel steigt. Wenn ich aber um zehn oder elf morgens hierherkomme, ist es eine geistige Herausforderung, mich in Stimmung zu bringen."

Als Peres und Bassist Frank Watkins mit der Aufnahme ihrer Spuren fertig waren, durften die Tardys das Spektakel, wie Ralph Santolla Gitarrensolos einspielte, aus nächster Nähe miterleben. Für diejenigen, die nur Allen Wests ausgiebigen Tremolo-Einsatz oder James Murphys mäandernden, dynamischen Solostil auf *Cause of Death* kannten, war Ralphs Arbeit auf *Xecutioner's Return* etwas völlig anderes – ein unvergesslicher Anblick für die Brüder, die sich um die Aufnahme seiner komplizierten Parts kümmerten. Sie sagen, er sei imstande gewesen, an einem beliebigen Tag zig Solos einzuspielen, von denen eines beeindruckender war als das andere. Er brauchte weder Vorbereitungszeit, noch war ihm daran gelegen, sein Spiel vom Vortag zu korrigieren. Meistens bat Santolla nicht einmal darum, seine Solos vorab probehalber zu spielen – die Tardys sollten die Aufnahme gleich starten, und was folgte, war im Allgemeinen zauberhaft.

Einige seiner Highlights vollbrachte Ralph vorm Mittagessen. Die Brüder nippten beiläufig Kaffee, während er ein Solo nach dem anderen abriss. Eines seiner ersten fürs Album findet sich in 'Evil Ways'. Es gab John und Donald die Gewissheit, dass sie die richtige Wahl getroffen hatten.

„Er war fast zu gut für uns", gesteht der Drummer. „Betrachtet man es aber von der eigennützigen Seite, sind mein Bruder und ich im Herzen noch kleine Kinder, wenn es um ein arschgeiles Gitarrensolo geht, zu dem man sich einen Besen schnappt und so tut, als würde man mitspielen. Das liegt uns im Blut. Ralph hat die Lieder auf *Xecutioner's Return* unheimlich aufgewertet. Seine Solos waren nahezu kunstvoll, aber unwiderstehlich. Direkt vor meiner Nase ist noch niemand Michael Schenker so nahe gekommen. Ich habe nie jemanden erlebt, der auf diese Weise Gitarre spielte, solche Bendings und mit dieser Phrasierung mancher Noten in Solos. Viele können shredden und sind super-schnell, lassen die Gitarre aufheulen und so weiter, doch niemand oder nur wenige können die Saiten so ziehen. Einfach sein Feeling beim Solieren… Ralph war einer der begabtesten Menschen, mit denen ich mich je abgeben und in einem Studio sein durfte, keine Frage."

„Ihm beim Solospiel zuzusehen war so genial, weil man es in Echtzeit erlebte", schwärmt Donald weiter. „Er war so verdammt gut in dem, was er tat. Manchmal beendete er ein Solo und musste lachen, weil er über sich selbst staunte. Das kenne ich von sonst niemandem – etwas zu spielen und einen Sekundenbruchteil später zu sagen: ‚Oh, spiel das mal ab, ich will es hören.' Wenn wir es dann laufenließen, lachte er wieder: ‚Boah, Alter, was hältst du davon?' Ich antwortete für gewöhnlich: ‚Lass uns weitermachen, denn das hier ist im Kasten. Falls es dir gefällt – ich liebe es.' Solche Fähigkeiten zu beobachten war einfach extrem cool und unterhaltsam für einen Holzhacker wie mich. Ich bin ein ziemlich sattelfester Schlagzeuger, doch wenn man ein solches Talent um sich hat, sieht man ein, dass man selbst *nicht* besonders talentiert ist."

„Ralph saß oft da und fing an, technisches Zeug zu erzählen", fügt John hinzu. „Da ich kein Gitarrist bin, entgegnete ich bloß: ‚Mach nur', wenn er sich über Skalen und Noten ausließ oder mit gitarristischen Fachausdrücke um sich warf. Während ich ihn aufnahm, schwebte er in viel höheren Sphären als ich, doch ihm diese Freiheit zu geben und nicht im Weg zu stehen machte Spaß."

In stilistischer Hinsicht markierten einige Stücke auf *Xecutioner's Return* einen Rückgriff auf die Phase der Band in den frühen 1990ern, was eher Zufall als Absicht war, weil sich Trevor und Peres für alle elf Tracks verantwortlich zeichneten. Die Bandbreite reicht von unbeirrbaren Abfahrten wie dem eröffnenden 'Face Your God' oder den noch schnelleren Stücken 'Lasting Presence' und 'Lies' bis zu stetig treibenden Nummern wie 'Drop Dead', wo Santollas wiederkehrende Leads eine prägende Rolle spielen. Der klassische Obituary-Groove entfaltet sich vollends in 'Bloodshot' (mit einem weiteren überragenden Lead von Ralph) und 'Contrast the Dead', dem mit knapp mehr als sieben Minuten längsten Song, den die Band bis dahin aufgenommen hatte.

Außerdem spiegelte das Album Johns fortdauernde Entwicklung als Sänger wider. Seine Vocals auf den wegweisenden frühen Werken der Gruppe bleiben unangetastet, was Gesangsleistungen im Death Metal betrifft, doch während John Erfahrung sammelte und lernte, seine Stimme besser zu kontrollieren, wurde ihm bewusst, dass es in Ordnung war, verständlich zu singen und öfter richtige Worte zu verwenden. Lieder wie 'Second Chance', 'Evil Ways' oder 'Seal Your Fate' enthalten eingängig strukturierte Schnellfeuer-Vocals, die immer noch eine Menge von Johns natürlicher Schärfe und Wut vermitteln.

„Auf diesem Album gewöhnte ich mich allmählich ans Schreiben", gibt er an. „Wohingegen ich anfangs grummelte, Wörter erfand und andere Geräusche machte, schrieb ich mit der Zeit immer mehr Texte. Deswegen glaube ich, dass mir viel coolere Sachen mit etwas besserer Aussprache einfielen. Songs wie 'Evil Ways', wo ich schriller als gewohnt singe, sind trotzdem noch heavy. Das live zu bringen… Was ich im Studio gemacht habe, kriege ich auf der Bühne nicht hin."

Der ursprüngliche Plattentitel lautete *The Return of Xecutioner*. Donald dachte, es sei eine angemessene Anspielung auf ihre frühen Tage, das Wort „Xecutioner" dem Obituary-Logo anzugleichen. Zudem gefiel ihm das Hochkomma dahinter nicht.

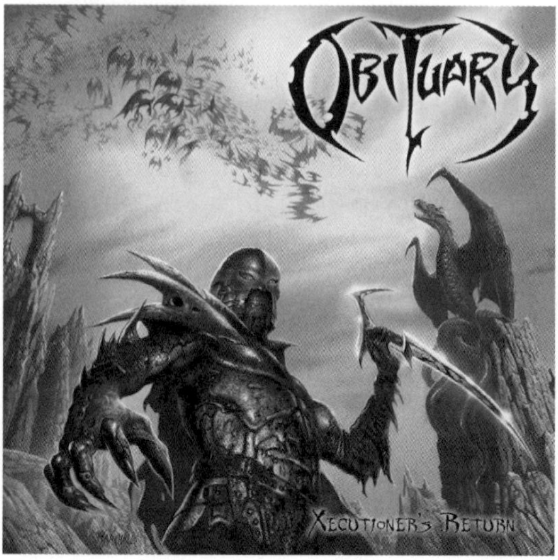

Obituarys *Xecutioner´s Return*, 2007, Candlelight Records.

Sein Bruder und Trevor legten ihr Veto ein, also wurde *Xecutioner´s Return* abgesegnet. Nachdem sie in ihrer Anfangszeit vornehmlich als Executioner bekannt gewesen war, empfand die Band die Auslassung des E als clever. Der Titel hat keine tiefere Bedeutung, bloß dass die Musiker das Album als Zäsur betrachteten – mit neuem Label und neuem Leadgitarristen.

„Der Titel war eine Würdigung unserer Vergangenheit", erläutert John. „Wenn ich unsere Alben durchgehe, erinnere ich mich an die Arbeit, die wir hineingesteckt haben. Als wir bei Candlelight unterzeichneten, kam es uns vor wie ein Neuanfang, eine neue Ära. Es markierte eine Wende in unserer Karriere. *Xecutioner´s Return* erschien uns passend.

Im Sommer 2007 organisierten Candlelight eine Veröffentlichungsparty im Morrisound. Bei der Rückkehr in ihr altes Revier war den Mitgliedern von Obituary leicht unbehaglich zumute. Wegen Scott Burns´ allmählichem Abschied aus seiner Tätigkeit ab ungefähr 1996 hatten sie *Back From the Dead* in Miami aufgenommen. Als Mark Prator als Producer und Vertrauter ins Bild trat, spielten sie *Frozen in Time* 2005 in seinem Studio ein. Aus diesem Grund hatte John Tardy ein schlechtes Gewissen dabei, den Release eines neuen Albums im Morrisound zu feiern, das nicht dort entstanden war. Fast sah er sich genötigt, dem Studio eine Entschuldigung dafür zu geben, dass Obituary es nicht benutzt hatten.

Nichtsdestoweniger luden Candlelight diverse Metal-Journalisten und in der Branche Tätige zur Listening Session ein. Was als kurzweiliges Werbeevent für *Xecutioner´s Return* gedacht war, uferte schnell zu einer großen Party aus, als sich mehr als 100 Personen in den Kontrollraum von Studio A zwängten. Mitten im Getümmel waren die Bandmusiker, die Budweiser aus Dosen tranken und mit alten wie neuen

Freunden quatschten. In der Menge befanden sich auch die Morrisound-Besitzer Jim und Tom Morris, die gerade im Studio B mit Paul O'Neill und Jon Oliva von Trans-Siberian Orchestra arbeiteten.

O'Neill schaute in den Kontrollraum, während sich die unerwartet große Schar versammelte, um das Album zu hören. Vermutlich in der Annahme, es sei an der Zeit, sich zu entspannen, oder zum Anheizen der Feierlichkeiten gab er einem seiner Assistenten seine Kreditkarte, um mehrere Flaschen des teuren Champagners Cristal zu kaufen. John hatte von O'Neills Großzügigkeit gehört, etwa dass der TS-Kopf 100-Dollar-Scheine unter Obdachlosen verteilt und die Instrumente lokaler Marschkapellen bezahlt habe. Als John beobachtete, wie der Assistent die Cristal-Flaschen in den Kontrollraum brachte, sah er die ganzen Wohltätigkeitsstorys bestätigt.

„Wir erfuhren hinterher, wie teuer dieser Champagner war“, sagt er. „Paul kam einfach rein und fing an, Flaschen zu verteilen, so nach dem Motto: ‚Da habt ihr.‘ Er stürzte sich voll in die Party. Das Album dröhnte aus den Lautsprechern. Ich bin mir sicher, dass sie an dem Tag nicht viel gearbeitet haben.“

Sehr zu Johns Freude gesellte sich bald auch Oliva hinzu. Seitdem sie Mitte der 1980er als Executioner Opener von dessen früherer Hauptband Savatage gewesen waren, hatten Obituary unregelmäßigen Kontakt zu dem herausragenden Frontmann gehalten. Oliva mochte John von jeher, teils wegen ihrer ähnlichen Vornamen - zwischen den beiden Männern mit den ungeheuren gesanglichen Fähigkeiten herrscht gegenseitiger Respekt. Für die Tardys und Peres ist Jon so etwas wie ein großer Bruder – eine Empfindung, die er häufig erwidert, wobei er ihnen zu etlichen Gelegenheiten sagte: „Ihr seid so liebe Jungs.“

2016, also knapp ein Jahrzehnt nach der Veröffentlichungsparty für *Xecutioner's Return*, standen Obituary und Oliva gemeinsam auf der Bühne des Florida Metal Fest in Ybor City, um zwei Savatage-Klassiker zum Besten zu geben, 'City Beneath the Surface' und 'The Dungeons Are Calling'. Das Open Air wurde von der Band organisiert und bot ein handverlesenes Programm aus den Death-Metal-Veteranen Deicide, Malevolent Creation und Atheist, den Hardcore-Acts Corrosion of Conformity und Madball sowie der Stoner-Doom-Legende Trouble.

Olivas Auftritt erforderte eine Kombination aus Zuarbeit und Geduld seitens Obituary. Sie fühlten zunächst über Jim und Tom Morris vor, ob er ihr Gast sein wollte. Nicht lange, und Jon entgegnete, er sei in der Tat interessiert, doch weitere Antworten ließen Zweifel an seiner Teilnahme aufkommen. Am Veranstaltungstag hatte man immer noch keine Bestätigung. „Ich wollte mich ihm nicht aufdrängen“, erzählt John Tardy. „Ich fragte bloß und versicherte ihm: ‚Ist keine große Sache.‘ Er erwiderte mehrmals: ‚Ich werde nicht dazu in der Lage sein.‘ Wir dachten, wenn er es schaffen würde, wäre das toll. Die Spannung und der Ablauf des Festivals waren irre. Mein Bruder und ich veranstalteten es selbst, daher waren wir den ganzen Tag auf den Beinen.“

Die Hauptbühne des Florida Metal Fest wurde nach Criss Oliva benannt, um Jons Bruder und Savatage-Mitmusiker zu ehren, der 1993 bei einem tragischen Verkehrsunfall von einem betrunkenen Autofahrer getötet worden war. Dies schien

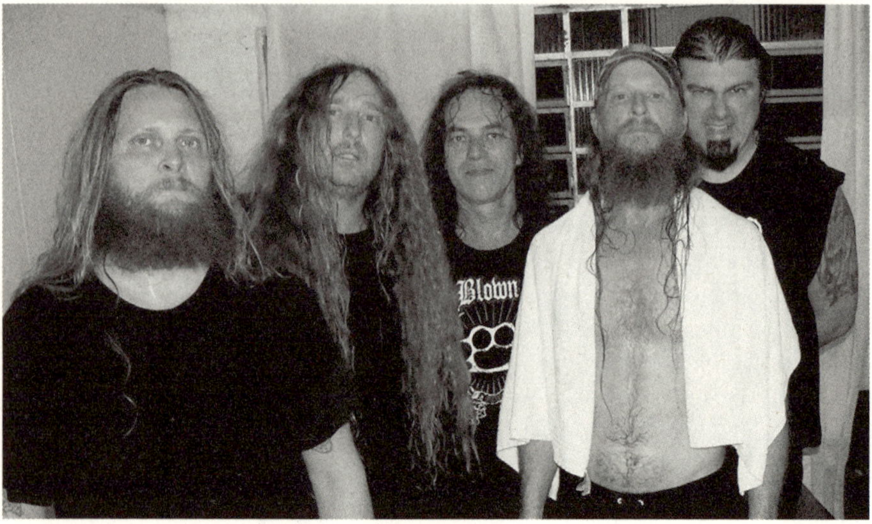

Obituary circa 2008.

Jons Zusage zu besiegeln, denn er bestätigte sie, als er ein Foto der Bühne sah, das auf Social Media kursierte. Im Wissen darum, dass Obituary um 23 Uhr aufreten würden, hofften die Tardys, Jon würde um 20 Uhr eintreffen. Stattdessen kündigte er sich aber mit einer Textnachricht an John für 16 Uhr an.

„Wir hatten unsere Autos vorausschauend bei Tag geparkt, weil wir wussten, dass Tausende zum Gelände kommen würden", erzählt Donald. „Daher mussten nur zwei Parkplätze frei bleiben. Wenn Jon Oliva vorfuhr, wollten wir nicht sagen: ‚Ach ja, das Parkhaus ist da drüben, Jon, wir sehen uns, wenn du zurück bist.' Ich hatte meinen Wagen in die erste Lücke gestellt, die wichtigste. ‚Ich fahr da nicht raus, solange ich nicht muss', sagte ich. Dann meinte mein Bruder tatsächlich: ‚Jon hat sich gerade gemeldet, er ist in fünf Minuten da.' Ich dachte: ‚Meine Fresse, echt?'"

Donald schaffte es, Oliva abzufangen und auf den wichtigen ersten Parkplatz zu lotsen. Als Jon und sein Leibwächter ausstiegen, bemerkten die Brüder, dass der gewaltige Frontmann anscheinend schon ein paar Alkoholgetränke intus hatte. Dennoch wurde das Festival durch seine Anwesenheit noch bedeutsamer. Oliva verbrachte den Rest des Tages auf dem Festivalgelände und hielt als einer der Paten der Metal-Szene Floridas Hof. Und John Tardy wandte sich während Obituarys Show, nachdem sie ´Don´t Care´ gespielt hatten, wirklich an die Menge, um Oliva für ´City Beneath the Surface´ anzukündigen. Damit wurde ein weiterer Traum für die Band wahr.

„Ob Jon es wusste oder nicht: Damit es eine coole Erfahrung für ihn wurde, planten mein Bruder und ich alles perfekt", sagt Donald. „Ihn während des Sets auf unsere Bühne kommen zu sehen war so aufregend. Ich schaute zu Trevor hinüber. Jon packte ihn am Arm und sagte: ‚Trevor, rette mich! Sieh zu, dass du mich rettest, Trevor!' Ich glaube, er wird ein bisschen nervös, wenn er kein Keyboard vor sich hat. Wir hatten ´Dungeons´ im Vorfeld gelernt, weil wir dachten, es sei ein geiler Song für ihn zum Singen. Und ′City Beneath the Surface′ haben wir mit Executioner gecovert. So sehr lieben wir Savatage."

„Diese Savatage-Nummern wieder zu lernen und dann Jon zu uns auf die Bühne zu holen hat Spaß gemacht", fügt Peres hinzu. „Er kam mehrmals zu mir, während ich spielte, und schüttelte mich. Es war ziemlich abenteuerlich, um genau zu sein. Er hatte sich definitiv einen angetrunken, bevor wir auftraten, doch als wir da oben standen, sagte ich: ‚Kumpel, das wird cool. Nur sieben Minuten, dann ist es geschafft!' Daraufhin meinte Jon: ‚Okay, das krieg ich hin!' Mit ihm zu spielen erfüllte uns ein Traum. Ich fliege zu einem anderen Planeten, wenn ich *Sirens* [Savatages Debütalbum] auflege."

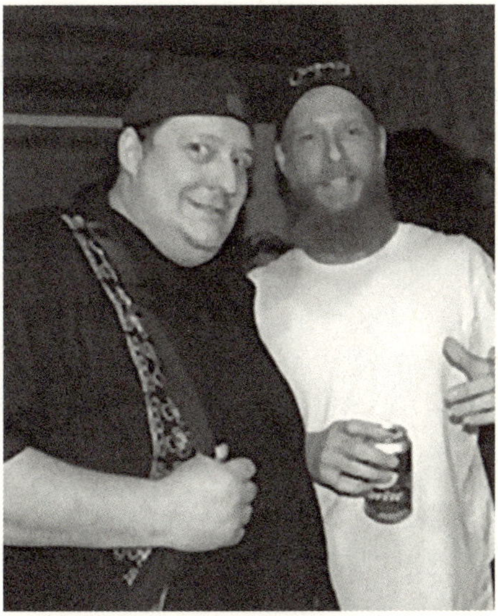

Jon Oliva und Donald Tardi.
Foto von Rick Maccani.

„Das war quasi der Höhepunkt meiner Musikkarriere" behauptet John. „Wir alle bewunderten Jon. Als er die Bühne betrat, war es das Größte. In dieser Nacht klang es so heavy. Die Show fand draußen statt, doch wir hatten einen echt guten Sound. Die Anlage war gewaltig. Wir holten einen Soundmann aus Europa, von dem wir uns gerne live abmischen lassen. Der ganze Abend war unbeschreiblich, doch ich bin Jon auf ewig dankbar dafür, dass er sich Zeit für uns genommen hat. Es übertrifft alles, was wir je gemacht haben. Diese zwei Songs, und zu wissen, dass er sie mit uns performte, ich habe solchen Respekt vor ihm."

KAPITEL 14

DARKEST DAY

In Executioners jungen Tagen 1984 war die Probe für Trevor Peres zu Ende, wenn ihm sein knurrender Magen sagte, dass es an der Zeit war, zum Abendessen nach Hause zurückzukehren. Weil er es so eilig hatte, das Rindergulasch und den Bratfisch seiner Mutter zu verschlingen, vergaß er oft, seine Gitarre einzupacken, und ließ sie im Übungsraum bei den Tardys zurück. Dann hängte sich Donald das Instrument um und versuchte sich daran. Obwohl der Teenager vom Schlagzeug besessen war, reizte ihn auch die Gitarre zusehends. Metallicas *Kill 'Em All* war damals sein Lieblingsalbum, und durch wiederholtes Hören schaffte er sich ´Seek and Destroy´ drauf.

Donald nennt sein Spiel „rudimentär", hat sich der Gitarre aber aus bloßer Freude am Spielen und Komponieren verschrieben. Er begann schon mit 16, sich Riffs auszudenken und aufzunehmen, wusste aber nie genau, was aus ihnen werden sollte. Man hätte erwarten können, sein Hang zum Gitarrenspiel würde irgendwann auf Obituary überspringen, doch er sah sich nie bewogen, der Band seine Riffs zu zeigen – das war normalerweise Peres´ und Allen Wests Terrain. Außerdem glaubt Donald, sich nur als Drummer von Obituary zu verstehen, sei am besten.

„Ich sage meine Meinung sehr laut und deutlich, wenn Trevor und ich schreiben", erklärt er lachend. „Ich muss nicht unbedingt zur Gitarre greifen und ihm zeigen, was ich meine. Wir zwei waren sowieso noch nie auf den Mund gefallen – wenn er den Anfang eines Liedes geschrieben hat und ich etwas höre, kann ich ihm schnell sagen: ‚Junge, spiel das mit doppeltem Abschlag. Er zögert auch nicht, das Gleiche bei meinem Drumming zu tun: ‚Alter, lass hier einfach die Doublebass durchlaufen.' Wir kommunizieren so, aber ich habe nie Hand an den Gitarrenhals gelegt und gezeigt, was er spielen soll. Die Gitarre ist bei Obituary seine Welt, und das Schlagzeug ist meine. Das geht völlig okay für uns. Wir tauschen uns verbal aus – das funktioniert genauso gut."

Nach den Aufnahmen und Tourneen für *Xecutioner´s Return* passte es Donald endlich, seine Ideen hörbar zu machen. Er wurde langsam besser im Umgang mit Pro Tools und glaubte, genug über die Software zu wissen, um faktisch ein ganzes Album zu schreiben und aufzunehmen. Dazu nahm er sich mehrere Verstärker und

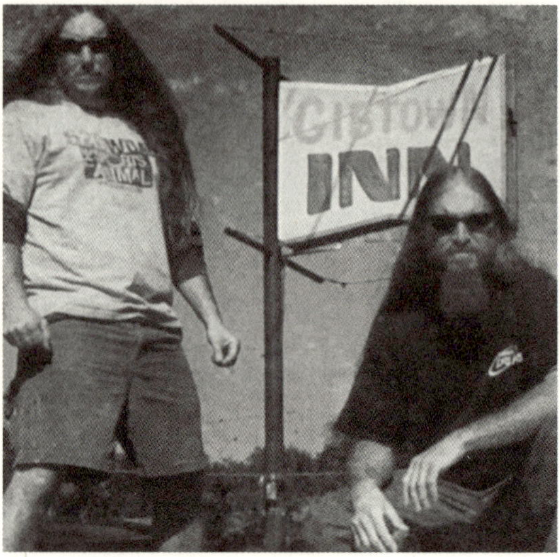

John and Donald Tardy.

Gitarren in Obituarys Proberaumstudio und begann, Songs auszuarbeiten. Bald verbrachte er Tage mit dem Schreiben und Aufnehmen von Riffs, wobei er die in Arbeit befindlichen Stücke John zeigte, der oft zugegen war, weil er einfach wissen wollte, was sein Bruder ausheckte.

Mit der Zeit zeichnete sich ab, dass Donald genug Material für ein richtiges Nebenprojekt hatte. Er spielte Rhythmusgitarre, Bass und Schlagzeug, doch für die Solos wurden vertraute Gesichter herangezogen: Ralph Santolla übernahm die meisten, den Rest teilten sich John Li von Order of Ennead, der auch in Tampa wohnende Musiker Scott Johnsen und der ursprüngliche Executioner-Leadgitarrist Jerry Tidwell. Sänger wurde niemand Geringeres als John. Der Bandname lag auf der Hand: Tardy Brothers.

„Dass wir es schlicht so nannten, stand immer fest", sagt Donald. „Es sollte um meine Kreativität, mein Gitarrenspiel und Johns Gesang gehen. Ich dachte nicht einmal an einen anderen Sänger für die Platte. Vermutlich hätte ich nie ein Album mit einer anderen Death- oder einfachen Metal-Band gemacht, denn John hat die ultimative Stimme, und ich schätze mich glücklich, sie in meinem Leben zu haben. Seine Fähigkeiten nicht für mich zu nutzen wäre idiotisch."

„Mein Bruder spielt echt gern Gitarre", weiß John. „Er liebt es, zu mir rüberzukommen und es hier zu tun. Als wir richtige Aufnahmemöglichkeiten hatten, begann er, sich daran zu versuchen. Was sein eigenes Ding anging, sagte ich zu ihm: ‚Du würdest es hinkriegen.' Uns stand der Sinn nach etwas, das ein bisschen anders klang. Auf der Platte gibt es ziemlich coolen Stoff. Sie entstand über einen sehr langen Zeitraum hinweg, doch es war nie so, dass wir uns hinsetzten und sagten: ‚Eines Tages machen wir ein Album zusammen.' Es passierte einfach."

Das Tardy-Brothers-Debüt *Bloodline* enthält neun Songs und klingt nach stärker vom Southern Rock beeinflussten Obituary, allerdings mit Thrash- und sogar traditi-

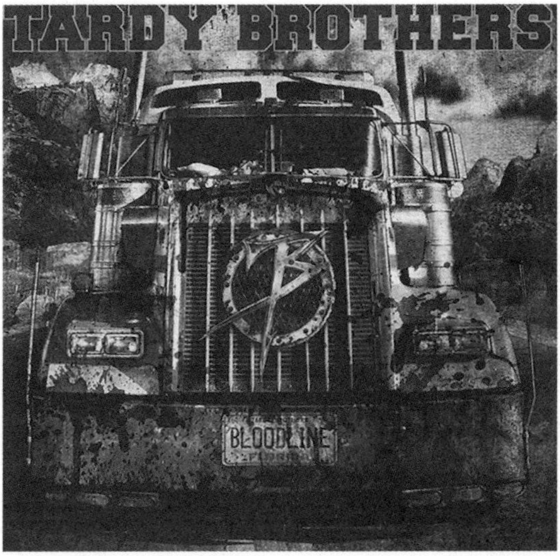

Tardy Brothers' *Bloodline*, 2009, Candlelight Records.

onellen Metal-Einsprengseln. Natürlich tendiert alles mit Johns markantem Gebrüll gen Death Metal, aber Donalds Kompositionen sind schnittig, leicht zugänglich und liedhaft. Diese Ausrichtung mochte daher rühren, dass die Tardy-Brothers-Songs strenger unter die Lupe genommen wurden als jene von Obituary. Dort galt ein Stück als vollendet, wenn Peres oder bereits Allen West mit ihren Riffs und Arrangements zufrieden waren. Aufgrund dieser Vorgehensweise kam John fast nie dazu, Änderungen eines Riffs oder Parts vorzuschlagen, ehe er seine Vocals aufnahm. Donald und er taten in ihrem eigenen Projekt das Gegenteil: Ersterer nahm ein Instrumental-Demo auf, letzterer den Gesang, und dann gingen sie die Lieder gemeinsam durch, um sie zu verbessern, wobei häufig mehrere Versionen entstanden.

„Das forderte mich richtiggehend", erzählt Donald. „Ich war jetzt alt genug, um zu fragen: ‚Was ist der Song? Lass ihn uns hören und schauen, was wir tun können.' Das ist eine schöne, einzigartige und trotzdem einfache, elementare Arbeitsweise. Ich überlegte: ‚Wie kann ich das aufwerten?' Darum bin ich äußerst stolz auf die Songs – viel Kreativität von mir und meinem Bruder ist hineingeflossen. Außerdem spielte Ralph ein paar Solos ein und machte den einen oder anderen Vorschlag. Während der Aufnahmen verwandelte er dann einige unscheinbare Stücke in absolute Knaller. Ich bin genauso stolz auf dieses Album wie auf alle, die wir mit Obituary herausgebracht haben. Es steht für sich. John hat eine klasse Performance hingelegt. Es zeigt genau, wo ich als Gitarrist stand. Weit bin ich nicht gegangen mit meinen arg beschränkten Kenntnissen, obwohl ich es ganz gut drauf habe, diese arg beschränkten Kenntnisse zu nutzen. Es klingt wie eine Mischung aus Obituary und Metallica – fast!"

Besonders stolz ist Donald wohl abgesehen vom Schreiben und Arrangieren der Songs auf seine Gitarrenaufnahmen für *Bloodline*. Er brüstet sich damit, die Downstroke-Passagen auf dem Album fehlerfrei und präzise hinbekommen zu haben, was selbst erfahrenen Gitarristen oft schwerfällt. Es gelang ihm mit dem Gedanken im

Hinterkopf, wenn die Platte schon den Namen Tardy trug, müsse die Performance dem gerecht werden.

„Die Arbeite hatte viel von einer Untersuchung mit dem Mikroskop“, erklärt Donald. „Ich kann weiß Gott keine anderen Stile spielen – das würde ich mit der Gitarre nie versuchen. Aufzunehmen, ohne mir einen Arm zu brechen, war super, für einige Takes klopfte ich mir selbst auf die Schulter. Wenn es jemand, der etwas gilt, hören und kritisieren will, kann er mir nicht weismachen, meine Ab- oder Wechselschläge in manchen schnellen Songs seien nicht punktgenau. Ich war sehr selbstkritisch und ließ keine Patzer oder Ungenauigkeiten zu.“

John findet das Album wegen Donalds Schreib- und Gitarrenstil, die üblicherweise nicht auf einem Obituary-Album zu hören wären, „ziemlich krass“. Bei Konzerten der Band pocht der Sänger darauf, dass Peres' Gitarre im Monitormix am lautesten ist – daran orientiert er sich beim Erzeugen seiner Gesangslaute. Auf *Bloodline* musste er sich einem völlig anderen Gitarrensound anpassen, der nichts mit Trevors typisch höhlenartigem Ton gemein hatte.

„Auf der Platte gibt es ein paar ganz coole Riffs und Solos“, sagt er. „Eine Menge Gitarrenarbeit hat es in dieser Form nie bei Obituary gegeben. Ständig solche ausgefallenen Solos zu bringen ist einfach nicht unsere Stärke. Etwas zu machen, das ein bisschen anders ist, hat Laune gemacht.“

Donald arbeitete weiter an Material für Tardy Brothers und möchte in Zukunft ein zweites Album veröffentlichen, wenn Obituarys Terminplan es zulässt. „Die Zeit rast“, bemerkt er. „Ich muss das gereiht kriegen, bevor ich 55 werde. John und ich arbeiten jetzt seit fünf bis acht Jahren an einigen dieser Sachen, doch Obituary hindern uns daran, was völlig okay geht. Man darf sich nicht beschweren, wenn man mit seiner Profiband beschäftigt ist. Ich bin aber begeistert von manchen Songs; die Grooves, die ich hier und dort spiele, hauen mich um. Ich kann nicht erwarten, mit den Aufnahmen für die nächste Platte anzufangen.“

Ende 2008 und Anfang 2009 kam es zu mehreren Veröffentlichungen. Obituarys allererste EP *Left to Die* erschien im September 2008. Sie enthielt den *Darkest Day*-Track 'Forces Realign', eine neue Version von 'Slowly We Rot', ein Cover von Celtic Frosts 'Dethroned Emperor' und das Titelstück, ein neuer Song aus den Aufnahmesessions zum jüngsten Bandalbum. *Bloodline* kam im April 2009 heraus, zwei Monate später dann *Darkest Day*, die achte Obituary-LP.

Das zweite Album mit Ralph Santolla tut sich mit über 52 Minuten als längstes in der Geschichte der Band hervor. Zudem bietet es einige ihrer zähsten, erschütterndsten Momente in Form von 'Blood to Give', 'Payback' und 'Lost Inside'. Als Kontrast werden speedige, wilde Nummern wie der Opener 'List of Dead' oder 'Violent Dreams' eingestreut. Und wie *Xecutioner's Return* wird die Scheibe von Ralphs halsbrecherischen, elaborierten Solos geprägt, nämlich in 'Fields of Pain' und 'Outside My Head'.

Einschließlich des abermals von Andreas Marschall ersonnenen Artworks besaß *Darkest Day* alle Merkmale eines weiteren starken Obituary-Albums; es ist aber möglicherweise das am häufigsten übergangene. Laut Band war mangelnde Promotion

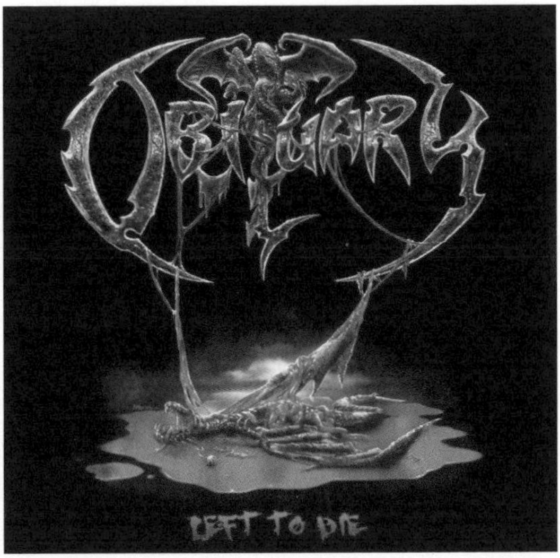

Obituarys *Left to Die*-EP, 2008, Candlelight Records.

durch Candlelight das Problem. Die Musiker hielten sich für berechtigt, Priorität eingeräumt zu bekommen, und ärgerten sich, als sie sahen, dass die Platte zusammen mit anderen Acts des Labels in einseitigen Anzeigen beworben wurde. Peres äußerte seinen Verdruss, als man ihm einen Stapel Poster mit dem Cover sandte, auf denen der Titel *Darkest Days* geschrieben stand. Die Band retournierte die Poster nie, fragte sich aber, warum sich niemand von Candlelight gemeldet hatte, damit die Mitglieder das Motiv absegneten. Der übergeordnete Knackpunkt bestand darin, dass sie das Gefühl hatten, nicht in gleichem Maß für ein Album gepusht zu werden, das ihres Erachtens genauso gut, falls nicht sogar besser war als sein Vorgänger. Und als offenbar wurde, dass Personen aus ihrem Umfeld nichts von der Veröffentlichung mitbekamen, wusste die Band sicher, dass etwas im Argen lag.

„Ich habe Freunde, die nicht unbedingt große Musikliebhaber sind, doch sie achteten ein wenig auf Obituary und wussten gar nicht, dass wir einen Release hatten", erzählt Donald. „Typische Metal-Fans, die nicht zwangsläufig auf Death Metal standen, hätten es ausgecheckt, wenn ihnen etwas von einem neuen Obituary-Album zu Ohren gekommen wäre. Viele Leute fragten: ‚*Darkest* was? Hatte gar nicht auf dem Schirm, dass was Neues von euch rauskommt.' Was für eine Schlappe! Die Platte hat ziemliche Power. Sie ist Ralphs Album. Wenn man sie auflegt, denkt man sich: ‚Scheiße, das fetzt. Da sind ein paar recht harte und abgedrehte Sachen drauf. Solche Solos hab ich noch nie gehört.' Zudem finde ich, dass mein Bruder einen Killer-Job gemacht hat. Leider ging es einfach unter."

Candlelight-Leiter Steve Beatty und Paula Hogan, die Label-Managerin für Nordamerika, sind der Ansicht, *Darkest Day* habe Obituarys Erwartungen nicht erfüllt, weil generell weniger Interesse am zweiten Album einer Band bei einer neuen Plattenfirma bestehe. Sie verweisen beide auf Fear Factory, die 2010 *Mechanize*, ihr eventuell stärkstes Werk seit *Demanufacture* von 1995 und obendrein ein ziemlicher

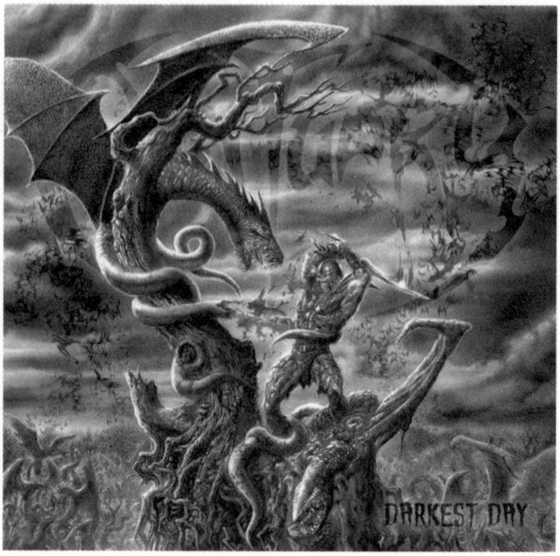

Obituarys *Darkest Day,* 2009 Candlelight Records.

Kassenschlager, über Candlelight veröffentlichten. 2012 brachte das Label *The Industrialist* heraus, das weniger wohlwollend aufgenommen wurde und sich schlechter verkaufte. Beatty und Hogan dachten, Candlelight hätten alles in ihrer Macht Stehende für *Darkest Day* getan, es aber nicht geschafft, die Presse in gleicher Weise zu begeistern wie zuvor.

„Der personelle und finanzielle Aufwand war für beide Alben gleich", bekräftigt Paula. „Wir hatten viele Titelstorys für *Xecutioner's Return*, was toll war, aber auch abzusehen. Für eine genauso ausgiebige Medienberichterstattung zu sorgen, wenn ein Album so schnell nach einem vorigen erscheint, fällt jedem Label schwer, egal was es sich erhofft. Interviewanfragen waren vorhanden, doch es gab nicht so viele Cover-Features."

„Ich glaube, damals dachten wir bei der Printwerbung, dass wir entweder eine Anzeige für eine einzelne Band schalteten oder einer Band wie Obituary die Hälfte der Seite geben und sechs weitere darunter platzieren konnten", fügt Beatty hinzu. „Zweck der Werbung war die Aussage: ‚Die Platte ist da.' Wenn man ein Fan der Band war, fand man sie. Ich kann Obituarys Standpunkt nachvollziehen, wenn sie sich selbst betrachteten und sagten: ‚Also, wir finden, dass wir eine ganze Seite wert sind.' Ich verstehe, warum sie so dachten, aber die Wahrheit ist, Werbung soll Leute wissen lassen, dass ein Album erscheint, und wir können sie wissen lassen, dass gleichzeitig andere erscheinen."

Weil die Band mit der Promotion hinter *Darkest Day* unzufrieden war, überdachte sie ihre Geschäftsstruktur noch einmal. John beharrt darauf, dass er Candlelight nichts übelnimmt und sieht ein, dass Obituarys Erwartungen nicht mit dem übereinstimmten, wozu das Label in der Lage war. Am Ende einigten sich beide Seiten darauf, getrennte Wege zu gehen, sobald die Werbekampagne fürs Album beendet war. Anfang 2016 verkauften Beatty und Miteigentümer Edward Christie Anteile von Candlelight an Spinefarm, eine Tochter der Universal Music Group.

„Ich schätze, wir sind recht schnell zu groß für Candlelight geworden", unterstellt John. „Obwohl wir bei einem kleineren Label sein und höhere Priorität haben wollten, waren wir meiner Meinung nach ein bisschen zu viel für sie. Nicht dass die Situation schrecklich gewesen wäre; unsere Zusammenarbeit endete nicht schlecht oder so. Statt sich aber auf eine Band zu konzentrieren, teilten sie ihr Werbebudget grüppchenweise auf mehrere Bands auf. Daran war nichts auszusetzen, doch wir erwarteten etwas mehr."

„Es war kein schlechter Vertrag, was unseren Anteil pro verkaufter Einheit anging", fügt Donald hinzu. „Vielleicht lag es daran, dass das Label wusste, es handelte sich um Obituary, die unabhängig davon, was es tat oder nicht tat, immer eine bestimmte Anzahl von Platten verkauften. Egal wie viel Geld Candlelight investierten, war ihnen doch klar, dass Obituary-Fans neue Alben erwarten und kaufen würden. Das war meine Einschätzung. So haben sie es gehandhabt, und für mich hatte es einen faden Beigeschmack. Ihr Einfallsreichtum und Einsatz für uns ließen zu wünschen übrig."

2007 schloss sich Frank Watkins den altgedienten norwegischen Black-Metallern Gorgoroth an. Darüber hinaus engagierte sich der Bassist immer mehr auf der geschäftlichen Seite des Musikschaffens – im Jahr zuvor hatte er Back From the Dead Productions gegründet, um anderen Bands Managementberatung und weitere Dienstleistungen anzubieten. Dazu gehörten auch Gorgoroth, dessen Gitarrist und Mitbegründer Roger „Infernus" Tiegs in einen erbitterten Streit um die Rechte am Namen der Gruppe verstrickt war. Er gewann schlussendlich, jedoch nicht, bevor er Watkins anbot, vollwertiges Mitglied von Gorgoroth zu werden.

Der Bassist spielte auf ihrem 2009er Studioalbum *Quantos Possunt ad Satanitatem Trahunt*. Seine Beteiligung warf logischerweise Fragen bezüglich seiner religiösen Ansichten auf. Obituary hielten sich immer von solchen Belangen fern und bezüglich ihres Glaubens bedeckt, wenn man von Ralph Santolla absah. Gorgoroth standen indes in einem recht deutlichen Widerspruch zu dem Frank Watkins, den man von Obituary kannte. Er nahm das Pseudonym „Bøddel" („Henker", also „Executioner") an und ging traditionsgemäß mit Corpsepaint und Spikes auf die Bühne, ganz anders als sein Erscheinungsbild Mitte der 1990er mit rasierten Haaren, weiten T-Shirts und kurzen Hosen.

Abgesehen von dem medienwirksamen Namensrechtsstreit beruhte Gorgoroths Erfolgsgeschichte auf einem schlechten Ruf – ein Konzert in Polen zog 2004 Polizeiermittlungen nach sich, weil die Band aufgespießte Schafsköpfe und verschiedene satanische Symbole verwendet hatte, die im Land potenziell strafbar waren. Als Rustyn Rose von Metalholic Frank Anfang 2010 in einem Interview fragte, ob sich

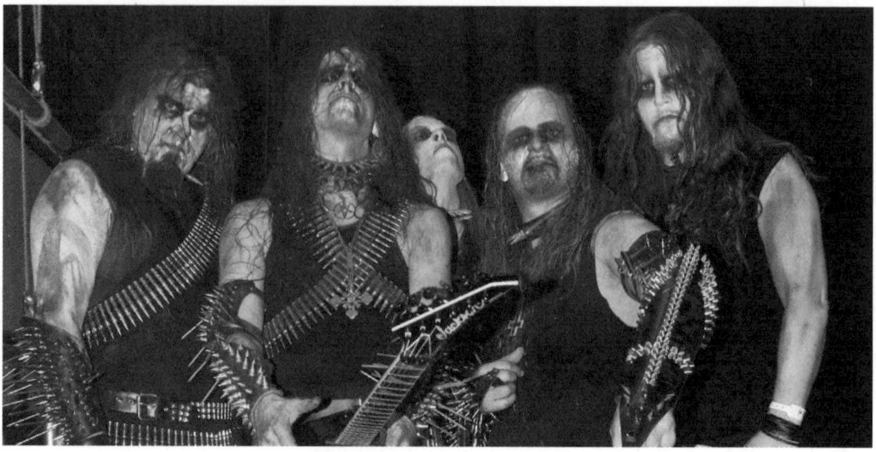

Gorgoroth mit Frank Watkins (l.).

seine Glaubensauffassung mit Gorgoroths übergreifender Message vereinbaren ließ, zierte er sich.

„Es geht nur um die Musik", antwortete er. „Ich bin an sich kein Satanist. Ich glaube an viele damit verbundene Anschauungen. Eigentlich bin nicht nicht besonders religiös.Ich komme aus einer römisch-katholischen Familie, besuchte eine katholische Schule und so weiter, aber das hat mich nie interessiert. Kurz vor meinem Abschluss an der High School wurde ich rausgeschmissen. Ein religiöser Mensch zu sein war nicht wirklich das Hauptziel in meinem Leben; ist es auch jetzt nicht. Heilig sind mir im Grunde meine Familie, meine Kinder und meine Ehefrau."

Watkins´ Mitgliedschaft bei Gorgoroth neben seinen regulären Verpflichtungen gegenüber Obituary – ganz zu schweigen von Back From the Dead Productions und seinem Privatleben – barg die Gefahr von Terminkonflikten. Zum damaligen Zeitpunkt wirkte er zuversichtlich, ein Gleichgewicht zwischen seiner Familie, dem Management und seinen Bands finden zu können.

„Ich bin mir sicher, dass es irgendwann zu Überschneidungen kommt und mir alles um die Ohren fliegt", sagte er zu Rose. „Momentan koordiniere ich es recht gut. Ich hatte noch keine größeren Probleme. Mit diesen Bands bin ich schon lange dabei. Musik ist meine Leidenschaft. Das Management kam zustande, weil mir andere Bands, die ich in diesem Bereich kannte, und jüngere – Fans von mir – ständig Fragen zur Musikbranche und zum Verstehen von Verträgen stellten. Daraus entwickelte sich ein Unternehmen, das ich gegründet habe. Alles unter einen Hut zu kriegen ist schwierig, hält mich aber auch auf Trab und gefällt mir."

Während Obituarys fünfjähriger Pause arbeitete Frank für den Finanzriesen Wells Fargo als Börsenmakler. Er behauptet, die Stelle bekommen zu haben, indem er schlicht in eine Filiale der Bank gegangen sei und nach einem Job gefragt habe, obwohl er keinen College-Abschluss besaß, geschweige den Erfahrung in diesem Sektor. Als der Personalreferent Obituarys Webseite aufrief und sah, dass es sich um eine international anerkannte Band handelte, half dies Watkins dabei, den Posten zu erlangen.

„Als ich als Makler anfing, war ich von einer Tour zurückgekehrt, und Obituary beschlossen, eine Zeitlang nichts zu tun", fasste er 2009 auf *Noisecreep* zusammen. „Ich sah einen Freund mit einem Porsche am Supermarkt in meinem Viertel und fragte so: ‚Wie kannst du dir den leisten?' Er antwortete, er würde mit Wertpapieren handeln, also bat ich ihn, mir einen Job zu besorgen. Ich lernte, Verkäufe am Telefon abzuschließen. Das war knallhart, wie beim Militär. Irrsinnig, aber dadurch lernte ich viel übers Verhandeln.

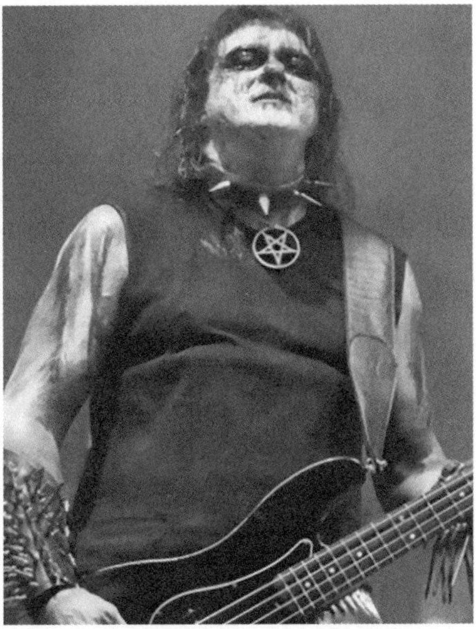

Watkins live mit Gorgoroth.

Er verließ Wells Fargo, nachdem er erkannt hatte, dass er sich als Hypothekenmakler selbständig machen konnte. So gelangte er zu dem Schluss, eine Karriere im Aktienhandel würde ihn wegen des Stumpfsinns seiner älteren Kundschaft „zu Tode langweilen". Sobald Obituary jedoch wieder aktiv wurden und sich das Kreditwesen totzulaufen begann, löste Frank sein Gewerbe auf, um sich der Musik wieder in Vollzeit zu widmen. Back From the Dead Productions (ein offensichtlicher Verweis auf Obituarys 1997 erschienenes Album mit diesem Titel) zu gründen lag nahe. Da er oft über die geschäftlichen Interna der Band im Bilde war, traute er sich zu, andere Bands beraten zu können.

„Bekannte von mir in der Branche kamen bei Plattenfirmen unter Vertrag. Sie brauchten Hilfe beim Neuverhandeln ihrer Merchandise-Verträge, Planen von Tourneen und so weiter", erklärte Watkins 2009 auf *Metal as Fuck*. „Ich habe bloß nach und nach Freunden unter die Arme gegriffen, und nach einer Weile dämmerte es mir sozusagen. Die Leute fragten: ‚Würdest du unsere Band managen?' Und ich antwortete: ‚Also, ja… eigentlich könnte ich das.' Es leitete sich praktisch davon ab."

Nach einer Südamerikatour im Februar 2010 trennten sich Obituary unerwartet von Frank.

Der Bassist hatte seit 1989 zur Band gehört und mit der Zeit verschiedene Rollen übernommen, darunter ein Teil der Buchung von Konzerten im In- und Ausland. Außerdem wurde er der Hauptmittler zwischen der Band und Candlelight. Allerdings glaubte die Band im Zuge erheblicher Differenzen auf der Geschäftsebene, nicht mehr mit ihm arbeiten zu können. Im Frühjahr 2010 teilte John Tardy Watkins mit, seine Dienste würden nicht mehr benötigt.

Der Rauswurf wurde nicht offiziell bekantgegeben – Obituary hielten die Gründe für den Weggang des Bassisten lieber zurück und lenkten diesbezügliche Fragen in nachfolgenden Interviews ab. Es war ein Verhalten, das vor allem von John bestimmt wurde. Seiner Meinung nach brauchte die Öffentlichkeit keinen Einblick in die „Schmutzwäsche" der Band, und die Gründe für die Entlassung sollten Franks Zeit bei Obituary nicht überschatten. Der einzige Beleg dafür, dass er nicht mehr dazugehörte, waren Konzerte im Frühling 2010 in Europa mit Bassist Terry Butler (Six Feet Under, Death, Massacre).

Hinter den Kulissen herrschte Trauer wegen der Trennung von Watkins. Peres sagt, sie beide seien einmal „beste Freunde" gewesen, und erinnert sich gerne an gute Zeiten beim Schreiben und Aufnehmen von *The End Complete*, als sie gemeinsam ein Appartement mieteten. John gibt an, sie hätten „stets Spaß miteinander" gehabt, und er habe „Frank immer gemocht." Donald gesteht rundheraus: „Die ganze Situation war scheiße." Eine Freundschaft, die 1989 bei einer Show von Morbid Angel und Obituary in einem Flugzeughangar begonnen hatte, ging mehr als zwei Jahrzehnte später ohne Federlesen zu Ende.

Obituarys Geschäftsmodell beruhte vom ersten Tag an auf Gleichstellung – kein Mitglied bekommt einen größeren Teil der Einnahmen aus Merchandise-Verkäufen und Songwriting-Tantiemen als die anderen. Obwohl die Band einen festen Kern von Komponisten behalten hat, angefangen bei Trevor und Donald mit Beiträgen von Allen West zu den ersten sechs Studioalben, erhielten alle Musiker den gleichen Betrag, wenn Tantiemen abgerechnet wurden. Genauso lief es auf Tournee; die Gruppe teilte Gelder generell brüderlich, auch in einigen sehr mageren Jahren. Dieses Verfahren gilt bis heute.

„Wenn wir Leute wie Kenny [Andrews] oder Terry ins Boot holen, werden sie nicht anders behandelt als wir selbst", bestätigt John. „Wenn sie hungrig sind, bin ich ebenfalls hungrig. Wenn ich in einem netten Zimmer schlafe, tun sie das genauso. Worum es auch gehen mag: Ihre Behandlung ist identisch, sogar bis ins Finanzielle hinein. Abgesehen von den Tantiemen, die für alte Alben ausgeschüttet werden, kriegt der Rest der Band bei allem, was wir tun – von unserer Musik bis zum Merch –, genauso viel wie Trevor, mein Bruder und ich. Ich finde, das ist der einzig gangbare Weg. Diese Einstellung macht es leicht; sie ist sauber, sie ist gerecht, und jeder arbeitet hart."

Watkins hielt sich in Bezug auf die Trennung zunächst an die gleiche „nicht weitersagen"-Ausweichstrategie wie Obituary, auch als Mitglied von Gorgoroth. Als ihn Borivoj Krgin von *Blabbermouth* im September 2010 um einen Kommentar zu seinem Ausstieg bat, erwiderte er: „Ich kann nicht weiter ausführen, was gerade läuft, spiele aber nicht mehr bei Obituary!" Krgin sagt, Frank weigere sich sogar, weitere Details im Vertrauen preiszugeben. Obituary haben versprochen, es genauso zu halten.

Bassist und Band hatten die Gelegenheit, beim 2010er Brutal Assault in Tschechien von Angesicht zu Angesicht zu sprechen. Während man im Backstagebereich abhing, erzählte ein Mitglied aus Gorgoroths Crew Peres, Watkins frage sich, warum niemand

von Obituary in ihre Ecke des Zelts kam, um mit ihm zu reden. Der Gitarrist schoss sichtlich verärgert zurück: „Sind wir hier auf der High School oder in der Mafia? Ich weiß nicht, wer du bist, ich weiß nicht, was du meinst. Schönen Tag noch!"
Peres gibt zu, dass er es später bereute, sich an jenem Tag nicht mit Frank unterhalten zu haben. Dieser bekam 2012 einen Lymphgewebetumor diagnostiziert. 2015 sagte er in einem Interview mit *Zero Tolerance*, ihm gehe es „wegen der Behandlung seit zwei Jahren ununterbrochen schlecht."
Dann, so Watkins, sei der Krebs verschwunden, bloß um noch im selben Jahr zurückzukehren.

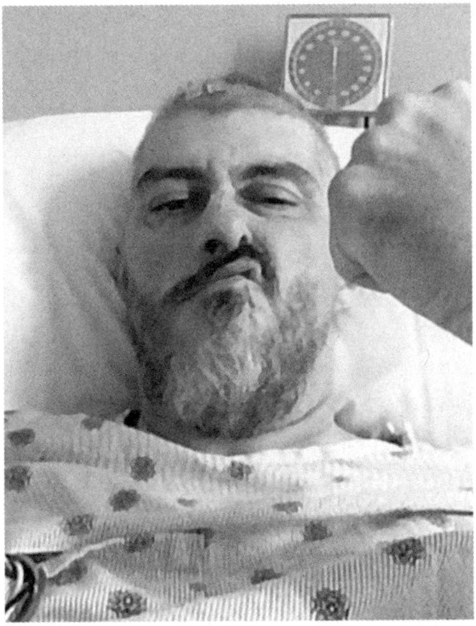

Frank Watkins im Krankenhaus.

„Ich dachte: ‚Oh mein Gott, ich kann nicht glauben, dass ich ihn losgeworden bin. Es geht wieder aufwärts.'", erzählte er. „Erst vor ein paar Wochen erfuhr ich, dass er wieder da ist. Verflucht, am Boden zerstört. Ich habe Frau und Kinder, die müssen das nicht sehen. Doch was mich richtig ankotzt ist, dass ich ein starker Mensch bin – willensstark – und mich schwächer als je zuvor in meinem Leben fühle. Ich habe kein bisschen Kraft mehr in mir und werde schwächer, weil ich noch keine Behandlung hatte. Aber positiv zu bleiben ist das Wichtigste.
„Es ist eine Krankheit, die heute viele Menschen bekommen, vor allem in meinem Alter", fuhr er fort. „Und die Leute sollen wissen, dass es nicht immer so schlimm ist, wie es aussieht. Es mag anstrengend sein, aber man kann damit umgehen und dagegen ankämpfen. Allerdings muss man wirklich positiv bleiben. Letztes Mal dachte ich nicht einmal daran, dass ich sterben würde, dass ich Krebs hatte, dass ich krank war. Selbst mit Geschwüren im Mund, all den Schnittwunden und Prellungen am Körper dachte ich nur: ‚Das ist mir egal. Ich werde es durchstehen. Ich werde überleben. Ich schaffe das.' Und ich habe es geschafft. Und ich werde es wieder schaffen."
Watkins starb am 18. Oktober 2015 im Alter von 47 Jahren. Er hinterließ eine Frau und zwei Söhne.
Obituary veröffentlichten an diesem Tag einen kurzen Text: „Haben gerade die traurige Nachricht erhalten, dass Frank heute Morgen verstorben ist. Unsere Gedanken und Gebete sind bei seiner Familie."
„Es war schrecklich", sagt John. „Frank gehörte sehr lange zu dieser Band. Abgesehen davon, dass er nicht auf *Slowly We Rot* spielte, nahm er an fast jeder Show teil, bis er nicht mehr dazugehörte. Frank war ein lustiger Kerl. Er brachte uns ständig zum

Lachen. Das Schlimmste ist abgesehen von seinem Tod die Tatsache, dass er eine Familie hatte. Zu sehen, wie jemand seinen Vater oder Ehemann auf diese Weise verliert, tut weh.“

Terry Butler und Kenny Andrews teilten sich den Bassposten während Obituarys Nordamerika-Tour im Frühjahr 2010. Die Band hoffte, Butler könne sich ihr irgendwann dauerhaft widmen, wusste aber, dass sie bis dahin ihre umfangreiche Kontaktliste nutzen musste, um Hilfe für die bevorstehende Festivalsaison in Europa zu erhalten. Als immer weniger Optionen übrigblieben, zog man einen bekannten, aber abwegigen Ersatz heran: Steve DiGiorgio von Sadus.

DiGiorgio gilt als einer der innovativsten und talentiertesten Bassisten im Metal und hat neben seiner Tätigkeit bei Sadus, die er mitbegründete, einen langen Lebenslauf. Die Meisten in der Death-Metal-Szene kennen ihn für sein Spiel auf den Death-Alben *Human* (1991) und *Individual Thought Patterns* (1993). Seit 2014 ist er auch Mitglied der berühmten Bay-Area-Thrasher Testament. Darüber hinaus begleitete er etliche Projekte in verschiedenen Stilen, aber nichts in der Art von Obituary. Obwohl ihr Schulterschluss merkwürdig erschien, waren Steve und die Band seit der unvergessenen 1990er S.O.S.-Tour befreundet – Sepultura als Hauptact, Obituary in der Mitte und Sadus als Opener.

DiGiorgio entsinnt sich, im Rahmen der Konzerte seien die Mitglieder von Sadus zum ersten Mal in ein Flugzeug gestiegen, um außerhalb ihrer Heimat San Francisco aufzutreten. Zum Auftakt flogen sie nach Tampa, wo die Mitglieder von Obituary warteten, um sie am Flughafen abzuholen, denn die beiden Bands sollten sich unterwegs einen Bus teilen. Steve sagt, er und seine Mitmusiker hätten mit Kaltschnäuzigkeit, Egotrips und schlechter Behandlung gerechnet, weil Obituary nach ihnen auftraten, doch stattdessen begegneten sie Sadus freundschaftlich und auf Augenhöhe.

„Sie lasen uns in Tampa auf; dann fuhren wir zu ihnen und grillten abends, spielten Football auf der Straße und redeten über Musik“, berichtet der Bassist. „Am nächsten Tag brachen wir auf, stiegen in einen Bus und begannen die Tour. Ich glaube, wir sind wohl im Schnitt etwa ein oder zwei Jahre älter als sie, aber sie waren an jedem einzelnen Tag so verdammt nett zu uns. Es gab keine Schikane, keine Streiche. Sie nahmen uns in ihre Obhut, und für uns, die körperlich ein kleines bisschen reifer waren, spielte das keine Rolle. Wir haben sie immer als große Brüder gesehen, weil uns unser erster Abstecher in die wirkliche Welt geradewegs in Obituarys Welt führte. Sie waren nichts weniger als die gastfreundlichsten, lässigsten, überschwänglichsten, einfach okaysten Typen überhaupt. Sie gaben uns eine Einweisung, Ratschläge ohne Ende. Sie achteten darauf, für uns vorauszuschauen. In Momenten, wo uns ein Licht aufging, klopften sie uns auf die Schulter. Vor allem John – er schaute dich mit diesem Halblächeln an und sagte: ‚Ha! Seht ihr? Ich hab´s euch gesagt!‘“

Als Sadus mit anderen Death-Metal-Bands auf ähnlichem Niveau wie Obituary durch Europa tourten, wurden sie nicht so behandelt. Dadurch erkannte DiGiorgio, dass die Verbindung, die sich zwischen ihm und der Band entwickelt hatte, etwas Schätzenswertes war. Im darauffolgenden Jahr wurde er von Chuck Schuldiner gebeten, Death beizutreten und auf *Human* zu spielen. Nach Abschluss der Vorbereitung zur Aufnahme des Albums in Miami traf sich Steve mit Frank Watkins und verbrachte eine Nacht in Boca Raton. Frank fuhr ihn dann hinauf nach Tampa, weil Death im Morrisound aufnahmen. Während einer Pause vom Proben und Einspielen im Studio hing DiGiorgie mit Obituary herum, was ihre werdende Freundschaft weiter festigte.

Man begegnete sich in den folgenden zwei Dekaden regelmäßig auf Festivals oder Konzerten. Indes überschnitt sich 2010 Terry Butlers Terminplan bei Six Feet Under mit dem von Obituary. Der erste Name, der ihnen in ihrer Not einfiel, war DiGiorgio. Er erzählt, Butler sei bei seiner ersten Probe mit der Band zugegen gewesen, und die beiden ehemaligen Death-Bassisten hätten „einen auf Kumpel gemacht". Außerdem freute sich Steve, ein weiteres vertrautes Gesicht aus seiner Vergangenheit mit Death zu sehen: Ralph Santolla, der Leadgitarrist auf der *Individual Thought Patterns*-Tour 1993.

Donald befürchtete zu Anfang, es könne etwas „unangenehm" werden, weil DiGiorgio im Wesentlichen für Watkins einsprang. „Wir legten Wert darauf, dass Steve wusste: ‚Hör mal, wir bitten dich, das zu tun. Lasst uns einfach alle einsehen, dass dieser Scheiß mit Frank, egal was gelaufen sein mag, Schnee von gestern ist. Wir möchten, dass du das mit uns machst. Nicht weil wir bloß jemanden brauchen, der einspringt. Du bist unser verdammter Bruder, und wir haben großen Respekt vor dir. Du hast bestimmt eine schöne Zeit mit uns.'"

Nach diesen Nettigkeiten erhielt Steve allerdings einen Crashkurs in Sachen unorthodoxer Obituary-Riffs und -Songarrangements, der schwieriger war, als er erwartet hatte. Die Band probte zwei Tage lang mit ihm – „im Schnellverfahren", wie er es ausdrückt. Er war mit ihrem Katalog vertraut, aber alles andere als selbstsicher, als die Shows näherrückten. Tatsächlich fand seine erste Show mit Obituary auf dem 2010er Graspop Metal Meeting in Belgien statt, einem der größten europäischen Szenefestivals.

Eine stressige Situation im Vorfeld des Events wurde noch haariger, als sich der Flug der Tardys in Philadelphia verzögerte; Santolla saß in Columbia fest; Peres befand sich noch auf dem Festival-Campingplatz und traf erst später am Tag im Hotel der Band ein. Aufgrund der Flugprobleme war DiGiorgio das einzige „Mitglied" der Band, das bei einer Pressekonferenz vor Beginn der Veranstaltung sprechen konnte. Schilder mit den Namen der einzelnen Musiker lagen auf einem langen Tisch, doch anwesend war nur der Bassist. Als er ins Hotel kam, teilte man ihm ein Zimmer mit Santolla zu, weshalb er hoffte, ihn bezüglich einiger Songs der Band zu befragen. Weil der Gitarrist nicht da war, blieb er allein mit seinem iPod und 25 Obituary-Songs, die er lernen musste. Er wollte seinen Custom-Fünfsaiter benutzen, begriff

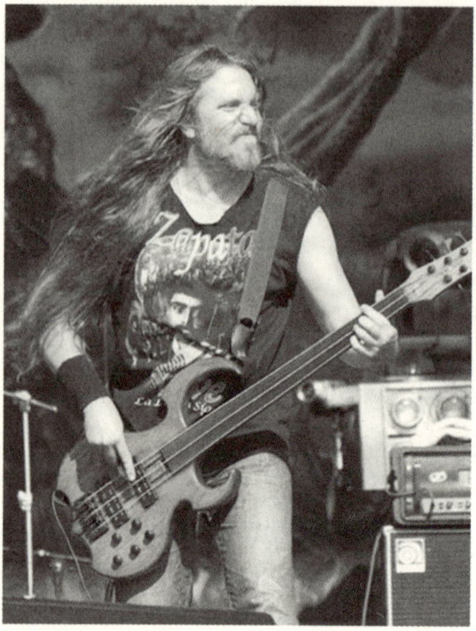

Steve DiGiorgio live mit Obituary circa 2010.

aber bald, dass er sich etwas einfallen lassen – und clever sein – musste, um das Material korrekt zu spielen.
„Mein fünfsaitiger Bass machte mich irre, weil ich ein Stück einstudierte, in dem es einen Wechsel gab, den ich so spielte, wie ich ihn für richtig hielt, doch es war eine Passage eines anderen Songs, obwohl ich nur um ein paar Noten danebenlag", erzählt er. „Ich dachte: ‚Meine Fresse.' Man kann es mit dem hawaiianischen Alphabet vergleichen; da es aus ganz wenigen Buchstaben besteht, wirkt die Sprache sehr repetitiv, was Wortkombinationen anbelangt. Es ist ungefähr das Gleiche, wie wenn man hier und da kleine Änderungen vornimmt. So kam mir das Lernen der Obituary-Songs vor."
Und weiter: „Ich dachte: ‚Sie haben sechs Riffs für 20 Songs. Das hier ist nur eine leichte Variation mit etwas anderem Tempo, aber sehr ähnlich.' Es machte mich verrückt. Ich traute mir nicht zu, die Songs zu lernen. Wie ich auf meinen Fünfsaiter hinunterschaute, überlegte ich: ‚Mensch, vielleicht sollte ich nur eine Saite verwenden, um meinem motorischen Gedächtnis auf die Sprünge zu helfen.' Also fing ich an, die Saiten abzunehmen, um schneller zu lernen. Ich ließ zwei Saiten aufgespannt und glaubte, das würde mir das Lernen erleichtern, doch sie waren nicht mehr straf genug. Ich hatte kein Werkzeug auf dem Hotelzimmer, also zog ich die dritte Saite wieder auf, woraufhin die Spannung hoch genug war, um Töne herauszukriegen."
DiGiorgio verbrachte den Rest der Nacht damit, das Material wiederholt zu spielen. Er wusste, dass er auf dem richtigen Weg war, als er in der Setlist springen und beliebige Stücke abrufen konnte. Nach dem Üben spielte er mit dem Gedanken, die anderen Saiten wieder aufzuziehen, ließ es aber schließlich bleiben, weil er dachte, die Stücke korrekt zu spielen sei wichtiger, als sich um den Look des Basses zu sorgen. Als Steve das neu eingestellte Instrument tags darauf beim Festival aus seinem Koffer nahm, rief Peres: ‚Alter, der sieht aus wie ein Dreizack!' Und so war der Trident Bass geboren.
Santolla schaffte es aufgrund von Problemen mit Anschlussflügen nicht mehr, den Graspop-Termin wahrzunehmen. Obituary traten zu viert auf, konnten aber eine überzeugende Performance hinlegen. Niemand atmete vor Erleichterung lauter auf als DiGiorgio. Wie sich herausgestellt hatte, konnte „Höhlenmenschen"-Metal mitunter schwieriger sein als der Stil, mit dem er berühmt geworden war.

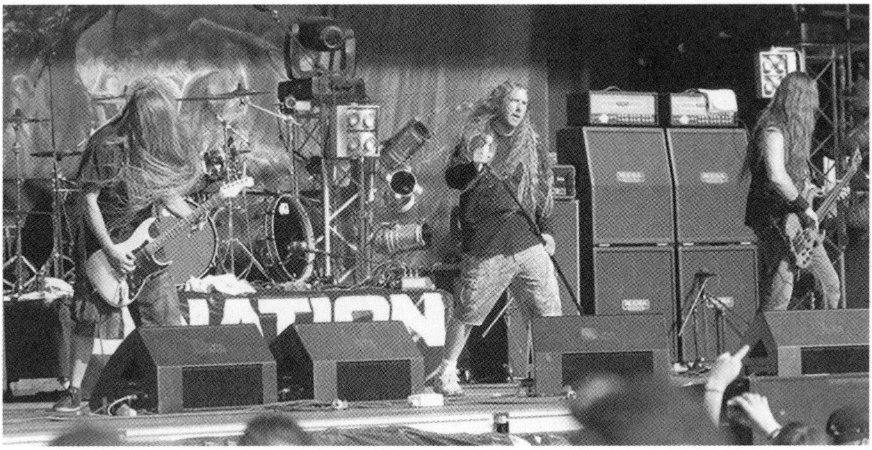

Obituary 2010 beim Graspop.

„Bei technischem Metal passiert mehr“, erklärt er. „Man konzentriert sich auf die Bewegung zwischen den Instrumenten, doch wenn man etwas spielt, das eher geradlinig groovt und gut ins Ohr geht wie Obituary, muss man den Song besser kennen, weil man sich nicht an komplexen Strukturen orientieren kann. Es ist anders; du kannst ‚technisch‘ nicht als Steigerung von ‚leicht‘ verstehen. Das sind zwei verschiedene Paar Schuhe. Wenn man keine Erfahrung mit eingängiger, treibender Musik hat, verliert man den Faden, weil man seine Konzentration auf andere Dinge richten muss.“

„Das war der Gig, bei dem ich mich von Technik als Orientierungspunkt lösen und einfach abhotten musste, während ich mich nach Zeichen von Donald richtete. Wenn er den Ellbogen beim Ausholen mit einem Stick anhob, um aufs Crash-Becken zu schlagen, wusste ich: ‚Also, da wären wir.‘ Man lernt, visuelle Hinweise zu befolgen, etwa wenn John ein Bein auf die Monitorbox stellte, sich vornüberbeugte und so headbangte; dann war klar: ‚Jetzt geht´s noch nicht los, weil er sich erst aufputschen muss.‘ Dann nahm er den Mikroständer, wankt ein paar Schritte rückwärts und gab zu verstehen: ‚Okay, jetzt das nächste Riff.‘ Die Art und Weise, wie ich diese Songs lernte, war anders – eine Herausforderung, mit der ich nicht gerechnet hätte, doch ich fand das sehr cool, weil mir dabei bewusst wurde, dass ich mich gefälligst verbessern musste. Ebendarum bemühe ich mich.“

Ende 2010 übernahm Butler den Bassposten permanent. Er blieb bis 2011 Mitglied bei Six Feet Under und kehrte im selben Jahr zu Massacre zurück. Sein Einstieg bei Obituary hätte ihre Besetzung festigen sollen, doch stattdessen wackelte Ralph Santollas Position, vor allem nach dem Debakel beim 2010er Graspop, als er wegen Komplikationen mit seinen Verbindungsflügen nicht aufgetaucht war und seine Kollegen enttäuscht hatte.

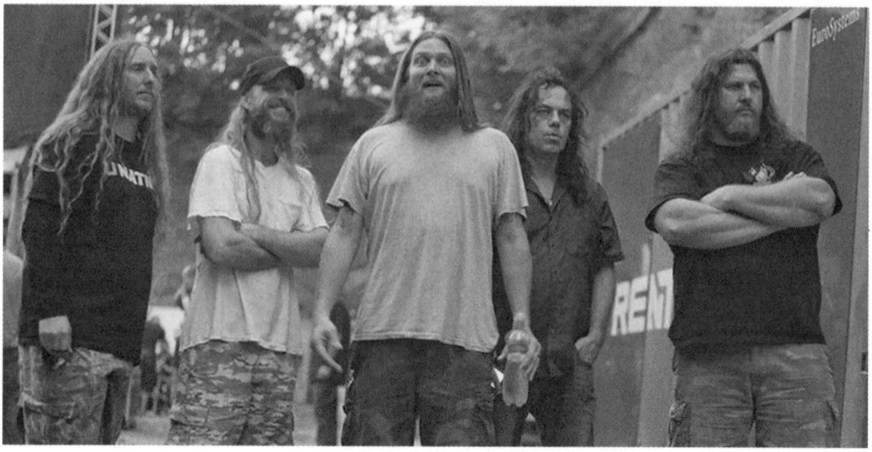

Eines der wenigen Obituary-Fotos mit Santolla und Butler.

Der Band zufolge gab auch Ralphs hoher Alkoholkonsum bei Shows Anlass zur Sorge. Die Tardy-Brüder und Peres hatten relativ unverbindliche Grundsätze bezüglich des Feierns und anderer Dinge, die man nach Konzerten tat, behaupten aber, mit Santolla sei das Gleiche geschehen wie mit Allen West, dessen Alkoholabhängigkeit den Shows abträglich gewesen war. Der Leadgitarrist fing an, betrunken aufzutreten, was die übrigen Bandmitglieder zu einem nunmehr vertrauten Verhalten nötigte: Sie mussten ständig auf ihn achten, um sicherzugehen, dass seine Einsätze stimmten oder er überhaupt den richtigen Song spielte.

Santolla stand schon bei seinem Einstieg in dem Ruf, gerne zu feiern. Laut den Tardys und Peres war das nicht weiter schlimm, solange seine Leistung stimmte. Bedenken bekamen sie und Ralphs enge Bekannte aufgrund der Tatsache, dass die exzessive Trinkerei langwierige Probleme mit seinem linken Arm überspielte.

Während seiner Zeit bei Deicide und Obituary hatte sich in seinem linken Unterarm eine Sehnenscheidenentzündung entwickelt, hauptsächlich wegen seiner Haltung der Gitarre beim Performen. Santolla hielt das Instrument – üblicherweise eine ESP Flying V – nach oben gerichtet. Obwohl ihm dies Sweepings („Fegen" über die Saiten mit dem Plektrum, um durch entsprechende Bewegung der Greifhand eine fließende Tonfolge zu erzeugen) und Arpeggios erleichterte, war es sehr belastend für den Unterarm. Letztlich verlor er das Gefühl für mehrere Finger seiner linken Hand. Ralphs Lösung bestand darin, mehr zu trinken, in der Hoffnung, Shows durchzustehen, ohne dass jemand sein Leiden bemerkte.

Gesundheitsprobleme lagen ihm nie gänzlich fern. Wie die meisten Musiker tat er sich schwer damit, angemessene Fürsorge zu erhalten, wenn er monatelang am Stück tourte. Santolla drückte sich andauernd vor einer Operation zur Behandlung eines Herzleidens, das bereits in den 1990ern begonnen hatte. In einem Interview mit *Chronicles of Chaos* sagte er 2006, mehr Sport zu treiben lindere die Beschwerden ein wenig. „Irgendwann lasse ich was dagegen machen", versprach er. „Das Leiden betrifft mein Herz und im Grunde auch den ganzen Rest meines Körpers, doch bis es lebensbedrohlich würde, müssten sehr, sehr viele Jahre vergehen. Momentan fühle ich mich jedenfalls echt stark, und es ist eigentlich in erster Linie nur lästig. Früher oder später kümmere ich mich darum und gut ist."

Sein bester Freund Rick Maccani lässt durchblicken, der Gitarrist hätte gern mit dem Touren aufgehört und eigene Musik veröffentlicht. Das erbarmungslose Konzertpensum – oft zweigleisig mit Deicide und Obituary – und die anhaltenden Schwierigkeiten mit seinem linken Unterarm machten Santolla deprimiert. Er begann, seine Fähigkeiten infrage zu stellen.

„Sein Gehirn kam nie zur Ruhe", erzählt Maccani. „Ralph konnte nicht aufhören, darüber nachzudenken, was mit seinem Arm los war. Ich sagte zu ihm: ‚Wenn es dich quält, dann vergiss es.' Selbst bei guten Shows grübelte er: ‚Was, wenn das mit meinem Arm nicht besser wird?' Er wusste, dass jederzeit etwas passieren konnte. Nach Auftritten hatte er Schmerzen, aber Tag für Tag 27 Konzerte hintereinander abzureißen –wie hätte der Arm heilen können? Er behielt es für sich. Ein Großteil der Sauferei kam daher. Leider war es zu viel Alkohol und es schlug sich auf sein Spiel nieder. Natürlich blamierte er sich, wenn er betrunken war."

Obituary trennten sich 2011 wegen Fragen, die seine Leistung betrafen, von Santolla. „Das war das einzige Mal in meinem Leben, dass ich irgendwo gefeuert wurde", klagte er auf *The Goat Tavern*. „Wie gesagt, es kränkte mich und tut mir immer noch weh. Allerdings geschah es, als ich in Schweden lebte. Ich verstand es total und war mir völlig im Klaren darüber. Während ich mit Melechesh tourte, passte Donald auf meine Katze auf; als ich in Toronto war, nahm er das 21 Jahre alte Tier, das einen Tumor im Ohr hatte, und brachte es für eine Behandlung, die ihn 3.000 Dollar kostete, zum besten Katzenchirurgen in Zentralflorida."

„Donald, Trevor, Terry und ihre Ehefrauen sind wie eine Familie für mich", fuhr er fort. „Zwischen uns gibt es überhaupt kein böses Blut. Ich habe manches fürs übergeordnete Wohl verkackt. Ich sehe das ein, ich sag's dir, und nehme es ihnen nicht übel. John arbeitet entweder mit der Band oder ist bei seiner Familie und gehört nicht zu den Leuten, die ständig mit dir abhängen. Kenny [Andrews], mein Ersatz, ist seit Jahren mit mir befreundet. Wenn ich von Obituary gefeuert werde und Deicide verlasse, bekommt jemand anders diese Posten, dieses Ansehen, die Reisegelegenheiten und das Geld."

Obituary griffen als Ersatz für Santolla auf Monstrosity-Drummer Lee Harrison zurück, bis Andrews Ende 2012 einsprang.

Ohne Hauptband nahm Ralph viele Gastauftritte an, ehe er 2014 sein neues Projekt Devil's Highway startete. Die Band, die ferner aus Trouble/Exhorder-Sänger Kyle Thomas, DiGiorgio am Bass, Crowbar-Gitarrist Matt Brunson und dem ehemaligen Dimmu-Borgir/Nile-Drummer Tony Laureano bestand, wurde in einem Pressetext als „Mischung aus klassischem Metal und Hardrock mit Bezügen zu Black Sabbath, Alice In Chains, alten Scorpions und dem frühen Ozzy Osbourne" beschrieben.

Die Einspielung von Devil's Highways Debütalbum ging langsam vonstatten. Während der Aufnahmen mit dem bekannten Produzenten Max Norman (Ozzy, Megadeth) in den Carriage House Studios in Stamford/Connecticut kam Santolla

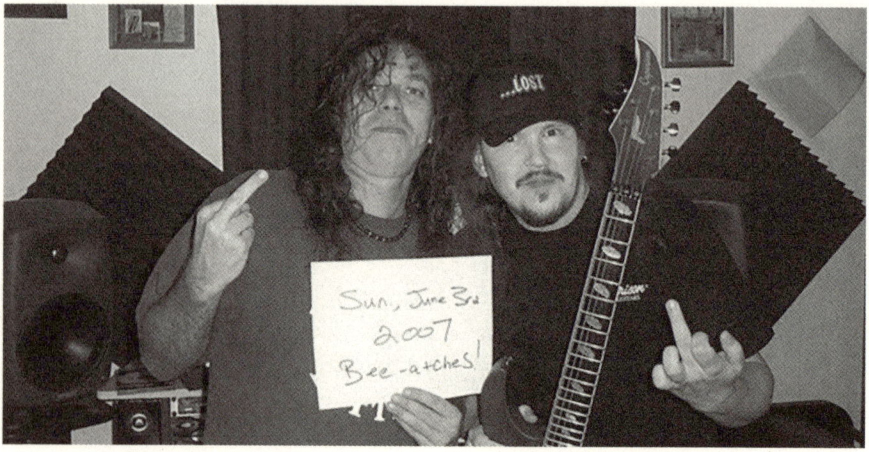

Santolla und ex-Obituary-Leadgitarrist James Murphy.
Foto aus Ralph Santollas Archiv.

nach einem weiteren Trinkgelage auf die Intensivstation eines Krankenhauses. Kurz darauf verließ Thomas die Band mit der Erklärung:

„Ich muss tieftraurig, enttäuscht und bedauerlicherweise bekanntgeben, dass ich mich aus allen Verpflichtungen gegenüber Devil´s Highway zurückziehen werde. Dies geschieht wegen persönlicher und geschäftlicher Differenzen, die unüberbrückbar sind. Das Projekt begann vielversprechend, voller Zauber und Freude. Nach acht Jahren bleibt es unvollendet, und meine Vorstellungen davon, was es hätte sein können und sollen, lassen sich nicht mehr umsetzen. Ich danke allen Beteiligten dafür, dass sie sich bemüht haben, es zum Laufen zu bringen, schätze aber, dass das leider nie geschehen wird. Falls doch, dann ohne mich.“

Devil´s Highways Einstand bleibt bis heute unvollendet. Maccani behauptet, er sei fest entschlossen, es fertigzustellen, selbst wenn er dazu Gastgitarristen für Santollas Parts auftreiben muss. Seiner Aussage zufolge diente Ralphs Krankenhausaufenthalt als Weckruf: Er hörte mit dem Rauchen auf und begann, regelmäßig in die Kirche zu gehen. Diese Besuche gaben dem Gitarristen ein Gefühl von Frieden und Klarheit, nach dem er sich lange gesehnt hatte.

„Nach Gesprächen mit dem Priester war er immer frohen Mutes“, so Maccani. „Ich denke, er fand Antworten auf manche seiner Fragen oder wurde sich zumindest seiner Überzeugungen bewusst… Er sagte sich oft: ‚Hey, ich sterbe vielleicht bald‘, nachdem dieser Arzt mit ihm gesprochen hatte, und trank beziehungsweise rauchte nach und nach weniger. Wahrscheinlich hat er es kommen sehen. Als er zum letzten Mal hier war und zur Tür hinausging, drehte er sich um und legte einen Arm um mich. Er trat ganz nahe und fragte: ‚Weißt du was, Rick? Es gibt einen Grund dafür, dass Gott dich in mein Leben geführt hat. Verstehst du das? Ich liebe dich, Mann. Du bist wohl der beste Freund, den ich je hatte. Du warst immer da, egal was passiert ist, und hast mich nie betrogen oder belogen.‘“

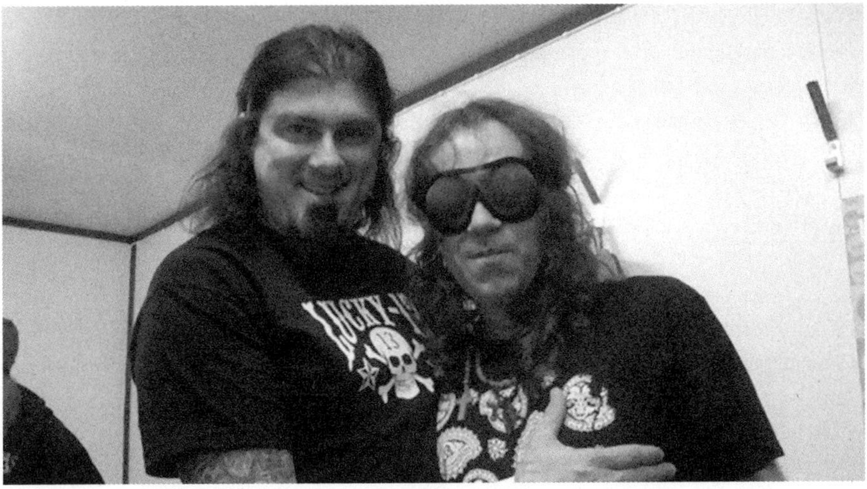

Watkins and Santolla. Photo provided by the Ralph Santolla photo archive.

Am 19. Mai 2018 platzte ein Blutgerinnsel in Santollas Bein, während er mit seiner Mutter Sue und seinem Stiefvater Baseball schaute. Er brach zusammen, als er aus dem Bad zurückkehrte, und erhielt Wiederbelebungsmaßnahmen von Sanitätern. Diese brachten ihn in ein Krankenhaus, wo er in ein Koma fiel.

„Als ich die Intensivstation betrat, hing Ralph an etlichen Geräten", beschreibt Maccani. „Sein Körper lebte noch, doch ich spürte, dass er nicht mehr da war. Ich bekam dieses starke Gefühl, er würde nicht durchkommen, doch viele andere Leute dachten, er könne es schaffen. Zudem beteten etliche in seinem Zimmer. Sie kamen von überall her, um Ralph zu sehen – es war unglaublich, und der Andrang riss im Laufe der Woche nicht ab. Ich war bei Sue und seinem Sohn Dorian, als der Arzt ihnen einen Hirnscan zeigte. Er erklärte: ‚Wenn ich seinen Fuß reibe, erkenne ich, dass die höheren Körperfunktionen verloren sind."

Obituary waren in Texas, als sie davon erfuhren. Da sie der Reiseweg ohnehin durch Florida führte, besuchte die Band Santolla vor ihrem Konzert am 2. Juni in seinem Krankenhauszimmer, wo auch Steve Asheim von Deicide hinzustieß. Er und Peres versuchten, Ralph zu wecken, indem sie ihm „Buh!" ins Gesicht riefen. Es funktionierte nicht. Peres fragte sich daraufhin laut, wie lange man noch bereit sei, das Koma in der Hoffnung aufrechtzuerhalten, Ralph würde wieder zu sich kommen, doch es war zu spät.

Am 6. Juni 2018 um 23:58 Uhr stellten die Ärzte alle lebenserhaltenden Geräte ab – zwei Minuten vor Mitternacht, wie in dem Iron-Maiden-Song, den er geliebt hatte. Santolla wurde am 7. Juni um 0:20 Uhr im Alter von 51 Jahren für tot erklärt.

„Ich habe widersprüchliche Angaben zum genauen Zeitpunkt seines Todes gelesen, bin aber einer der wenigen Personen, die dabei waren", bemerkt Maccani entgegen Internetgeschwätz, wonach Ralph aufgrund seiner Mitgliedschaft bei Deicide an einem 6.6. gestorben sei. „So ist es passiert. Ich habe es immer als schön empfunden, dass er zu dieser Zeit von uns ging. Hoffentlich können wir jedes Jahr ein Konzert veranstalten, bei dem dann um zwei vor zwölf einen Augenblick lang Stille herrscht."

Ralph ließ seinen Sohn Dorian und ein musikalisches Vermächtnis zurück, um das sich Maccani zu kümmern gelobt hat. Nach dem Tod des Gitarristen erhielt er aus allen Bereichen der Metal-Szene Ehrungen im Gedenken an seine beispiellosen Talente.

Für Obituary wurde Santolla das zweite verstorbene ehemalige Mitglied innerhalb von drei Jahren. Seine Zeit in der Band beschränkte sich auf vier Jahre, doch seine Spitzenleistung auf *Xecutioner's Return* und *Darkest Day* bleibt unvergessen, genauso wie sein nettes, gutherziges Wesen, das viele Musikerkollegen und Freunde berührte.

„Wir klangen wegen der Stimme meines Bruders, Trevors Gitarrenklang und Allens Solos nach Obituary", sagt Donald. „Man kann darüber streiten, wessen Solos besser zu uns passten – Big Als oder Ralphs –, doch wir sind sehr froh dafüber, dass Ralph auf zwei Mordsalben mit uns spielte. Einen so begabten Musiker für einen gefühlten Sekundenbruchteil bei uns zu haben war genial, eine echt tolle Erfahrung. Wir alle haben die Jahre mit Ralph genossen."

KAPITEL 15

AUS LIEBE ZU KATZEN UND METAL

Die symbiotische Beziehung zwischen Katzen und Metal-Musikern wurde 2009 in dem *Decibel*-Artikel „Cutest Kitties in Metal" beleuchtet, gefolgt 2014 von Alexandra Crocketts Buch *Metal Cats*. Beide zeigten den deutlichen Gegensatz zwischen finsteren, grüblerischen, tätowierten Metal-Muckern und ihren geliebten Stubentigern. Auf einer tieferen Ebene leben Katzen wie die meisten Musiker in der Metal-Szene nach ihrem eigenen Kopf, ohne sich an von der Gesellschaft oder gar ihren Familien vorgeschriebene Regeln zu halten. Zudem sind Katzen ideal für tourende Musiker: Dank ihrer Selbständigkeit und Resilienz können sie über lange Zeit hinweg unbeaufsichtigt überleben.

Der Decibel-Artikel widmete sich einem breiten Spektrum an Szenegestalten aus Bands wie Brutal Truth, Cattle Decapitation, Carcass, Goatwhore und Municipal Waste. Alle erzählten aus ihrem täglichen Umgang mit ihren Katzen und beantworteten etwa die Frage: „Was tut sie, wenn du übst?" Obwohl die Antworten unterschiedlich ausfielen, lautete der allgemeine Tenor, die Tiere seien nicht aus dem Leben der Musiker wegzudenken, egal wie unnahbar sie wirken mochten.

Wenige haben im Metal-Bereich so viel für Katzen getan wie Donald Tardy. Er ist ein ausgemachter Liebhaber und hat es sich zur Aufgabe gemacht, sich um den Lebensraum Dutzender Katzenpopulationen in Zentralflorida zu kümmern. Dieser Arbeit widmet er sich hingebungsvoll, wenn er nicht mit Obituary unterwegs ist. Sie ist nicht lukrativ, sondern kostspielig – er erhält keinen Zuschuss für seine Tätigkeit, also muss er Futter und Medikamente aus eigener Tasche zahlen. Dennoch macht der Lohn den finanziellen Verlust und die vielen Stunden wett, die er in der Hitze von Florida verbringt. Donald sorgt sich so leidenschaftlich um Katzen, dass fast alle Interviews für dieses Buch außerhalb von Fütterungszeiten anberaumt werden mussten. Während unserer Gespräche miauten seine Tiere ständig im Hintergrund.

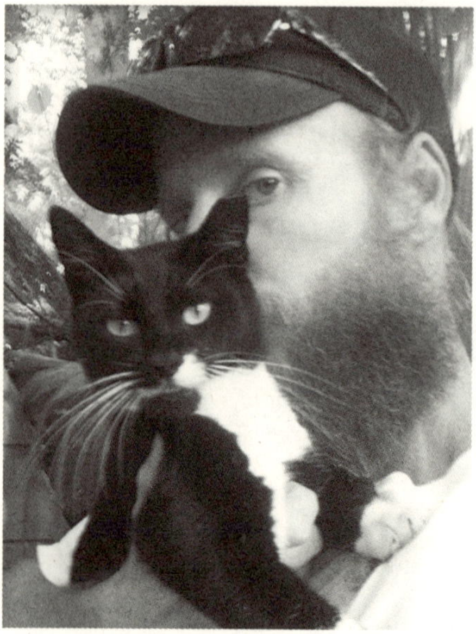

Donald mit einer seiner geliebten Katzen. Foto aus Donald Tardys Archiv.

Bei den Tardys lebten selten keine Tiere. Sowohl die vier Kinder Greg, Kristin, John und Donald als auch ihre Eltern Jim und Carol liebten Tiere. Nicht selten sah man Schäferhunde, Schlangen und Frettchen durchs Haus laufen und kriechen, doch Donald sah sich immer am stärksten mit Katzen verbunden, weil sie unabhängig und „leise Killer" waren.

„Wer das Schnurren einer Katze kennt weiß, dass es so gut wie kein beruhigenderes Geräusch gibt", sagt er. „Hunde sind toll, und wir hatten mehrere, als ich klein war, doch Katzen sind einfach super – hochentwickelt und rätselhaft. Jede hat einen anderen Charakter. Sich mit einer Katze zu verstehen ist anders als Beziehungen zu anderen Tieren. Wahrscheinlich sind Metalheads und Leute, die generell mit Musik zu tun haben, große Katzenliebhaber. Ich selbst bin aber kein ‚Katzenmensch' geworden, weil ich sie liebe oder eine besitze; es war wegen der Situation draußen in Florida. Ich musste etwas dagegen unternehmen."

Floridas Problem mit heimatlosen Katzen wurde 2003 in der Studie *Feral Cat Colonies in Florida: The Fur and Feathers Are Flying*[8] von Pamela Jo Hatley dokumentiert:

Seit Jahrzehnten besteht die akzeptierte Methode zur Eindämmung der explosionsartigen Vermehrung heimatloser und ungewollter Haustiere schlicht darin, sie zu fangen und würdevoll zu töten. Tierheime versuchen, ein Zuhause für Tiere zu finden, die sie für brauchbare Weggefährten von Menschen halten, doch eine höhere Zahl in Heime gesteckter Tiere erhalten eher das Todesurteil als ein liebevolles Zuhause. Ein Paradoxon dieses bedauerlichen Sachverhalts ist die Tatsache, dass der Mensch ihn aufrechterhält und sich gleichzeitig darum bekümmert. Deshalb geht die Entwicklung in den USA beziehungsweise vor allem in den Staaten Florida und Kalifornien zusehends dahin, dass man sich um eine Kontrolle der Fortpflanzung wilder Katzen bemüht, indem man sie fängt, sterilisiert, impft und dann wieder freilässt. In manchen Fällen schließen sich diese wilden Katzen zu „Kolonien" zusammen, denen sich Freiwillige widmen, indem sie sie füttern und das TNR-Verfahren[9] bei Streunern anwenden, die neu zur Gruppe stoßen. Fürsprecher wilder Katzen halten TNR als menschlichere Lösung im Vergleich zu der traurigen Konsequenz, so viele kerngesunde Tiere einzuschläfern, bloß weil sie ohne Selbstverschuldung herrenlos sind.

[8] „Kolonien wilder Katzen in Florida. Fell und Federn fliegen"

[9] Trap-Neuter-Return: „Einfangen, sterilisieren, zurückführen"

Mitte der 2000er bemerkten auch Donald und seine Freundin Heather Wienker, dass die herrenlosen Katzen Tampas zu einem ernsten Problem wurden. Scharenweise ausgesetzte Kätzchen auf Parkplätzen oder schlimmer noch – tote Tiere zu sehen, die hohem Verkehrsaufkommen zum Opfer gefallen waren, brach ihnen das Herz. Die beiden erfuhren von dem Programm TNVR (Trap, Neuter, Vaccinate, Rescue)[10] der Humane Society, die zum Eindämmen der Katzenpopulation beitrug, indem sie beim Impfen, Sterilisieren oder Kastrieren half. Donald und Heather lernten von Freunden, die Erfahrung damit hatten, Katzen sicher zu fangen, und trauten sich schließlich zu, dies selbst zu tun.

„Man braucht viele Anläufe, wenn man versucht, eine bestimmte einzelne Katze zu fangen“, erklärt Donald, „Ob ein junges Weibchen, das wir für schwanger halten, oder dieselben Tiere, die sich ständig irgendwo verfangen, weil sie unbeholfen sind, oder einfach solche, die man kriegen muss, um zu überprüfen, dass sie okay sind: Es ging mit einem Lernprozess einher.“

Donald folgt zu Hause, wenn er nicht mit Obituary tourt, einer strengen, falls nicht sogar unumstößlichen Routine. Der Drummer bezeichnet sich selbst als „Zoowärter“; bei ihm und Heather daheim leben zehn adoptierte Katzen, die teils um Platz kämpfen – und um seine Aufmerksamkeit.

Wenn er morgens aufwacht, reinigt er alle ihre Toiletten („Wenn du das tust, warten die Katzen lustigerweise schon darauf, sie wieder zu benutzen“, bemerkt er lachend). Der anschließende Ablauf hat sich eingeschleift: Boden putzen, Haare zusammenkehren, Schälchen mit frischem Wasser füllen und Couchdecken waschen. Dann verbringt er den Nachmittag im Obituary-Hauptquartier in Gibsonton, wo er Schlagzeug übt, aufnimmt oder Zeit mit seinen Bandkollegen verbringt. Wenn Donald um 18 Uhr nach Hause zurückkehrt, räumt er auf und gibt seinen Katzen ihre Medikamente. Hinterher bricht er mit seinem Pickup zu den 30 Kolonien und knapp 100 Katzen auf, die verstreut in der Umgebung von Tampa leben. Meistens ist er gegen 22 Uhr wieder daheim.

„Das ist voller Einsatz für die Katzen, die auf dich warten und brauchen, was wir ihnen geben“, sagt er. „Manche Leute denken, wir würden sie nachgerade gefährden, weil sie so abhängig von uns sind, weshalb sie nichts zu fressen bekämen, falls etwas passiert und wir unsere Runde nicht drehen können. Ein bisschen Wahrheit steckt da schon drin. Täte ich nicht, was ich tue, würden sie trotzdem dort leben, wo sie sind – hinter Appartementkomplexen, Taco Bells oder McDonald's –, aber Schwierigkeiten bekommen, weil sie in Mülltonnen wühlen und in Abfallcontainer stürzen. Einen perfekten Weg gibt es nicht bei dem, was wir mit TNR und der Betreuung von Kolonien unternehmen, aber wir können das tun.“

Donald behauptet, die Katzen würden seinen Wagen aus einer „Entfernung von zwei Football-Feldern“ erkennen und auf ihn zuströmen, wenn er auf einen Parkplatz fährt. Die Bedingungen für Katzen sind in Florida mit Hinblick auf Luftfeuchtigkeit, Regen und Moskitos beileibe nicht ideal, was erklärt, dass er sich abends um die Kolonien kümmert – zu Dutzenden zu fahren und Katzen hinterherzujagen hat für

[10] „Einfangen, sterilisieren, impfen, retten“

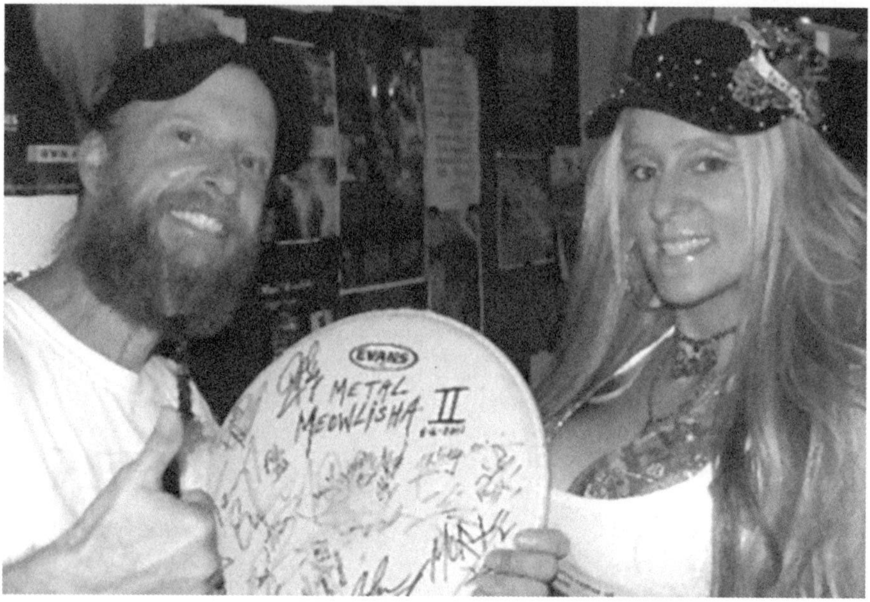

Donald und seine Freundin Heather Wienker.

ihn auch überraschende gesundheitliche Vorteile. „Ich bin gerne beschäftigt", betont er. „Ich glaube, dass mir das Füttern hilft, fit zu bleiben. Mein Mobiltelefon zählt mit einer App, wie weit ich täglich gehe. Im Schnitt zeigt es während Fütterungen drei, vier Meilen am Tag an. Oft schaue ich abends aufs Telefon und denke: ‚Mann, bin ich wirklich gerade vier Meilen nonstop unterwegs gewesen?' Ich habe aber nichts dagegen, weil ich sowieso ein hibbeliger Mensch bin. Durch die Katzenpflege bleibe ich in Form. Außerdem ist es fürs Schlagzeugspielen nicht schlecht, wenn man so viele Meilen am Tag geht."

Ein Großteil der Katzen, die Donald und Heather vor der ungesunden Witterung Floridas bewahrt haben, hatten bei ihrer Aufnahme schon bestehende Erkrankungen. Er sagt, ihr Ziel besteht darin, eine Katze zu retten und gesundzumachen, um sie über ein Tierheim zur Adoption freizugeben. Einige waren in einem so schlechten Zustand, dass ihnen nichts anderes übrigblieb, als sie mit nach Hause zu nehmen. „Bei uns zwei großherzigen Menschen begann es mit: ‚Die Arme lebt in einer schrecklichen Situation, ich kann sie nicht wieder hier aussetzen.' Was sind zwei Katzen, wenn man schon eine hat? Mein Haus ist eine Rettungsstation, also geht jeder darin mit der Entscheidung konform, sie eben nicht wieder auszusetzen."

Yimmy ist die Katze, auf die sich Donald bezieht, und wurde 18 Mal mit einer Luftpistole getroffen. Das Tier war zwei, als Donald es fand, und aufgrund seines Zustands brachte er es nicht über sich, es auf der Straße zurückzulassen. „Ich hätte ihn nicht wieder ausgesetzt. Ein schwerer Brocken war er auch. Er ist ein großer Kater, und wir haben ihn wieder hinbekommen. Er lebte auf der Straße. Weil er klug, groß und stark ist, tat er sich schwer, als ich ihn mit nach Hause nahm. Die meiste Zeit über läuft es, aber manchmal ist er ein bisschen gereizt, dann geht er sich an jemandem im Haus abreagieren. Das sind Momente, in denen ich nicht verbindlich sage: ‚Du bist ein niedliches Kätzchen, ich nehm dich mit' oder ‚du bist keines, ich nehm dich nicht.' Manche Situationen haben sich einfach so ergeben, und wir beschlossen, sie nicht wieder auszusetzen."

„Bei anderen dachten wir, dass wir kein Haus voller Katzen wollten", fährt er fort. „Wir geben unser Bestes, den Katzen zu helfen, wenn sie noch so jung sind, dass wir sie aus der Kolonie nehmen, hochpäppeln und versuchen können, sie zu sozialisieren und in ein Adoptionsprogramm einzugliedern. Im Lauf der Jahre waren wir dabei sehr erfolgreich, doch bei manchen klappte es einfach nicht. Wenn sie ins Adoptionszentrum kamen, hatten sie große Angst. Keine Familie wollte sie. Alle suchen dieses niedliche, knuddelige, vergnügte, irre, superduper liebe Kätzchen, was völlig nachvollziehbar ist. Ein paar von meinen Jungs haben es nicht geschafft, sich auf herkömmliche Weise adoptieren zu lassen. Nach vielen Wochen im Zentrum wollte ich sie nicht wieder dort aussetzen, woher sie kamen. Sie waren wochen- oder monatelang von ihrer Kolonie getrennt gewesen und wussten vielleicht nicht mehr, was sie da draußen tun sollten. Manche sind so, was bedeutet, dass sie nicht zu den Zutraulichsten gehören, nicht einmal bei mir. Wenige lassen sich von mir streicheln. Ich kann mich ihnen nähern, obwohl es andererseits nur darum geht, ihnen Unterschlupf zu geben. Im Vergleich zu jetzt waren sie in einer ziemlich miesen Lage, also müssen sie nicht dorthin zurückkehren, wo sie mit Steinen beworfen werden oder in einer üblen Gegend leben. Einige sind natürlich ganz zahm, und wir lieben sie, halten sie in Ehren."

Auf Tournee hat Donald etliche Musiker mit einem ähnlichen Faible für Katzen kennengelernt. Zu diesen prominenten Namen gehört der ehemalige Slayer-Drummer Dave Lombardo, der wie sein Obituary-Pendant Erfahrung mit der Rettung von Katzen hat. „Dave meinte zu mir: ‚In meinem Garten war eine Katze, die eigentlich mich adoptierte'", erzählt Donald. „Wir hatten ein tolles Gespräch über dieses Tier. Dave zeigte mir sogar ein Foto davon in seiner Brieftasche. Für ihn war es einfach eine Katze, der er schließlich half, indem er sie zum Tierarzt brachte. Er sagte: ‚Der kleine Racker hat mich 700 Dollar gekostet, aber ich liebe ihn.'"

Für Donald gibt es beim Betreuen seiner Katzenkolonien keine Urlaubstage. Obituary mögen sein Beruf sein, doch seine Leidenschaft für die Katzen und ihr Wohlergehen kennt keine Grenzen. Er berichtet von Fremden, die zu ihm kommen, wenn sie seine Arbeit beobachten. Sie aufzuklären ist seines Erachtens der erste Schritt, um den Katzen in Zentralflorida zu helfen.

„Ich lege Wert darauf, den Leuten immer zu erklären, dass wir die Kolonien überwachen", führt er aus. „Wenn sie fragen, erzählen wir, dass die Katzen alle sterilisiert oder kastriert wurden, wir aber trotzdem ständig prüfen müssen, ob weitere auftauchen: schwangere Weibchen, Neugeborene. Bei der täglichen Überwachung geht es uns einzig darum, falls wir auf eine Katze stoßen, die wieder Junge gekriegt hat, diese zu finden und von der Straße zu holen, solange sie jung genug sind. Wir sozialisieren sie, sorgen dafür, dass sie möglichst zutraulich sind, und lassen sie dann sterilisieren

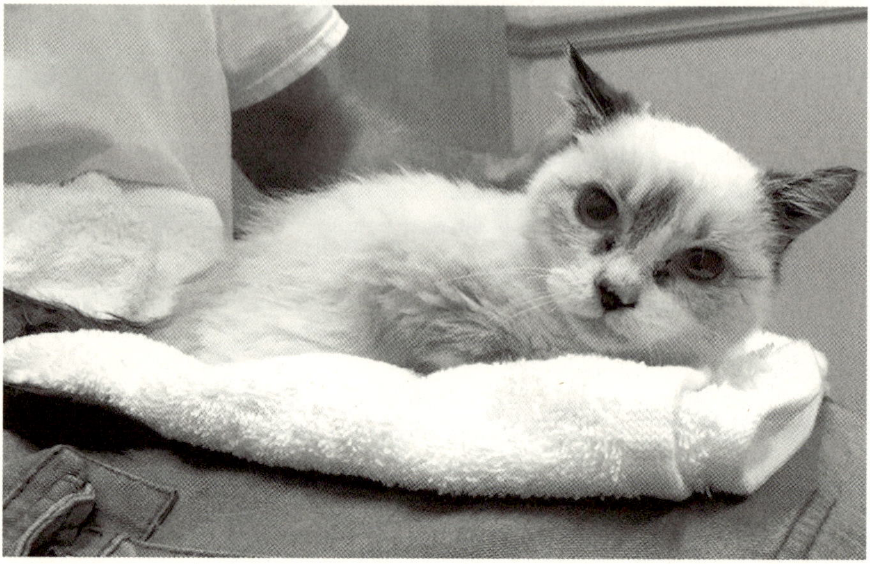

Vor Wirbelsturm Irma gerettete Katze, 2017.
Foto aus Donald Tardys Archiv.

oder kastrieren und impfen. Schließlich werden sie über eine der Rettungsgruppen, mit denen wir arbeiten, zur Adoption freigegeben.

„Bei uns dreht sich alles darum, für die ausgewachsenen Katzen da draußen zu sorgen, ihnen Wasser und Futter zu geben, aber auch um jegliche Kätzchen, die wir mitnehmen und adoptiert kriegen wollen, ehe sie zu alt sind. Dann blüht ihnen ein schönes Leben. Sie finden eine dauerhafte Bleibe und müssen nicht mehr auf der Straße leben – das ist meine Hauptabsicht. Katzen haben es dort draußen schwer. Drei der 24 Stunden am Tag damit zu verbringen, den Heimatlosen zu helfen, ist das Mindeste, was ich tun kann."

KAPITEL 16

INKED IN BLOOD

Keine Band hat mehr Mitglieder mit Obituary geteilt als Massacre. Executioner/Obituary-Leadgitarrist Allen West gehörte Mitte der 1980er während ihrer Demophase zur Band; sein Executioner Gitarrenkollege J.P. Chartier durchlief sie ungefähr zur selben Zeit. Obituary-Bassist Terry Butler war ein regelmäßiger Gast bei frühen Massacre-Proben, spielte aber nie mit West und Chartier (freilich tat er sich ein Jahrzehnt später bei Six Feet Under mit West zusammen). Als Sänger Kam Lee und Drummer Bill Andrews Bassisten Mike Borders 1986 loswerden wollten, war ihre Wahl offensichtlich: Butler.

Trotz ihres Status als eine der ersten Death-Metal-Bands Floridas haben Massacre eine wechselhafte Historie, in der sich ihr Besetzungskarussell ständig drehte und keine Beständigkeit in Sachen Studioproduktionen herrschte. Sie fungierten jedoch als Sprungbrett für Musiker wie West oder Butler, der sich als Bassist auf Deaths Klassikern *Leprosy* (1988) und *Spiritual Healing* (1990) etablierte sowie später 18 Jahre lang bei Six Feet Under spielte.

Terry war in der Szene Tampas allgegenwärtig, knüpfte zahlreiche Kontakte und Bekanntschaft mit vielen Death-Metal-Bands aus der Umgebung, darunter auch Obituary. Ihre gemeinsame Geschichte reicht weit zurück. Er besuchte die Brandon High School mit West und Andrews, während seine jüngere Schwester mit den Tardy-Brüdern und Trevor Paris auf die Armwood ging, wodurch er von Executioner erfuhr. Als lokale Teenager die 1985er Single *Metal Up Your Ass* der Band laut auf Parkplätzen zu hören begannen, wurde Butler neugierig und kaufte die Scheibe bei Melody Records in Tampa.

„Was sie spielten, gefiel mir – es war heavy", erzählt er „Jede Band muss erste Schritte machen, bevor sie laufen kann. Solche ersten Schritte machten sie in ihrer Frühphase ′85 und ′86. Ich hörte, dass die Musik heavy war. Allen ist ein guter Songwriter, weshalb er einige Sachen auf dem Executioner-Demo schrieb. Ich fand sie cool. Schon recht früh sang John eigenständig – man erkannte sofort, wer es war. Er ist

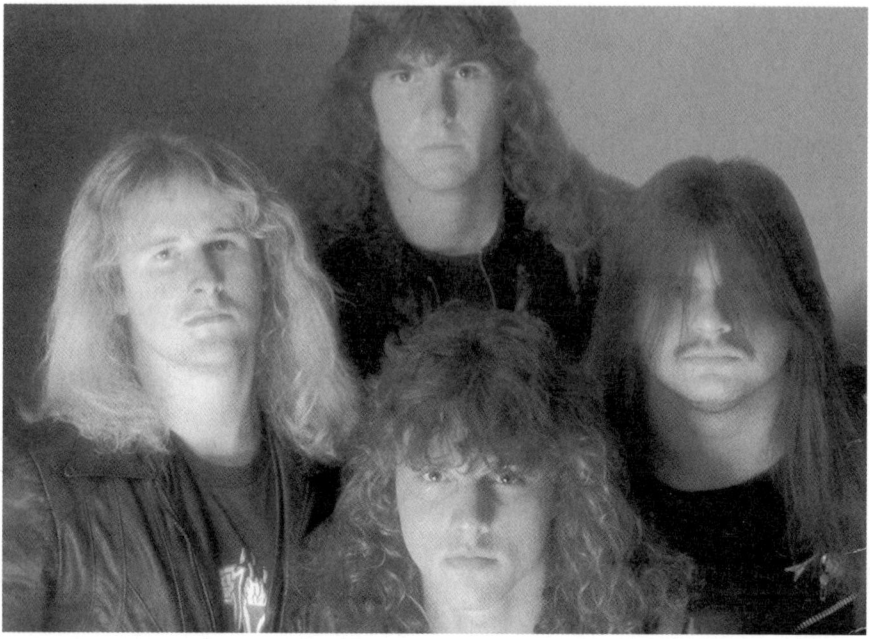

Death zur Zeit von *Leprosy* mit Butler (o.).

ein zurückhaltender Mensch, also würde man nicht ahnen, dass solche Geräusche aus seinem Mund kommen."

Gegen Ende des Jahrzehnts, als Obituary-Bassist Daniel Tucker plötzlich verschwand, wurde Butler von seiner eigenen Unpässlichkeit daran gehindert, eine Position einzunehmen, für die er immer wie geschaffen gewesen war. 1986 wäre es beinahe dazu gekommen, als West Butler unter dem Vorwand zu einer Executioner-Probe einlud, sie würden mit dem Gedanken spielen, ihren damaligen Bassisten Jerome Grable feuern. Dieser war bereits da, als Terry eintraf, und besetzte seine Rolle noch ziemlich sicher. Daher setzte sich Terry auf die Couch und schaute der Band beim Jammen zu. Er glaubte, West habe ihn dabeihaben wollen, damit er Massacre erzählte, Executioner würden ihnen innerhalb der aufstrebenden Metal-Szene Floridas gefährlich und das so eine potenzielle Rivalität vom Zaun brach (dazu kam es aber nie zwischen den beiden Gruppen, geschweige denn zwischen Obituary und anderen Death-Metal-Acts im Bundesstaat).

Andrews, Butler und Massacre-Gitarrist Rick Rozz schlossen sich 1987 im Vorfeld der Veröffentlichung von *Leprosy* Death an. Obwohl Butler als Bassist auf dem Album aufgeführt ist, spielte er nur einen Song ein. Die Angst ging während der Arbeit mit Tontechniker Dan Johnson im Morrisound mit ihm durch – er war als Letzter an der Reihe und hatte nur vier Stunden Zeit für seine Parts. Vor den Aufnahmen mit Death hatte Terry Fingerstyle gespielt; für Leprosy wurde er gebeten, ein Plektrum zu verwenden. Letztlich rief er Schuldiner an und bat ihn, den Rest seiner Spuren selbst zu übernehmen.

Als Death-Mitglied gelangte Butler in die beneidenswerte Lage, der Platzhirsch der Death-Metal-Szene Floridas zu sein. Er machte sich einen Spaß daraus, bei Konzerten von Mitbewerbern in die erste Reihe vor die Bühne zu treten und sie nervös zu machen. Deaths psychologische Kriegsführung (für die üblicherweise Schuldiner zuständig war) gehörte zu einem gesunden Wettbewerb, der nie handgreiflich wurde. Dutzende neue Bands kämpften um Geltung, als das neue Jahrzehnt anbrach; Mitte der 1990er sollten nur wenige übrigbleiben.

Im April 1990 hatte Schuldiner Terry auf dem Kieker. Die Band sollte als Co-Headliner mit den deutschen Thrashern Kreator touren, doch Chuck wollte nicht. Da sie erhebliche finanzielle Verluste befürchteten, spannten Butler und Andrews ihren Drum-Techniker Loue Carrisalez als Gitarristen/Sänger und Walter Traschler als zweiten Gitarristen ein, flogen nach Europa und absolvierten die Konzerte. Danach wurden die beiden aus der Gruppe verbannt – und auch aus Schuldiners innerem Kreis.

„Chuck war jemand, mit dem du nicht mehr gut stehen konntest, wenn du es dir einmal verscherzt hattest", behauptet Terry. „So tickte er – ein bisschen divenhaft, aber so war es eben. Wenn er sich über etwas aufregte, dann meistens zum Wohl von Death, zum Verbessern der Band. Er brach schon früh viele Brücken hinter sich ab, aber niemand ist perfekt, und eines seiner Alben heißt *Human*. Das sind wir alle: menschlich. So etwas kann passieren."

Butler, Rozz und Andrews brachten Massacre schließlich zusammen mit Sänger Kam Lee auf den richtigen Kurs und veröffentlichten 1991 ihre erste LP *From Beyond*. Allerdings zerfiel das Line-up ein Jahr später auf einer Europatournee zur Bewerbung der EP *Inhuman Condition*.

„Wir fingen an, ein paar neue Songs zu schreiben", erzählt der Bassist. „Unser Plan bestand darin, ein paar Wochen Pause oder so zu machen, wenn wir nach Hause zurückkehrten, und dann einfach mit dem Songwriting loszulegen. Anscheinend überlegten es sich Rick und Kam anders. Sie wollten mehr nach Pantera klingen. Sie lebten anderthalb Stunden von uns entfernt in Orlando. Mehrere Wochen zogen ins Land, weshalb wir versuchten, sie telefonisch zu erreichen. Ehe wir uns versahen, waren mehrere Monate vergangen, und wir hatten immer noch nichts von ihnen gehört. Dann wurden es vier, fünf Monate. Zu der Zeit wussten wir nicht, dass sie an *Promise* arbeiteten."

Terry ärgerte sich darüber, dass Rozz und Lee hinter Andrews′ Rücken an dem katastrophalen Album *Promise* arbeiteten, das einen solchen Fehltritt markierte, dass es erst 1996 nach mehrjähriger Verzögerung erschien. Schlussendlich bewirkten Massacres interne Rangeleien und Täuschungsmanöver, dass Andrews die Musikszene leid wurde und nach Japan zog, wo er heute noch lebt. Weitere 18 Jahre sollten vergehen, bis Massacre ihr nächstes Studioalbum herausbrachten.

Butler fand bei Six Feet Under endlich ein stabiles Gefüge, wiewohl er Obituary während seiner Mitgliedschaft eng verbunden blieb. Er gehörte bei ihren Konzerten im Großraum Tampa zu den Stammgästen, von Grillabenden, Partys und Garten-Football-Spielen ganz zu schweigen. Als die Band 2010 Frank Watkins feuerte, war

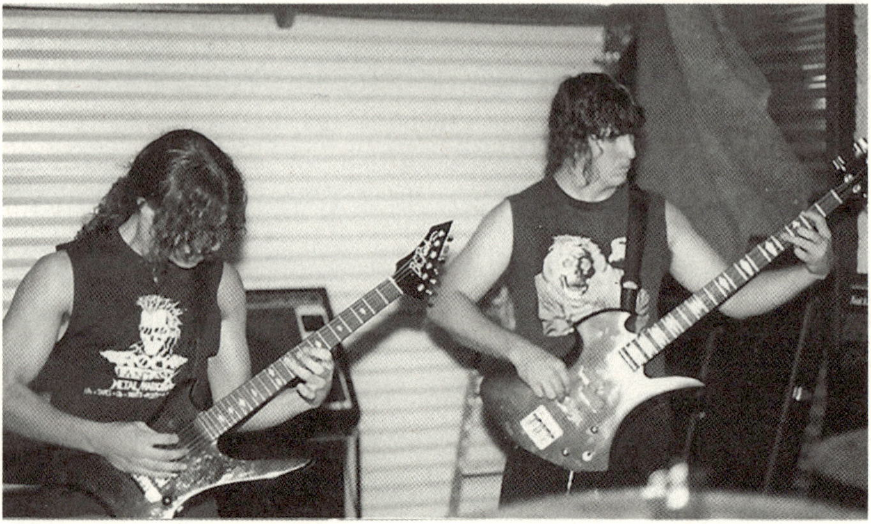

Death-Probe Ende der 1980er. Foto aus Terry Butlers Archiv.

Terry der Erste, der seine Hilfe anbot. Obituary nahmen das Angebot an, ohne ihn überhaupt zu einer Anhörung einzuladen – sie wussten schon, dass er der Richtige für den Job war. Als er tatsächlich als Mitwirkender und nicht bloß als Zuschauer zum Proben kam, war es so, als hätte er schon seit Jahren mit ihnen gespielt.

„Es wirkte so natürlich“, beschreibt Donald. „Vermutlich war es das erste Mal, dass wir keine Eingewöhnungszeit brauchten. Beim Proben mit Terry mussten wir keinen Song mittendrin abbrechen. Er hielt sich einfach ran. Vielleicht kam das daher, dass er Obituary so viele Jahre lang als unser Freund mitverfolgt hatte. Er wusste intuitiv, was vor sich ging. Einzusteigen und seine Sache ordentlich zu machen war eine sehr organische Entwicklung.“

Butler stieg 2011 offiziell bei Six Feet Under aus, nachdem Frontmann Chris Barnes die Teilnahme der Band an einer Wohltätigkeitsshow für den ehemaligen Nasty-Savage- und Massacre-Drummer Curtis Beeson abgesagt hatte; Butlers Schwager und Donald Tardys Drum-Techniker Greg Gall verließ Six Feet Under zur selben Zeit. Ohne Verpflichtungen konnte sich Terry die Bezeichnung „Aushilfsbassist“ sparen und hauptamtlich bei Obituary mitmischen.

Im Zuge der jähen Trennung von Watkins brachte er ein Gefühl von Ruhe und Professionalität in die Band. Donald vermutet, obwohl der Bassist schon Mitte der 1980er ein offensichtlicher Kandidat für diesen Posten gewesen sei, könnten seine und Trevors Feierwütigkeit bis in die 1990er hinein „Terry abgeschreckt haben.“ Nun sind Obituary älter und weiser; genauso wie Butler, dessen ruhiges, aber umgängliches Wesen hervorragend zum Rest der Gruppe passt.

„Terry ist der netteste, höflichste, zurückhaltendste und rücksichtsvollste Mensch, den zu treffen du dir wünschen würdest“, schwärmt Donald. „Wie könnte man besser beschreiben, was man von einem Mitmusiker, Bandkollegen und Freund möchte, den man in Bussen, Hotelzimmern und Flugzeugen um sich hat? Wenn

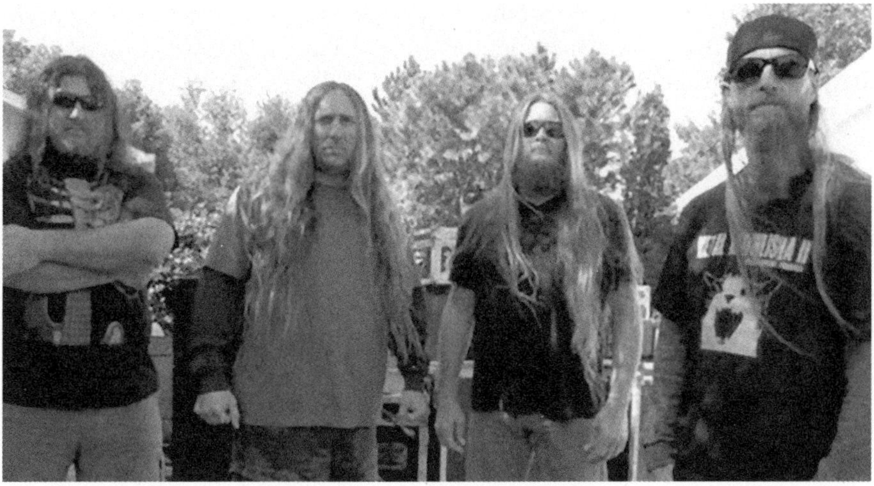

Obituary als Quartett circa 2012.

er dann auf die Bretter steigt, ist er einfach verlässlich – und so gut in dem, was er macht."

„Er ist einfach cool und der freundlichste Typ der Welt", fügt Peres hinzu. „Von seiner Statur her ein Monster, aber sagenhaft witzig. Im Allgemeinen hält er sich arg zurück, doch dann kommt wie aus dem Nichts eine urkomische Bemerkung. Wenn du dich normal unterhältst, wirft er etwas ein, das dich sagen lässt: ‚Kumpel, du hast manchmal die merkwürdigsten Einfälle!' So in der Art: ‚Was zum Geier geht dir durch den Kopf?'"

„Trevor, Donald und John sind seit ihrem 14. Lebensjahr zusammen", entgegnet Butler. „Dieser Kern wird immer Bestand haben. Wir wollen alle das Gleiche, und wir sind alle entspannt. Keine Primadonnen. Es ist nicht so, dass wir eine bestimmte Orangensaftmarke verlangen und einen Anfall kriegen, wenn wir ihn nicht bekommen. Bei einer schlechten Kritik in der Presse sagen wir in den Clubs nicht, dass sie den Schreiber des betreffenden Magazins rausschmeißen sollen, falls er aufkreuzt. Solchen Quatsch gibt´s nicht. Damit habe ich mich früher rumgeschlagen, und es ist einfach lächerlich. Einer Band mit vier anderen Typen beizutreten, die auf einer Wellenlänge liegen, war schlichtweg super."

Nach seiner Aufnahme in die Gruppe überschnitt sich Terrys Mitgliedschaft kurz mit Ralph Santollas letzten Monaten bei Obituary. Die beiden hatten sich 1985 am Abend vor einem Massacre-Konzert im Mango Civic Center in der Region Tampa kennengelernt und Kontakt gehalten. Sie verpassten einander bei Death um wenige Jahre, vertieften ihre Bekanntschaft jedoch auf Tour mit Obituary in gemeinsamen Hotelzimmern.

„Bei all seinem Talent finde ich die Vorstellung traurig, dass er es für selbstverständlich hielt", bemerkt Butler. „Das Trinken setzte ihm zu, bis es ihn auf der Bühne ablenkte. Hin und wieder hatte er einen guten Abend, doch wir anderen dachten ungefähr: ‚Sorry, du hast das Ende der Fahnenstange erreicht.' Ich blieb in den

Jahren nach seinem Rauswurf mit ihm in Verbindung. Wir begegneten einander in der Stadt und trafen uns weiterhin mit ihm. Er schickte mir sogar bis ganz zum Ende hin Musik, zu der ich Bass spielen sollte."

Santollas Weggang eröffnete einer unvorhergesehenen Person die Möglichkeit, Obituarys vierter Leadgitarrist zu werden. Obgleich es leicht gewesen wäre, den offensichtlichen Weg zu gehen und ein weiteres bekanntes Gesicht aus der Metal-Szene Floridas auszusuchen, entschied sich die Band für einen langjährigen Freund, der sein Lehrgeld gezahlt hatte und – das Beste überhaupt – reibungslos hineinpasste. Auftritt Kenny Andrews.

Ein Freund nach dem anderen rief ihn an, als er 2012 vollwertiges Mitglied wurde, alle mit der gleichen Frage: „*Du bist bei Obituary eingestiegen? Ich dachte, du findest sie scheiße!*" Ein alter Weggefährte ging noch weiter: „*Wenn ich damals eine Obituary-Kassette im Auto abspielte, hast du sie aus dem Fenster geworfen!*" Ihre Fassungslosigkeit ging freilich mit Glückwünschen einher, doch es stimmte, der jüngste Zuwachs war in den 1990ern kein Fan der Band gewesen. Andrews spielte von 1987 bis '92 bei den Orlando-Thrashern Azrael und hielt den „Thrash-Beat für schnell genug", womit er dem Death Metal mitsamt seiner Gesangsart und extremen Ausrichtung eine Absage erteilte. Für ihn war „alles derselbe Mist".

Im Lauf der Zeit änderte sich Andrews Meinung zu Obituary, andernfalls wäre er nie Mitglied geworden. Der in Cape Cod/Massachusetts geborene Gitarrist hatte einen ereignisreichen Werdegang. Seine Familie zog nach Florida, als er zwölf war. Beim Entladen ihres Umzugswagens entdeckte Kenny die Gitarre seines Vaters; dieser versprach, ihm beizubringen, wie man sie spielte, nachdem sie ihre Habe ausgepackt hatten. Musik lag in der Familie – sein Großvater war ebenfalls Gitarrist, und sein Onkel verdingte sich in einer Punkband.

Andrews begann, sich zu verbessern, indem er zu AC/DC und Kiss spielte. Er hielt tagsüber das Radio oder MTV eingeschaltet und versuchte, wenn eine der beiden Bands lief, sich ihre Songs herauszuhören. Seine stundenlangen Übungssitzungen (ganz zu schweigen von seiner unendlichen Geduld) machten sich auf komödiantische Weise bezahlt, wenn er seine Bandkollegen bei Proben mit einem spontanen Poison- oder Winger-Riff zum Lachen brachte.

Allerdings veränderte Thrash Kennys musikalische Laufbahn. Er war vernarrt in das, was Mitte der 1980er emporkam: Anthrax, Exodus, Metal Church, Metallica und Stormtroopers of Death (S.O.D.). Nach seinem High-School-Abschluss 1986 schickte er sich an, eine eigene Thrash-Band zu gründen, tat sich jedoch schwer damit, einen Drummer in Orlando zu finden, der Doublebass spielen konnte. Ein Jahr später stieß er bei Azrael auf die richtige Mischung. Sie begannen, sich in der Stadtumgebung ein Gefolge zu erarbeiten, und traten gelegentlich im südlichen Tampa auf, kurz bevor die Death-Metal-Welle ins Rollen kam.

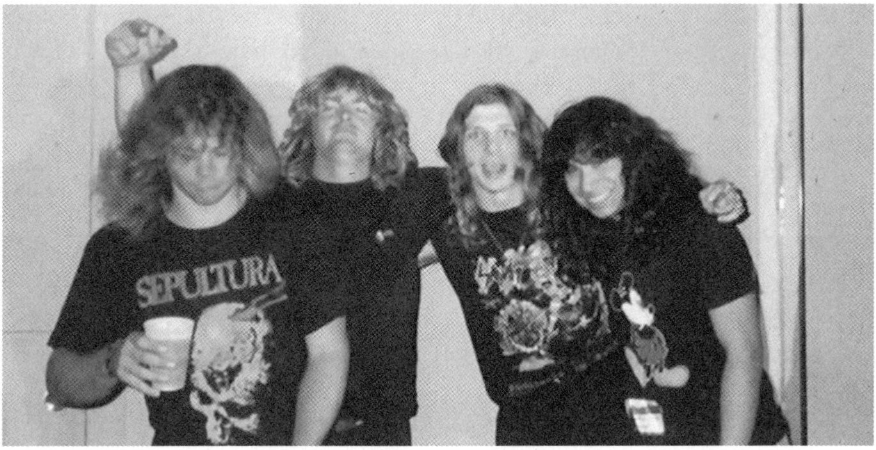

Kenny Andrews (r.) mit Azrael.

„Es lief nach dem Pay-to-Play-Prinzip, also gaben uns die Clubs und Veranstalter Eintrittskarten zum Verkaufen", blickt Andrews zurück. „Wir mieteten einen Umzugslaster, stellten eine Couch hinten rein und verteilten die Karten unter unseren Freunden. Im College-Radio fragten wir: ‚Habt ihr Bock auf ein Gratis-Metal-Konzert? Wollt ihr kommen und mit uns abhängen? Wir treffen uns am Montagnachmittag um vier auf dem Ames-Parkplatz und nehmen euch mit.' Dann hockten 30 Leute im Laderaum des Lasters und tranken Bier. Jedes Mal, wenn wir zu einer Show fuhren, musste hinten jemand pinkeln; die Person hämmerte gegen die Wand des Laderaums, damit wir sie beim Fahren hörten, und dann mussten wir anhalten. Es war verrückt."

„Allmählich bekamen wir gute Gigs und konnten für größere Bands wie Death Angel und andere einheizen, die durch die Stadt kamen", fährt Kenny fort. „1990 waren wir sogar Opener für Danzig. Wir dachten, wir würden einen Plattenvertrag bekommen, doch uns ging es wie allen anderen auch: Man realisiert nicht, dass tausend andere Gruppen das Gleiche tun. Das wurde mir bewusst, als ich als Roadie auf Tour ging. ‚Oh je', denkst du dir. Man muss etwas anderes machen. Glück spielt eine große Rolle."

Andrews´ nächste Station waren die Power-Thrasher Pain Principle, die sich wie Azrael in erster Linie auf ein Publikum in ihrem Heimatbundesstaat beschränkt sahen. Die Band veröffentlichte mit dem Gitarristen zwei Studioalben in Eigenregie – *... Until Someone Loses an Eye* (1996) und *Chronic Rage Disorder* (1999) –, bevor er sie verließ.

Ein Anruf von Intoxicated-Gitarrist/Sänger Erik Payne veränderte 2001 Kennys Leben. Erik schloss sich der Band von Andrew W.K. an und wollte wissen, ob Kenny Interesse daran hatte, einer ihrer Gitarrentechniker zu werden. Der Gitarrist antwortete zunächst, er wisse nicht einmal, was ein Gitarrentechniker sei, bat aber trotzdem darum, seinen Namen ins Spiel zu bringen. Sobald er sich über die Aufgaben eines Gitarrentechnikers erkundigt hatte, half ihm sein Vater, zu lernen, wie man lötete und Elektrogeräte reparierte. Daraufhin wurde Kenny in den Tagen nach den Terroranschlägen von 11. September 2001 zu einem Einstellungstest für die Rolle des Technikers bei Andrew W.K. eingeladen.

„Sie führten mich in diesen Raum", erzählt er lachend, „und nun bekam ich Angst. Ich schwitzte stark – es war auch unmittelbar nach 9/11. Während ich Tonabnehmer verlötete und überprüfte, ob sie funktionierten, gingen Mitglieder der Band ein und aus, um mir verschiedene Fragen zu stelle. Ich bestand die Prüfung. Die Band flog dann nach Großbritannien, und alles lief super. Hinterher fragten sie mich: ‚Willst du mit uns touren?' Ich sagte zu meiner damaligen Frau: ‚Dabei verdiene ich mehr als in meinem verdammten Job. Lass es uns probieren.' Wir waren mit ziemlich erfahrenen Typen unterwegs, die wie Mentoren gewesen sind. Auf dieser ersten Tour meinten sie zu mir: ‚Du bringst es zu nichts.' Ich entgegnete: ‚Unsinn!' Und hier bin ich, 20 Jahre später."

Von 2003 bis 2011 bekleidete Andrews einen der Gitarrenposten in der Band von Andrew W.K. und arbeitete ansonsten als Techniker für Acts wie All That Remains, Fear Factory oder Rob Zombie, der ihm die Aufgabe zuteilte, während White Zombies ′More Human Than Human′ als Roboter verkleidet auf die Bühne zu treten. Außerhalb des Metal-Bereichs begleitete Kenny Matchbox Twenty, Sister Hazel und Velvet Revolver.

Ihm gefiel der Techniker-Job so gut, dass er gar nicht mehr in einer Band spielen wollte, nachdem er Andrew W.K. verlassen hatte. Natürlich meldeten sich aber Obituary zu dem Zeitpunkt. Er half während ihrer US-Tour im Frühling 2011 als Bassist aus – seine erste Metal-Performance seit über zehn Jahren. Da Terry Buttler schon als fester Tieftöner der Gruppe vorgesehen war, wurde Andrews nach Ralph Santollas Weggang als Leadgitarrist eingesetzt. Allerdings verpflichtete er sich 2013 vertraglich zu einer Tour als Techniker für Matchbox Twenty, weshalb Obituary entweder auf Monstrositys Lee Harrison zurückgriffen oder als Quartett ohne Leadgitarristen auftraten.

Kenny sollte viel lernen, als er sich darauf vorbereitete, 2014 vollumfänglich bei der Band einzusteigen. Er gibt zu, kein ausgebildeter Musiker zu sein, sondern nach Gehör zu spielen. Mit den Feinheiten von Obituarys Material setzte er sich erstmals auseinander, als er am Bass aushalf. Er stellte sich auf Donalds naturgegebene Fähigkeit ein, ganz leicht hinter dem Beat zu spielen, nachdem sie ihn dazu gebracht hatte, beim Proben zu früh einzusetzen. Andrews lernte später die Riffs der Band sowie Allen Wests und James Murphys Solos, während er als Techniker für Trivium arbeitete, wozu er seinen Computer zum Üben in Hotelzimmern aufstellte. Er lud MIDI-Dateien (Musical Instrument Digital Interface) von einer Gitarrentabulatur-Webseite herunter und spielte sie mit einer Software ab, studierte die Songs also mittels „digitalem Rauschen" ein. Dann machte er Videos von Peres beim Spielen der betreffenden Tracks, um zu überprüfen, ob er sie aus dem Effeff beherrschte. Dennoch war sich das neuste Bandmitglied seiner selbst nicht sicher, als die 2014er Europatournee losging.

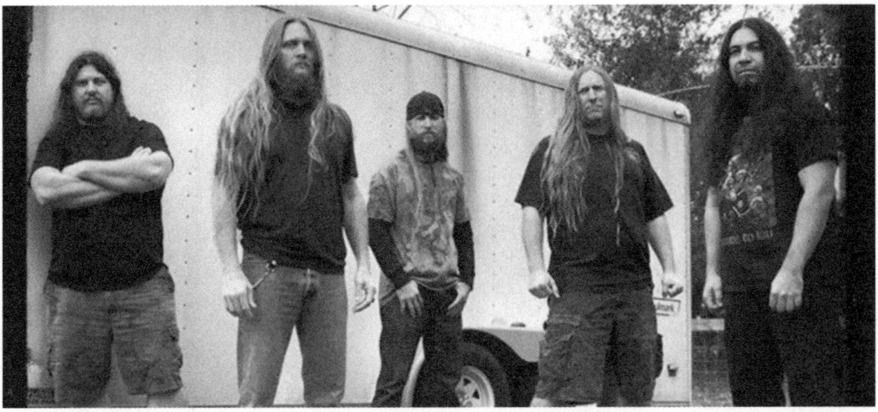

Obituary circa 2014 von l. nach r.: Terry Butler, Trevor Peres, Donald Tardy, John Tardy und Kenny Andrews.

„Ich stürzte mich hinein, fühlte mich aber eine ganze Weile unwohl", gesteht er. „An einem freien Tag in England rief ich meinen Dad an, um mich mal zu melden. Er fragte ‚Wie läuft's?" Ich antwortete: ‚Ehrlich gesagt weiß ich es nicht', woraufhin er nachhakte: ‚Was heißt das, du weißt es nicht?' dann erklärte ich: ‚Dass ich diese Art von Musik ernsthaft gespielt habe, ist so lange her, vor allem die Solos. Ich empfinde es als unangenehm.' Mein Dad baute mich auf. ‚Moment', erwiderte er. ‚Deine Mutter und ich mussten uns all die Jahre anhören, wie du über deine Bandkollegen gejammert hast. Dann hast du alles hingeschmissen, um nur Gitarre zu spielen – jetzt hast du diese Riesenchance und bist dir unsicher?' Und weiter: ‚Zieh dir bloß den Stock aus dem Arsch, triff eine verdammte Entscheidung und halt dich daran.' Ich kam mir vor wie ein Zwölfjähriger. Er fuhr fort: ‚Klemm dich dahinter und tu's, Mann.' Ich glaube, wir spielten tags darauf in Frankreich. Ich fragte: ‚Weißt du was? Scheiß drauf, ich werde es einfach durchziehen.' Danach tat ich nichts weiter, als mich umso mehr anzustrengen, indem ich mir YouTube-Videos all dieser Jungspunde anschaute und sah, was sie auf dem Kasten hatten. Ich arbeitete viel an meinem Spiel, um ein wenig herauszustechen."

Obituary blickten auf acht Studioalben und eine EP zurück, als Andrews hinzustieß. Beim Lernen von Wests, Murphys und auch Santollas Solos ging er selektiv vor. Dass er letzteren nie gerecht werden konnte, wusste er gleich – sie stellten jeden bewanderten Leadgitarristen vor eine Herausforderung. Zu Kennys Glück nimmt die Band so gut wie nichts von *Xecutioner's Return* und *Darkest Day* in ihre Setlist auf.

„Für mich war Ralph einer der besten Gitarristen der Welt", konstatiert er. „Da ist er, und da ist Steve Vai. Ihr Spiel übertrifft alles auf dieser Erde. Man fragt sich dabei: ‚Mensch, wie seid ihr darauf gekommen?' Dankenswerterweise haben wir die zwei Alben ausgespart, an denen er beteiligt war. Ich sagte den Jungs: ‚Tut mir leid, ich bin außerstande, irgendeines dieser Solos zu spielen.'"

Murphy ist Andrews Favorit unter Obituarys Leadgitarristen, und *Cause of Death* sein Lieblingsstudioalbum der Gruppe. „Alles, wo James seine Finger im Spiel hat,

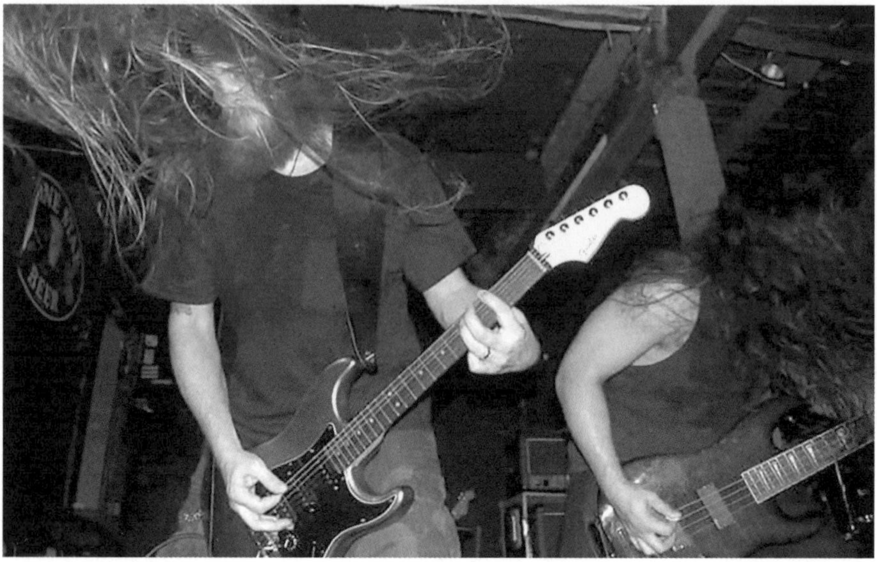

Peres (l.) und Bassist Andrews.

ist geil", führ er aus. „Typen, die wunders wie schnell sind, beeindrucken mich nicht. Bei James gefallen mir die Melodien und das Feeling. Allein seine Spielweise ist so gut – man erkennt, dass er es ist. Was er auf *Cause of Death* tut, finde ich großartig." Kenny wehrt sich gegen die Behauptung, West sei ein „basischer" Gitarrist. Während er sich häufig auf sein Tremolo verließ, wirkten seine Entscheidungen wirr, was Skalen und Einzeltöne anging, obwohl sie ihn auf melodisches Terrain führten. Deshalb fiel es schwer, ihn nachzuahmen. Andrews sagt, manche von Allens Solos seien nicht einmal in der richtigen Tonart gewesen, aber im Kontext des jeweiligen Songs schlüssig gewesen. Mit diesen Parts beschäftigte er sich eingehend, als sich Obituary 2021 auf den Live-Stream von *The End Complete* vorbereiteten.

„Ob Allen es wusste oder nicht: Seine Ideen oder was auch immer aus ihm herauskam, funktionierten tatsächlich", fährt Kenny fort. „Bestimmte Sachen hat er ständig gemacht. Er hatte solche kleinen Eigenheiten in seinen Solos, sie waren also kein bloßer Notenwust. Sein Spiel besaß Methode. Mir die Solos auf *The End Complete* zu erschließen machte Spaß. Die Kernidee verstand ich – die Parts, die jeder kennt. Was den Rest betraf, machte ich mein eigenes Ding."

Eine der entscheidenden Fragen dabei, Andrews die Mitgliedschaft anzubieten, zielte darauf ab, wie gut die Charaktere der Musiker ineinandergreifen würden. Nach Leadgitarristen mit Drogenmissbrauchsproblemen und den mildernden Umständen im Zuge von Frank Watkins' Rauswurf hatten Obituary einen Punkt erreicht, an dem sie sich mit guten, professionellen Instrumentalisten verstärken wollten, die auf ihre Arbeitsweise und ihr persönliches Umfeld achteten. Butler und Andrews hatten sich bewährt, weshalb sie den Tardy-Brüdern und Peres ihre langersehnte Stabilität gaben.

„Vielleicht bestätigte sich das Stichwort: ‚Mit Geduld und Zeit kommt man weit.'", argwöhnt John. „Ich bin zuversichtlich, dass unsere jetzige Besetzung hält, bis wir beschließen, nicht weiterzumachen. Zu wissen, dass die anderen in der Band pünktlich sind, wenn man sagt: ‚Alle müssen um acht hier sein, um zum Flughafen aufzubrechen', entspannt ungemein. Jeder ist bereit zum Aufbruch, und man muss sich um nichts sorgen."

Andrews´ und Butlers Aufnahme festigte das Kräfteverhältnis innerhalb der Gruppe. Obituary bestanden nun aus fünf Mann, die an einem Strang zogen und willens waren, sich fürs übergeordnete Wohl gleichwertig einzubringen. John bemerkt, Kennys Einsatz für sein Handwerk sei vorbildlich, weil er so viel aufgebürdet bekam, als er hinzustieß. Zudem betont der Frontmann, der Gitarrist sei gleichermaßen zur Ulknudel und Zielscheibe des Spotts in der Band geworden.

„Er ist ein echter Kämpfer, denn wir haben den armen Tropf weiß Gott gehörig runtergeputzt", räumt John ein. „Zu allen möglichen Gelegenheiten wird er auf diese oder jene Weise mit Häme überzogen. Wenigstens hat er Spaß daran, glaube ich. Was wir momentan in der Band haben, ist toll. Jeder steht dort, wo man ihn braucht. Kenny lässt sich aber durch nichts erschüttern. Er ist derjenige, der nach einer Show im vorderen Aufenthaltsbereich des Busses auf dem Boden pennt, während ringsum zehn andere Personen feiern. So etwas lasse ich mir den ganzen Tag lang gefallen. Mach deine Arbeit, und hinterher bin ich der Erste, der versucht, dich zu deiner Koje zu bringen, wenn es sein muss. Wir amüsieren uns gerne; das erkennt man wohl an unserem aktuellen Line-up."

„Bei meinem Einstieg hat mich John ein bisschen eingeschüchtert", gibt Andrews zu. „Er spricht nicht viel, war aber sehr freundlich, und daraufhin lief alles locker. Diese Songs zu spielen machte mich nervlich fertig, doch als wir anfingen, ein wenig herumzualbern, und auf Tour gingen, machte es großen Spaß. Alle in der Band sind so cool und gelassen. Da ich der Einzige bin, der nicht aus Florida kommt, reiten sie gerne darauf herum, denn ich fragte ständig: ‚Was tun wir jetzt?' Sie sind so relaxt und antworten immer: ‚Mach mal ruhig, Nervenbündel.'"

„Es geht nicht darum, wie gut du spielen oder auch nur eine Gitarre flicken kannst", verdeutlicht Donald, der Andrews als Drummer von Andrew W.K. kennenlernte. „Ausschlaggebend sind deine Persönlichkeit und die Frage, wie du auf Tour und im Bandalltag mit den anderen auskommst. Ken ist gut darin. Er weiß sich einzugliedern, versteht sein Umfeld und die Leute, für die er arbeiten muss. All dies ordentlich zu machen versteht er hervorragend. So behält er Jobs und Engagements: weil sich seine Arbeitgeber in ihn verlieben – nicht in seine Expertise beim Saitenwechseln; ein Freund und Bandkollege im Bus auf Tour zu sein ist genauso wichtig, falls nicht sogar wichtiger."

Obituary liebäugelten mit Crowdfunding, als sie mit der Planung für ihr neuntes Studioalbum anfingen. Dabei handelt es sich im Grunde um Internetspendenkam-

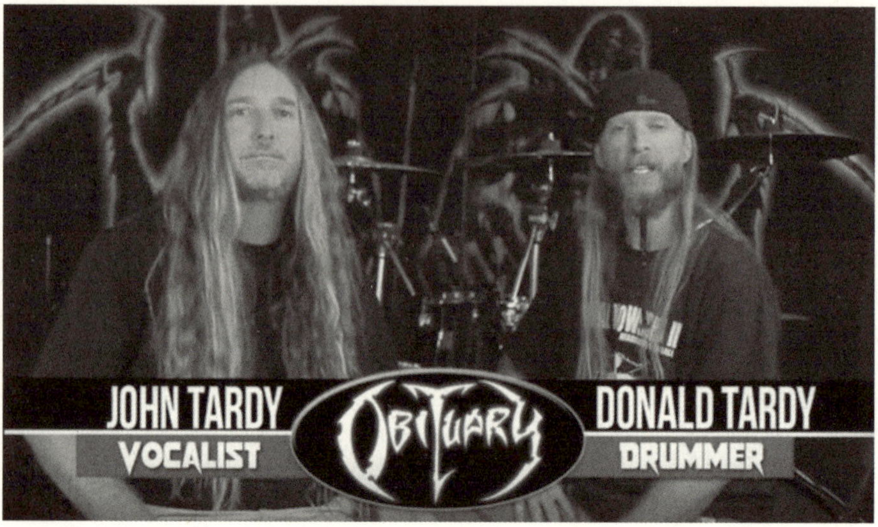

Standbild aus Obituarys Kickstarter-Video zu *Inked in Blood.*

pagnen, die beliebter wurden, als Bands erkannten, dass ihre Fans bereit sind, ihre Bestrebungen zu subventionieren und zum Dank dafür beispielsweise signiertes Merchandise, Exemplare eines neuen Albums oder die Gelegenheit zu persönlichen Treffen erhalten. Angesichts des allmählichen Niedergangs der Branche hat sich Crowdfunding zu einem erfolgreichen Hilfsmittel entwickelt. Plattenfirmen sind nicht mehr in der Lage oder gewillt, hohe Vorschüsse zu zahlen, damit Bands Alben mit teuren Produzenten und Toningenieuren in traditionellen Studios aufnehmen können. Mittlerweile wünschen sich Musiker während des Schaffensprozesses mehr Kontrolle und Flexibilität bis in den Herstellungs- und Vertriebsbereich hinein – Zuständigkeiten, die früher den Labels vorbehalten waren.

Als sich Obituary für *Inked in Blood* an die Arbeit machten, war die Unterzeichnung eines althergebrachten Plattenvertrags zur Finanzierung eines Albums nicht mehr von Belang – sie waren alles andere als beeindruckt von Candlelight und lehnten Angebote ähnlicher Firmen ab. Während sie 2013 mehr über Crowdfunding erfuhren, erschloss sich ihnen der Sinn eigener Kampagne; daher sollten die beiden darauffolgenden Jahre zu den geschäftigsten – und ertragreichsten – ihrer Karriere werden.

Obituarys Crowdfunding-Kampagne bei Kickstarter begann am 2. August 2013 mit 10.000 Dollar als Zielspendenbetrag. Dieser wurde am nächsten Tag erreicht. Müßig zu erwähnen, dass die starke Unterstützung für ein Unterfangen, das in den 1990ern unergründlich gewesen wäre, die Band angenehm überraschte. Sie sah sich in ihrer Annahme bestätigt, die Geschäftsmodelle, die ihre Laufbahn bis dato bestimmt hatten, seien nun veraltet. Bis zum 29. April 2015 spendeten 925 Unterstützer knapp über 60.000 Dollar.

„Wir fingen an, uns zu fragen: ‚Wozu brauchen wir überhaupt noch Plattenfirmen?'", erzählt John. „„Welche Rolle spielt heutzutage ein Vertrieb? Kaufen Kids CDs in

Läden?' Viele gibt es nicht mehr. Labels verfügen über Marketingmaschinerien, die hilfreich sind, doch wir dachten nicht zum ersten Mal: ‚Wir müssen das selbst übernehmen.' Zuvor hatten wir uns immer ein bisschen davor gescheut, doch jetzt waren wir fest entschlossen, die ganze Sache allein zu stemmen."

Inked in Blood war die dritte Obituary-LP in Folge, die im Redneck Studio in Gibsonton/Florida aufgenommen wurde. Das über die Kampagne gesammelte Geld wurde zuerst zum Aufrüsten des Studios aufgewendet, ferner halfen die Spenden beim Decken der Kosten für Produktion, Mix und Mastering, der Rest ging an den deutschen Künstler Andreas Marschall, der fürs Cover und Layout herangezogen wurde. Es war von Anfang bis Ende ein richtiges Do-It-Yourself-Projekt. Das Beste dabei: Weder beteiligte sich eine Plattenfirma, noch gab es Deadlines. Die Musiker arbeiteten an dem Album, wenn es ihnen behagte, was mit ein Grund dafür war, dass es fünf Jahre nach *Darkest Day* herauskam.

Obituary standen mit mehreren Labels und Werbefirmen in Kontakt, während sie an *Inked in Blood* arbeiteten. Anfangs spielten sie unter anderem mit dem Gedanken, die Platte selbst unter dem Banner Gibtown Records zu veröffentlichen und eine Agentur zu beauftragen, ihnen bei der Promotion zu helfen. Der Vertrieb RED und The Syndicate lagen weit vorne und wurden fast angehört, doch die Band wollte alle Offerten gegeneinander abwägen und sich dann entscheiden.

Der etwas fade Beigeschmack, den die Veröffentlichung zweier Alben über Candlelight hinterlassen hatte, hinderte Obituary nicht daran, mit Century Media und Relapse zu verhandeln, die seinerzeit zu den prominenteren unabhängigen Metal-Labels zählten. Das Verkaufsargument der Band war damals simpel: Sie konnten eine bestimmte Menge verkaufter Tonträger garantieren, weil ihre Fans gespannt auf neue Musik warteten, und das neue Label würde ein fertiges Album bekommen. Sie wollte aber wie zuvor bei Candlelight einen Lizenzvertrag abschließen, der ihnen gerechte Gewinnanteile zusicherte. Nach einer forcierten Verhandlungsperiode kündigten Obituary und Relapse im Juni 2014 ihre Partnerschaft an.

Die Firma, die Matt Jacobson 1990 im Keller seines Elternhauses in Colorado gegründet hatte, wurde in der anschließenden Dekade zu einem wichtigen Auffangbecken für Death Metal. Sie betreute in den 1990ern Acts wie Amorphis, Deceased, Dying Fetus, Incantation oder Nile; in den 2000ern erweiteten The Dillinger Escape Plan und Mastodon das Programm. Seitdem sind Relapse in experimentelle und rockige Gefilde vorgestoßen, auch wenn sie Death Metal quasi mit der Muttermilch aufgesogen haben.

2010 schloss sich das Label mit Perseverance Holdings Ltd. kurz, dem Unternehmen des früheren Death-Managers Eric Greif, um die Rechte an Chuck Schuldiners Repertoire mit Death und Control Denied zu übernehmen. Eine 2011 lancierte Reihe von Death-Wiederveröffentlichungen fand Anklang bei den Fans, die nach zünftigen Neuauflagen von Schuldiners schwer zu findenden, nicht mehr gepressten Katalogtiteln verlangten. Der Erfolg dieser Reissues machte die Plattenfirma für eine andere Band aus Deaths Ära reizvoll: Obituary.

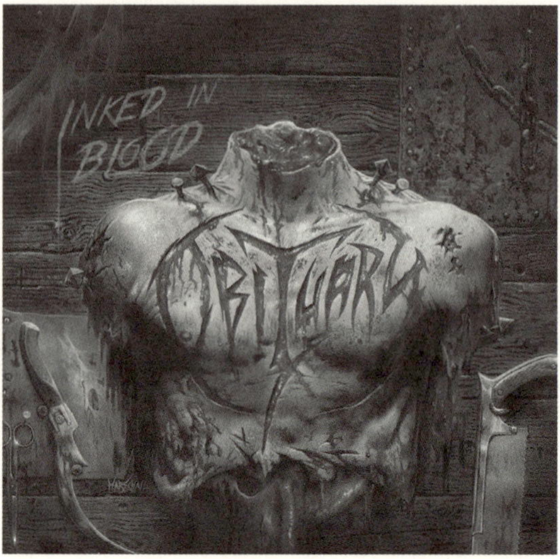

Obituarys *Inked in Blood*, 2014, Relapse Records.

„Relapse waren ein Label, das einen Nutzen für sich selbst darin erkannte, uns im Programm zu haben", sagt Donald. „Ich schätze, die meisten Labels würden uns bei sich aufnehmen. Unser Anwalt Eric hat ein sehr gutes Verhältnis zu den Relapse-Leuten. Er war derjenige, der uns riet: ‚Schaut sie euch genau an. Sie sind eine kleine Firma und werden sich stark auf euch konzentrieren. Sie sind unheimlich kreativ und innovativ.' Das machte uns hellhörig, also erwiderten wir: ‚Lass uns mit ihnen reden.'"

„Sie begannen mit einem Geschäftsplan für uns und behandelten uns nicht wie ein beliebiges Pferd im Stall", fährt der Drummer fort. „Wir sind Businesspartner von Relapse und machen halbe-halbe mit ihnen. Was an Kosten und Gewinnen in den Bereichen Druck, Vertrieb, Videoproduktion und weltweiter Pressearbeit anfällt, wird geteilt. Das hat unsere Betrachtungsweise erheblich verändert, wir sind ja keine 20-Jährigen mehr. Wieder bei einem Label zu unterschreiben – einem größeren Label – bedeutete immer noch einen typischen Plattenvertrag über zwei oder drei Alben, Einigung auf ein Budget für die Produktion und einen bestimmten Dollarbetrag pro verkaufte Einheit, sobald das Geld wieder drin ist, das es uns geliehen hat. Das ist ein typischer Plattenvertrag. An so etwas hatten wir kein Interesse mehr."

Rennie Jaffe, der Leiter von Relapse in Nordamerika, nennt die ersten vier Alben der Band als prägend für die Ausrichtung des Labels in den 1990ern. Seiner Einschätzung zufolge sind Obituary die „Paten der Szene", doch sie wirklich zu signen schien nicht möglich zu sein, bis man beschloss, aufs Geratewohl an sie heranzutreten.

„Ich weiß noch genau, wie sie Crowdfunding für die Plattenaufnahmen machten", sagt Jaffe. „Einer von uns hier meinte: ‚Hey, wir sollten mit Obituary reden. Probieren wir´s.' Ich habe explizit geantwortet: ‚Obituary würden sich nie auf Relapse einlassen.' Allein die Vorstellung kam mir unrealistisch vor. Selbst Bands, die im Death Metal bekannt wurden und bei uns unter Vertrag standen, wenn auch nicht mit ihren ganz

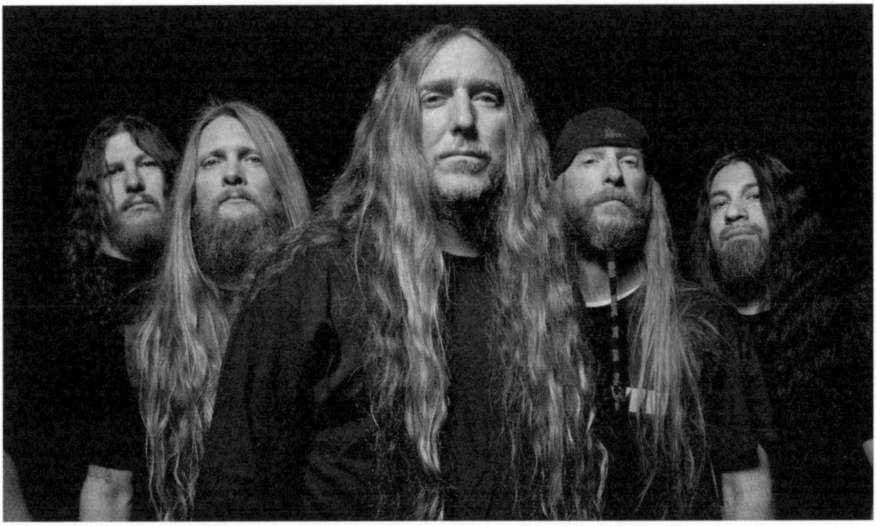

Obituary circa 2014. Foto von Ester Segarra.

frühen Veröffentlichungen, wuchsen mit dem Label, als sie noch klein waren. Hält man sich unsere Historie vor Augen, haben Relapse nie etablierte Bands gesignt. Das ist jetzt anders, weil sich die Musikindustrie gewandelt hat, genauso wie unsere Philosophie. Unter den wenigen Acts, die wir selbst kontaktierten und mit denen wir schließlich arbeiteten, sind Obituary altgediente Helden."

Der Band gefiel die Vorstellung von Relapse als bekanntem und geachtetem Label mit überschaubarer, aber beflissener Belegschaft, die sich im Vertriebs- und Werbebereich auskannte. Sie wollte sich die neue Mobiltechnik zunutze machen, um ihre Musik an den Fan zu bringen. Relapse machten sofort Vorschläge für die Digitalpromotion von *Inked in Blood* und wollten sicherstellen, dass Obituary-Fans wussten, wie sie das Album bekommen konnten, ob online, auf ihren Handys oder im Handel. Die Gruppe wusste, dass sie auf dem richtigen Dampfer war, als Angestellte des Labels unaufgefordert anriefen, um Ideen zu teilen, oder ihre eigenen Anrufe binnen Minuten erwiderten. Vor allem fühlte sie sich zum ersten Mal in ihrer Laufbahn von einer Plattenfirma geschätzt und gewürdigt.

Relapse veröffentlichten *Inked in Blood* am 24. Oktober 2014. Da die Band das Album schon lange fertiggestellt hatte, ging der Versand sämtlicher Bestellungen im Rahmen ihrer Crowdfunding-Kampagne dem Release voraus. Die Arbeit wurde aufwändiger als erwartet. Obwohl ihnen das Abwickeln und Verschicken von Merchandise-Ordern nicht fremd war, stellten Obituary bald fest, dass die Sendung Hunderter personalisierter und einmaliger Artikel so viel Zeit veranschlagte, dass sie sich fast nicht bewältigen ließ. Sie verbrachten mehrere Tage am Stück damit, bergeweise Merch zu durchstöbern und in Päckchen zu stopfen. An einem Tag fuhren sie mehrmals zur Post, und am nächsten ging es genauso weiter. Die Band schwor sich, jede Bestellung auszuliefern – und tat es auch, musste sich aber dann um verlorengegangene oder beschädigte Päckchen, falsche Adressen und besorgte Fan-Mails kümmern.

Peres schätzt, man habe annähernd 20.000 Dollar für den Versand und 8.000 für die Herstellung der Produkte ausgegeben, darunter CDs, T-Shirts und Vinyl. Als alle Order versandt und abgerechnet waren, seien etwa 7.000 Dollar übrig gewesen (nachdem Kickstarter ihren Standardprozentsatz abgezogen hatten). Wenngleich dieser Gewinn nicht zu verachten war, schlugen sie sich den Plan aus dem Kopf, mit Gibtown eventuell andere Bands aus dem Raum Tampa zu signen.

Zuletzt gelang es Obituary, der Flut an Bestellungen und Anschluss-Fan-Mails Herr zu werden (John bemerkt, er sei für verlorene oder beschädigte Waren zuständig gewesen). Die Fans durften sich ihrerseits an *Inked in Blood* ergötzen, einem zwölf Song schweren Batzen klassischer Obituary, der zwischen charakteristischen Mid-tempo-Schoten und forschen Uptempo-Ausbrüchen pendelte. Das Album enthält auch eine Premiere für die Band: Akustikgitarren in 'Visions in My Head' auf einen Vorschlag von Andrews hin, der sie auch einspielte, und zwar mit dem Instrument seiner Freundin.

Während der Produktion des Albums reiste er jeden Werktag nach Tampa, wo er oft mit Donald aufnahm. Als die Rhythmusgitarrenspuren im Kasten waren, erfreute er sich beim Einspielen der Solos an der entspannten Atmosphäre, die bei den Tardy-Brüdern vorherrschte. Donald sagte ihm, er dürfe so häufig neu ansetzen, wie er wolle; John und Produzent/Tontechniker Mark Prator würden die besten Takes nehmen. Kenny leistete Folge, musste sich aber als Leadgitarrist mehr denn je ins Zeug legen. *Inked In Blood* war das erste Album seit den 1990ern, an dem er mitwirkte.

„Ich schaffte mir dafür wieder Solosachen drauf, die ich jahrelang nicht gebracht hatte“, sagt er. „Mir schwebten einfache Solos und ein paar Heuler hier und dort vor – auf dieser Platte wollte ich mich nicht zu weit aus dem Fenster lehnen. Für viele Parts hatte John keine Vocals, also nutzte ich sie für meine Solos. Jedenfalls war ich zufrieden mit dem Ergebnis. Bis dahin hatte ich nie etwas Besseres fertiggebracht.“

Auch Butler setzte auf *Inked in Blood* Akzente. Wohingegen Frank Watkins überwiegend dazu neigte, Peres' Gitarrenriffs zu folgen, ist Terry laut Donald der erste Obituary-Bassist, „der eine eigene Identität hat.“ Dies ergibt sich teils aus seinem Verstärkersetup: Er verwendet wie Trevor ein RAT-Verzerrer-Pedal, das die tiefen Frequenzen seines Topteils schluckt. Es ist dasselbe Ampeg SVT Pro 2, das er sich 1988 als Death-Mitglied zugelegt hatte. Im Verbund mit den Saiten und Tonabnehmern, die er benutzt, entstand so ein Sound, der Obituary eine weitere Dimension verlieh. „Ich spiele mit dem Plektrum, das ist ebenfalls ein Einfluss“, bemerkt er. „Das entspricht zudem meiner Spielweise, und wenn man all das zusammennimmt, ergibt sich ein mörderischer Basssound. Ich will nicht der Typ sein, der mit einem arg dumpfen Bass im Hintergrund herumdümpelt, sondern ein Teil der Klangkulisse sein.“

„Er ist derjenige, der einfach alles zusammenhält und als Anker der Band fungiert“, verdeutlicht Donald. „Darüber hinaus macht er schon so lange Musik und liebt sie so leidenschaftlich, dass man es hört. Er spielt sehr solide. Das ist jetzt ein wichtiges Element unseres Sounds und genauso wichtig wie Trevors Gitarrenton. Ab *Inked in*

Blood fingen wir an, uns in ein völlig anderes Monster zu verwandeln, und Terrys Sound bereicherte unsere Produktion. Allein dadurch, dass er mit Plektrum spielt und knackig klingt… er bringt alles sauber rüber. So wie er Obituarys Songs spielt, sollten sie gespielt werden."

Inked in Blood stieg auf #75 der Billboard 200 ein – Obituarys bislang höchste Chartposition. Fünf Jahre nach ihrem letzten Studioalbum und im Zuge zweier schwieriger Besetzungswechsel stand die Platte für eine neugeborene, ausgeruhte und wiedererstarkte Band. Die achtbaren Verkaufszahlen und Fan-Reaktionen untermauerten die Tatsache, dass Obituary, obgleich die Crowdfunding-Kampagne viel Arbeit gewesen war, den richtigen Riecher hatten.

„Wir haben uns mit der Kampagne ein bisschen übernommen", gesteht John, „doch sie erfüllte ihren Zweck, weil wir dadurch in die Lage kamen, unsere Karriere nach unseren eigenen Vorstellungen fortzusetzen. Das tat sie wirklich. Sie gab uns die Freiheit, jedem zu sagen, dass das, was wir wollen, das ist, was er tun muss, oder er wird nicht mit uns arbeiten. Endlich konnten wir den Punkt erreichen, an dem wir jetzt stehen."

„Offengestanden wäre *Inked in Blood* auch über uns herausgekommen, wenn wir es nicht gehört hätten", fügt Jaffe hinzu. „Meiner Meinung nach gibt es sehr viele andere Bands – nicht nur im Death Metal oder Metal generell, sondern genreübergreifend –, die nach 20 Jahren und mehr als sieben Alben lediglich über die Runden kommen und ein Kernpublikum haben, das ihr Schaffen nicht sonderlich kritisch bewertet; man kann irgendeine Platte veröffentlichen, und die Leute kaufen sie. Obituary machten hingegen Musik, die teilweise so gut war wie nie zuvor. Wir dachten nicht: ‚Heiliger Strohsack, wir dürfen mit Obituary arbeiten, die noch ganz nette Alben machen.' Nein, sie erlebten definitiv einen zweiten kreativen Frühling und hielten sich großteils an das, was sie immer gewesen sind, jedoch ohne etwas aufzuwärmen. Sie fanden dadurch ein Gleichgewicht, dass sie dem, was Obituary sind, treu blieben und keine Alben verwursteten, die sie mit 20 aufgenommen hatten."

Mit dem Release von *Inked in Blood* begann die goldene Spätphase von Obituarys Laufbahn. In Deutschland, wo sie immer ein starkes Gefolge hatten, gelang ihnen beim Rock Hard Festival 2014 ein Triumphzug, der für Andrews eine Offenbarung war. Der Gitarrist wusste von den schwierigen Abschnitten der Tourneen für *Xecutioner's Return* und *Darkest Day*, die nicht so gut besucht waren, wie sie hätten sein sollen. Sobald die hingerissene deutsche Menge der Band ihren Segen gab, drehte sich der Gitarrist zu Donald um, der nickte, wie um zu sagen: *Ich hab's dir versprochen!*

„Zuvor hatte ich für sie gearbeitet, bei Clubshows in den USA", erinnert sich Kenny. „Dort kamen jeden Abend mehrere Hundert Leute. Ich wusste nie, was mit dem ‚großen Ding' im Sinne von ‚Oh Gott, das ist ein berühmter Name' gemeint war. Die Jungs traten vor schlappen 300 Nasen auf. Dann zog ich weiter und arbeitete für andere Bands. Als ich zu ihnen zurückkehrte, hatten sie plötzlich ein besseres Management, bessere Booking-Agenten – einfach bessere Abläufe. Das Rock Hard Festival war für mich der entscheidende Moment für ein Comeback, weil wir dort so gut ankamen und es einfach nicht aufzuhören schien. Die Begeisterung brach auch danach nicht ab."

Auf Tour für *Inked in Blood* spielten Obituary vor so vielen Zuschauern wie seit den 1990ern nicht mehr, erfreuten sich in Nordamerika an erstklassigen Billings mit Cannibal Corpse, Carcass und Death to All (einer Tribut-Band ehemaliger Death-Mitglieder) und reisten mehrmals nach Europa. Nachdem die Band Line-up- und Label-Wechseln getrotzt hatte, erntete sie endlich die Früchte jahrelanger harter Arbeit und Hartnäckigkeit. Unterstützt von einer hilfsbereiten Plattenfirma und in ihrer bislang stabilsten Besetzung feierte die Gruppe ihr 30-jähriges Bestehen mit einer Bestandsaufnahme.

Donald: „Als Bandmitglieder so gut befreundet zu sein wäre immer noch toll gewesen, aber wenn man hingeht und sich den verdammten Arsch abrackert, wie wir es für dieses Album taten, erkennt man, was für ein Glück man hat. Auf Tour – insbesondere mit anderen Bands – sieht man nämlich, wie diese Bands sind und in welcher Beziehung die Musiker zueinander stehen. Es ist nicht immer Sonnenschein. Fans denken: ‚Ihr seid eine Band, das macht bestimmt total viel Spaß, und den müsst ihr Jungs haben.' Manche Bands haben ihn nicht. Für einige ist es ein Geschäft. Die Mitglieder sprechen nicht mal miteinander. Das ist kein laues Leben, sondern wie eine Ehe unter fünf Personen. Manchmal wird's frustrierend, man hat nie Ruhe und Frieden. Im Bus sitzt man mit zwölf anderen Personen, aber das ist herrlich, wunderbar. Es fühlt sich so cool an, denn ich sage es gern; ich kann ganz laut, stolz und ehrlich sagen, dass wir Freunde sind – Kumpels –, einander respekti
ren, gerne zusammenkommen und uns als Familie begreifen. Das ist viel wichtiger als die Frage, welchen Song man als nächstes schreibt. Vielmehr kommt es darauf an, sich gewiss sein zu dürfen, dass man das gemeinsam durchzieht und sich gegenseitig den Rücken freihält. Momentan herrscht bei Obituary volle brüderliche Liebe unter fünf Mann, die einander echt verdient haben."

KAPITEL 17

OBITUARY

Obituarys selbstbetiteltes zehntes Studioalbum, das am 17. März 2017 erschien, fiel mit einer Death-Metal-Renaissance zusammen. Die Relikte Cannibal Corpse, Decrepit Birth, Dying Fetus, Immolation, Incantation und Suffocation hatten alle nachweislich starke Alben herausgebracht, was klar und deutlich darlegte, dass Bands, die sich im zweiten oder dritten Jahrzehnt ihres Bestehens befanden, noch etwas zu sagen wussten. Die neue Welle aus Artificial Brain, Necrot und Tomb Mold begeisterte mit LPs, die genauso unberechenbar waren, wie sie mit den Ursprüngen des Stils konformgingen. In dem Jahr gab es bemerkenswert viele Genre-Releases, was die Grabreden, die in den späten 1990ern auf die Szene gehalten worden waren, irrelevant machte.

Der Wiederaufstieg des Death Metal ermöglichte den Mitgliedern von Obituary einen seltenen Augenblick der Reflexion. Sie sahen sich in ihre Prägezeit im Elternhaus der Tardys zurückversetzt; zunächst auf Coverversion von Metallica, Nasty Savage und Slayer herumlärmend, dann als Executioner und Xecutioner stetig an eigenem Material feilend. Die Band kann nur den Kopf schütteln, wenn sie sich ihre besten Jahre bei Roadrunner vergegenwärtigt, in denen sie nahezu pleite von Tourneen nach Hause kam. Und als sie ab 1998 eine fünfjährige Pause einlegten, war sie sich beinahe sicher, sie sei Geschichte. Bei ihrer Rückkehr mit *Frozen in Time* 2005 wussten Obituary kein bisschen, wie die Metal-Szene reagieren würde. Nach fast 15 Jahren Arbeit im Zuge ihrer Reformierung, die von manchen Schwierigkeiten gekennzeichnet waren, hatten sich ihre Geduld und Beharrlichkeit endlich ausgezahlt. Die Zeit bis zu Album Nummer 10 war wie im Flug vergangen, wenn auch ohne Skandälchen.

Wohlgemerkt machte sich die Gruppe 2016 keine Gedanken über solcherlei Dinge, während sie *Obituary* komponierte und zusammenfügte. Sie befand sich nach der erfolgreichen Crowdfunding-Kampagne für *Inked in Blood* auf einem Hoch, und die Tourneen zur Platte gehörten zu ihren besten (und stressärmsten) seit Jahren. Die Neuzugänge Kenny Andrews (Leadgitarre) und Terry Butler (Bass) integrierten

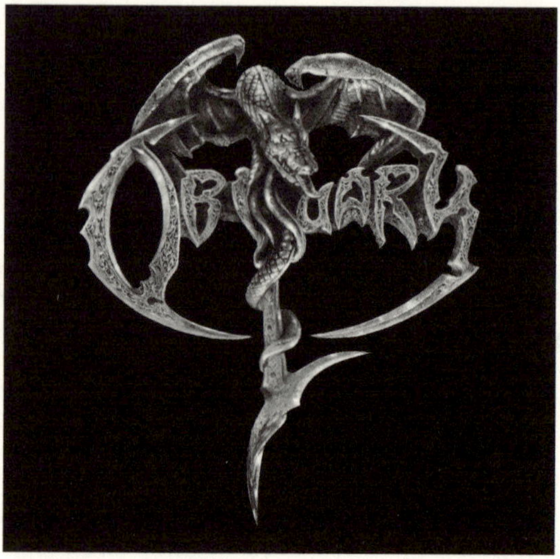

Obituarys *Obituary*, 2017, Relapse Records.

sich nahtlos ins Line-up und wurden sowohl in geschäftlicher als auch musikalischer Hinsicht wertvolle Beiträger. All dies begünstigte die Anlaufphase für eine der rundum gelungensten und dynamischsten Platten ihrer Karriere.

Das Material auf *Obituary* stellt eine direkte Verbindung zwischen *Cause of Death* und den Groove-betonten späteren Jahren der Band her. Die abermals unter der Aufsicht von John und Donald Tardy (mit Mark Prator als ausführendem Produzenten und Mixer Joe Cincotta) im Redneck aufgenommenen Stücke ergeben das vermutlich am besten klingende Album, das Obituary selbst aufgenommen haben. Die elf Tracks, die es auf die finale Songliste schafften (neben dem von Andrews geschriebenen Bonus ´No´) entstanden dadurch, dass sich die Band an ihren Grundsound hielt und behutsam neue Elemente einfügte.

„Es ging uns so natürlich von der Hand", betont Donald. „Wir hatten unsere Nische schon gefunden – daran besteht kein Zweifel –, waren aber an diesem Punkt unserer Karriere bessere Songwriter und Musiker. Darum mussten wir nichts erzwingen. Beim Komponieren und Abmischen des Albums hatten wir dieses Gefühl von: ‚Mann, diese Songs sind so gut.' Wir versuchen nicht, das Rad neu zu erfinden; wir möchten bloß Obituary sein."

„Ich liebe die Platte", schwärmt John. „Ich bin froh darüber und stolz darauf, wie unser selbstbetiteltes Album ausgefallen ist. Es *Obituary* zu nennen… wie die meisten Dinge, die wir tun, haben wir das nicht abgesprochen. Das ergab sich einfach so. Es war eine jener Situationen, in denen ein Titel passte, ohne dass wir deshalb großen Rummel hätten machen wollen. Er schien dem zu entsprechen, was wir spürten und taten. Ehrlich, mir fiel zunächst nicht einmal auf, dass es sich um unser zehntes Album handelte, der Zeitpunkt in unserer Laufbahn kam uns einfach gelegen vor. Die Platte ist großartig."

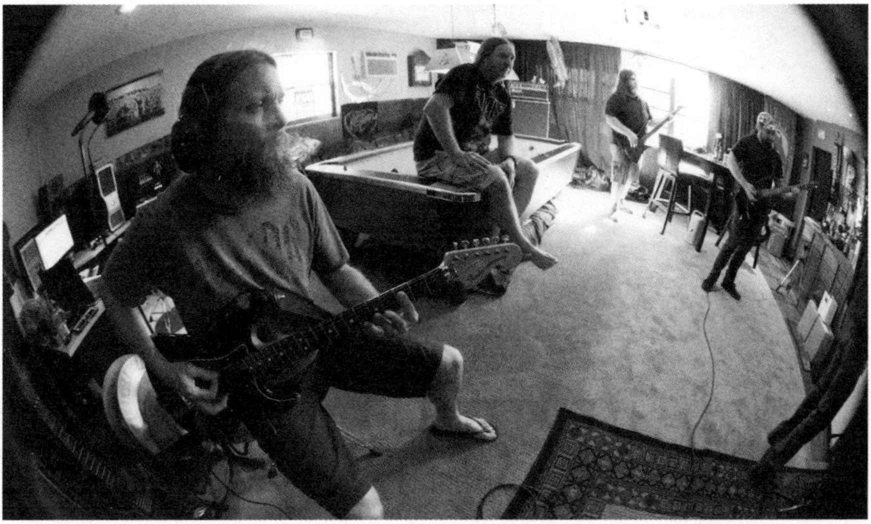

Proben in den Redneck Studios. Foto von Tim Hubbard.

Die beiden flotten Nummern 'Brave' und 'Sentence Day' eröffnen den Reigen. Das zweite Stück sticht durch Kennys Leads hervor, in denen er das Iron-Maiden-Duo Adrian Smith und Dave Murray zusammen mit Metallicas Kirk Hammett als Einflüsse verarbeitet. Das sumpfige 'A Lesson in Vengeance' wirkt brachial großtuerisch. 'It Lives' greift genauso wie 'Turned to Stone' tief in die Celtic-Frost-Mottenkiste. Weiterhin enthält das Album Andrews' erste kompositorische Beiträge: 'End It Now' und den besagten Bonustrack 'No', den das Decibel später auf einer Flexi-Disc herausbrachte. Der nunmehr gänzlich integrierte Leadgitarrist sagt, er habe darauf geachtet, dass sein Spiel und Songwriting Obituarys stilistischen Grundfesten Rechnung trug.

„Was ich an Trevors Riffs bemerkt habe", sagt er. „Er verwendet Barrégriffe und schlägt die tiefen Töne an, das ergibt ihren charakteristischen Sound. Ich wusste, dass ich ein paar davon bringen muss. 'No' ist ein hundertprozentiger Thrasher. Als ich ihn schrieb, enthielt er anfangs viel mehr Riffs. Wenn man so etwas dann durch den ‚Obi-Filter' jagt, sagen die anderen Jungs: ‚Hä? Nein, nein. Das brauchen wir nicht. Die 15 Riffs hier sind unnötig, beschränke dich in dem Song auf ein paar.' Indem ich ihren Kram über mehrere Jahre hinweg hörte und spielte, lernte ich, was funktioniert. Gleichzeitig klingen diese Nummern definitiv anders als reguläre Obituary-Songs."

Andrews nahm viele seiner Leads in verschiedenen Hotelzimmern auf, während er als Gitarrentechniker mit Trivium tourte. Obituary verwendeten also zum ersten Mal aus der Ferne eingespielte Spuren. Die Leads von 'Sentence Day' lösten wegen ihrer Harmonien (eine Seltenheit in der Bandgeschichte) und Classic-Metal-Schlagseite das längste Hin und Her aus. Ursprünglich bat Donald um ein Solo à la Kirk Hammett, vornehmlich wie in seinen frühen Aufnahmen auf *Kill 'Em All* und *Ride*

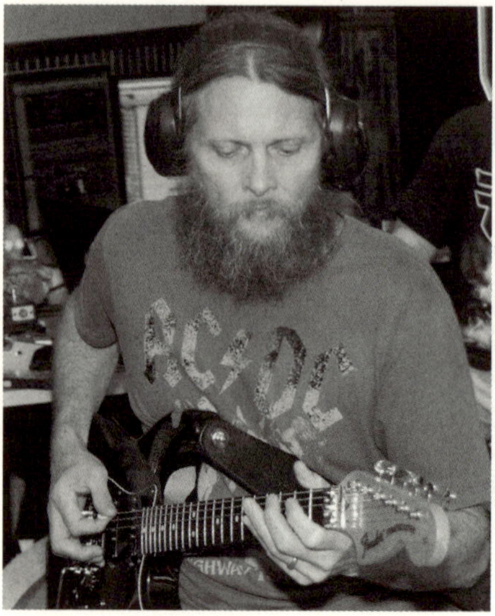

Trevor Peres.
Foto von Tim Hubbard.

the Lightning. Kenny, der sich ungern zu ausgiebig auf seine Tage als Thrasher bei Azrael bezog, sträubte sich dagegen. „Ich schickte ihnen, was ich hatte", erzählt er. „Donald schrieb mir eine Nachricht: ‚Mann, was haben wir dir gesagt? Wir wollen Kirk Hammett.' Ich erwiderte: ‚Meint ihr das ernst? Ich sagte, ich habe das mein ganzes Leben lang gemacht. Soll ich es jetzt auf einer Platte verewigen?' Donald beharrte: ‚Tu´s einfach!' Ich saß auf meinem Hotelzimmer in New Jersey und rotzte das Solo um elf Uhr morgens in einem Rutsch raus. Das Pull-off darin entstand aus echter Wut. Ich fügte alles zusammen und schickte es zurück. ‚Da', schrieb ich. ‚Nehmt das. Falls es euch nicht gefällt, leckt mich.' Donald und John antworteten: ‚Volltreffer!'"

Obituary zeigten einen Monat vor Albumveröffentlichung ein Lyric-Video zu ´Turned to Stone´ womit sie die lange Tradition aufgaben, Johns Texte nicht zu teilen. Obwohl viele im Lauf der Jahre versucht haben, seine mutmaßlichen Worte zu transkribieren, wehrt sich der Frontmann seit je dagegen, seine tatsächlichen Textblätter herauszurücken; möglicherweise bleiben sie für immer unter Verschluss. Seine Stimme hat sich so weit entwickelt, dass man ihn so gut wie nie zuvor versteht – ganz anders als auf *Slowly We Rot* und *Cause of Death*, die bekanntermaßen kaum Lyrics enthielten. Jene von ´Turned to Stone´ publik zu machen widerstrebte ihm zunächst, doch sie gefielen ihm so gut, dass er schließlich nachgab.

„Als ich gebeten wurde, fragte ich zuerst: ‚Echt?' Während ich gründlicher darüber nachdachte, wurde mir bewusst, dass der Song ein paar coole Zeilen hatte, also wurde das Video, das wir gemacht haben, ziemlich schmissig. Ich bin sehr zufrieden mit den Animationen darin. Wie der Produzent [Craig Gowans von 12 Inch Media] das Plattencover zum Leben erweckt hat, ist auch geil."

Das Cover ist zweifellos ein Blickfänger. Andreas Marschall, der langjährige Stammkünstler der Band, gestaltete ihr berühmtes Logo so um, dass sich ein Drache ums T ringelt. In bester Marschall-Manier strotzt der Schriftzug vor Details. Auf den ersten Blick mag es schlicht wirken, doch das Motiv sagt eine Menge aus, obwohl es keinen gesonderten Plattentitel gibt. „Es ist sehr detailliert", pflichtet Andreas bei. „Eine grundlegende Struktur zu haben, finde ich gut, weil ich mich dann leichter mit den Jungs austauschen und Aktualisierungen vornehmen kann. Das Cover für *Obituary* enthält so viele kleine Elemente, dass es für sich stehen konnte. Wir brauchten keinen Hintergrund. Wenn man genau hinschaut, sieht man etliche Fratzen in den Buchstaben des Bandnamens."

„Obituary-Cover haben Symbolcharakter und fallen ins Auge", fährt er fort. „Man muss sich immer wieder etwas Neues einfallen lassen. Das ist nicht leicht, weil sie außergewöhnlich sein und jeweils besser als das letzte sein müssen – das erwarten die Fans. Deswegen sehe ich es stets als Herausforderung an, wenn wir anfangen, gemeinsam an einem neuen Cover zu arbeiten."

Die Videos zu 'The End Complete' und 'Don't Care' dürften hinsichtlich der Zeit, in der sie erschienen, die beliebtesten der Band bleiben. An ihre Entstehung erinnern sich Obituary gern, wenngleich sie längst nichts mehr davon halten, vor laufender Kamera zu posieren, egal an welchem Ort. Spätere Performance-Clips für die *Frozen in Time*-Nummern 'Insane' und 'On the Floor' sowie 'Evil Ways' von *Executioner's Return'* waren tadellos gemacht, doch die Musiker begeisterten sich kaum dafür, sondern betrachteten sie als notwendiges Übel, das den Zeit- und Kostenaufwand nicht wert war (*Darkest Day* förderte keine Promo-Videos zutage, was klar darauf hindeutete, was Obituary 2009 von diesem Medium hielten).

All dies veränderte sich, als die Gruppe 2014 begann, mit dem ungarischen Cartoonisten Balász Gróf zu arbeiten. Er sollte ein Animationsvideo für den *Inked in Blood*-Song 'Violence' produzieren. Zwei Jahre später bedankte er sich mit einem Clip für die Studioaufnahme 'Ten Thousand Ways to Die' auf dem Livealbum gleichen Titels, die danach auch auf *Obituary* landete. Für Gróf war dies der Höhepunkt seiner Zeit als Fan seit den frühen 1990ern, als er außerhalb Budapests gelebt und die Gruppe durch die *Slowly We Rot*-Kassette eines Freundes entdeckt hatte. Er bedauerte damals sofort, sie nicht früher gehört zu haben – sie war nur einen Monat vor seiner Begegnung mit dem Debütalbum in seinem Heimatort Pécs aufgetreten. Er hatte nicht einmal gewusst, dass sie vor Ort gewesen waren, und die Show verpasst.

1992 spielten Obituary im Zuge der Campaign for Musical Destruction als Co-Headliner mit Napalm Death und dem Support Dismember. Gróf war 16 und lebte bei seinen Eltern. Darum brauchte er deren Erlaubnis, um mit dem Zug zum Konzert nach Budapest zu fahren; er bekam sie nicht. Unbeirrt verließ er mittags das Haus, nicht ohne seinen Eltern die Nachricht zu hinterlassen, er werde Obituary nicht wieder versäumen und tags darauf wieder heimkommen. Grófs Eltern ist hoch anzurechnen, dass sie seine Hingabe verstanden und ihn nicht bestraften.

Er veröffentlichte 1996 seinen ersten Comicstrip und begann eine Karriere, die Arbeit an Musikvideos, Werbespots, Plattencover und T-Shirt-Motiven umfasst. Er gehört zu den produktivsten Cartoonisten Ungarns. Unterdessen blieb Gróf ein eingefleischter Obituary-Fan – in seinem Schlafzimmer hingen lange Zeit ein Poster von *The End Complete* und zwei Bandfotos. Nach zahlreichen Animationsaufträgen mailte er der Band 2004, nachdem er von ihrer Reunion erfahren hatte. Und in der Tat erhielt er eine freundliche Antwort von John, der offengestanden nicht wusste, dass er es mit einem zunehmend erfolgreichen ungarischen Comiczeichner zu tun hatte. Gróf wartete jedoch den richtigen Moment ab. 2008 schickte er John ein Animationsvideo zum Song 'Lost in Time' der ungarischen Metalcore-Combo Blind

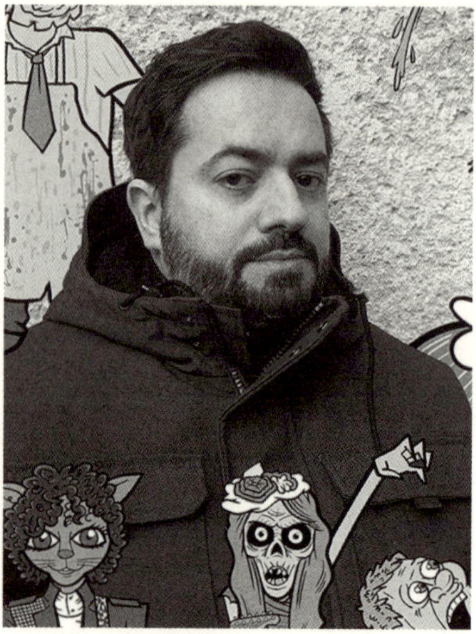

Balázs Gróf.

Myself. Der beeindruckte Frontmann meldete sich mit lobenden Worten zurück und fragte Gróf, was ein entsprechender Clip für Obituary kostete. Dass John Interesse an einer Zusammenarbeit zeigte, fand Gróf „umwerfend", doch er musste sechs Jahre warten, bis er ein Video für Obituary produzieren durfte. Zu guter Letzt beauftragten sie ihn mit einem Clip für 'Violence'. Er schickte ihnen eine kurze Probeanimation voller Blut und Gewalt. Obwohl sie einer typischen Death-Metal-Band Genüge getan hätte, stellten sich Obituary etwas anderes vor – sie baten um ein Video im Stil der klassischen 1970er Zeichentrickserien *Scooby-Doo* und *Fat Albert*, die ohne Gewaltdarstellungen auskamen und kindgerecht waren.

„Erst da kapierte ich, wie die Band eigentlich tickte", bemerkt Gróf. „Die Jungs sind lustig. Sie nehmen sich selbst nicht ernst. Von da an entwickelte sich eine Freundschaft zwischen uns, obwohl wir so weit voneinander entfernt lebten."

In den Clips zu 'Violence' und 'Ten Thousand Ways to Die' wimmelt es vor Insiderwitzen und Anspielungen auf die Charaktere der Bandmitglieder. Ob Donalds Katzenliebe, Peres' Grillfetisch, Andrews' selbstironischer Humor (er wird nicht nur geteert und gefedert, sondern auch mit heruntergelassenen Hosen gezeigt), Butlers distanziertes, aber sanftes Wesen oder Johns ruhige, souveräne Führungsqualitäten – die Videos zeigen eine menschliche Seite von Obituary, die vielen nicht geläufig war. Gróf benutzt ein Tablet mit Digitalstift für seine Animationen. Die selbsternannte Nachteule schätzt seine Arbeitszeit für die beiden Obituary-Clips auf fünf Monate. Wie er anmerkt, gehören jetzt auch Raumschiff-Enterprise-Darsteller William Shatner, Rob Zombie und Testament zu seinen Kunden, doch der Umgang mit Obituary sei am unkompliziertesten. Das Video zu 'Violence' nennt er als Paradebeispiel dafür: Die Band habe ihm ihre Ideen für die Handlung mitgeteilt, doch das Ende offengelassen.

„Das mit Godzilla ist mir eingefallen", sagt Gróf. „Ich fragte die Band: ‚Was, wenn plötzlich Godzilla auftauchen, den Van hochheben und werfen würde, sodass er genau an seinem Zielort landet?' Das gefiel ihnen sofort. Ich freute mich sehr darüber, dass sie mit meinen Einfällen einverstanden waren. Seitdem gab's mehrere Situationen, in denen ich andere Ideen hatte und sie mit ihren kombinierte. Jedes Mal gefiel ihnen das, was ich mir ausdachte."

Stand Sommer 2021 wurden ′Violence′ und ′Ten Thousand Ways to Die′ zusammen zehn Millionen Mal (und die Aufrufzahl steigt weiter) auf YouTube geschaut. Gróf und Obituary arbeiteten gemeinsam an weiteren Clips zur Bewerbung einer Europatour 2018 im Vorprogramm von Slayer und Konzerten unter dem Motto 30 Years of Rotting Slow mit dem ehemaligen Immortal-Frontmann Abbath im Jahr darauf. Peres ist vom Schaffen des Künstlers derart hingerissen, dass er vorgeschlagen hat, einen Obituary-Comic mit ihm zu machen, der eine ideale Erweiterung ihrer Videokollaborationen wäre. Vor allen Dingen zeigen Grófs Werke die Band so, wie sie ist: als heitere, gelassene Truppe mit Humor, die zufälligerweise Death Metal spielt. „Wir nehmen das, was wir tun, ohnehin nicht so ernst“, sagt John. „Zu einigen unserer früheren Videos ließen wir uns breitschlagen – man muss sich irgendein Konzept passend zur Musik einfallen lassen. Die Cartoon-Videos mit Balász waren geil. Ich freue mich darauf, noch eins zu machen. Wir stehen jetzt wegen der beiden Clips unter großem Druck, mit etwas noch Besserem aufzuwarten.“

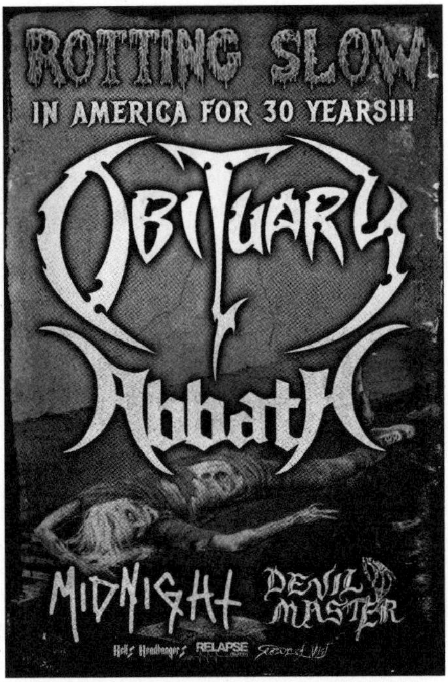

Promo-Poster für die *Rotting Slow in America for 30 Years* Tour von Obituary, Abbath, Midnight und Devil Master.

2018 standen nur noch wenige Bands auf Obituarys Wunschliste für eine gemeinsame Tour. Sie waren mit vielen ihrer Zeitgenossen aus der Death-Metal-Szene Floridas unterwegs gewesen oder gemeinsam lokal beziehungsweise bei Festivals aufgetreten. Außerhalb des Genres hatten sie vor allem mit den New-York-Hardcore-Veteranen Agnostic Front und den deutschen Thrash-Pionieren Kreator gespielt. Obwohl sie nie mit Celtic Frost getourt waren, standen sie 2010 und 2011 während der Festivalsaison in Europa zusammen mit der Nachfolgeband Triptykon auf den Brettern. Eine verbliebene Combo auf ihrer Liste war zufälligerweise auch ihre bedeutendste Inspiration: Slayer.

Die legendären Thrasher aus Los Angeles kündigten ihren Ruhestand im Rahmen einer zweijährigen Abschiedstour an, die im Mai 2018 in Nordamerika startete. Obgleich sie ausführliche, verbindliche Einzelheiten zu ihrem bevorstehenden Aus

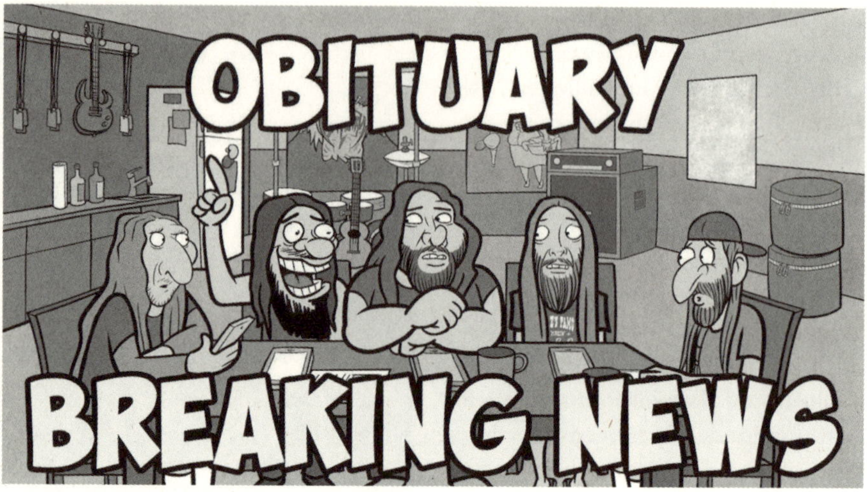

Ankündigung der Tour mit Slayer. Illustration von Balázs Gróf.

schuldig blieben, vermuteten viele, Bassist/Sänger Tom Arayas Desinteresse am Touren sei der Grund. Dessen ungeachtet warf eine der langlebigsten Bands des Metal das Handtuch und wollte noch eine letzte Runde um den Globus drehen. In jenem Frühjahr erhielten Obituary eine E-Mail von ihrem Booking-Agenten, die sie nicht für möglich gehalten hätten: Slayer wollten sie im Herbst nach Europa mitnehmen. „Jede Death-Metal-Band wartet auf dieses Angebot", sagt Donald. „Für mich sind Slayer die ewigen Könige. Sie waren unser aller erste und größte Liebe im Metal. Die Ankündigung, dies sei ihre letzte Tour, schlug natürlich so hohe Wellen, dass sie zu einer Stadionband wurden. Wer hätte gedacht, als wir so 15, 16, 17 waren, Slayer würden einmal in der Wembley Arena [in London] auftreten? Endlich dieses Angebot zu erhalten erzeugte Gänsehaut, und mir sträubten sich die Härchen im Genick. Wir waren gleich aufgeregt und gerieten in Panik, weil wir wussten, dass gleichzeitig wahrscheinlich zehn andere Band angeschrieben wurden. Als unser Agent mitteilte, dass Slayer uns wollten, konnten wir nicht schnell genug antworten: ‚Tu es. Bestätige es sofort. Los, los, los!'"

„Jeder von uns hatte eine Tour mit Slayer auf seiner Bucket List stehen", fügt John hinzu. „Als sie Schluss machen wollten, versetzte uns die Chance, mit ihnen zu spielen, in unsere High-School-Zeit zurück, als wir uns vorm Proben die *The Ultimate Revenge*-Videokassette angeschaut hatten. Wir hätten nicht glücklicher sein können. Ich befürchtete, wir könnten ernüchtert werden wegen des Sprichworts: ‚Hüte dich davor, deine Helden kennenzulernen, sie könnten dich enttäuschen.' Slayers Crew und die Organisatoren behandelten uns aber unglaublich nett. Durch die Bank, alle waren sehr freundlich."

„Ich dachte: ‚Okay, jetzt können wir endlich in Rente gehen!'", ruft Peres aus. „Zuerst und vor allem war es eine Tour *mit Slayer*. Sie sind eine Band, mit der wir in unseren Kinderzimmern headbangend aufwuchsen, während wir die *Show No Mercy*-LP immer wieder laut hörten. Meine Mom fragte ständig: ‚Was zum Teufel treibt ihr da drin?‘ Und ich so: ‚Mom, ich schüttle meine Rübe allein zu Slayer!‘ Sie sind für mich wie Götter. Außerdem handelte es sich um eine Arena-Tour; ich konnte nicht fassen, dass wir endlich in Arenen auftraten. Es war unvorstellbar, gelinde gesagt monumental.“

„Es war genial“, ergänzt Butler. „Ironischerweise schrieb Bill Andrews, der Drummer von Massacre und Death, 1985 in mein Jahrbuch, Massacre würden einmal um die Welt touren und Shows für Slayer eröffnen. An seinen Eintrag zu denken, als Obituary zu einer solchen Tour eingeladen wurden, war eigenartig. Es dauerte lange und geschah mit einer ganz anderen Band, doch ich erreichte dieses Ziel, Shows für Slayer zu eröffnen.“

„Mir kommt es gleichzeitig wie gestern und vor 20 Jahren vor“, sinniert Kenny Andrews. „Für uns alle waren Slayer einfach das Geilste, während wir aufwuchsen. Ich habe viele Tage damit verbracht, sie mit Kopfhörer zu hören. Als wir den Gig bekamen, war die Möglichkeit, die Bühne mit ihnen zu teilen, doch etwas ganz anderes, nachdem ich sie ein paarmal als Roadie auf Tourneen gesehen hatte.“

Slayers Abschiedstour in Europa begann am 1. November 2018 in Dublin, wobei Lamb of God und Anthrax die mittleren Positionen nach Obituary einnahmen. Die Ereignisse im Vorfeld zum ersten Konzert wirkten surreal auf Donald, der erzählt, er habe sich selbst kneifen müssen, als die Band an Bord ihres Flugzeugs nach Europa ging. Das gleiche Gefühl hatte er während Produktionsmeetings und wenn er sein Schlagzeug gemeinsam mit seinem Bruder auf der Bühne aufbaute. Donald hat die Angewohnheit, sich vor Shows hinter sein Kit zu legen, um sich mental vorzubereiten. Diesmal als Einheizer für Slayer bemühte er sich, alles aufzusaugen, bevor die Pforten geöffnet wurden – dies ließ sich mit nichts vergleichen, was der Drummer je erlebt hatte.

„Ich hörte die Fans hereinlaufen und vor die Bühne kommen“ erzählt er. „Wir befanden uns in dieser gewaltigen Arena… Das war so ein tolles Gefühl. Ich konnte es nicht glauben; ich konnte nicht glauben, dass wir gleich mit dem ersten Song des ersten Konzerts der Tour loslegten. Das ging bei jeder Show so. Mein Bruder, Trevor und ich waren wie kleine Kinder: ‚Schnell wachwerden und in die Gänge kommen, denn wir spielen mit Slayer!‘“

Die Band hatte besonders großen Spaß beim Soundcheck. Peres hatte immer wissen wollen, wie sich sein Gitarrensound auf eine richtige Arena übertrug. Als er endlich die Gelegenheit bekam, das Instrument mit seinem Verstärker zu verkabeln und einen Powerchord anzuschlagen, musste er unweigerlich lächeln. Dass der Ton den Saal ausfüllte wie „das Gebrüll eines Kodiakbären“, überrascht nicht. Riesenfreude hatte Trevor außerdem, als das deutsche *Guitar*-Magazin Andrews und ihn vor dem Konzert in München zu ihrer Amp-Einstellung befragte. „Wir saßen dort, und der Interview meinte so: ‚Ich will dieses Tosen hören.‘“, berichtet er. „Wir waren in dieser riesigen, leeren Halle. Ich schlug einen Akkord an und ließ ihn ausklingen, im Gebäude verhallen. Da sagte er so etwas wie: ‚Heiliger Bimbam!‘ Er fuhr voll darauf ab.“

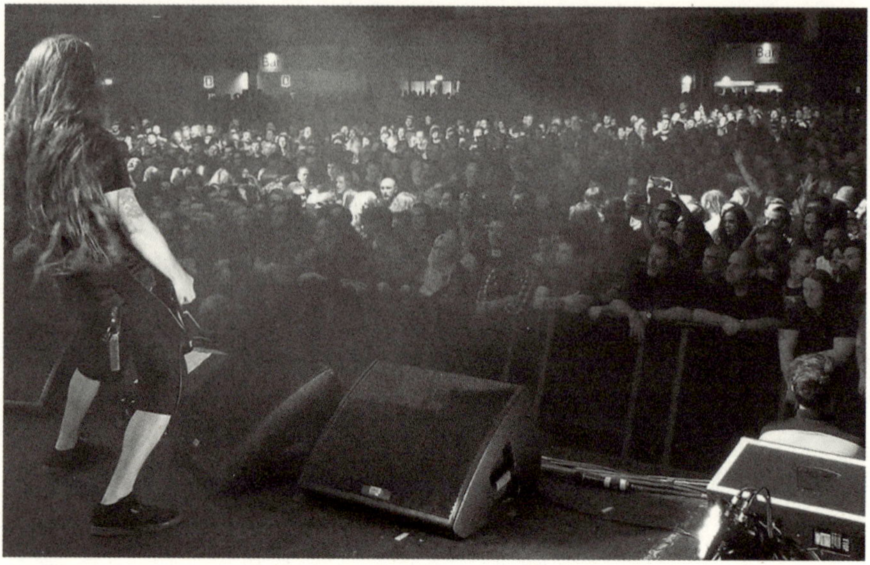

Trevor Peres im Vorprogramm von Slayer in Europa.

Obituary bekamen 30 Minuten, die je nachdem, ob sie ′Chopped in Half′ und ′Turned Inside Out′ als Medley spielten, für sechs bis sieben Songs reichten. Dazwischen blieb weder Zeit für Bühnengeplänkel von John (der sowieso kein Plappermaul ist) noch längeres Instrumentestimmen. Obituary stiegen auf die Bretter und wollten *es* wissen. Zu Beginn ihres Auftritts waren die Säle meistens voll – im Gegensatz zu Amerika, wo das Publikum das Gebäude typischerweise erst kurz vor der Show des Hauptacts betritt. So bekam die Band die einmalige Möglichkeit, ihre Theorie zu bestätigen, wonach ihre Musik schon immer für Hallen mit einer Kapazität von 10.000 und mehr Zuschauern bestimmt war.

„Wir spielen heavy Midtempo-Songs“, sagt Donald. „Als Schlagzeuger muss ich auf den Punkt genau trommeln. Je punktgenauer ich spielte, desto deutlicher bekamen es die Leute und die Arena zu spüren, zumal bei den Songs, die wir für diese Tour ausgesucht hatten. Wir wussten, dass Lamb of God, Anthrax und Slayer überwiegend schnellen Kram mit Galopp-Rhythmen und Downbeats neben rasanter Doublebass und Shredding bringen würden. Wir sagten uns: ‚Das können wir auch, aber wäre es nicht klug, uns aufs Wesentliche zu beschränken und Songs zu spielen, die auf mein Drumming und die Stimme meines Bruders ausgerichtet sind?‘“

„Ebendarum ging es auf dem selbstbetitelten Album“, führt er weiter aus. „Einige Songs davon klangen in den Arenen verdammt stark. Als Drummer, der 50 wurde, hatte ich diese Herangehensweise: ‚Bleib ruhig. Spiel langsamer, als du gerne würdest, denn du bist aufgedreht. Knie dich einfach voll rein.‘ Das war die hauptsächliche Lehre, die ich während dieser Tour zog – einfach solide zu spielen. Nicht übertreiben, nicht komplett auszuticken, zu schnell werden, weil man in einer Riesenhalle mit einer Anlage auftrat, die Millionen wert war. Hätten uns Slayer zehn Jahre früher

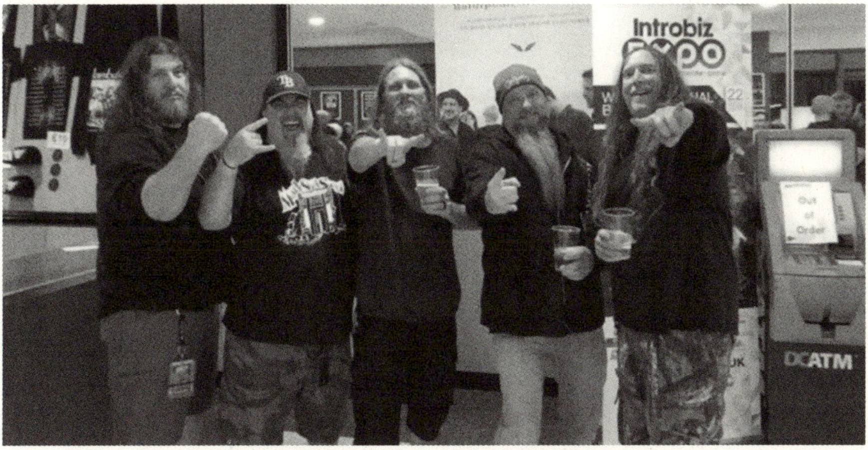

Obituary und Crew in Europa.

zu einer gemeinsamen Tour eingeladen, wäre ich nervös gewesen, hätte mir endlos den Kopf zerbrochen und Songs zu schnell gespielt."

Dass Obituary von schlechter Behandlung seitens des Slayer-Publikums verschont blieben, ist kein Wunder. Gewöhnlichere Bands erlebten während ihrer Sets die Schmach, dass die Menge „Slayer!"-Sprechchöre anstimmte – ein klares Signal dafür, dass sie nicht akzeptiert wurden. Die Befürchtung, von unbändigen Slayer-Fans heruntergeputzt zu werden, spukte John im Hinterkopf herum, weshalb er darauf achtete, dass sie innerhalb ihres Programms zügig von einem Song zum nächsten sprangen. Jedwede Angst, die zum Tourstart bestand, löste sich nach und nach auf. Bald akzeptierte die Slayer-Klientel sie.

„Wir spielten ein paar Songs, die tierisch abgingen und abartig heavy waren", sagt Trevor. „Die Fans reagierten wie von uns erhofft. Massenweise Leute schrieben auf verschiedenen Social-Media-Plattformen Sachen wie: ‚Ich kannte euch bis zu dieser Tour gar nicht. Ihr habt jetzt einen neuen Fan auf Lebzeiten.' Andere meinten: ‚Ihr wart uns geläufig, doch wir haben euch nie eine Chance gegeben. Scheiße, Mann – was zur Hölle ist uns da entgangen?' Die ganze Crew sagte: ‚Ihr Jungs solltet jeden Abend vor Slayer auftreten.'"

Während der Tour begegneten Obituary den Slayer-Gründungsmitgliedern Tom Araya (Bass/Gesang) und Kerry King (Gitarre) zum ersten Mal. Mit dem zweiten Gitarristen Gary Holt waren sie schon seit Tourneen mit dessen Hauptband Exodus befreundet, was auch für Drummer Paul Bostaph galt, der außerdem mit Forbidden, Exodus und Testament gespielt hatte. Am Backstage-Buffet war es ein Leichtes, Araya und King persönlich für ihr Schaffen zu danken und mitzuteilen, dass Obituary ohne *Show No Mercy* nie gegründet worden wären. Die beiden nahmen es unbeeindruckt zur Kenntnis – höchstwahrscheinlich haben sie im Laufe ihrer Karriere viele ähnliche Bekundungen von Vorbands gehört.

Obituarys Umkleideraum wurde schließlich zum Ausgangspunkt für Partys vor und nach der Show. Butler fungierte oft als DJ, der Anthrax-Sänger Joey Belladonna

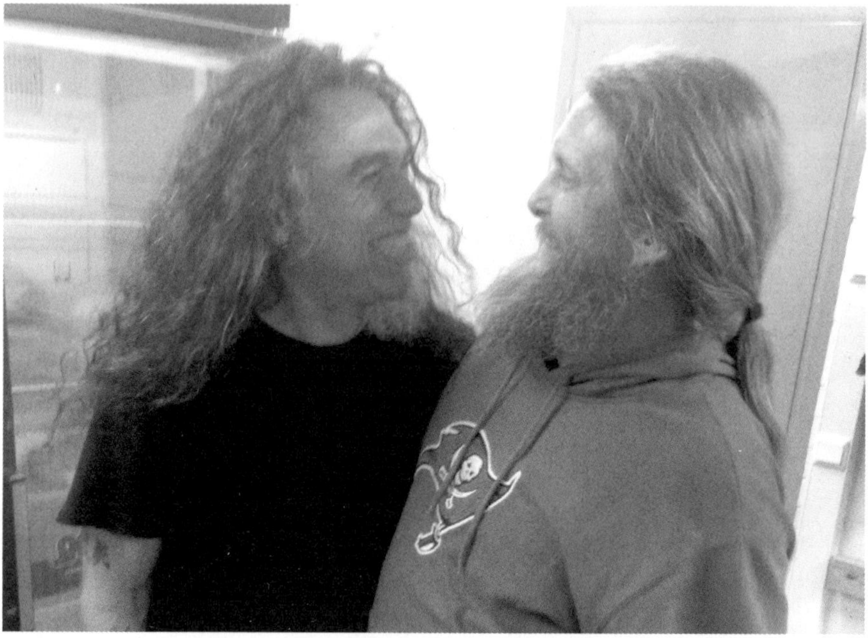

Tom Araya (l.) und Trevor Peres grinsen für ein Foto am letzten Tag ihrer Tour (8. Dezember 2018) um die Wette.

und Holt mit seiner Spotify-Playlist und Kuration beeindruckte. Wegen des Lärms und steten Stroms der Feiernden bekamen Slayer letztlich einen weiter entfernten Raum, was darauf hindeutete, dass den Thrash-Kings die gute Zeit, die Obituary erlebten, eventuell zu bunt war. An manchen Abenden schrieb Holt allerdings Textnachrichten an Donald oder Peres, um sie wiederum auf einen Drink mit Araya und King in Slayers Umkleide einzuladen, wo man einander Anekdoten erzählte und zusammen lachte. Nach jedem dieser Treffen verließen die Mitglieder von Obituary Slayers Raum mit dem Gefühl, es sei „eine Ehre“ gewesen.

„Es war einfach super“, so John. „Sie gehören zu den Bands, die unmittelbar dafür verantwortlich waren, dass wir uns gründeten. Es fing mit Nasty Savage und Savatage an – sie öffneten uns die Augen, doch als wir Slayer zum ersten Mal hörten, veränderte sich alles. Ich bewundere sie unheimlich. Tom ist so originell, denn er konnte so schnell singen und dabei möglichst viele Silben in eine Textzeile zwängen. Auch Dave Lombardo mag ich wahnsinnig gerne. Das war die einzige Enttäuschung: Ich wünschte, er wäre dabei gewesen.“

Die Europatour mit Slayer endete am 8. Dezember 2018. Araya ging vor Konzertbeginn zu Obituarys Raum, wo Peres mit der Crew und Freunden der Band entspannte. Tom sagte, er habe vergessen, ein gemeinsames Foto mit ihnen machen zu lassen und bat darum. Ihren gemeinsamen Augenblick vor dem Schnappschuss wird Trevor nie vergessen: „Einer der Bekannten unserer Roadies fotografierte uns vom Bühnenrand aus. Tom und ich sprachen miteinander. Er meinte: ‚Kumpel, ihr wart so was von stark.‘ Ich sah ihn an und antwortete: ‚Ihr seid auch ziemlich stark,

Kumpel.‘ Wir prusteten beide los. Davon, wie wir zwei in Gelächter ausbrechen, gibt es ein Foto. Das war ein ‚Kneif mich'-Moment.“

Obituary setzten ihre Konzertaktivitäten für ihr selbstbetiteltes Album bis 2020 fort, beginnend mit Shows in Australien, Japan und Neuseeland, bei denen *Cause of Death* komplett dargeboten wurde. Darauf folgten Auftritte als direkte Vorband von Black Label Society in Nordamerika. Die bärtigen Biker-Rocker um ex-Ozzy-Gitarrist Zakk Wylde und Obituary mochten auf den ersten Blick eine sonderbare Kombination sein, ergänzten einander aber letzten Endes recht gut, weil sie beide geradlinige, harte Musik machten. Genaugenommen erinnert sich John an viele Abende, an denen Obituary das ahnungslose Black-Label-Publikum schon während des zweiten Songs um den Finger gewickelt hatten.

Beim Konzert am 28. Februar 2020 im kalifornischen Riverside bemerkten die Musiker, dass etwas auf der Welt im Argen lag. Ihnen fielen Fußgänger mit Masken auf. Gerede von Abstandsregeln in der Öffentlichkeit und Coronavirus-Tests nahmen zu. Freunde und Verwandte riefen regelmäßig an, um sich über ihre Gesundheit zu erkundigen. Freunde von Obituary aus den Bands Death Angel, Exodus und Testament infizierten sich auf Europatour mit dem Virus, woraufhin die Metal-Szene Alarm schlug. Dennoch erkannte die Gruppe den Ernst der Lage nicht richtig, während sie die Nachrichten verfolgte. Wie viele glaubte sie, es würde vorbeigehen, und sie könnten die Tour beenden.

Die Covid-19-Pandemie wurde im März 2020 vollends zur herben Realität und brachte die Welt auf eine Weise durcheinander, die kaum jemand für möglich gehalten hätte. Black Label Society, Obituary und ihr Opener Lord Dying nahmen alle ihre Termine in Kanada wahr und spielten am 12. März noch in Milwaukee, wonach sie nach Sault St. Marie in Michigan fuhren, wo sie in den Kewadin Casinos auftreten sollten. Nicht lange, und auch Obituarys Welt sollte kopfstehen.

„Ich erinnere mich daran, wie wir am Kasino eintrafen, an die Displays der Aufzugtüren mit den Logos von Black Label und uns“, erzählt John. „Stichwort Spaß haben – wir waren in diesem schicken Kasino, wo wir Zimmer hatten, und zu allem bereit. Der Soundcheck stand an, und wir wollten gerade unsere Handschuhe anziehen, um den Anhänger zu entladen. Dann fingen die Crew und das örtliche Personal zu mauscheln an, etwas sei mit der Tour im Gange. Ehe wir uns versahen – wir standen in unserem Anhänger –, wurde das Ganze abgeblasen. Die Roadies, wir alle schauten einander an und fragten uns: ‚Soll das ein Witz sein?‘ Jedem wurde die Lebensgrundlage unter den Füßen weggezogen. Wir waren unweit der kanadischen Grenze, der Schnee lag mehrere Fuß hoch, und zack: Alles war vorbei.“

Obituary traten am 14. März im North Star Mohican Casino Resort in Bowler/Wisconsin auf, weil der Besitzer darum bat – er wusste, dass er erhebliche finanzielle Verluste machen würde, und wollte retten, was zu retten war. In einem kleinen Saal, wo man die Band, wie sie selbst sagt, „hautnah“ erleben konnte, fand ihr für mehr

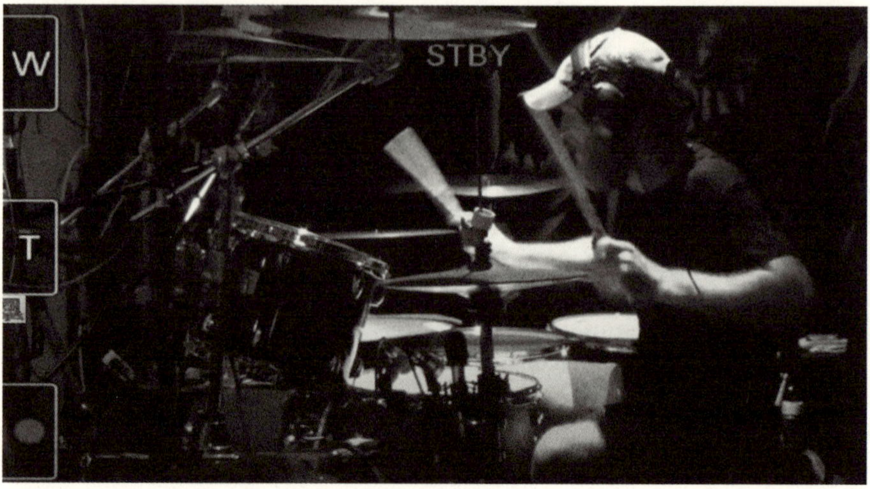

Standbild aus Obituarys Livestream von *The End Complete* am 3. April 2021.

als 17 Monate letztes Konzert vor einem Publikum statt, das Masken trug. Dass die Show eine der besten der Tour war, ist nicht verwunderlich.

Wie üblich signierten Obituary hinterher Merchandise und ließen sich mit Fans fotografieren. Sobald sie jedoch in den Bus stiegen, um die lange Fahrt von Wisconsin nach Tempa auf sich zu nehmen, machte sich Niedergeschlagenheit breit. Zunächst mussten sie das Fahrzeug in Atlanta abgeben und ihr Equipment in einen Miet-Van verladen, um es mit ihren Habseligkeiten nach Hause zu befördern.

Die fünf Musiker und ihre Crew schauten sich in die Gesichter und fragten: „Was tun wir jetzt?"

Die Pandemie beendete Obituarys Live-Aktivitäten 2020 frühzeitig. Die Black-Label-Society-Tour wurde zuerst in den August verlegt und dann um ein volles Jahr verschoben. Wohingegen der Headliner entweder andere Einnahmequellen fand oder weiterhin von ihren Tour- und Merchandise-Gewinnen lebte, mussten Obituary ihre freie Zeit ab Mitte März bis weit ins Jahr 2021 hinein kreativ nutzen.

Sie beraumten als Ausgleich dafür, nicht vor ihren Fans performen zu können, drei Live-Streams für Oktober und November 2020 an. Dabei konnte sie auf die modernsten technischen Mittel zur Verbreitung von Livemusik im Internet zurückgreifen. Vor allem hatten Obituary aber die Möglichkeit, gemeinsam als Gruppe zu spielen und wieder mit ihren Fans in Verbindung zu treten, wenn auch nur virtuell.

Die Oktober-Events, bei denen *Slowly We Rot* und *Cause of Death* in Gänze zum Zug kamen, wurden bei ESI Productions in Tampa aufgenommen, um das Feeling eines richtigen Konzerts zu erzeugen. Für den November-Stream, ein Programm aus seltenen Klassikern und besonderen Stücken – etwa 'Platonic Disease' von *Back From the Dead*, das sie seit 1997 nicht live gespielt hatte –, begab sich die Band ins Redneck Studio.

An diese Streams knüpften Obituary im März 2021 mit einem Set an, das aus nicht oft gebotenen Nummern wie 'Kill for Me' und 'Solid State' von *World Demise* oder *Frozen in Time*-Material wie 'Slow Death' und 'On the Floor' bestand; außerdem spielte man 'A Dying World', einen weiteren Bonustrack von *Obituary*, der ursprünglich vom Fernsehsender Adult Swim für sein „Singles Program 2018-2019" veröffentlicht worden war. Am bemerkenswertesten war an diesem Event der Gastauftritt der Power-Trip-Gitarristen Blake Ibanez und Nick Stewart für ein Cover ihres eigenen Songs 'Executioner's Tax (Swing of the Axe)' und Obituarys 'By the Light'. Anfang April strahlte die Band einen Stream der vollständigen Live-Performance von *The End Complete* aus.
Obituarys Konzertpause endete am 20. August 2021 mit einem Festivalauftritt beim Psycho Las Vegas. Im Oktober wollte sich die Band wieder für eine komplett neu angesetzte Tour in Amerika mit Black Label Society zusammentun, ehe Anfang 2022 weitere Europashows anstanden.

Obituary arbeiteten an ihrem elften Studioalbum, während sie keine Gigs spielten. Keine Überraschung – das Songwriting geht wie ehedem vonstatten, indem sich Peres und Donald im Redneck Studio treffen, um Arrangements und Riffs auszuarbeiten. Andrews und Butler stoßen später hinzu, um ihre Parts einzufügen, gefolgt von John. Die Band schreibt nicht auf Tour, also entstand das gesamte Material für Album Nummer 11 während der Pandemie – eine anstrengende Zeit für alle, doch Obituary machten das Beste daraus.
„Trevor und ich haben die Gabe, sich um überhaupt nichts zu kümmern, was auf der Welt geschieht, während wir Songs komponieren", sagt Donald. „Das gilt auch für das, was wir in der Vergangenheit getan haben, und die Erwartungen unserer Fans. Wir machten uns keinen Druck, der durch den Gedanken entsteht: ‚Okay, die letzte Platte lief so gut und enthielt jene Art von Songs, die den Leuten gefiel, darum müssen wir wieder solche Songs schreiben.' Wir klotzen einfach an einem beliebigen Tag ran, und was rauskommt, kommt raus."
„Vielleicht ist das keine gute Sache, aber ich denke schon", fährt er fort. „Was diese Stücke angeht, waren wir weder eingeschränkt noch entschlossen, ein neues Album zu machen, das so gut sein muss wie das letzte, und dachten auch nicht: ‚Oh Gott, wie können wir das selbstbetitelte Album übertreffen? Das bedeutet, wir müssen einen noch schnelleren Tracks und dann einen langsameren, heavieren schreiben.' Stattdessen machen wir einfach unser Ding. Bloß zwei Typen in einem Raum, die sich amüsieren und Riffs beziehungsweise Drumbeats heraushauen, die ihnen gefallen, denn das ist das Einzige, was uns etwas bedeutet. Ich glaube, wenn uns ein Song gelingt, der uns zum Ausrasten bringt, rasten unsere Fans beim Hören auch aus."
Während ihrer Jamsessions gab es schon früh einen Grund zum Feiern: Peres brauchte nicht länger als fünf Minuten, um mit einem Riff aufzuwarten, mit dem Donald gleich etwas anfangen konnte. Er nahm die Idee mit dem Pro-Tools-System

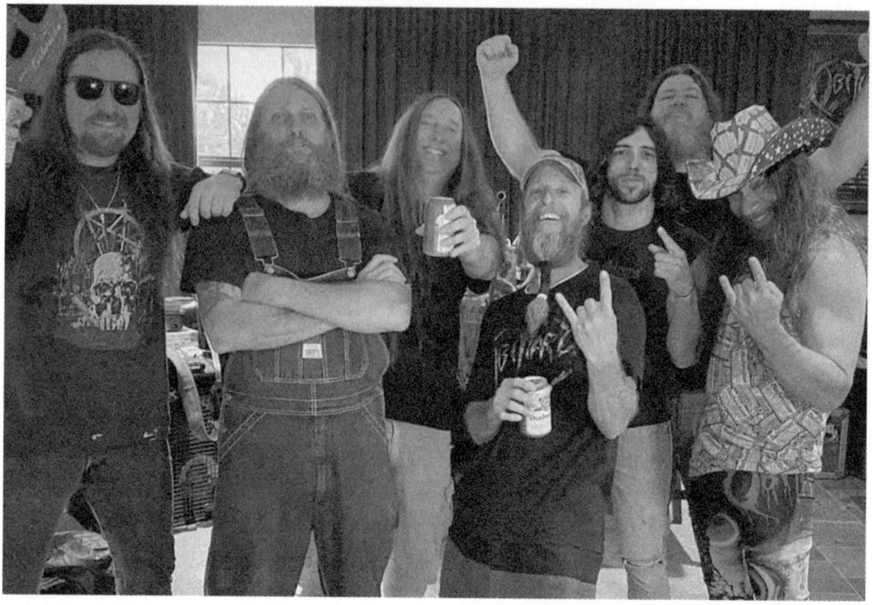

Obituary mit Nick Stewart und Blake Ibanez von Power Trip.

der Band auf, erstellte schnell einen Mix und spielte sie ab. Die beiden tanzten im Raum herum – überzeugt davon, dass der Track ihren Death-Metal-Getreuen und Fans von New-York-Hardcore-Acts wie Agnostic Front oder Madball gefallen würde. „Trevor und ich waren so froh, weil wir wussten, dass unsere Kollegen in diesen Hardcorebands sagen würden: ‚Verflucht, sie behaupten sich. Der Song ist kein typischer Death-Metal-Stuss im D-Zug-Tempo, das Ding groovt wie Sau.' Die Nummer gab die Richtung vor. Uns wurde klar, dass wir hatten, was wir brauchten, dass unsere Chemie noch da war. Es macht nach wie vor Spaß. Allein dieses erste Riff zu einem Song auszuarbeiten war wie ein Schneeball, der bergab rollte – so geil und ein Heidenspaß."

Es sind solche Momente, die Obituary seit rund 40 Jahren auf Draht gehalten haben. Ihre Arbeitsweise unterscheidet sich nicht von jener zu der Zeit, als Executioner 'Metal Up Your Ass' oder 'Find the Arise' komponierten und Obituary 'Body Bag', 'Don't Care' oder 'By the Light' zusammenfügten. Als sie in ihr eigenes Studio wechselten ging es mit 'Redneck Stomp', 'Evil Ways' und 'Straight to Hell' weiter. Obituary haben eine bewährte Formel, die sie niemals ändern werden. Warum sollten sie auch? Sie haben mehr Freude den je im Studio und auf Tour. Außerdem liegt ein Album hinter ihnen, das in der Kritik so gut wegkam, wie es lange nicht der Fall war. Und womöglich ist die Verbindung zwischen Trevor und Donald, die sich auf den Rest der Band übertragen hat, während der Pandemie noch enger geworden. „Wir schreiben Songs so, dass der Charakter jedes Mitglieds einfließt", sagt der Drummer. „Das passiert öfter als je zuvor, soweit ich mich erinnern kann. Wenn ich mir meinen Bruder anschaue… Er würde nicht sagen: ‚Moment, dieser Part funktioniert hier nicht, weil ich da etwas anderes machen werden.' Er sagt nichts, bis wir aufbrechen. Am nächsten Morgen im Studio nippt er dann an seinem Kaffee, während er sich anhört, was Trevor und ich aufgenommen haben. Er gibt seinen Senf dazu, etwa ‚Das hier kommt mir soundso vor' oder ‚Also, dieses Riff, ich weiß nicht.' Sobald er mir aber sagt, dass ihm etwas gefällt, denke ich mir in meiner Hyper-Stoner-Birne: ‚Okay, warte kurz – ich hab ´ne Idee.' Bei diesem neuen Album ist es zwischen uns dreien oft so gelaufen."

Slayers Rücktritt 2019 führte in der Metal-Szene zu Spekulationen darüber, wer seine Instrumente als nächstes an den Nagel hängen würde. Daran verschwenden Obituary nicht einen Gedanken. Im Hier und Jetzt hat die Band kein einziges Mal daran gedacht, sich zurückzuziehen, obwohl alle Mitglieder mittleren Alters sind oder bald sein werden. Obituary ist der Übergang zum Status einer Legende gelungen, ohne ein Nostalgie-Act geworden zu sein. Ihre Konzerte sind dieser Tage unverzichtbare, ausverkaufte Events, die Fans aus mehreren Generationen locken. All dies dient als Treibstoff zum Weitermachen.

„So viel spricht dafür, doch der Hauptgrund ist: Musik zu schreiben und in einer Band zu sein macht verdammt großen Spaß", sagt Donald. „Wer macht wem etwas vor? Wir waren diese Kids; wir waren diese jungen Teenager, die sich die Haare wachsen ließen und gegen ihre Eltern auflehnten, weil diese sie zum Friseur schleppen wollten; wir waren es, die den Besen aus der Küche mit in ihre Zimmer nahmen, wo sie Slayer-Alben hörten. Das sind wir gewesen. Wir tun das hier nicht, um unseren Lebensunterhalt damit zu verdienen; wir verdienen unseren Lebensunterhalt damit, sind aber in unseren Köpfen und Herzen immer noch bloß Kids."

„Nichts bereitet mehr Freude als Musik beziehungsweise Heavy Metal – ihn zu komponieren, zu spielen und zu wissen, dass die Fans warten, genauso wie ich warte", fährt er fort. „Ich kann kaum erwarten, dieses Album fertigzustellen. Ich will es im Kasten haben und laut in meinem Auto laufenlassen. Ich bin schlicht Musikfan. Zu spielen liebe ich, doch Musik aufzulegen gefällt mir genauso gut. Aufzuhören, dieser Wunsch steckt nicht in uns. Es wurde schon oft gesagt und ist ein Witz, der immer für Lacher sorgt, doch ich finde Ruhe, wenn ich tot bin, und meine Rente wird zum Thema, wenn ich keine Musik mehr machen kann. Ich fühle mich großartig und bin stolz darauf, dass ich besser und schneller denn je spiele. Meine Füße sind fit wie nie, mein Spiel war noch nie so gut, und mein Geist ist kreativ wie ehedem."

„Ich mache weiter, bis ich sterbe, falls ich darf", fügt Peres hinzu. „Zu diesem Zeitpunkt ist es nicht mal angedacht. Ich fühle mich lebendiger als je zuvor. So viel Spaß wie jetzt hatte ich noch nie mit Obituary. Schön war´s immer. Wir lassen es uns stets gutgehen, wenn wir auf Tour sind. Es gab Momente, in denen man dachte: ‚Oh je…', doch meistens haben wir eine gute Zeit. Heute lassen wir es so heftig krachen, wie wir es früher nie getan haben, wenn es darum geht, uns zu amüsieren und zu feiern. Es ist auch wirklich so, dass jüngere Bands, die mit uns getourt sind, zwei oder drei Jahre später sagen, wenn wir ihnen wieder begegnen: ‚Mann, wir vermissen euch, ihr seid die lustigste Band überhaupt.'"

Butler: „Ich würde sagen, falls irgendwann Gesundheitsprobleme aufkommen oder so, aber ich habe nicht vor, in Pension zu gehen. Ich überlege, warum. Ich bin näher an 60 als an 40 Jahren. Wie wird es sein, wenn ich mit 63 noch spiele? Aber andere tun das auch; andere Bands sind in dem Alter immer noch da draußen und rocken. Bisher hatte ich keine Schwierigkeiten, also ja: Ich mache einfach weiter, bis meine Frau sagt: ‚Es reicht.' Sollten wir einen Punkt erreichen, an dem wir nicht mehr können, sodass unser Spiel darunter leidet und wir es live nicht mehr bringen, dann war's das, aus. Falls wir weiterhin gute Musik machen können und uns dabei gut fühlen, geht's weiter."

Niemand wundert sich mehr über Obituarys Ausdauer und Erfolg als John. Trotz aller Ritterschläge, die seine Band erhalten hat, bleibt er bemerkenswert maßvoll und bescheiden in Bezug auf ihre Karriere. Er behauptet, stimmlich sei er in der Form seines Lebens, wofür er die 2020er Tour mit Black Label Society als Beleg anführt. Darüber hinaus ist er stolz darauf, dass Obituary Lehren aus Fehlern ziehen konnten, die sie in der Vergangenheit gemacht haben. Dadurch gelang es ihnen, auf allen Ebenen Kontrolle zu übernehmen, auch hinsichtlich ihres Rückzugs aus dem Geschäft, worüber die Band unter ihren eigenen Bedingungen entscheiden wird.

„Natürlich kann niemand bis in alle Ewigkeit spielen", räumt John ein, „obwohl man von manchen Bands meint, sie könnten für immer existieren und würden nie verschwinden. Unsere Musik ist ein bisschen extrem; bezüglich der Frage, wie lange wir weitermachen können, muss man realistisch bleiben. Ich glaube, einige unserer Pausen im Lauf der Jahre und die Tatsache, dass wir über die Jahrtausendwende hinweg untergetaucht sind, haben dazu beigetragen, dass wir so viel Zeit miteinander verbringen, wie es der Fall ist. Angesichts der Anstrengung, jeden Abend live aufzutreten, und abzüglich dieser Zeit war es wohl hilfreich."

„Ich habe immer gesagt, dass wir nie damit gerechnet hätten, Album Nummer 1 zu machen, geschweige denn weitere, also wäre es nicht schlimm für mich, wenn diese Platte nun unsere letzte wäre. Momentan ist es aber ein Vergnügen. Wir klingen jetzt so stark, bekommen gute Gigs und spielen mit tollen Bands. Ich denke nicht, dass wir versuchen, eine Karriere voranzutreiben, die es nicht mehr wert ist. Ich möchte nicht in eine solche Lage geraten – das ist etwas, das ich auf keinen Fall für Obituary will. Solange alles mühelos läuft und wir Spaß daran haben, bleiben wir am Ball."

ANMERKUNGEN UND QUELLEN

KAPITEL 1

„Das Dadeland-County-Mall-Massaker am 11. Juli 1979…"
NBC Miami. „‚Dadeland Mall Massacre': Thursday Marks 40th Anniversary of Infamous ‚Cocaine Cowboys' shootout". https://www.nbcmiami.com/news/local/dadeland-mall-massacre-thursday-marks-40th-anniversary-of-cocaine-cowboys-shootout/127956/

KAPITEL 2

„Das von Tom, Jim und Laurel Morris betriebene Studio (daher der Name)…"
Offizielle Webseite von Morrisound Recording: http://morrisound.com/about/

KAPITEL 3

„Ich glaubte nicht, dass die Band irgendwas reißen konnte, und nahm sie nicht so ernst…"
Leslie´s Metal. http://lesliesmetal-page.blogspot.com/2015/

KAPITEL 6

„Wow, diese Band ist die heavieste, die ich je erlebt habe…"
„Eines Abends – es war in der Eagles Hall…"
„Womit wir eigentlich nicht rechneten war, dass einige Leute…"
Decibel. „Obituary *Cause of Death* Hall of Fame"
https://www.decibelmagazine.com/2019/02/06/memories-remain-the-making-of-obituarys-cause-of-death/

„Während der Show bei ihrem Klassiker ´Til Death´ zündeten Obituary…"
Blabbermouth.net. „OBITUARY: Video of 1990 Concert Exploion in Milwaukee Posted Online". https://www.blabbermouth.net/news/obituary-video-of-1990-concert-explosion-in-milwaukee-posted-online/

KAPITEL 7

„Obituary kennen keine Angst vor Selbstparodie…"
New York Times. Review/Rock. „Obituary's Death Obsession and Agnostic Front's Slams". https://www.nytimes.com/1992/07/29/arts/review-rock-obituary-s-death-obsession-and-agnostic-front-s-slams.html

KAPITEL 8

„Ich schreibe keine Texte oder so für Napalm Death…"
Meathook-Seed-Interview. *Headbangers Ball*, 1993. https://www.youtube.com/watch?v=9laGClo6PJI

KAPITEL 9

„Der Frontmann offenbarte diese Gefühle über zwei Jahrzehnte später gegenüber der Presse…"
Metal Injection. „Chris Barnes Says He Quit CANNIBAL CORPSE Because They Ridiculed Him". https://metalinjection.net/news/drama/chris-barnes-says-he-quit-cannibal-corpse-because-they-ridiculed-him

KAPITEL 10

„Mack Emerman eröffnete sie 1958 im Lagerhauskomplex…"
Criteria Recording Studios, Miami, Forida – Zeitungsartikelsammlung von Carla Harned. https://www.historyofrecording.com/Criteria_Recording_Studios_Miami_FL_Carla_Harned.html

KAPITEL 11

„Andrew Fetterly Wilkes-Krier machte sich 1998 auf den Weg von Michigan nach New York City…"
Webseite von Andrew W.K.: https//andrewwk.com/about/

„Drei Mitglieder der klassischen Obituary-Besetzung…"
Blabbermouth.net. „OBITUARY Reunite For Impromptu Appearance at OZZFEST 2002". https://www.blabbermouth.net/news/obituary-reunite-for-impromptu-appearance-at-ozzfest/

KAPITEL 12

„„Zunächst einmal möchte ich mich für Allen entschuldigen…"
Blabbermouth.net. „Guitarist Allen West Quits OBITUARY". https://search.blabbermouth.net/news/guitarist-allen-west-quits-obituary/

KAPITEL 13

„Ich bin in Morrisound aufgewachsen…“
„Steve und Glen fühlen sich ohne Zweifel wiedererstarkt…“
The Goat Tavern. Interview mit Ralph Santolla.
https://thegoattavern.et/ralph-santolla-interview/

„Ich erzähle den Leuten auf keinen Fall, was sie glauben sei falsch…“
„Ich persönlich fürchte mich nicht und lasse mich nicht beirren…“
Chronicles of Chaos. „Unholy Passion (Part 1)“. http://www.chroniclesofchaos.com/articles.aspx?id=1-941/

„Ich gehe nicht zu Deicide zurück und wollte das auch nie…“
BraveWords.com. „GUITARRIST RALPH SANTOLLA – ‚I AM NOT, AND NEVER WAS, REJOINING DEICIDE‘“. https://bravewords.com/news/guitarist-ralph-santolla-i-am-not-and-never-was-rejoining-deicide

KAPITEL 14

„Es geht nur um die Musik…“
„Ich bin mir sicher, dass es irgendwann zu Überschneidungen kommt…“
The Metalholic. Gorgoroth-Interview mit Frank Watkins, Teil 1. https://www.youtube.com/watch?v=kq6rtVddMiY

„Als ich als Makler anfing, war ich von einer Tour zurückgekehrt…“
Noisecreep.com. „GORGOROTH´S FRANK WATKINS WAS A MORTGAGE BROKER“. https://noisecreep.com/gorgoroth-obituary-frank-watkins-mortgage-broker/

„Bekannte von mir in der Branche kamen bei Plattenfirmen unter Vertrag…“
Metal As Fuck. Interview mit Frank Watkins. http://metalasfuck.net/zine/articles/2009/obituarys-frank-watkins-gives-us-low-down-what-hes-been

„Ich dachte: ‚Oh mein Gott, ich kann nicht glauben, dass ich ihn losgeworden bin‘…“
Zero Tolerance/Blabbermouth.net. „Ex-OBITUARY Bassist FRANK WATKINS Spoke About His Cancer Battle in Recent Interview“. https://www.blabbermouth.net/news/ex-obituary-bassist-frank-watkins-spoke-about-his-cancer-battle-in-recent-interview/

„Obwohl ihm dies Sweepings („Fegen“ über die Saiten mit dem Plektrum…“
Hub Guitar. Sweep Picking Overview. https://hubguitar.com/technique/sweep-picking-overview/

„Irgendwann lasse ich was dagegen machen…"
Chronicles of Chaos. „Unholy Passion (Part 1)". http://www.chroniclesofchaos.com/articles.aspx?id=1-941/

„Das war das einzige Mal in meinem Leben, dass ich irgendwo gefeuert wurde…"
The Goat Tavern. Interview mit Ralph Santolla. https://thegoattavern.et/ralph-santolla-interview/

„Ich muss tieftraurig, enttäuscht und bedauerlicherweise bekanntgeben…"
Blabbermouth.net. „Singer KYLE THOMAS Quits DEVIL´S HIGHWAY Due to ‚Personal and Buiness Differences'". https://www.blabbermouth.net/news/singer-kyle-thomas-quits-devils-highway-due-to-personal-and-business-differences/

KAPITEL 15

„Seit Jahrzehnten besteht die akzeptierte Methode zur Eindämmung…"
Pamela Jo Hatley. Feral Cat Colonies in Florida. The Fur and Feathers are Flying. https://ir.law.fsu.edu/cgi/viewcontent.cgi?article=1271&context=jluel

KAPITEL 16

„Bis zum 29. April 2015 spendeten 925 Unterstützer…"
Kickstarter.com. „Help Fund a New Obituary Album!".
https://www.kickstarter.com/projects/unation/help-fund-a-new-obituary-album

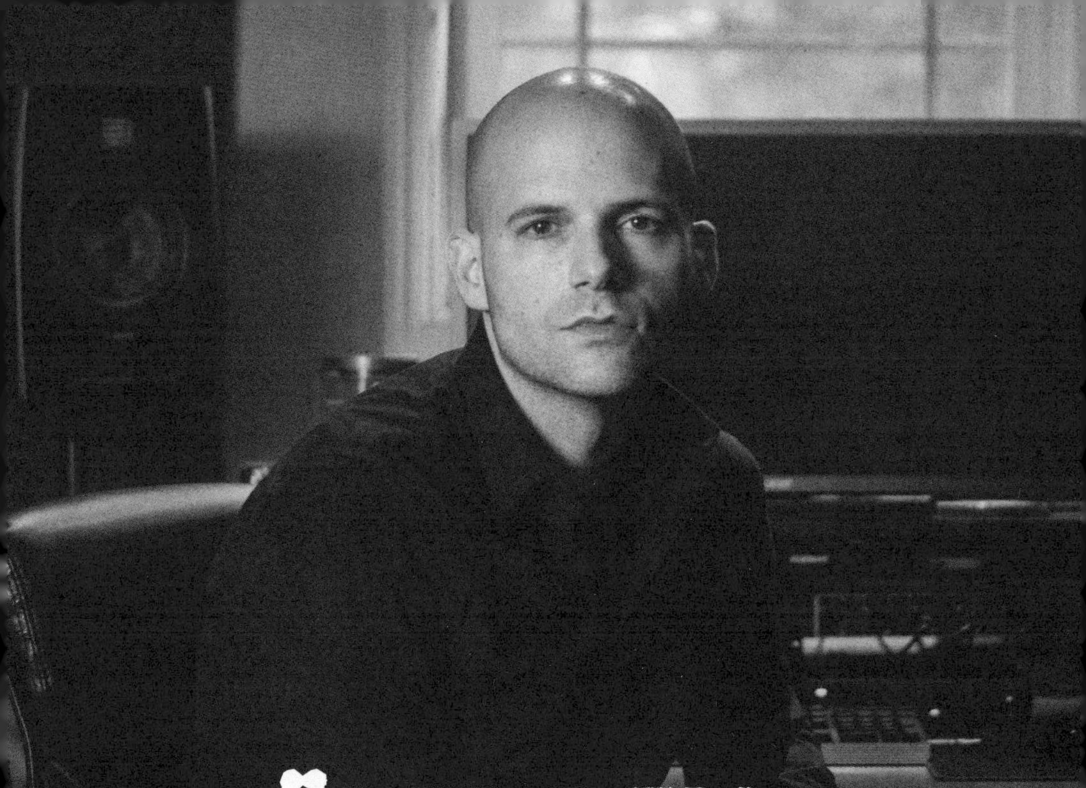

ÜBER DEN AUTOR

David E. Gehlke schreibt seit 2002 über Heavy Metal. Er veröffentlichte Artikel in *Throat Culture*, *Snaggletooth* sowie *Metal Maniacs* und war Redakteur bei Blistering.com von 2007 bis zum Ende der Plattform 2013. Später im selben Jahr gründete er DeadRhetoric, 2016 begann er, Beiträge für Blabbermouth.net zu verfassen.

David veröffentlichte 2017 sein erstes Buch *Systemstörung: Die Geschichte von Noise Records*, eine eingehende Betrachtung über eines der einflussreichsten europäischen Metal-Labels. Zwei Jahre später erschien *No Celebration – Die offizielle Biografie von Paradise Lost*, ein Abriss der über 30-jährigen Geschichte der legendären britischen Doom-Band.
Derzeit lebt David mit seiner Ehefrau Ashley, ihrer gemeinsamen Tochter Gemma sowie den beiden Hunden Goji und Mochi in Pittsburgh/Pennsylvania.

INDEX
VERLAG

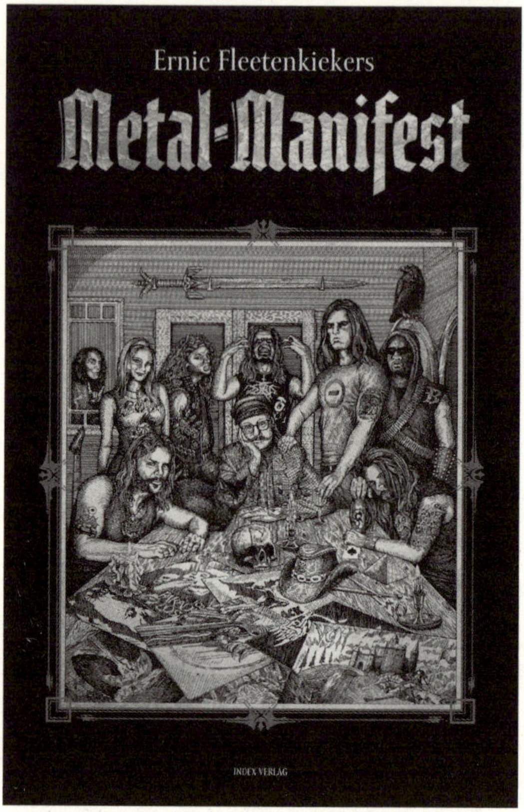

ERNIE FLEETENKIEKERS
METAL–MANIFEST

Ich bin kein Journalist, und dies ist kein Heavy-Metal-Sachbuch!

Ernie Fleetenkieker begibt sich auf einen Streifzug durch gut ein halbes Jahrhundert Heavy Metal – mit allem Pathos, den liebgewonnenen Klischees und seinem Nutzen als Lebenshilfe oder Ventil für die eigenen Abgründe. Fernab sachlicher Langeweile und dem Unwillen, sich anzubiedern, ob an die True-Fraktion oder den Mainstreamer, entstand Seite um Seite ein Manifest, zerrissen, widersprüchlich und leidenschaftlich wie der Autor selbst.

Ernie - Jahrgang *Heaven and Hell*, *British Steel*, *Angel Witch* und *Frost and Fire* - kommt von Nu zu True und Post zu Female-Fronted, von Metallica zu Mayhem und von Sabaton zu Sarcófago. Höchst unterhaltsam und zutiefst subjektiv schlägt er die 20 Thesen des Metal an - wenn nicht kirchen-, so doch definitiv schädelspaltend.

Ernie Fleetenkiekers Metal-Manifest erscheint als Hardcover-Buch auf 360 Seiten mit zahlreichen Photos.

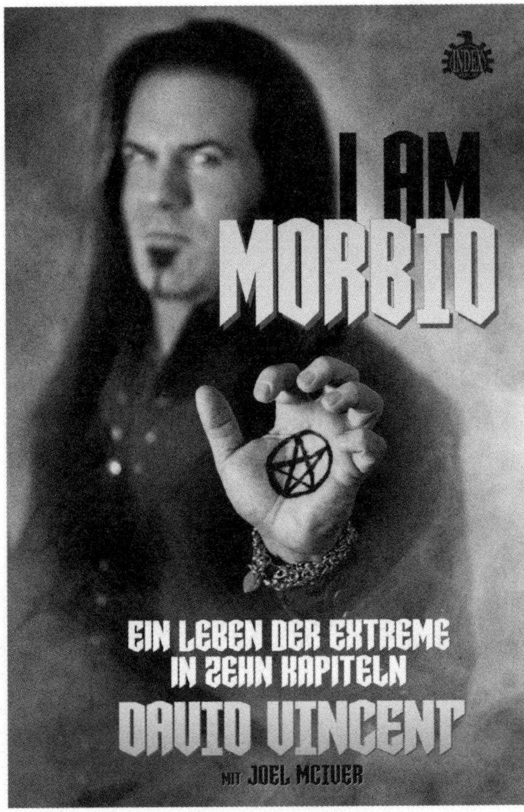
INDEX
I AM
MORBID
EIN LEBEN DER EXTREME
IN ZEHN KAPITELN
DAVID VINCENT
MIT JOEL MCIVER

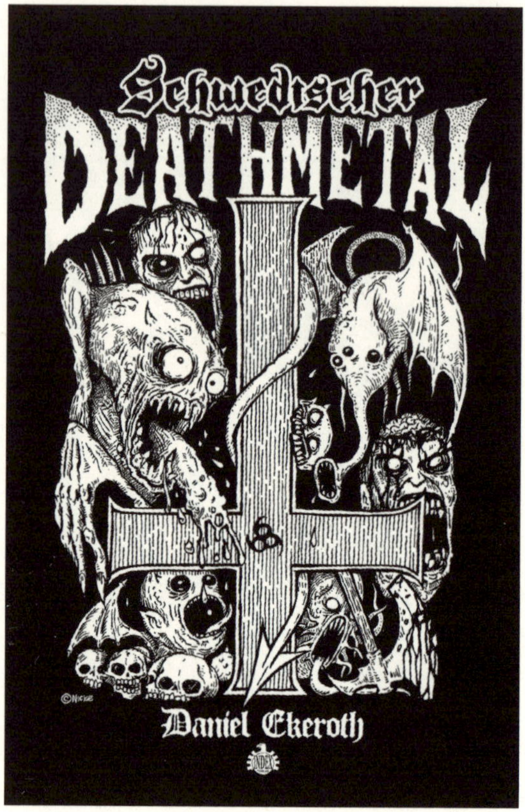

SCHWEDISCHER DEATH METAL
von DANIEL EKEROTH

Mitte der 1980er Jahre kam in Schwedens Klein- und Vorstädten eine kleine Underground-Bewegung zum Vorschein. Eine Handvoll rastloser Jugendlicher suchte nach möglichst extremer Musik, und ein Netzwerk von Tapetradern wuchs. Schließlich griffen diese Jugendlichen selbst zu Instrumenten und erschufen das, was binnen weniger Jahre die Welt der extremen Musik beherrschen sollte - schwedischer Death Metal.

In seinem rund 500 Seiten umfassenden Buch *Schwedischer Death Metal* erzählt Daniel Ekeroth nun die unglaubliche Geschichte eines der extremsten Auswüchse des Heavy-Metal-Genres. Ferner enthält das Buch ein umfassendes Lexikon schwedischer Death-Metal-Bands (über 900 Einträge) und Fanzines sowie eine Unmenge an rarem Bildmaterial. Rund 30 der wichtigsten Szenepersönlichkeiten wurden eigens interviewt, und einige ihrer Anekdoten sind so wild wie die Musik selbst. Dennoch bleibt die Musik immer im Brennpunkt der Recherchen, ist doch die phantastische Musik die größte Errungenschaft der schwedischen Death-Metal-Bewegung.

Schwedischer Death Metal erscheint als Hardcover auf 496 Seiten mit zahlreichen Abbildungen.

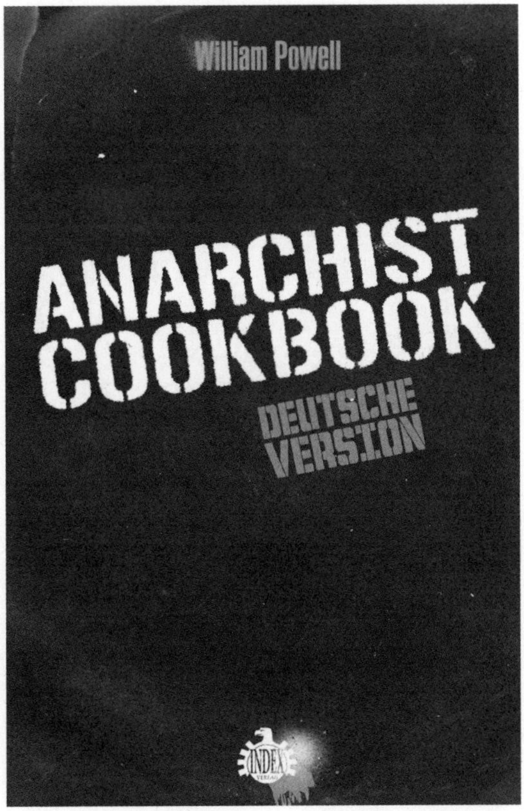

ANARCHIST COOKBOOK
von WILLIAM POWELL

Das *Anarchist Cookbook* wird schockieren, es wird verstören und provozieren. Es stellt einen historischen Kontext für eine Ära her, in der zum Niederbrennen und Sprengen aufgerufen wird.

Dieser Überlebensratgeber, wie Powell es selbst nennt, enthält ausführliche Informationen zum Konsum und zur Wirkung von Drogen, angefangen bei Marihuana über Heroin bis zu Erdnüssen. Darin finden sich detaillierte Anleitungen für elektronische Geräte, Sabotageakte und Überwachungsmaßnahmen sowie Auskünfte über alles von Abhörung bis zu Verschlüsselung. Ein umfangreiches Kapitel behandelt natürliche, nicht tödliche und tödliche Waffen, angefangen bei Viehtreibern über Maschinengewehre bis zu Pfeil und Bogen. Die Sektion zu Sprengstoffen und Sprengfallen reicht von TNT bis zu Trillerpfeifenbomben.

Warnung! Wer das *Anarchist Cookbook* liest, sollte bedenken, dass die enthaltenen Themen gegen das Gesetz sind und eine Bedrohung darstellen. Außerdem und noch wichtiger: Fast alle „Rezepte" sind vor allem für den Einzelnen gefährlich, der damit experimentiert, ohne zu wissen, was er tut. Seid achtsam und vorsichtig, benutzt euren gesunden Menschenverstand.
Dieses Buch ist nichts für Kinder oder Idioten.

Anarchist Cookbook erscheint als Hardcover auf 184 Seiten, 111 Abbildungen begleiten die Anleitungen.

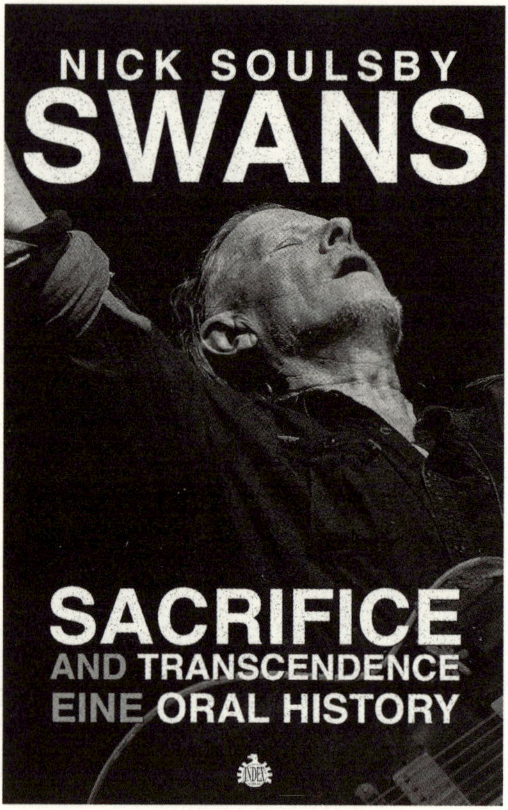
NICK SOULSBY
SWANS
SACRIFICE
AND TRANSCENDENCE
EINE ORAL HISTORY